JN185134

男性的なもの／女性的なもの II

序列を解体する

フランソワーズ・エリチエ

Françoise Héritier

井上たか子／石田久仁子 訳

Masculin/Féminin II

Dissoudre la hiérarchie

明石書店

男性的なもの／女性的なものII

序列を解体する——目次

序文　女性という生き物　11

第一部　今なお続く固定観念

第1章　女性の頭　34

第2章　女性の危険性について　49

第二部　批　判

第三部　解決策と障壁

第3章　民主主義は女性を女性として代表すべきだろうか――――260

第4章　障害と障壁　女性の身体の利用について――――287

第5章　障害と障壁　母性・職業・家庭――――356

・本文に付された数字のみの番号は原注を示す。

・〔　〕内は訳者による注および補足である。また、説明が長文になる場合には本文に〔＊〕印を付し、各左頁に「訳注」として示した。訳注は初出のみに示している。

序文　女性という生き物

私は一九九六年にオディール・ジャコブ社から『男性的なもの／女性的なものⅠ　差異の思考』〔本書の第Ⅰ巻〕を出版した。そこでの主題は、世界における女性の抑圧的状況――この抑圧はある場所では容赦なく絶対的なものであり、別の場所では、現代西洋世界におけるように、より隠蔽されたかたちで行われている――を社会学的に検討することよりも、一人の人類学者として、差異の思考について考察することにあった。つまり、無条件に何ら序列的なものを伴うわけではない男女の差異が、原初以来、世界のさまざまな社会でどのように考えられてきたのかを考察すること、男性たちがこの単なる差異を、あらゆる場所で、つねに同じ方向で、序列として概念化し表現してきたのには、いったいどのような必然的かつ恒常的な条件があったのかを探求することにあった。本書では、当時明らかにしたメカニズムの全体を再検討するつもりである。しかし、私には、とりわけ二つの大きな不満が残っていた。

二つの不満

一つ目の不満は、私が用いていたような次第に根源へと遡る論証によると、差異の表象における男女の序列――それは身体が生成するものの客観的で具体的な性質の観察に基づいている――の究極の根源は次の事実にあることに起因していた。すなわち、男性は自ら同意した活動において、意志的に（あるいは偶発的にしろ）血を流すのに対して、女性は自らそれを防ぐことができずに血を流すという事実である。しかし、よく考えれば、これは私たちの頭の中に、「能動的な」性質は「受動的な」性質よりも価値があるとする序列的象徴体系がすでに存在することを前提にしていた。ところが、この序列化された象徴的価値付与は、普通は男女の性差を観察した結果でしかありえず、観察に先立つものではない。実際、この性差の観察こそは、私たちが思考するときに用いている抽象的にしろ具体的にしろあらゆる二項分類の根源にあるのだ。しかしながら、私は前著で、この序列化された価値付与を説明するために、男性支配をもはや頭の中だけでなく、具体的に身体の中に、とりわけ女性の出産能力の中に位置づけておいた。男性には女性の特性である出産機能を明白かつ持続的に自らの占有物にする必要があったからである。それは嫁交換や婚姻の法則といった男性どうしの合意によって法的に達成される。こうした占有は、女性にとっては一挙に自由の喪失を意味している。しかし、さらに先まで考えを進めるべきではなかっただろうか。

二つ目の不満は、私が示した全体像では、歴史的に、そしてまた、そう考えてよいと思うが、現在も、人間の住むところではどこでも、同じ原因から同じ結果が生じていて、したがって、この全体像は恐ろしいほど抑圧的な構造を示しており、そこから逃れるのは困難に思われたことにあった。前著はこの点を批判された。そこで、私自身も次のような問いを立てた。すなわち、現在の序列を逆転するのではなく――逆転したところで何の意味もないだろう――、実践においてはもちろん、とりわけ思考においても、徐々に平等に到達することが可能になるような有力な手段はどこに見出せるのかという問いである。

こうして私は、この問いについての考察を続けてきた。そして、そう願っているのだが、前進したと思う。本書は、いわば『男性的なもの／女性的なもの』の第Ⅱ巻であり、「序列を解体する Dissoudre la hiérarchie」という副題がついている。最初私は、「序列の解消 Solutions de la hiérarchie」にしようと考えていた。“solution”という語には多くの意味があるからだ。問題の「解決」、障害の「解除」、そしてまた“solution de continuité”という表現には、決定的で修復できない「断絶」という意味もある。しかし、おそらくこの多義性は読者にすぐには理解してもらえなかっただろう。こうした観点から、「序列を解体する」には、一つの計画としての響きもあり、より効果的な副題であると思う。「差異の思考」が一種の事実確認であったとすれば、「序列を解体する」は現在の、そして今後の課題を示すものである。

いったいどんな理由で人類全体が、男性的なものに価値を与え女性的なものの価値を貶める思考体系を発展させ、それを行動や現実の状況に反映させてきたのだろうか。女性という性は、人類をはじめとする有性の生き物が帯びている雌雄という二つの形態の一つであり、したがって、その「社会的劣等性」は生物学的に根拠のある与件ではないにもかかわらず、なぜ女性の状況は二義的で、過小評価され、制約されているのだろうか。それも普遍的と言えるやり方で。もちろんそこにはさまざまな違いが観察される。カラハリ砂漠のクン族[*1]とナミビアのヒンバ族を比較すると、あるいはまた、トゥアレグ族と中国のハン族を比較すると、女性の置かれた状況や女性についての社会的表象は同じではない。クン族やトゥアレグ族のようないくつかの民族では、たとえ一方では男性の分担する仕事に高い価値が与えられ、他方では女性は男性の名誉を託された者としての身分を免れられないといった男性優位が認められるにしても、外見上はそれぞれ序列や制約のない相補性の体系を呈している。

女性は本質的に弱いのか

一般に男性支配の理由として挙げられるのは、妊娠や授乳、子どもを連れて移動するときの女性の身体的な弱さである。確かにこうした説明には考慮すべき点がある。しかし、それだけでは不十分であり、ましてや、それだけが唯一の理由ではない。こうした特別な一時的な弱さと女性全体が生涯を通して男性に従属させられることの間に因果関係はない。しかも、そこでは活動の種類や個人の能力差は問題にされない。たとえ弱さが保護を必要とするにしても、必然的に服従をもたらすというものではない。

こうした自然主義的・機能主義的な説明に次いで、広く行きわたっている他の二つの論法にも異議を唱えたい。一つは本質主義者の錯誤である。それによれば、一つの性質、女性的な「本質」が存在し、それは不完全なものなので、あらゆる点での服従が正当化されるというのである。こうした本質主義の立場による、まやかしの、しかも根強い説明に代えて、私たちは、自分たちがそうあってほしいと思うような現実を構築するために、具体的な目に見える与件に象徴的な操作を施すのだという考えを採用する。もう一つの論法は、支配を暴力、つまり物理的な強制力だけで説明する。この説明は、歴史上、女性が権力をもっていた時代（原初の母権制）が存在したという思い込みによって補強されており、女性がもっていた権力は暴力によって、そしてしばしば女性の無能力のゆえに奪取されたというのである。ところがこれは神話にすぎず、神話は現在の状態が存在するためには、それ以前の状態を覆さねばならなかったと想定して、現在観察されることを説明するのである。歴史的に、もはや神話ではなく、女性的なものの決定因のうち出産能力だけがことさら崇められていた時代は確かに存在した。しかしこれは、男女の身分が平等であったことを意味するわけではない。いわんや身分の逆転を意味するものでもなかった。女性の代わりに母親を立てたところで、結局は、女性に母性という唯一の機能を割り当て、女性の人格を抹殺することになってしまう。

以上の三つの説明はしばしば結合されている。すなわち、女性は本質的に不完全であり、生理的な弱さはその一要素であって、この不完全さのゆえに、母権制は失敗したのであり、男性が行使した暴力はこの不完全さをコントロールするためであったというわけだ。そこにはすぐに見抜ける内部矛盾

＊訳注1　民族名であることを示す表記上の慣例に従って、「族」を付けた。

があるにもかかわらず、こうした説明がなされてきた。実際、もし女性が本質的に虚弱で不完全であるとしたら、女性がもっていたとされる権力を奪い、女性を屈従させるために、どうして男性には暴力が必要であったのか理解しがたい。ましてや、こうした本質的な弱さにもかかわらず女性が支配的地位を獲得できたなどということはほとんどありえない。三つの説明の組み合わせには、それぞれの説明の無意味さが萌芽として内包されている。

太古以来の見方

不平等は自然の結果ではない。それは、すでに人類の原初から、顕著な生物学的事実の観察とその解釈に基づく象徴作用によって確立された。最も進歩した西洋社会においてさえも現在なおも存在する二分法的思考や社会秩序は、こうした象徴作用によって築かれている。それは太古以来の見方であるが、だからといって不変であるわけではない。太古以来のというのは、この見方は、私たちの遠い祖先がヒト化する過程において、唯一の観察手段であった感覚によってもたらされた情報に基づいて形成した思考の働きに左右されているからだ。というのも、こうして形成された表象は根強いものであり、さらに、わざわざ呼び覚ましたり、検討したりするまでもなく、私たちの思考において作動するからである。私たちはそうした表象を子どもの頃から天賦のものとして授けられ、また同じようにして伝達していく。だからといって、それは根絶不可能だろうか。そうではない。確かに比較的最近のことであるにしても、観察の手段が大きく変化したために、出発点となる現実の与件そのものが変化したのである。十八世紀の終わりには配偶子〔卵子と精子〕が顕微鏡で見られるようになり、ここ数十年の間には遺伝子が登場した。これらは、後で見るように、男性的なものと女性的なものの象徴的関係に現在起きている、そして将来起きるであろう変化にとっての基本的な知識である。もっとも、それには次の条件がなければならない。まず、人間を理解するためのこうした新しい方法がなぜ男性／女性という対(つい)における従属関係と関連しているのか、その理由を意識することである。また、こうした新しい方法が、生殖には男女双方の生殖細胞が貢献していることを前面に押し出すことによって、男性／女性の伝統的な関係を断ち切るのにどのように役立ちうるのかを理解することである。そして最後に、私たちの遠い祖先たちによってなされ、それ以来反復されてきた観察に基づいて形成された思考の特権に対して、個人として、また、集団として闘うことである。

こうした祖先たちの観察は、身近な環境で感覚を通して観察可能なことに基づいていた。数千年にわたるホモ・サピエンスの形成期に誕生した思考は、これらの観察とそれに意味を与える必要によって飛躍を遂げたが、それは対にして分類するという最初の知的操作を出発点としている。事物は、確認された特徴に基づいて処理され、対にされる。形成期のホモ・サピエンスが長期間にわたって観察した生き物は、まず彼自身であり、背丈、体重、体毛、形体、色など、一人ひとり異なる彼の仲間であり、裸眼で見ることのできる周りの動物すべてである。分類は同じ一つの事実に突き当たる。すべての種は、種と種の間で、また、それぞれの種の中で、どれほど互いに似ていなくても、一つの恒常性、思い通りに変えることも拒絶することもできない恒常性、すなわち性差によって二分されているという事実である。それぞれの種は、解剖学的・生理学的には同じ構成要素をもちながら、性的に異なる体液を生成するのである。

同じものと異なるもの……

私は、この性差こそが、発話主体から見て同じものと異なるものを区別する分類体系全体の客観的かつ動かしえぬ基盤であると考える。この二分法は、私の見解では、人類の意思では左右できない性差についての原初の観察から生じている。二分法は、あらゆる社会のあらゆる思考体系の中心にある。実際、あらゆる思考体系が二分法的カテゴリーによって、具体的な性質のものであれ抽象的なものであれ二項対立によって機能しており、そうした二項対立には、とりわけ具体的な性質のものには、男性的なものと女性的なもののしるしが含まれている。こうした普遍性は、人間のもともとの起源がどうであれ、一つの同じ原因があることを物語っている。それは、すべての人にとって同一であるような生まれつきの脳内配線にあるというよりは、観察された恒常的特徴がこの脳内配線の形成にもたらした結果にあるのである。もし私たちに性別がなく、男女による生殖というこの特別な生殖形態に服していなかったなら、おそらく別の思考の仕方をしていたであろう。性差の知的把握はこのようにあらゆる思考の表出そのものと同時に行われるように思われる。

私たちの文化においては、たとえば次のような一般的対立関係のうちに、男性的なものと女性的なものという性質が交互に含意されている。熱／冷、乾／湿、能動／受動、粗い／滑らか、硬／軟、健全／不健全、速い／遅い、強い／弱い、好戦的／平和的、有能／無能、明／暗、動／不動、外部／内部、上位／下位、冒険好き／閉じこもりがち……、さらにまた、抽象的／具体的、理論的／経験的、超越的／内在的、文化／自然など。

そうはいっても、ここにあるのは他者性の確認、二者間の差異の確認以外のものではない。対照的だが価値は同じであるはずの諸項を二つずつ対立させるこのありふれた均衡関係のただ中に、なぜ序列が、不平等のしるしである序列が侵入してきたのだろうか。なぜこの序列は、終始一貫して、男性的なもののしるしがつけられたカテゴリーを上位に置くようにつくられているのだろうか。カテゴリー間の序列が社会によって異なることはある。たとえば、能動／受動あるいは太陽／月の場合であるが、価値づけが実際に二つの組み合わせのうちの一方の項から他の項へ移行することはあっても、価値を与えられるのはつねに男性的なものなのである。

……そして、男女の示差的原初価

これらの問いに答える前に、まず、私が「男女の示差的原初価」と名付けているもの、それは一方の性による他方の性の支配であり、同時に、一方の性の重視と他方の性の軽視であるのだが、こうした示差的原初価の成立について考えておこう。私が男女の示差的原初価に気づいたのは、親族体系の研究[2]においてであるが、この男女の示差的原初価によって、男女の関係は、一般に親／子、年長／年少というモデルに基づいて、より包括的に言えば、時間的な前／後関係のモデル――そこでは世代間の違いの原則に従って、先行性が優位にありかつ権威をもつ――に基づいて構築されており、単なる相補性のモデルに基づいているのではない。レヴィ＝ストロースの理論によれば、社会的なものの基盤は近親婚（インセスト）の禁止、[＊2]外婚制、集団どうしを結ぶ合法的関係（婚姻）、性別役割分業であるが、それらが確立されたとき、男女の示差的原初価はすでにそこにあったのである。レヴィ＝ストロースは、事実についての民族学的観察――そこではそれほど例外に出会わない――に基づいて、近親婚（インセスト）の禁止を、男性が自分の血族集団の娘や姉妹を性や生殖の目的に用いることを放棄し、他の集団に属する男性の娘や姉妹と交換することで、平和で規律ある社会の前提条件を確立するものとして提示する。[3]しかし、男たちが互いに自分の集団の娘を交換するためには、このときすでにその権利が認められ、権力をもっていなければならなかった。もしこのとき同時に、こうした支配を正当化する男女の示差的原初価がそこになかったならば、私たちは両方向の交換を行う社会、男女を同数ずつ、想像しうるさまざまな種類の規則に従って交換する社会を目にしているに違いない。ところが事実はそうではない。要するに男女の示差的原初価は社会というものの源泉においてすでにそこにあったのである。それは、上に記したその他の条件、現在も依然として機能している社会的なものの条件を束ねる縛りであり、この縛りがなければこうした条件は成立していなかったであろうと私には思える。

原初の観察の強固な基盤

同様に、私たちの遠い祖先によってなされた観察の原初の強固な基盤には、他にもいくつかの要素が含まれていることに留意しなければならない。たとえば、生命には死が伴うこと、温かい血液は生命を含意し、女たちが失う月経血は男に比べて女の熱が不足していることを示していること、出産には性交が必要であること、すべての性行為が必ず生殖につながるわけではないこと、両親が子に、兄姉が弟妹に先行すること、女性は自分と同じものを再生産するが、また同時に自分とは異なる身体をつくり出すという法外な能力をもっていること。まだ他にもある。

ここで最初の疑問に戻ろう。同じものと異なるものを言うのに用いる分類カテゴリーの核心にどうして上下関係が設立されたのかという疑問である。一つの答えは、完全なものではないが、均衡の概念は抽象的な概念であり、自然には存在しない、したがって恒常的に探求されるべき対象であるという点にある。この理由により、二分法的カテゴリーはつねに価値において不平等なのである。

二つ目の疑問、すなわち、なぜ一貫して男性的なものに価値が与えられるのかという疑問に答えるために、私はまず、次のように考えた。改めて記すと、序列の起源は差異のいくつかの指標の観察の

＊訳注2　近親婚（インセスト）の禁止とは、いわゆる近親相姦（親と子、兄弟と姉妹が性的関係をもつこと）自体の禁止ではなく、集団内の女性との結合の禁止、言い換えれば集団外の女性との交換、すなわち外婚制を意味している。

中に暗黙のうちに含まれていると考えたのである。月経によって血を失うことは受け身のものでしかないがゆえに、女性的なものへの価値は否定される。それに対して男性的なものの価値は、自ら血を流したり他人の血を流したりといった、生物学的な現象を自分の意志で左右できる能力に関わっているのだ、と。[4]しかし、これは受動性（女性的なもの）よりも意志（男性的なもの）への価値付与がすでにあらかじめ存在することを認めている。したがって、こうした心理的な解釈は考慮に入れうるとしても、というのも、知的分類にも情動や感動を欠くことができないのは明らかであるからだが、それでもやはり、序列を生じさせる有効な動因はそこにはない。

民族学、古代哲学、伝承文学の光に照らして見ると、父や兄弟による娘や姉妹の占有という社会システム——彼らは妻を取得するために身内の女性を自分たちの自由に用いるのである——と並行して、このシステムを正当化し、女性のもつ男女両方の子どもを産めるという不思議な能力を概念レベルで剝奪する思考装置が存在するのがわかる。この思考装置は男性に主役を割り当てるのである。生殖に関し、すべてがもっぱら女性だけに由来すると考える社会はほとんど存在しない。逆に、母系制社会も含めて、しばしば女性は容器（子宮）、あるいは伝達媒体——たとえば、マリアの耳から受胎し脇腹から放出されたというイエス誕生の表象におけるように、時として閃光のごとく通過する場——といった役割に還元される。最も多いのは、価値のある主要な貢献は男性からもたらされるにしても、生殖には両者が共に貢献しているという見方である。アリストテレスの場合を見てみよう。彼によれば、女性は単なる質料〔素材〕にすぎず、この質料は男性の精液に含まれるプネウマ〔ギリシア哲学で、人間の生命の原理をいう語〕の力で支配され制御されることがなければ、無秩序に異常に繁殖する。女性の未分化で不透明な質料に対して、プネウマが生命や息吹、精神、人間の形相、アイデンティティといった貴重な価値をもたらすのである。[5] こうした考え方は、当時の信仰に基づいて生み出されたもので、アリストテレスだけに見られるものではない。

古くからの慣習が残っている社会においてはどこでもほぼ同じ考え方が見られる。こうした女性の能力剝奪のイデオロギー装置は、人間の体液（その性質・役割・生成）、人体における熱／冷の関係、生殖行為の結果を左右し改善するための食事療法や養生法などについての洗練された理論化を伴っている。

本来、女性にそなわっている出産能力を女性から剝奪するこうした表象が、顕著に、ほぼ普遍的に見られることとは、序列化の動因がまさしくそこに、すなわち、女性の出産能力の占有と男性間での分配にあるということを十分に示していた。女性は集団の存続にとって最も必要な財産と見なされていた。生殖を担う女性がいなければ、もはや未来は存在しない。子宮内での生育、生まれてからの授乳、身体的自立の習得、これらに必要な時間を考えれば、否応なく一つの結論が出る。すなわち、男たちは欲しいと思っていた果実が自分のものではなく他人のものになるという憂き目を見る危険を冒さないためにも、女性を占有する必要があったのであり、集団内で女性が不足したときに、略奪のための急襲でもはや死の危険を冒さずにすむためにも、相手集団との交換という社会的関係が必要であったのだ。サビニ族の女に対する絶えざる誘拐は死をも賭した競技であった。イギリスの民族学者、エドワード・タイラーが十九世紀の終わりに、人類は非常に早い時期から、集団の外で結婚するか集団の外で殺されるかを選択しなければならなかったと明言しているが、[6] これは正しい。外婚制という社会的法則は、こうした非常に有益な「人的資源」の交換を戦争や略奪と同じくらい戦略を要する熱狂的な競技にしたのだが、取引の中で女性たちの戦利品としての性格が失われることはなかった。女性は戦利品、獲得物、交換や操作の対象物であって、それを所有する者、あるいは自分の思うように使う権利があると思っている者にとって対等な権利をもつパートナーとして見なされることは決してない。こうした女性の占有が全面的な効果を発揮するために、この占有を支える大きな原動力となるのが、右に述べた女性の生殖能力の否定である。この否定は生殖に関する概念装置のただ中で行われる。この概念装置は、因果関係を逆転することによって女性の占有を正当化し、社会的に高貴なものと見なされる仕事から女性を排除し、誹謗中傷に基づく一揃いの価値判断を樹立することを正当化する。こうしたことは、われわれ西洋社会も含めて、現在も相変わらず行われている。

以上のように、女性に対してなされたこうした出産能力の剝奪には、原初の強固な基盤の観察に基づくいくつかの考察が主要な役割を演じたのがわかる。第一の考察は、私たちが「法外な」と呼んでいる女性の能力、男女両方の子どもを産出する、つまり単に自分と同じものだけでなく異なるものもつくり出せる能力の理由を見つける必要から発している。いったいどうしてそんなことが可能なのか。まだ配偶子の出会いについて知らない人類にとって、これは本質的な疑問である。一つの答えが、すべての場合に、圧倒的多数の場合に、優勢であるが、そこでのイデオロギーは、生まれてくる子どもの性について何らかの人間を超えた力の意志の結果だとはせず、女性が息子を産むのは、男性が女性の中に息子になる種子を蒔いた証だとするのである。女性はそれを体内で保護し、そして産み出すだけである。もう一歩進んだのがアリストテレスの説で、性交が成功すると、精液が女性の質料に男性的要素を与え、息子が生まれるが、そうでなければ、同じもの、つまり娘が再生産される。アリストテレスにとって、娘の誕生は第一の怪物性である〔『動物発生論』第四巻第三章。本書第I巻第8章〕。それは、絶えず繰り返される力の対決における男性的なものの敗北のしるしであり、その理由は年齢（若すぎたり、歳をとりすぎていたり）や、天候、栄養、体位などに関連した特別な欠損によるものである。

別のもっと容赦のない考察からは、妊娠し出産できるのは女性だけなのだから不妊の責任ももっぱら女性にあるという、これもまた広く行きわたっている説が導き出される。時には、女性のこうした怠慢は女性につきものであり自然であるにしても、その場合は男性の力によって強制し、強要しなければならないとされる。たとえばナバホ・インディアンはこのように考えている。[7]

一歩前進——男性には息子はつくれない

本書の第I巻以後、民族誌学的事実や言説分析を手がかりに、私の考えはさらに一歩前進した。女性の出産能力を占有し、女性を男性間で分配し、集団の維持や生殖／再生産と結びついた家事労働の中に閉じ込めること、そして同時に、女性に関わるすべてを過小評価すること——しかも、無理やり屈服させた女性を無知のままにとどめおくことによって、従属への同意を得るのである——、こうしたことが必要とされるのは、女性が男女両方の子どもを産む特権をもっているからというよりも、もう一つ別の、非常に近いが、しかし異なる理由によるものなのである。

自分と同じものを再生産するために、男性は女性の身体を媒介にすることを余儀なくされている。男性は自分では息子がつくれない。この無能力こそが女性の運命を定めるのである。ついでに言えば、女性の屈辱を決定づけるのは、ペニス願望ではなく、男性には息子がつくれないのに女性は娘をつくるというこの途方もない事実なのである。この不公平、この不思議が、他のすべてのことの原因である。人類の起源以来、あらゆる人間集団で同じようなかたちで生じた、私たちが「男性支配」と呼んでいるものの原因なのである。

他者性なき楽園

証拠はいろいろある。まず、世界は出発点においては素晴らしかったが後に堕落したとする非常に多くの神話。この素晴らしい世界とはどんな世界だろう。それは、一方に女性、他方に男性という、男女別々の自立したいくつかの部分からなっていた。そこでは皆が同じ能力、同じ生活様式を享受し、男女それぞれの集団が自分と同じものを再生産していた。原初の世界の調和は他者性の不在の中に存在する。それが後に、何か暴力的な出来事、いわば絶縁破壊[*3]によって損なわれる。たとえば西アフリカでは、この破壊は男たちの欲望によって引き起こされ、物語ではその理由は説明されていないが、欲望が男たちにその平穏な状況を不満に感じさせるのだ。彼らは遠征中に出会った女の身体が利用できることを発見する。もちろん生殖のためではなく、快楽のための性交である。女も同意する。創造神がこれに腹を立て、何度か警告した後に、それまで男女別々に暮らしていた集団に、美しい調和の喪失という犠牲のもとに、一緒に生活することを強制し、さらに、男たちから息子を孕み、出産するという能力を奪う。これが、失楽園の神話である。

別の神話は、世界の他の地域で同じように多く見られる神話だが、現在の人類以前の人類、つまり男女による生殖と共同生活がもたらした災厄以前の人類が暮らす孤立した地域が残っていたことを伝えている。たとえば、絶海の、女の孤島の神話によると、ある遭難者が発見するのだが、その島では処女生殖によってか、あるいは、風や太陽、植物……による受精のおかげでか、女だけで自分と同じものの再生産を続けていたという。

こうした創世神話と並んで、もっとずっと現代に近い言説も存在する。ナポレオンは民法典で女性の市民的・政治的権利を認めない理由として、女性は夫に所属するものであり、その義務は夫のために息子を産むことであると説明する。アルジェリアのイスラム救世戦線の副総裁アリ・ベンハッジはもっと露骨に宣言する。「女は男たちを再生産する者である。女は、物質的な財ではなく、男のイスラム教徒という本質的なものを産み出すのである」[8]。女性は女の子も産むし、女のイスラム教徒も産むという事実が忘れ去られている。しかし実際には、そんなことは重要ではない。確かに娘は必要であるが、女（いわばアリストテレスにおける質料のような、類としての女）の身体は、男たちをつくるために通らなければならない必要悪であり、付随的に女もつくるが、彼女たちには将来男たちを再

＊訳注３　絶縁体に加わる電圧を増していくと、ある限度で突然、絶縁性を失って大電流が流れる現象で、機器の破壊や、その他の災害の原因になる。

生産する者という以外の固有の現実はないのである。

どうしても息子が欲しい

私たちは、多くの民族が息子の誕生に重きを置いていることを知っている。そこにはイデオロギーが絡んでいる。人々がぜひとも息子を欲しいと願うとき、インドや中国のように人口が厳しくコントロールされている国では、女の子の誕生が著しく不足することになる（現在、これらの国の男女比は一一七対一〇〇）。これは、超音波による検査で女の子だと判別された胎児が中絶されたり、生まれた女の子が間引きされたり、さらにはまた孤児院に捨てられたりするという事実に起因している。――これらの孤児院について、フランスでは「大勢の子どもが死ぬ場所」といった、つまり、性別を明らかにしない中立的な話し方をしているが、収容者の九八パーセントは女の子で、残り（二パーセント）が身体的または知的障害を理由に両親に捨てられた男の子なのである。これは、女性自身がイデオロギーの力によって、また、自らそれを内面化することによって、女性を男の子を産むための道具にしているシステムに同意しているからである。最近もまた、ロシアでの子どもの誕生に関するテレビ番組で、女性たちが「夫を喜ばせるために」男の子を産みたいと願っているのを見せていた。というのも「家族が息子を望んでいるんです。息子は跡取りですから」[9]。ほんの数語の中に、すべてが語られている。

したがって女性の運命は、人間が意識によって思考するようになって以来、次の二つの点に基づいて決定されたと思われる。一つは、序列化され価値づけされた二項対立の思考を出現させることになる性差の観察。というのも、この二項対立にはそれぞれ男性的なものと女性的なもののしるしが含まれているからである。もう一つは、男性は自分と同じものを再生産するためには女性を媒介にしなければならないという事実であり、それが、女性を占有し、この再生産という任務に隷属させ、さらには劣等視することにつながっているのである。

主要な手段――避妊の権利

それでは、この抜き差しならない状況から抜け出すことのできる強力な手段は何だろうか。すぐにも結論は出る。女性には後見人が付けられ、男性と同じ法的に自律した人としての身分を剥奪され、再生産者という身分を押しつけられ、そこに閉じ込められているのであれば、この領域における自由を取り戻しさえすれば、女性は尊厳と自律を同時に獲得するであろう。避妊の権利とそれが前提にしているもの――同意の必要、配偶者を選ぶ権利、一方的な離縁ではなく法に則った離婚の権利、法定婚姻年齢以下の娘を結婚させることの禁止など――、つまり身体の自己決定権こそが解放の主要な手段となる。なぜなら、それは男性支配が生じた場のまさに核心に作用するからである。これが第一段階である。もしすべての女性がこの最初の一段を上らなければ、他のすべてのこと――政治ににおける男女同数代表（パリテ）、教育への平等なアクセス、企業における職業・給与・昇進の平等、人々の考え方や風習における女性への敬意、家庭におけるさまざまな仕事の分担などの要求――は、いかにそれが必要で意味のあるものであれ、重要かつ永続性のある効果をもつことはありえない。

これがこの本の論拠、というか、主要なメッセージである。

本書の構成は三部に分かれている。第一部「今なお続く固定観念」では、女性の「劣等性」を正当化するために今日でも私たちの社会で用いられているいくつかの（ほんのいくつかであるが）主だった論拠を検討する。まず、第1章「女性の頭」では、女性の劣等性を確立すると思われている脳や認知における男女の有意差の研究を問題にする。第2章の「女性の危険性」とは、女性に由来すると見なされている危険性のことである。たとえばアフリカではエイズウイルスによる男性の感染は女性に原因があると思われている。また逆に、そしてこれは必ずしも矛盾しないのだが、思春期前の処女であれば、男性はその娘と関係をもつことで病気やウイルスを追い払うことができると考えられている。残りの二章のうち、第3章では女性への暴力について、第4章では内在／超越の関係について、とくにシモーヌ・ド・ボーヴォワールの考えの根底にある内在と超越について扱う。

第二部「批判」は三章からなり、第一部で見た状況を批判し、女性の権利についてだけでなく、ある種の介入権についても問題提起する。より正確に言えば、この分野におけるあらゆる介入をあらかじめ拒否するために広く用いられている文化的差異という論拠について考察する。ところで、そこにあるのは、各民族には男女関係についてのそれぞれ固有で独特な見方、構築の仕方があるのではないかという意味での文化的な特殊性ではまったくなく、逆に、男性の特権の上に築かれた社会を維持するための基礎であると考えられている男女の区分と序列を維持しようとする、画一的で偏狭で全面的な、つまり政治的な配慮である。

第三部「解決策と障壁」では三つの解決策と二つの障壁について検討する。まず、出産や生殖をめぐる人間のこれまでの行動に根ざした幻想的な解決策（生殖がもっぱらクローンによって確保されるような社会とは一体全体どんな社会であろうか？）。次の章では、最近現れた根本的な解決策、すなわち避妊を取り上げる。これは男性的なものと女性的なものというカテゴリー間の関係を根本から覆すものである。最後に取り上げる解決策は、政治的平等の問題に関して、十九世紀から今日にいたるまでに提起された、とくにフランスで起きた議論を中心にたどる。障害については、まず、買売春に一章をあてている。そこで中核をなしている見解は、買売春では客ではなく売春婦が非難されるが、これは男性に与えられている絶対的な権力、男性の性的衝動とその表現（ここでは恋愛感情を問題にしているのではない）における自制心の欠如、さらには女性の身体は誰か他の男が占有し嫉妬深く監視していない限り皆のものであるという潜在的な考えから必然的に生じる結果であるというものである。強姦、「輪姦」、買売春は、こうした決して表立って表明されることのない複雑に絡み合った考えが具体的に現れたものである。私は、この章で、売春を特別視せずに他の職業と同じ一つの職業として見なす傾向、ドイツやオランダでは合法化されているのだが、そうした傾向に反対する立場を取っている。現在EUでは、こうした買売春を特別視しない見方を他の加盟国にも法的に拡大しようとする動きがある。そんなことになっては一大事である。こうした合法化は、男性が性的衝動を思うままに満足させることを許す圧倒的な権利を合法化することであり、女性に避妊の権利を承認して、尊厳と自律、そして人としての法的身分を与える措置を講じることとの間には、深刻な矛盾があるからである。最後の章では、職業、家庭、そして、とりわけ広告、映画、芸術などによって表現される思想や表象の世界において、解決すべき問題が残っている分野について扱う。ここではまた母性についても扱う。また、西洋近代が獲得した諸成果の西洋以外への普及についても問題にする。この章は、当然議論の余地を残すものとなるが、新たな研究への道を拓くであろう。

現代世界を対象としている本書においては、ジャーナリズムに重要な位置を与えたが、それは私たちが共有する情報、知識、表象の源として考えられると同時に、人類学における現地インフォーマントの言葉と同様に信頼に値する言葉として考えられるからである。

ここでジャンヌ・ベニシュー、エリザベート・グラフ、そして娘のカトリーヌ・イザールの三人に謝辞を述べさせていただきたい。彼女たちが与えてくれた精神的支え、知的論評、そして実践面での助力はさまざまな意味で私にとって必要不可欠なものであった。

第一部　今なお続く固定観念

第1章　女性の頭

男性と女性は異なっている。命名し分類することによって思考する人類の長い黎明期からすでに、その差異は動かしがたいものとして現れていた。この差異は、解剖学的なものであれ生理学的なものであれ、感覚を通して直接的に捉えられていたのだ。男女は同じようにつくられてはおらず、分泌する体液も異なり、そのうえ、女性は定期的に出血し、それを妨げることもできなかった。いわゆる「第二次性徴」を生み出すホルモンの働きが攻撃性、声の響き、体毛、背丈、体重、体型などに影響を及ぼすのだが、こうした性差がホルモンの働きに起因することは知られていなかった。同じように、西洋においては、十七世紀末まで、生殖腺がつくる卵細胞や精子も知られていなかった。性分化をもたらす最も根本的な形質、すなわち、その他すべての性的特徴を支配する性染色体による遺伝的性については、予想することさえもできなかった。

私たちの思考に用いられているのはまさにこのような単純な動かしがたい差異である。なぜなら、それらが分類体系の源であるからだ。この分類体系は、同じものを異なるものに、同一者を他者に対立させることにおいて、観察に伴って生じたのであり、性差と同じく原初からのものである。私たちが用いている、量や価値といった、見かけ上はそれ自体もまた絶対的な概念を根本的に対立させる二項対立的カテゴリー（熱いものは冷たくない、一は多数になりえない、など）は、観察というこの基本的な体験に由来している。もしも私たちが男女に分かれていなかったならば、別の分類方式を用いて思考していただろう。もっとも、X染色体とY染色体の分岐が起きたのは三億二〇〇〇万年から二億四〇〇〇万年前であり、性別の秩序がいつの時代にも存在したわけではないことを思い出そう。したがって当然ながら、仮にこの分岐が起きていなかったならば、ホモ・サピエンスに匹敵する意識をもつ進化した種が、頭の中でどのように世界を表象し組織していただろうか、と問うこともできる。この二分法は普遍的であり、男性的なものと女性的なもののしるしが刻印された二項対立は、一方の極（男性的なもの）の担う価値が他方の担う価値より優位と見なされることにおいて、序列化されている。

なぜこのような序列と男性的なものによる概念的支配が生じたのだろうか。

男女両方の子どもを産めるという女性の特性が、男性の目には、根拠のない法外な特権にしか映らなかったからである。女性は自分と同じかたちだけでなく、異なるかたちもつくり出せるとは！　まさにこの理解しがたい女性の能力が、すでに見たように、生殖において決定的な役割を男性に与えるという重要な概念上の逆転を招いたのである。女性だけが子どもを産めるとすれば、不妊の責任も女性だけにあり、その場合には、彼女たちの中の女性なるものに働きかけて無理にでも子どもを産ませなければならない。あらかじめ性交がなければ妊娠がありえないとすれば、それは男性が子どもをつくるのに必要なものを提供するからである。つまり、女性が自分と異なるものを産むのは、異なるものが女性の体内に挿入されたからである。こうした考えを進めていくと、いくつかの表象体系においては、女性の生殖役割は、子宮という単なる通過の場か、男性が自在に人のかたちにつくり上げることのできる質料かに還元される。たとえば、完璧に構想されたアリストテレスの生殖モデル――古代ギリシアから遠く離れた多くの社会でも、実質的に同じ言葉でしかも厳密に同じ論法に沿って表されたものが見出せる――は、男性が自ら血を失わないがゆえにもつ熱の中に加熱処理の力を見る。この作用が生命を運ぶ血液を精液に変えるのである。精液は生命とそれに伴う熱と精神の形相の至高の媒体である。母親は質料を提供するにすぎない。質料は精液に含まれる男性のプネウマに支配され、管理され、調整されなければ、無秩序に異様に増殖するというのである。

生命の種子はどこからくるのか

これもまた大いなる疑問で、人類はさまざまな答えを出してきた。アリストテレスの生殖モデルやヒンドゥー教思想におけるように、食物が多少なりとも直接的に変化の道をたどり、神秘な錬金術を経て生命の種子を含む精液に変わるとされることもある。あるいは、精液は神かそれとも精霊から授かるとされる。あるいはまた、ニューギニアの象徴体系のように、まずは外部から与えられるもので、時おり、特別の食物の助けで補充し、うまく調整していかなければならないとされる。神から授かることもあるが、多くの場合は男性たちにより世代から世代へと引き継がれていくもので、与える者と与えられる者との間で厳密に定められた伝達ルールに則って、大人の男性が（口淫または肛門性交によって）少年に与える。[1]

さて、この授かりものはどこに蓄えられているのだろうか。西洋世界が継承した、私たち西洋の人間にとって最も身近な説明モデルに従えば、精液は骨に集まり、頭部に蓄えられ、次いで脊髄に沿ってペニスまでゆっくりと流れていく。この流れは性交時には急速に勢いを増し、男性から精液を「抜き取る」。レオナルド・ダ・ヴィンチは性交中の男女の正中断面図で精液の流れをこのように描いている。[2] 子どもを生み出す男性の性的能力は、いわば、男性の知的能力の証である。この二つの能力は精液という同一の媒体を用いている。

ところが女性の頭には精液はなく、空になっている。古代ギリシア思想においては、ヒポクラテスと彼の弟子たちが熱心に医学の面から唱えたように、女性の身体はこの頭部の本質的空洞によって特徴づけられており、それが女性の生殖器の移動を可能にしている。血液は若い処女の子宮をうっ血させ、溢れ出て心臓や横隔膜へ向かって突進し圧迫する。体内をさまよう子宮内の血液は勢いづいて子宮を窒息させる。というのも子宮口は口に、子宮頸部は首に対応しているからである。子宮の特性は移動することで、子宮が女性の頭という空洞に入り込んでいることもあり、それは最も純然たるヒステリーの典型だとされる。[＊1] このように、女性は子宮がある限りにおいてのみ頭があり、時には子宮と

＊訳注1　ギリシア語の「ヒステラ Hystera」は子宮を意味し、さまざまな身体的症状として現れるヒステリーの原因は体内を動き回る子宮にあると考えられていた。

頭を区別することが難しいとされる。

女性の場合には、子宮から口まで直通の回路が通じている。肛門から体内に吸引された燻蒸の煙は口から再び外へ出るものとされており、そもそものようにして、足下から上がる煙に囲まれて、デルフォイの巫女（みこ）ピュティアは、三脚床几に腰かけて、神託を告げる。こうした古代ギリシアの考え方によれば、鼻とペニスは同じものだというような、男性の身体において見られる類似性は、女性の身体には見られない。男性の場合、頭の中にある精液の保存場所から管が直接に鼻へ（そのためにくしゃみは性欲と関連づけて説明される）、そしてペニスへとつながっているのに対し、「女のすべては子宮にある Tota mulier in utero」〔ラテン語訳。ヒポクラテスの言葉〕の比喩のように、精液のない女性の頭は腹でしかないのである。

女のすべては子宮にある

女性は腹で考え行動する。古代ギリシアにはそれを主題とした図像表現がある。その一つ、バウボ〔＊2〕は土地の年寄り乳母で、性器そのものがあくびをしたり、笑ったり、もごもごと意味不明な言葉を話す猥雑な女で、頭と腹が一緒になった肉の塊でしかない[3]。

女性の体内には精液の代わりに、居場所も境界も見つけられないまま移動する子宮があり、博識で物事を合理的に捉える古代ギリシアの考え方においては、この精液の不在が、一方では、ヒステリーやうっ血した子宮頸部で血が詰まるのと似た首の締め付けによる首つり自殺を、他方では、女性の空の軽い頭についての日常的な言説において見られる侮蔑的な暗示のすべてを正当化する。たとえば、クロード・サロート〔一九二七－、作家、ジャーナリスト〕は、仕事をもつ知的な女性が子どもに恵まれない不運について、逆説的に「中身の詰まった頭、空の腹……つまり、連通管の原理である」[4]と冗談めかして書いている。確かに、私たちの解釈モデルの中に今なお生きているのは、この同じ古代ギリシアの思考法である。

女性の愚かさについて

実際、個人の資質や社会階層にむしろ関係する若干の例外はあるにしても、私たちの知る世界のさまざまな社会の女性たち全体について言えば、子どもを宿した腹と空の頭は完璧に同一視されており、それがあるために、女性が閉じ込められている家庭生活と直接に関係することを除けば、彼女たちが自分たちの生きる土地や時代を知り学ぶことは許されないのである。

とりわけ今ここで私たちが取り上げる西洋社会は、男性の力を男性の本質的な優位性に結びつけて、男性だけに許された権力の座と知の獲得を正当化する説明モデルを発展させてきた。エルザ・ドルラ

＊訳注2　ギリシア神話の女性。腹の部分が顔で、顔から直接性器につながるバウボ図像も多く見られる。

ン[5]〔一九七四―、パリ第八大学政治・社会哲学教授〕によれば、十七世紀には、性差の問題に関する著作が数多くあるという。しかしそれだけでなく、さらに、しばしば女性の品位を汚す女性蔑視的な文学作品（「腐った腹」や「死に至らしめる乳」をもつ「底知れぬほど愚かな女」）[6]がある。一方、女性の知的能力や、とりわけ精神力をめぐっては、異論の余地のない男女の同等性の明白な事実に関し、資料的に裏付けられた、論理的構成のしっかりした哲学的反論も見出せるという。

　ガブリエル・スュション〔一六三二―一七〇三、女性フェミニスト哲学者〕、フランソワ・プーラン・ド・ラ・バール〔一六四七―一七二五、デカルト派哲学者〕、マリー・ド・グルネ〔一五六五―一六四五、作家〕、アンナ・マリア・ファン・シュルマン〔一六〇七―一六七八、ドイツ＝オランダの画家、版画家、詩人、哲学者〕はそうした反論の主な著者たちで、論理とレトリックを駆使して、政治哲学の分野で彼らを誹謗する人々に対して論陣を張った。プーラン・ド・ラ・バールは、女性を蔑視する人々の主な論拠が、もしも女性に「学問や仕事をする能力があったならば」、男性は女性に道を譲っていたはずだという従来の規範に基づいた論拠であることを示した。マリー・ド・グルネは、男性が身体的に優れているのだから、他のすべての点においても優れているというような考えはまったく愚かだとしている。実際、力によって服従や隷属が正当づけられるとすれば、人間は動物の野蛮な力に屈しなければならない。理性をそなえていることが人間を動物とは異なるものにしているとすれば、この点から見て、人間という種の一部を排除することはありえない。であるならば、女性を無知と繁殖牝馬のような動物性の中にとどめおこうとするのは、意図的な排斥行為であり、この行為自体が正当化されえない。ガブリエル・スュションはどうかと言えば、彼女は、女性が置かれた隷属状態は、三つの重要な社会的「特権」からの意識的な排除――その代わりに、それらは男性だけに割り当てられている

――に原因があると指摘した。すなわち、「きわめて繊細なもの」である自由、「高尚で高潔な」学問、「輝かしい」権力の三つであり、女性から最初の二つを奪うことは、三つ目、すなわち権力を要求させないために絶対に必要な条件だというのである。驚くべき的確な分析である。この三つの剝奪は「当然の結果」とされていた。なぜならば、それを正当づけているものはすべて、身体的かつ知的無能という女性にかけられた嫌疑、つまり女性は「愚かだ」とする仮定にあるからだ。

こうした著作家たちの反論を前にして、私たちにとって重要な問いの一つは、なぜこれほど理路整然とした論理をもってしても論敵を説き伏せられなかったのか、とりわけ、なぜヨーロッパ社会において、人類の半分の利益にこれほど反する状況が成立し持続しえたのか、というものである。

確かに、これらの著作家には、こうした排斥行為――それが女性を家事、出産、ケアからなる家庭内の地位にとどめおくという明々白々な結果をもたらしたのだが――と、私たちがその存在を示そうとしている太古以来の表象全体、すなわち女性は男性の息子を産むための単なる素材であり、息子は父親の骨と頭蓋骨に蓄えられた、女性にはない精液によってつくられるとする表象との間の密接な関係についての考えが欠けていた。こうした考えは、彼らの頭の中にそもそも浮かびえなかったとしても、さらにそれを妨げていたのは、彼らが従わなければならなかったさまざまな規則である。当時の教条主義者らと同一の表現方法を用いて、少しでも自分たちの意見や思想を理解してもらえるように、偉大な作品にふさわしい理論的な、また礼儀にかなった修辞学的論争の規則に従わなければならなかった。結局、女性の教育や知識取得の要求は（自由や権利は問題にもならない）、このような状況では、哲学的論拠に頼るしかなかったのであり、広く普及している男女関係の表象を明らかにし、その分析を根拠にすべきであったが、そうはならなかった。そんなことは考えもつかない次元のことだったのであろう。

現代における男性優位の追求

女性の出産能力が女性を子宮につなぎ止め、子宮は女性にとって脳の代わりになるという複雑な思考プロセスに従って、一つの本質的な空洞を女性の劣等性の根拠にしていたこの昔の思考体系は、今日ではもはや通用しないとされているが、実際のところはどうだろうか。女性の脳は男性の脳と同じ場所にあり、かたちや、脳回、領域も同じであり、同じ能力をもち、同じ機能を果たすことは、すでに知られている。だがそれでも、ブロカ〔一八二四－一八八〇、人類学者〕は、頭蓋骨の大きさで脳の重さが異なることを根拠に、女性の脳が相対的に小さいのは、「女性の身体的および知的劣等性による」と博識らしく書くことができた。さらにその上をいくギュスターヴ・ル・ボン〔一八四一－一九三一、心理学者、社会学者、人類学者〕によれば、大部分の女性の頭蓋骨は男性のよりも、ゴリラのそれに近いという。こうした大きさや重さの基準が適切でなくなると、今度は、知能テストで男子と女子で知能に有意な差異のあることを立証しようとしたが、うまくいかなかった。結果は同じだったのである。それでもなお、相変わらず男性の優位を決定的に示してくれそうな差異が探し求められている。

男性の優位性は、今や、脳の構造のまさに中枢にあるとされる。脳組織と男性の精液が同じ性質のものでそれが女性には欠けているなどとは、もはや考えない。大まかに見て、脳全体の重さが知能を決定づけるなどとは、もはや考えない。今日では、ニューロンの構造自体の中に、男女間のいくつかの差異だけでなく、自然に（生物学的だから自然にというわけだが）、男女の対照的な行動をもたらす格差を見つけようとしている。そうした行動の中に現実化している男性的なものの優位性を見出すのは、以下で見るように容易である。

継承された進化の記録

この方向で、心理学者のドリーン・キムラ〔一九三三―二〇一三〕は、いくつもの議論を展開している。そこには個々の男女に見られる身体的・知的能力の差を、環境や、子ども時代に受けた異なる教育、生まれたときからその性に応じ与えられるモデルによるものだとする行動主義の諸説を覆そうとするねらいがある。キムラは、自らが選んだテストの結果から分類整理した諸々の男女の差異の原因を人間の脳に生物学的形質として遺伝的に記録されたことに帰する。それは人類の長い歴史の中で各々の性に割り当てられた活動によって性別に修正を施されたものだというのである。「男性は一般に、食料やパートナーを見つけるために、長距離を移動したり、家族集団を先導する責任を負ったりしていた。現代の男性は、おそらくこのような役割を強いられることはないにしても、私たちが継承した進化の遺産は変わらずに残っている」[7]。しかし彼女は、なぜ男性が家族集団を先導する責任を負うことになったのか、なぜ右の二つの理由（食料と性的充足）のために男性だけが長距離を移動しなければならなかったのかを、あらかじめ説明しておくべきだということには思いいたらない。ところが、先史時代の祖先の生活様式に最も近いと思われる、今日の採集・狩猟社会についての研究によれば、女性も男性と等しい距離を移動し、食料も、集団に必要な量の四分の三以上を女性が採集によって、しかも確実に安定的に調達しているのである。

同様の理由から、「男性は、ダーツを投げたり、投げた物をキャッチしたりするような能力では女性よりはるかに優れている」が、女性は「細かい運動調整力の必要な一連の動作」（たとえば、タイプや細かい複雑な部品の組み立てなど）では男性より敏捷である。また心的回転テスト[＊3]で、男性が女性より好成績を出すのは、同じく次の事実によるらしい。「ヒト類の社会における分業は、男性に対しては、長距離の航行に必要なさまざまな能力、とりわけ、心的回転において必要である、一つの場面を別の角度から識別する能力が進化するために、より大きな淘汰の圧力をかけたのではないだろうか。」そして最終的に、脳の認知マップができあがる。[8] それに反し、女性はものの保管場所を記憶することにかけては、男性より優れている。また数学的推論力テストでは男性の方が高い得点を出すが、計算を必要とするテストでは女性が勝る。結局のところ、キムラは、男女の有意差についてのこの飽くなき探究において、性別による子どもへの期待のかけられ方の違いや社会化の影響を否定して、彼女や同僚の研究者らが注視する持論に都合の良いテスト結果の中に、長い人類化（ホミニゼーション）の過程を通して、もっぱら男女の役割分担だけによって刻まれた影響を見るのである。しかしながら、彼女は、抽象が具体に、力が繊細さに、推理力が記憶力に対立するだけでなく、抽象、力、推理力が暗黙のうちに優位な規範として示されるという二重のイメージを、自らはそれに気づくことさえなしに、それとなく描き出すのである。そして「言葉の記憶」テスト[＊4]のように、女性が男性より良い結果を示したときには、キムラの一連の論拠によれば、目印の記録による記憶システムを優先させることは、それを用いることのない男性にとっては得にならなかったからだということになり、また女性が行う家事は連続する動作を繰り返し継続的に組織することが求められ、それぞれの動作を名付け記憶する必要があるが、男性が獲物を追うときにはその必要がないからだというのである。すべて素朴すぎる前提であり、正しいかどうかの証明が必要であろう。しかしキムラは、なぜ、すべての人間社会がある一定のタイプの性別役割分業を体系化したのか（普遍的に同一のかたちというわけではない）、と問うことは決してない。長期にわたるこの分業の結果は、彼女によれば、生物学的に私たち現代人の適性を決定するというのだが、このような単純な推論から、彼女は、性別分業は必ずしもそれを必要とする異なる適性があったからではないという仮説に、むしろ思いいたるべきだったのである。

＊訳注3　心の中に思い浮かべたイメージを回転変換する認知的機能を測るもので、具体的には回転角度をさまざまに変化させて二つの物体が同じものかどうかを判断するまでの反応時間を測定。

4　記憶すべき言葉のリストを一定時間示した後でどのくらい記憶されているかを見るテスト。

決して問われない価値基準

この種の研究の最新版が二〇〇〇年四月発行の『ネイチャー・ニューロサイエンス』誌に発表された。仮想迷路から脱出する男女の能力をＭＲＩ（磁気共鳴映像法）によって測定した研究論文である。[9]脱出に、男性は一四一秒、女性は一九六秒を要した。この差が生じたのは、男女が脳の同じ部位を用いていないからであり（女性は右脳の前頭葉の前方と頭頂葉、男性は左脳の海馬）、それによって異なる脱出戦略が用いられたのである。女性は、ワーキングメモリ〔人の脳にある、情報を一時的に保ちながら操作するための領域〕を覚醒状態にしておく色、光、感触といった手がかりや目印を、男性は、幾何学的な情報を用いていた。脳に性別があるらしいことを示すこの研究を行った人々にとっては、問題は、一方の性の他方の性に対する優位を決めることではなく、ただ、それぞれの性が脳を用いるときのそれぞれに固有の使い方を強調することである。それにこれらの特性はラットでの実験でも見られるらしい。海馬を切除されたオスは、メスよりさらに自分の位置を定めるのに苦労するだろう。これらの差異を訓練や教育による馴致の結果のせいにする環境学的批判を退けるために、論文の執筆者が冗談めかして書いているように、確かに、オスが餌を探しに出かけている間、メスは留守を預かって檻の掃除をしていたわけではない。効果的に笑いを誘うこの説明はさておき、動物の種が何であれ、また生存条件との実質的な関係もなしに、というのも、ラットはメスもオスも公平に餌を探しにいくからだが、性に起因する「本質的な」差異があるという考え方が暗黙のうちに潜んでいることを覚えておこう。ただし幾何学的な基準と感覚的な基準のどちらが餌探しに役立つかについては何も述べられていない。ところで、空間における単なる幾何学的な特徴よりも記憶しておいた目印を手がかりに食料を採取する女性と同様に、メスのラットの方が餌探しが上手だとしたら！

研究のこの最新状況が重要だということは認めてもよい。すなわち、これはおそらく他の生命維持に必要な器官と異なっている点であるが、脳には性別があり、構造上というよりは使い方に男女の違いがあり、それはラットについても人間についても言えることである。しかし巧妙にも序列がまたしても頭をもたげる。私たちの行為やとりわけ私たちの認知システムに指令を出すであろう脳の使い方の中に、新しい表象のもとで、さまざまな能力の表出の、相変わらず同一方向へ向かう序列の秩序が植え付けられる。『ル・モンド』紙の解説者は「男性優位論者は、彼らが直感していたことの一つ、方向感覚の良さは女性よりも男性の特性であることが科学的に確認されたことを知って喜ぶだろう」と書いた。抽象的かつ幾何学的基準を用いて、自分の位置を速く知る能力が、感覚的な基準をたよりにゆっくり時間をかけてそうすることよりも知的に優れているということが、誰からも暗黙に認められていなければ、単なる一つの確認事項に、どうして彼らが喜ばなければならないのだろうか。言うなれば、学術的言語においても、通俗的言語においても、疑われることのない基盤として、性別による二項対立的カテゴリーが支配しているのであり、そこでは、男性的なものが女性的なものより優位にあるのと同じように、幾何学的なものは感覚的なものより、抽象的なものは具体的なものより、速いは遅いより優位にある。こうした性別による二項対立的カテゴリーが学術研究をもその解釈をも根拠づけているのである。それは、研究者や解説者や読者の頭の中に確かに存在する与件である。それを基準にして、脳の優れた使い方とそれほど優れていない使い方があることになる。

ヒポクラテスによれば、子宮は女性にとって脳の代わりとなる。ラカン〔一九〇一－一九八一、哲学者、精神分析家〕は、女性は物事の本質、つまり言葉の本質からつねに排除されている。したがって女性は自分が何を言っているのかわからない、と述べていた。今日では、女性に脳があり言語能力があることは科学的に認められているが、性差別主義の新たな砦が、脳の使い方の中に、新たな序列化された差異を立ち上げる。そしてそうした差異を本質的で生まれながらのものと見なすのである。私たちが用いる解釈格子は、相も変わらず、私たちの祖先が感覚を通して捉えることのできたはるか昔の限定的な能力に端を発した、序列化された二項対立的カテゴリーによる太古以来の変わることのない解読格子なのだということを理解しなければ、事態は変わらないであろう。

第2章　女性の危険性について

「女性の危険性について」という両義的な章題をあえて用いたことをお許し願いたい。それは次のような意図からである。男性にとって危険は女性と関係をもつことから生じるが、他方、女性もまた危険にさらされているという二重の認識あるいは確信が絡み合った核心的な問題に注意を促そうとしたのである。ところが、世界の現状は、人類の大部分にとっては、第二の命題——女性は危険にさらされている——が真理であることを示しているにしても、やはり世論においては、第一の命題——女性は危険である——が、はるかに優勢であることには変わりなく、第二の断定された命題の真理を示すさまざまな行為を次のような言い方で正当化するのにさえ役立っている。すなわち、女性は、とりわけ男性にとって危険なので、束縛され、厳しく管理されねばならず、その生命が脅かされることすらありうるのだ、と。

出血　アリストテレスとガレノス

私たちは、ユダヤ・キリスト教の伝統のせいで、浄／不浄という古典的な対立表現に慣れているが、この対立は男性的なもの／女性的なものの二元論を反映している。このような伝統においては、女性は生来不浄と見なされるが、それは、月経や分娩時に最も多く、またそうでないときでも繰り返し出血するからである。どういう意味か。アリストテレス[1]による秘儀的な同語反復（トートロジー）的推論においては――知識を駆使したやり方ではもちろんあるが――、女性の本質的な不完全さは、生命の熱を運ぶ血液を失うことによる冷たさに由来する。女性は、この冷たさのせいで、出血しない男性なら容易に届く熱さにまで届かない。男性はこの熱で食物を血液に変えられるだけでなく――それは女性にもできることだが――、さらに熱することで、血液を精液に、つまりは、生命、息吹、形相、思考といった人間の本質を成す諸性質をそなえた精液に変えることができる。女性はこのような能力を欠くので、血液を乳に、言い換えれば、身体の素材をつくり維持するのに必要な食物に変えることしかできない。

女性は、まさにこの冷たいという理由から、アリストテレスにとっても、ガレノス〔一三〇頃－二〇〇頃、古代ローマ時代の医学者〕にとっても、「生来」劣っている。ガレノスはさらに、女性の生殖器は男性のそれと類似しているが、身体内部に陥入しているという不完全さによって、女性の劣等性を正当化する。熱の不足で、生殖器が男性のように体外に姿を現せないのである。女性とは、このように、指の部分が内側に裏返しになった手袋のようなものである。この短所が男性と女性に当てはまる外側／内側、外部／内部の対立を正当づけているが、それでもそこから一つの長所が生まれる。陥入した陰嚢は子宮となり、女性自身ではつくることのできない胎児を受け入れることができるのだ。

女性は冷たいので、食物を血液に変えることはできるが、それを精液に変えたり、完全に身体に同化させたりするのに必要な熱が不足している。女性はこの同化できなかった余分な血液を月経で失い、次いで胎児に栄養を与えて育て上げるために使い、最後に精液の出来損ないとも言える乳に変える。妊娠中や授乳中の女性に月経がないのはそのためである（今でもそのような信仰が残っているのが認められる）。平常の状態では、女性は質的に劣っている。つまり、女性の熱は胎児を、そして生まれた赤ん坊を養うために、食物を血液に次いで乳に変えるには十分だが、それ自体で子を宿すことのできる精液をつくり上げるには不十分なのである。

したがって、女性は幼児期、思春期前の期間、閉経後という人生の両端の時期と妊娠中にしか熱を帯びないが、このとき、女性の熱は男性の熱に近づく。

引力と斥力

このように、多くの住民集団において観察される相当数のタブーは、状況に応じて、同一または対立する性質の間での引力と斥力の論理によって説明される。私が調査したブルキナファソのサモ族では、矢じりに塗る毒を男たちが無言で煮ているそばを月経中の女性が通ると、毒作りは失敗すると考えられている。極度に冷えた女性の身体がこの特別な煮物の熱を引き寄せ、毒の力を抜き取ってしまうからである。逆に、妊娠した女性は火の入った高炉や鍛冶場の近くを通れない。その場の熱が、高炉の鉄のごとく、しかしもっと低い熱で、母の胎内でゆっくりと加熱されている胎児の熱を引き寄せ奪い取る。その結果、胎児は干からびて自然流産となる。同様に、共感の法則〔*1〕により、妻が妊娠中の男性は深い井戸（平均八〇メートル）の底に降りることはできない。地中の熱を身体に蓄えてしまい、妻に近づくだけで流産を招くことになるからだ。この例だけでも、冒頭の命題の二面性がよく説明できる。すなわち、危険である女性は、男性の企てを失敗させ、危険にさらされている女性は、いくつかの特別な状況では、流産や罹病のリスクを冒すのである。

このように、熱／冷、外部／内部、能動／受動といった対立概念が、浄／不浄の対立概念の背後に暗に配置されているのがわかる。月経も分娩も、実際、受け身のやむをえない行為として認識され、例外的にしか、女性の意思で変えることはできないと見なされている。さらに、そうした例外には、意思に加えて、刻苦勉励が求められている。たとえば、道教の不死を追求する女性は断食によって月経を止めなければならない。[2] 食欲不振になれば、聖女であろうとそうでなかろうと、誰でも同じ結果に到達するものだが。

同一のタイプの分類法によるまさに同一の対立概念が、イスラム圏やヒンドゥー世界などの、その他の多くの文化や文明にも見られる。キリスト教世界では、聖アウグスティヌス〔三五四－四三〇、初期キリスト教西方教会最大の教父〕が健全／不健全の対立概念を加えた。女性の身体は、しかも女性の身体だけが、汚物で満たされた袋なので、それが欲望をかき立てるとは考えにくい。欲望が生じるには、必然的に悪魔の介入がなければならないというのである。誕生はまさに最初の不浄である。私たちは糞尿の間から生まれるのである。

中国の陰陽思想

中国の例を挙げよう。中国では女性は陰に属し冷たく、男性は陽で熱い。しかし陰陽は相対的な対立であり、臓器の中にはどちらかと言えば陰に属するものや、どちらかと言えば陽に属するものがある。アリストテレスの理論と同様に、子どもを宿す源は父の息吹であり、宿った子どもは母の血液、次いで母の乳で養われる。男性は自らの意思で、生贄（いけにえ）を捧げるときには動物の血を、トランス状態では時には自分の血や他人の血を流す。だが女性の血だけは、ことに分娩時の血は、受動的に流れるので、危険で不浄とされる。それだけでなく、バックレーによれば、「女性は男性より速いリズムで人生を終える」。なぜなら、男性の成長は八の数が、女性の成長は七の数がつかさどるからである。つまり、女性の生命力はより速くつきるが、女性は、妊娠により、冷たい身体が別の熱い身体を受け入れざるをえず、根本的に矛盾した状態に置かれるだけに、本質的に危険な状況を生きることになる

＊訳注１　フレーザー『金枝篇』によれば、「接触したものどうしには、何らかの相互作用（共感）がある」という。

る。この状況は一種の毒を生み出し、それが妊娠、分娩、産褥期に関連した諸問題の中に表れる。結局、自分と異なる存在をつくり上げる女性の身体の能力自体が畏怖され、男系の親族にとって、脅威と見なされる。女性は妊娠初期の三ヵ月間に子どもの性を変えることができると考えられていた。女児の誕生はすべてこの能力のせいだとされていた。男児を産むには、母となる女性が適切な食事療法と慎重で控えめな行動を自らに課さねばならない。「このようなさまざまな捉え方から、一つの女性の見方が引き出される。すなわち不安定な情緒と感情が支配する生理に規定された、精神的にバランスを欠く、気まぐれで、虚弱で、潜在的に危険な存在だとする見方である。[3]」

陰陽思想においては、身体の穢(けが)れや危険に関わる重大な出来事は、血液を体内にとどめるか失うかに関係しており、生命が伝達されるまさにその境目に、すなわち妊娠と誕生時に位置づけられている。女性は夫の側の男系親族にとって危険である。女性は胎児の性を変える力をもち、つねに男児を期待する彼らの願いを妨害できるからである。つまり、胎児が宿った時点では、間違いなく男児なのである。しかし女性はまた、自らの身体の内に現れる価値の対立、すなわち女性自身の価値である陰と胎児の価値である陽の対立によって危険にさらされる。

ユダヤ教における浄と不浄

ユダヤ教では、浄と不浄の概念は陰陽思想のそれより複雑に見える。[4]というのもユダヤ教での清めの習慣や贖罪の供犠は、神の前で精神と身体の穢れを祓うために、聖職者だけでなく一般の人々によっても生涯の節目節目に行われるからだが、身体の穢れ――血液、精液、膿、糞便などで汚れた身体、ハンセン病や壊疽などの皮膚病、死体との接触――の分析は、それでもやはりいくつかの定数項があることを明らかにしている。

月経後と産後の床上げ時に、女性は清めの浸水（保健衛生上の身繕いとは別）を行う。それにより、男性は穢れなき性行為を再開できる。この浸水は喪の儀式の一つとしても行われる。しかし日常的には浄は食物を介して求められる。肉食は、確かに、時代を経てようやく、神と神から選ばれた民との契約において認められたが、そこには、清浄な動物（つまり人間がそうであると判断する種類の動物）の肉しか食べないこと、さらに、「申命記」（一二－二三）に「血は命であり、肉と共に命を食してはならない」と記されているように、神の取り分とされた血を抜くこと、この二つの条件が付されている。

清浄な動物とは、反芻し、割れ目のある蹄をもつ四足動物、すなわち家畜（豚は反芻しないので除かれる）、鱗と鰭のある魚類（甲殻類は除かれる）、猛禽類以外の鳥類である。血の禁止は、神だけが命を授け奪えることを意味している。人間が動物を犠牲にできるのは、その血を祭壇に供え、神を讃えてその肉を焼くときに限る。儀式による屠殺でも、食肉への加工でも、最大限の血を抜かなければならない。しかし血を抜かれて人間の食用となったこの死んだ肉は、死の象徴である。

加熱の際も、食卓でも、乳と肉を混ぜてはならない。本質的にはどちらも清浄だが、混合物は、生命（乳）と死（血）が結合し、清浄ではなくなる。衣類で羊毛と麻を組み合わせてもならない。これもまた生と死の混合と見なされる行為である。羊毛は生き物で、刈り取られても、再び生えてくるが、麻は根から引き抜かれて、栽培するには新たな種まきが必要だからである。

　生来女性は不浄であるという汚名を正当化する重要な要素の一つが姿を現す。女性は、月経と分娩の後に清めの儀式で、実際、夫にとって危険のない実りある性交を再開できるよう清められた状態になるとはいえ、女性は皆、生まれながらに、穢れの本質的な源である乳と血の混じる生と死の対立を抱えているのである。

　このように、浄／不浄、男性的なもの／女性的なもの、光輝ある／穢れた・穢すなどの対立は、以上見てきたさまざまな文化において一般に用いられている。これらの対立は、ガレノスによる女性の解剖学と同様に裏返されて、同じように男性的なものと女性的なもののしるしが刻印された他の一連の二項対立に対応しており、そこでは保護／攻撃、安全／危険、吉／凶などの概念が対照をなしている。吉、安全、保護など肯定的意味を含む言葉は男性的なものの側にあり、凶、危険、攻撃など否定的意味を含む言葉は女性的なものの側にある。

女性の血をめぐる民族学的考察

　月経は男性の活動を妨げるばかりでなく（前述の例のように）、彼らの性的能力の妨げにもなるので、世界中のいくつもの住民集団において、月経中の女性は共同生活の場から引き離され専用の小屋に入れられることが多い。小屋は村の外にある場合もあり、男性が通りそうな道から離れたところにある。また、初潮や出産のときにも同様に隔離され、他の人たちのためにも女性自身のためにもできる限りの保護を受ける。男性の手の届かない、男性には見えないところで、出血で急激に低下した熱を補うために、とりわけ、人為的に温めてやらねばならない。日常的には、月経中の女性には夫のための食事作りが禁止されることが多い。男性は狩りに出かける前には、女性と、妻とでさえ、性的関係をもてない。そうでないと、獲物に逃げられてしまうからである。精液を失うことで一時的に身体が冷え、束の間だが、死の匂いに似たものがつくからだろうか。ブルキナファソのモシ族の間では、男児の性器にたまたま母乳が一滴でも落ちると（それが母親の意図的行為であるとまでは考えないが）、その子は不能になると信じられている。この一滴に妨げられて、将来、精液を得るために行う加熱処理に必要な高度の熱にまで届かないからである。一般にアフリカでは、冷たく有害な血の雫が熱く有益な男性の能力を奪うことへの恐れから、妻は夫をまたぐことができない。

「進歩的」と言われる西洋社会にはもはや、同様の女性の血にまつわる信仰や行動上の禁止事項ははっきりと目立つかたちでは残っていないが、それでも女性の身体が隠し持つこの危険という考えは、今日の私たちの慣習の中にいまだに痕跡をとどめている。たとえば、スポーツ界では、男子選手は、女性の身体に精液を吸い取られ大事な精力の減退を招かないように、重要な試合前には、いかなる性交渉も避けるべきだとする鉄則がある。また月経中の性交が嫌われるのは、この期間中は過度の冷たさが（女性の生まれつきの冷たさに出血による冷たさが加わる）精液と男性の熱をとりわけ強く、しかも無駄に女性の身体に引き寄せるとされているからである。あるいはまた、次のような俗信がある。それによれば、月経中の女性は、その間、胚の着床が妨げられているのと同様に、そのことをメタファーとして表しているのだが、マヨネーズや卵の黄身を用いたとろみソースを分離させてしまうと信じられており、それは塩漬け用の漬け汁を分離させてしまうのと同様である。[5] 一般に女性が動物にとどめを刺すことはタブーだが、おそらくそれには二つの理由がある。第一に、死が最高潮に達するようなこの行為によって、女性が動物の肉を保存と食用に適さなくさせるであろうからで、第二に、女性、ことに生殖年齢にある女性は、自らのうちに生命を宿すことを妨げるさらなる冷たさを蓄積する危険に身をさらすであろうことが挙げられる。

裏返しの手袋

女性に生と死を同時に担わせるこの両義性は、不妊の責任を産む性である女性に帰するという裏返しの思考から生じている（女性だけが妊娠の特権をもっているのだから、不妊の責任も女性にある）。女児しか産まないことを女性の責任にするのも同様である。中国の陰陽思想のように妊娠初期の三ヵ月間に女性が子どもの性を変えたのだと考えられたり、あるいは性交時に男性の願望とは逆に女性の願望が勝ったとされたりし、そのことが、多くの社会で男性の側から見れば、女児しか産まない女性に振るう暴力を正当づけている。今も通用している前科学的な考え方によれば、妊娠と不妊は、女性の「本質」の中に存在している善意と悪意とが予測不可能なやり方で組み合わさっている一つの同一状態の表と裏なのである。

こうした考え方や俗信は、女性に対して男性が示す恐れと不安と不信の振る舞いとを同時に引き起こすが、それらはまた男性の活動（公的かそうでないかを問わず）から女性を遠ざけておくことを、男性から見て正当づけることを許し、さらにまたこうした考え方や俗信がこの両義性を帯びた女性的なものに担わせる価値がいかなるものなのかも説明している。

男性は女性を恐れる

精神分析医、ジャン・クルニュ〔一九二三－二〇〇三〕は分析経験から、男性がつねに女性を恐れている理由をリストアップした。そのうちの一つだけが、前述の分析に明らかに当てはまる。女性は死を体現しているが、また同時に生を、そして「真の」諸価値を体現しているからだというものである。しかしまさにこの理由から、他のすべての理由が派生する。

恐れと不信。それは、女性が野性の奔放なセクシュアリティを体現しているからだが、また挿入されるという受動性を体現しているからでもあり、言い換えれば、どちらの場合も男性のエネルギーを奪い尽くすことである。男性はまた、女性を満足させられないことを恐れ、女性が喜びを感じることを懸念し、女性が彼らのペニスを欲しがっていると考えて、不安になる。これに貞節と父性についての昔からの疑念が加わる（男性は妻の不貞を恐れ、自分が子どもの父親であることに決して確信をもてない)。彼らが懸念しているのは、女性による男性の性的エネルギーの独占と同時にその不貞な乱用である。

女性を遠ざけたままにするのは、女性が「市民」ではなく、男性の活動に関与していないからだが、さらに男性が苦しいときに現れる自分の中の女性的部分を恐れているからでもあり、遠ざけたままにしておくことで広がる距離が男性の恐怖のさらなる原因となる。このように、女性が男性の世界から遠ざけられたのは、男性は女性の出産能力を占有しなければならず、その前にまず女性のセクシュアリティを占有しなければならず、そのためには女性を全面的な依存状態に置かなければならなかったからだが、そのことが、女性を秘密の世界に入れ、男性にとって女性をより危険な存在にしたのである。さらにそこに、精神分析的に言えば、男性による自らの女性的部分への拒否が加わり、女性から遠ざかろうとする気持ちが強まる。

その結果生じる価値判断は、根本的に構成されたものであるこの異なる他者への恐怖を敵対する他者へと置き換えたものでしかない。女性は悪魔のようだから、女性は理性では捉えられない秘密をもっているから、女性自身は謎、タブー、禁じられたものだから、敵対する他者だというのである。

すべての女性が問題なのか

生殖力があると同時に不妊であり、好意的であると同時に悪意に満ち、貞淑であって奔放でもあり、命を授けるが死に至らしめもする、確かにこのような見方からすれば、女性だけに男児も女児も産ませるということの性格からして、女性はまさしく両義的である。しかし女性の妊娠可能な時期と結びついた、年齢によって相対的な状況がもつ力は、女性たちの能力に影響を及ぼし、年齢に応じて、相手を危険に陥れたり、自らが危険にさらされたりすることになる。

　こうした女性たちの能力は攻撃となり、脅威となる（とされる）が、そのメカニズムや理由がどうであれ、そうした攻撃は他の女性たちに向けられることもある。しかし根本的には男性に向けられており、他の女性への攻撃を通してでさえ、つまり彼女たちの子どもを通してであっても、そうである。

　したがって、妊娠中や出産で死んだ女性は、多くの社会においてとくに危険であり、その死はとりわけ不吉とされる。このようにして死んだ女性の「魂」は、他の女性を捕らえ自分たちの住む死後の見捨てられた世界へ連れ込もうと、夜ごと、村の家々の周りをさまようと考えられている。サモ族の女性は、夜の外出はしないが、やむをえないときは、霊が恐れる短刀を身につけて外出する。妊婦はとくに狙われるので、顔にしわを描き込み、灰をかぶり、趣味の悪いけばけばしい衣服を身につけ、さまよっている執念深い魂に気づかれないようにする。というのは、それが誰であるかということよりも、男性たちの子を宿している、あるいは宿すことのできる年齢にあるという事実こそが、攻撃の的になるからである。中国では、性的に満たされずに死んだ処女が他の女性に対して最も残酷な悪魔になる。

　閉経した女性はもはや出血しないので、熱を蓄えている。彼女たちはしばしば魔女として告発されるが、監督する男性（夫、兄弟、息子）の保護がない場合は、ことにそうであり、彼女たちの操る魔術は男性にも、また彼女たちが妬んでいる生殖年齢にある女性にも同様に向けられると考えられている。性的関係を続けていれば、なおのこと怪しまれる。原則として、閉経した女性は性交の頻度を減らすか、完全に断ちさえしなければならない。男性の熱を引きつけるので、衰弱させる恐れがあり、男性にとって危険だと考えられているからである。男性の有効な保護もなく魔女として告発された女性は村から追い出され、昔は人里離れた奥地で惨めに死んでいった。いまだに、同じ理由で追放される女性たちがいる。ブルキナファソでは、今日では、布教団体やNGOが運営する専用の施設があり、こうした一文もたずに追い出された女性たちを幸いにも受け入れている。

他の場所では逆に、閉経した女性自身が、同じ理由から、危険にさらされていると見なされている。十九世紀ヨーロッパの衛生学専門医らは、閉経しても性的関係を続ける女性の生殖器のうっ血について記し、排泄されず利用もされないこの過剰な男性熱の治癒には、禁欲を奨励している。

インドでも、閉経した女性の身に降りかかる危険は非常に直接的なものである。最も因習的な社会階層では、寡婦は再婚できず、夫の死の責任は彼女にあると見なされる。若かろうが年を取っていようが、婚家の家族からしばしば虐待され、身体の一部を切断されたり、殺害されたりすることもある。そのため、自分を受け入れてくれる村へ逃げ出すこともよくあり、村の寺院の近くで、神のために日夜交代で歌い、祈り続けることで最低限の保護を受ける。女性は寡婦になると、字義通り死をもたらすものと見なされて、別のところでは閉経した「魔女」がそうであるように、共同体から追放される。

夫を裏切った出産年齢にある女性は、夫にとってことのほか危険な存在と見なされる。とくに東アフリカでは、二人の男性の精液が女性の体内で出会いせめぎ合うと、弱い方に悪影響を及ぼすと考えられている。夫は妻の姦通を知らず、妻と相手の男はそうと知って行動しているので、弱いのは必然的に夫の方である。同じ性質をもつ体液が出会うと、強い方が弱い方をそれが出てきた体内へ押し戻すとされる。たとえば、陰嚢や足の象皮病、あるいは喀血でそうだとわかる結核の原因は、地域によっては、このように説明される。また、強い方の体液が弱い方を外へ引き出すこともありえ、その場合には、弱い男性の方は下痢や出血が止まらない。姦通の疑惑があれば、時には神明裁判にかけられ、そこで妻が姦通を認めれば、追放、殴打、虐待、殺害といった残酷な扱いを受けることがある。難産の場合に妊婦に姦通を白状させようとするのは、そうしないと胎児を身体の外に出せないと思われているからだが、白状しても報復措置から逃れることはない。非常に多くの社会で、授乳中の女性は性的関係をもてなかった。生理学上は、授乳中は排卵が止まり妊娠しないが、それは絶対的ではなく、妊娠しない期間は通常の自然な授乳期間ほど長くはない。懸念されているのは、新たに妊娠することよりも（こうした禁止は社会的に望まれた一種の出産調整と見ることもできる）、授乳中の子ども、とくに男児の死である。子どもの死は乳が出ないせいだが、また、広く伝えられている俗信によれば、性交のある母の乳房には「悪臭がとりつき」[6]子どもが乳を欲しがらないからだという。悪臭は強烈で、精液の熱がそれより弱い母乳につけたものである。この場合には、確かに、子どもが大人たちの欲望によって直接に脅威にさらされているが、公然と非難されるのは母親か乳母の性的欲動であり、彼女が自制することも自分の身を守ることもできず、それによって夫や主人の子どもの命を脅かすとされるからである。アッカドでも古代ローマでも、さらには十八、十九世紀ヨーロッパの衛生学概論にも、この種の性交回避命令があったことが認められる〔本書第Ⅰ巻第６章参照〕。

思春期前の少女はまだ出血がなく、少年や成人の男性とほとんど同じように熱いと見なされている。そのため、少女たちはとくに危険であり、また自らも危険にさらされている。多くの社会では、思春期前の少女との性交は、男性の本質的な熱が少女期の一時的な熱に加わり、少女の生殖器を徹底的に焼いて、将来の不妊をもたらすとされる。こうした少女は乾いていくが、多産な女性は冷たく湿っている。また逆に別の社会では、複数の同じ理由が組み替えられて、少女との性交が男性の方に衰弱や精神薄弱や不能をもたらす。オーストラリアのアルンタ族の場合には、少女が戯れに男性のかぶり物を頭に載せただけで不妊になることさえある。このようにして起きた熱のショートが少女の生殖器から水分を奪い痙攣（けいれん）させ縮ませて、最終的に成長を妨げると考えられている。

女性をめぐるさまざまな状況を手短かに紹介したが、そこから以下の結論を導くことができる。女性はどの年代であろうとも、女性の生理学的な本性ゆえに、そしてこの本性によってもたらされると された各地域の概念体系がつくり上げた影響ゆえに、男性にとって危険な存在であると見なされる。女性は男性の生命力や男としての能力を攻撃し、息子が欲しいという男性の意志に対抗するからである。しかし現実には、女性こそがまさに、身体的、社会的な危険にさらされているのである。

エイズが明らかにすること――今、アフリカでは……

エイズの犠牲者はその多くが一般の女性であり、売春婦だけではない。サハラ以南のアフリカでは、エイズが死因の第一位になったようである。感染は多くの場合、異性間性交感染と母子感染である。罹患率が最も高いのはボツワナで、成人の三五・八パーセントに達する。

女性にとっての最大の問題は、治療を受けられないどころか、情報すら得られないことである。男性にとっても十分で効果的な治療が施されてきたわけではない。知られているように、三剤併用療法の治療費が高いので、ごく最近まで、アフリカのエイズ患者はこの治療が受けられなかったからであり、国際的な製薬会社がその価格を下げることも、特許権を手放すことも拒否してきたからである。唯一実施されていた治療と言えば、結核などの日和見感染者向けのものだったが、男性が優先的に受けていた。アフリカでエイズが流行し始めた頃は、診療所にも病院にも女性患者がいなかったため、女性は感染しないとさえ考えられていた。理由は違っていた。治療費が高いので、一家の家長だけが治療を受けていたのだった。

アフリカにおけるエイズとの闘いは、予防しかないとまでは言わないが、予防が優先されている。つまり、男性用コンドームの使用による予防、それに加えて、女性用コンドームの試験的な導入とその社会的理解を得る試みである。しかし、ローマ・カトリック教会がコンドームの使用を禁止している上に[*2]、どの宗教の女性にとっても、パートナーに――ほとんどの場合夫だが――コンドームの着用を強いるどころか、頼むことすら非常に難しい。それがお互いの感染防止への当然の配慮として見る夫は稀で、むしろ不品行やエイズの感染を告げられたと受け止める。さらに男性の大半は、夫婦の

＊訳注2　二〇一〇年からカトリック教会に変化の兆しが見られ、前法王ベネディクト十六世は「特定の場合において」コンドーム使用は容認されるとした。

間でも、それ以外の関係でも、避妊などに耳を貸そうともしない。一九九〇年代半ばにアビジャン〔コートジボワール最大の都市、経済の中心地〕の都市部で行われた調査は、青少年層でも、生物学的合理性から見れば非常識と言えるような行動が見られることを示している。彼らは確かにコンドームを着用して性器接触を避けてエイズ感染から身を守ろうとはしていたが、妊娠を邪魔しないように、コンドームの先端をカットしていたのである。

要するに普通の女性にとって、夫婦関係において身を守ることはきわめて困難である。男性が一人で決めるのである。そのうえ女性は病気になると、前述の理由で、治療を受けるにはさらなる困難が待っているが、それだけでなく、エイズ患者であることがわかると、家から追い出され、完全に見捨てられるという深刻な危険があるからでもある。

というのも、女性は夫からエイズ感染し、そのあと自分の子どもの何人かに感染させてしまうのだから、主たる被害者なのに、現実には主に彼女たちが責められることになるのだ。このように、アフリカのエイズは、表象体系と現実についての解釈体系の作用がいかに強いかをとりわけ明らかにしている。[7]世評では、実際、「人がそれをうつされる」のは――「それ」は暗にエイズを指しているが――女性からだと言われている。汚れた血、衰えた血、冷たい血の病は、そもそもおそらく白人の感染者が外から持ち込んだのだろうとアフリカの人々は考えているが（まさに逆の思い込み）、今では性交時に女性が男性にうつすとされている。実際、エイズをうつされるこの「人」とは誰だろうか。「人類」というカテゴリーと混同された男性でしかありえない。

馬鹿げたまでに驚くべきやり方で、被害者の女性を病気の罪深い元凶にしてしまうこの逆転は、妊娠して男女両方の子どもを産めるという女性の特権の裏返しとして、不妊の責任を押しつけられ、出産調整の象徴的かつ社会的支配権を男性が掌握することになった当初の逆転と同じ次元のものである。女性は徹底的に未成年に、年下になり、質料どころか、獣や悪の存在にまで引き降ろされている。『アフリカにおけるエイズ』[8]は、若者や女性が「年長者の管理に従う」ような昔の秩序の復権に根ざした、野蛮な予防法の理念について述べている。年齢や身分にかかわらず、すべての女性はつねに年下であるとしか言いようがない。年下というのは管理され従わねばならないという意味でだが、年下とされた女性はまた、男性の管理から逃れられるのではないか、そう望んでいるのではないかと疑われるので、危険なものにもなる。男性がこの危険から身を守るためには、女性を理屈っぽい考えや教育から遠ざけなければならない。女性は無知のままに置かれ、男性よりも知識を得ることも、身を守ることもできず（そのため、女性はとくに夫にコンドームの着用を求めにくく、病の末期には見捨てられる）、さらには治療を受けることさえ難しい。女性は、移民、外国人、遊牧民と同様に、移動性や不可解さをもたらしたり、規則に背いたりするかもしれないすべての人々、すなわち集団やテリトリーや社会的な規則の限界を越えることのできるすべての人々と同様に、危険な存在と見られる。教養があったり、経済的に独立していたり、裕福であったりする女性が性交時にコンドーム着用を要求できるのは、いくつもの要因の組み合わせで、多少とも男性的なものの側に移動しているからで、通常の既婚の女性や若い女性や大多数の売春婦には、それはできない。自分たちのもつさまざまな特性を活かして、「交渉の場」を開くことのできる余裕のある女性は、ある意味では、民族学の伝統における「男の心をもつ」女のカテゴリーに入る。

エイズを疑われる女性と、男性の健康のためによい処女

この病は冷たく衰えた有害な血に関係すると思われているが、女性がその媒介者ではないかとまず もって疑われるとすれば、それはまさに、女性の血が本来的にこのような特徴をそなえているとされるからである。精液なしでは子どもを宿すこともできず、妊娠中も精液を供給し続けてもらわなければ、女性は子どもを発育させることも、ふさわしいかたちを与えることもできない。父の死後に生まれた子どもにはつねに何かが欠けている。女性はいわば本来的な親和力によってこの病を体内に宿しているがゆえに、また、男性に感染させるがゆえに、罪深き者である。異性間性交感染では男性から女性に感染することもあり、むしろ主にその方向だという見方は、非常に受け入れられにくく、本当のところ理解されない。

この病を宿し感染させる冷たい女性は、まさに生殖年齢にある思春期の女性である。結婚適齢期＝冷たさ＝弱さ＝有害な血、という方程式から思春期前＝熱さ＝強さ＝清らかな血、という逆の方程式が導かれ、とりわけ、思春期前であることを絶対的に保証するのは処女だけだという事実が導き出される。病気の責任を追及し（病気の原因はどこにあるのか？）どう治癒させるかという論法自体の中で、体液や性質の間で働く引力／斥力という伝統的構文を操ることで、男性が治癒する、言い換えれば、決定的にこの病気から解放される唯一の効果的な方法は、処女と性交することだという信仰が生まれたのである。成人女性から受け取った冷たく有害な体液は、少女のものと本質的に同じものなの

で、思春期前の少女の身体の熱がこの体液を少女自身の身体に引きつける――男性はそのとき、連通管のようにつながる二人の間の橋渡し役を務めるにすぎない――と考えられたり、男性が少女の生殖器を焼き、少女を不妊にすると考えられたり、あるいはまた男性が一時的な衰弱状態を受け入れることで、有害な血を体外に排出する利点を得ると考えられたりするのである。

いずれにしても、エイズの主な被害者は少女たちで、その年齢もますます低下している。『ル・モンド』紙は、南アフリカ共和国で起きた二四歳から六六歳までの六人の男による生後九ヵ月の女児の強姦を取り上げて、「処女との性交がエイズ患者を治癒するか、エイズへの免疫を与えるという根強い神話」[9]について記している。もちろん強姦の説明にはそれ以外の理由も引き合いに出せる。しかし今述べたものが実際に公式に示されたものだった。この幼い犠牲者の記録的な年齢の低さ（完全に処女であることは間違いない）は別にしても、二〇〇〇年七月にダーバンで開かれた第一三回エイズ国際会議では、「サハラ以南のアフリカの少女の感染率が少年のそれよりも明らかに上回る」[10]事実が注目された。少女の多くは、彼女たちの学校の教師からうつされている。教員は、兵士、トラック運転手に次いで、三番目に感染率の高い男性集団である。国連エイズ計画がケニア、ザンビア、ベナン共和国最大都市のコトヌー、カメルーンの首都ヤウンデで実施した現地調査[11]は、青少年層の罹患率に男女差があることを示している。（罹患率の高い準拠集団では）男子の罹患率が三パーセントから四パーセントであるのに対して、女子の罹患率は一五パーセントから二三パーセントにも上る。同年齢の男女比では、女子が男子より四倍から六倍高い罹患率を示しており、しかも彼女たちの性的初体験は一五歳よりかなり前だった。国連エイズ計画のピーター・パイオット事務局長によれば、観察された事実とエイズ会議での証言全体から「少女たちは同年代の少年からではなく、年上の男性たちからＨＩＶに感染したという避けがたい結論」を導かざるをえないという。少女たちには、相手の男性がなぜセックスをするのかも、その危険についても知らされておらず、したがって強姦からだけでなく、少女の身体を介して病気の送り主である女性に向けてそれを送り返そうとする成人男性たちの望みからも身を守る手段はない。

以上の例に加えて、大筋が同じ推論を用いた同じ次元の解釈論理が見え隠れしているいくつかの別の例も挙げられるだろう。

たとえば、広島と長崎の若い女性の被爆者たちだが、彼女たちの血は二重の意味で有害で衰えている。この問題を表現豊かに扱った大衆映画や大衆小説に描かれた彼女たちを待ち受ける運命は、独身を通すか、死に至る蒼ざめた美という耽美主義的な白血病による死である。若い女性たちだけが、このように、一貫して同じように描かれているのである。フィクションに限らず、現実でも、被爆した若い女性はそのほとんどが独身を通し、働き口を見つけるにも、とくに飲食店では食物からの感染が恐れられ、非常に苦労した。彼女たちの大部分は「原爆スラム」と呼ばれるところで極貧生活を送ったのである。女性被爆者の地位があまりに否定的で不利なので、多くは、ケロイドがひどくて目立ちすぎるのでなければ、被爆者であることを隠そうとして、地元から姿を消した。

マヤ・モリオカ・トデスキーニ〔ジュネーブ大学教員、社会人類学〕によると、「女性被爆者の場合は、放射能汚染が女性の『通常の』汚れに加わるので、男性被爆者より『さらに危険』だと見なされていた」。こうして疎外された女性は「支配的社会構造の隙間で生きる『境界線上の存在』となり、したがって（魔女や不可触民や被差別部落民のように）社会秩序を混乱させることができる」。女性被爆者と結婚する男性は稀で「並はずれた勇気の持ち主」と見なされたが、夫の家族、とりわけ姑の敵意が和らぐことは決してなかった。こうした女性が結婚する相手はほとんどの場合、被爆した男性であり、病気が遺伝することを恐れて子どもをつくろうとはしなかった。

これらの例が示す究極の悲しみを前にして、以下の点がぜひとも緊急に理解されなければならないように私には思える。すなわち、これまで決して声高に言われることのなかった心的メカニズムと逆言法のように明確に表現されることもなしに機能している普遍的な思考の図式を、世に知らしめる必要性である。そうした心的メカニズムや普遍的な思考の図式を用いて、人は、現代の生物学的合理性から見れば見かけ上はあまりにも不可解に見えながら、しかし厳密な論理に根ざしたいくつかの行動をとりうるのである。女性が危険にさらされているとすれば、それはまさに男性にとって、女性が、私が本章で手短かに説明を試みた血、熱、力に関係するあらゆる理由により、危険と見なされているからなのである。

第3章　暴力と女性について――不変の枠組み、永続的な思考法、不安定な内容

一九九八年一月一六日、社会科学高等研究院で開催された研究会「『暴力と女性』を読み解く」の主催者が提起した問い、すなわち、女性と暴力の関係はいかなるものかという問いには二つの側面がある。一つは、女性は暴力の被害者でしかないのか、もう一つは、女性特有の暴力があるのか、というものである。[1] 研究会での私の役目は、数名の男女の歴史家による報告をコメントし、可能であれば人類学的な読解を提示することだった。私には、そうすることによって、いくつかの不変項を明らかにできるように思えた。

同じ日の『ル・モンド』紙が、三つの注目すべき情報を掲載していた。それらは、こうした不変項に属する、疑いようのない永続的な思考体系を明らかにし印象づけているという意味で、私の考えを補強するように思えた。

一つは「注目」欄に掲載された記事で、ある女性作家がテキサスの判事に宛てた、カーラ・フェイ・タッカー[*1]の処刑を求める声明文である。「なぜ女性は、男性であれば科される刑から免除されて

よいのか。〔中略〕処刑されることにより、カーラは、女性が憐れみではなく、敬意を抱かせるべき存在であることを証明するであろう」。女性が「人格を認められた人」という社会的カテゴリーの外へ排除されていることを公然と非難するために、男性の暴力の上を行くことで女性の価値を高めようとする試みを明白に示している文章である。

二つ目は、前日の国民議会での、奴隷解放実現の功績は左翼にあるとした首相〔社会党のジョスパン首相〕の発言に端を発して起きた騒然とした応酬を報じた記事である。それは「スーツにネクタイ姿の議員らが、議席のどの列からも積み重なるように身を乗り出し、ブルボン宮〔国民議会の建物〕の布張りの議席のように顔を真っ赤にして怒り、群がるように、首相を威嚇している」議場の描写で始まる。数人の守衛が割って入らなければならないほどだった。「フランス民主連合のクリスティーヌ・ブータンが首相を指さして議場に響きわたる大声で『恥を知れ』と言い放つと、左翼席では社会党のジャン・グラヴァニが『ヒステリー女、ブータン』と書いた紙を高々と掲げる。首相の演説が終わりに近づく頃には、最後まで残っていた野党議員たちも首相にヤジを飛ばしながら退出する。与党席ではクロード・バルトローヌが『ブータン、出ていけ』と叫ぶ」。

気づかれたと思うが、顔を赤くして怒り威嚇しているのは男性議員である。一人の女性国民議会議員（デピュテ）が、一字違えば「売女たち（デピュト）」というそれだけですでに性差別主義的な罵りに聞こえる肩

＊訳注1　一九八三年に犯した殺人のためにテキサス州で死刑判決を受けた。獄中で罪を悔い改め敬虔なクリスチャンとなり、恩赦を求める運動が各地で広まるが、一九九八年二月、南北戦争以後、初めてテキサス州で女性囚の死刑が執行された。

書きで、彼らと同席している。右派の議員が一人残らず議場を去るとき、与党議員が紙に書いたり口頭で、しかも「ヒステリー女」「出ていけ」というような言葉で攻撃するのは、この女性議員である。女性という条件のために、彼女だけをヒステリー女と呼んで、そこが彼女にふさわしい場所ではないことを思い知らせるのである。あの場にいた当事者たちの、私の、さらには読者の政治的見解がどうであれ、ここでは、暗黙の永続的な思考体系に属する何かが作用していることは明らかである。ドミニック・ゴディノー〔『暴力と女性』の著者の一人〕なら、そこに彼が行った共和暦第三年[*2]をめぐる諸分析のいくつかに共通するものを見出すに違いない。

最後は、読書欄に掲載されたジャン＝リュック・ドゥアンによる書評で、タイトルは「愛はコールド・ビュッフェ」、サブタイトルとして「虚言癖強姦男に囚われた若い女性、レジス・ジョフレの寒気を覚えさせる小説から」（『愛の物語 *Histoire d'amour*』Éditions verticales）がついている。罠にはまった女の物語で、それを語るのは彼女を虐待する男である。「モノローグ形式で、拷問執行人として自責の念に駆られることもなく、自らの大罪を仔細に分析し〔中略〕、愛する者として自分が得られる報酬への期待」が語られる。男はある女に一目惚れし、この女の後をつけ回し、欲望があれば何をしてもかまわないと確信して、恐怖に陥れ、強姦を重ねて自分のものにする。ドゥアンが指摘しているように、「ここでは愛による独占、支配、暴力は一方通行でしかない〔中略〕。男は、サルトルの作品の男性主人公のごとく、囚われの身のこの女が、彼女に愛してもらおうと決めたこの自分に身を任せるべきだ、と思い込んでいる」。強引に愛された女は「売り子で、素朴な庶民階層の出で、教養もなく」、叫び声を上げると口をまくらで押さえつける「教授」の前では無防備である。O侯爵夫人[*3]や、恋に落ちたコサック兵に強姦されたフェミニストのマリア・デ・ナグロウスカ〔一八八三－一九三六、ロシアの作家・ジャーナリスト〕のように、あるいは誘拐され、数時間だけ「妻」にさせられたアルジェリアの女性たちのように、女は耐え忍ぶ。この小説は、偏執的で分裂症のサディスティックな人物を描いたものである。そうだとしても、この男の幻想を通して、ポーリーヌ・シュミット・パンテル〔『暴力と女性』の著者の一人〕は、古代ギリシアの神々や市民がもっていた、正当な家庭を築き子孫をつくるために女性を追いまわし誘拐するのは当然だという考えに通じる何かを認めるに違いない。

これが、ある日の『ル・モンド』紙を読んで得た収穫である。『ル・モンド』紙を読めば、毎回同じように意味のある同じような収穫が得られる。けれども、ここで私にとって重要なのは、「長く続いている」考え方や行動の永続性を示すことではない。長く続いていると言うとすれば、それはある意味で、こうした考え方や行動には一つの歴史――始まりがあり、進展があるだろうし、おそらく終わりが来る――があること、また、それらが特別な文化的地図、つまりギリシアやローマの文明の道にユダヤ・キリスト教思想の道が交差して今日の西洋社会にまで伝えられてきた文化的遺産に結

＊訳注2　共和暦は一七九二年九月二二日を元日とする紀元法で、一八〇五年一二月三一日まで続いた。共和暦第三年は一七九四年九月二二日から一七九五年九月二一日まで。

3　ドイツ・ロマン派の作家ハインリヒ・フォン・クライスト（一七七七‐一八一一）の小説。フランス映画の巨匠エリック・ロメール（一九二〇‐二〇一〇）が映画化。

びついていることを、すでに前提として語ることになる。少なくとも後者の点については、明らかにその通りだが、この特別な文化的地図に描かれた独自の歴史は、女性の誰もが区別なしに支配されていた状態から始まり少しずつ解放され、さらに啓蒙され、平等へと、均一的に、同じ動きで、一歩一歩前進しながら、つくられてきたというわけではない。いくつかの時代に、さまざまな場所で、社会において、家庭内で、個別のカップル関係において、「男女の間である程度自由な関係を紡ぐことのできる空間が立ち上がるこうしたいくつかの個別の場面」（アルレット・ファルジュ〔『暴力と女性』の編著者〕）が確かに存在した。だがそれらはいわば恩寵の瞬間であって、必ずしもその後の歴史の流れに影響を及ぼすわけではなく、したがってそのような瞬間はたえず頭の中で構築し直さなければならないものである。しかし、長い歴史を経て知識や考え方や行動が変化したにもかかわらず、永続的にしかも自明のこととして、男性支配の問題、そしてそれと並行して女性たちによる現実と意識のレベルにおける解放と平等への変わることのない要求が回帰するのは、いったいどんな重力によると説明すべきだろうか。

不変性と男女の示差的原初価

不変性という概念を用いる以外にそれを説明することはできない。この概念が、諸々の必然的な概念的結合を各時代に適合させるのであり、そのような概念的結合の主な根拠の一つが男女の示差的原初価[2]である。私は、とりわけ『男性的なもの／女性的なもの』第Ⅰ巻において、男女の差異の解剖学的、生理学的規則性の観察を起点として、同じものと異なるものの対立に基づいた思考の原初となるカテゴリーが、人類全体にとって、どのように形成されたのかを示した。これらのカテゴリーは私たちの心的世界を規制しており、日常的に用いられている二項対立的カテゴリーによって表現される。すべての言説はこのような二項対立的カテゴリーを基に構築されているのである。こうしたカテゴリーは序列化され、平等ではない。熱が冷より、理性が野蛮より、構築されたものがまとまりのないものよりも優位にあるように、男性的なものは女性的なものより優位にある。おそらく自然の中には均衡が存在しないからだろうが、他にも理由がある。人類の誕生以来、一つの概念的かつ社会的な風景が、次のような事実の観察に基づいて構築されてきたからである。すなわち、男児も女児も女性がつくるという事実、したがって、出産、とくに男児の出産、そして社会的なものの再生産は、女性たちの身体の中の女性なるものの善意にかかっているらしいという、「言語道断」な説明のできない事実である。この与件の事実を覆し、男性に都合のいいように利用するために、諸々の象徴的・概念的・社会的体系が整備されたのである。今日の思考様式にもその痕跡をとどめている極め付きの概念体系として、女性に質料しか見ないアリストテレスの体系がある。それによれば、胎児に人のかたちと生命を授けるのは、男性の精液に含まれるプネウマである。アリストテレスは、このような考え方を自らつくり出したわけではなく、彼の時代とその文化に合わせてまとめあげたのである。同様の考え方は、それよりもはるか昔の原始的とされた思考体系にも表現されており、そこでも、目に映り経験に訴える歴然とした同じ与件の事実に則して必然的に、そうした考え方が生まれていた。事実の観察と、女性のもつ男女の子どもを出産できるという特権を女性から観念的に剝奪することから成るこの強固な基盤に、このような概念モデルが有効に機能するように、出産能力の社会的な分配システムが加えられた。男性が女性を交換し合うこと、それは近親婚（インセスト）の禁止を伴う基本原則であり、この原則が普遍的に自明とされてきたことが、これまで、それがいかなる権利によるのか、また自然法において、この父による娘の、兄による姉妹の、夫による妻の占有はどう正当化されるのか、と問うことを妨げてきた。

変わらぬ枠組み、変わる内容

その背景には男女の示差的原初価がある。それは男性的なものと女性的なものの関係における諸不変項を秩序立て、決定づけているマトリクスである。とはいえ、画一的かつ不変の特徴が永続的に存在するというわけではない。不変性とは不変的画一性ではない。逆に、一様でない現れ方を通して不変性の存在が見て取れるのである。歴史学的、民族学的に言えば、各社会が、各時代が、さらにはある所定の社会や時代に固有のいくつかの部分的な要素さえもが、分析に際して、時として相互に対立することもある可変的な内容を示すこともある。『暴力と女性』の中にもいくつかその例が見られる。たとえば、ギリシアではポリスの防衛に参加する女性もいたし、十七世紀には女性の英雄的行為も見られるが、どちらの場合もそうした女性は高貴な身分でなければならなかった。それは、女性が男性的価値に近づくことを許されるための必要不可欠な条件である。「高貴」は二項対立的カテゴリーの序列では男性的なもの、優位、英雄的行為に結びつく。それに対し、「下賤」は劣位、臆病、女性的なものに結びつく。これらのカテゴリーを必要に応じて交差させると、女性も確かに――ただし、高貴な身分の場合――、少なくとも一時的には、普通ならば女性性と結びつけられる下賤な臆病さから逃れられるのである。

不変性は、とりわけ構造的には、内容の変化を許容する。この可変的な内容が各々に異なる文化の特性なのであり、行為者たちが日常的に表現しているような、それぞれの文化がそれとなく表現される中で、こうした行為者たちは、自然に同じ文化のメンバーであることを認め合うのである。

私の考えでは、不変の概念枠組みはこのような文化的内容が入ることで明確となり、また同時にそれを糧にしている。この枠組みは、そのようにして一つの全体としての同一の文化、あるいは特定の文化に固有のいくつかの時代（または特定の状況）と関わりをもつのである。こうした可変的な与件に不変の概念枠組みが意味と比較可能性を付与するのである。

もっとも、不変の概念枠組みの安定性と永続性は、自然的事実の客観的かつ反論できない性格によるものだと主張するつもりはない。実際、たとえば、優しさというような女性の「本性」はあるのだろうか。もしそうなら、女性の極が受動性（能動性に対立する）と服従（攻撃性に対立する）の極であることを説明し、正当づけることになる。客観的に捉えることのできる声や肌の柔らかさ（肉眼では見分けのつかない性ホルモンの効果によるものだが、この効果はせいぜい百年前からしか知られていない）から、そこから自然に生じるはずだとされる受動性や従順さといった特性にまで行き着くには、順を追った長い論証が必要であろう。だがそれが当然のように見えるとすれば、問題になっているのは、男女の示差的原初価という原初の原理を基にした知的な構築物であるからで、この原理がどう成立したのかは、本書の序文および第I巻第1章ですでに詳細に確認したところである。

罵るときにふさわしい声

ルソーを取り上げよう。ルソーは、神が「女性にこんなにも優しい声を授けたのは『罵詈雑言』を吐かせるためではない」と書いた。このように、罵りには低く太くて強い声が必要なことが、当たり前のように前提されている。実際、たとえばカフェに座る女優ミウ＝ミウとその女友だちに男の当然の権利だと確信して近づき、あれこれ言い寄る男に、ミウ＝ミウが幼い少女のような高く響く声で罵詈雑言を浴びせて男を唖然とさせる場面[3]のように、女性の優しい声で馬鹿げた言葉を言わせれば、一般大衆の笑いを誘うことは確実である。もちろん私たちは優しい声から罵りを連想したりはしない。優しさと女らしさとの間の自然な連想ではなく、その知的な連想による二次的な効果が笑いを誘うのである。先に述べた貴族であるがゆえに例外的に英雄と見なされた女性たちの場合と同じく、二つの対立するカテゴリーの出会いと（あるレベルから別のレベルへの移行を許す）交錯による効果から、男性が出す「女のような」声やケンブリッジ合唱団の少年団員の「天使のような」声なども罵るにはふさわしくないと判断される。それは一つの分類方式から生じた純然たる効果である。そこでは、まさに声の問題に限って言えば、そして優しい声＝女性性＝罵ることができないというこの推移的な等式を考えれば、男性的なものの価値は、一時的だがまさしく、下落している。この優しい声の持ち主は本当のところ男性ではない。

では、どんな不変項がこの『暴力と女性』の中にはっきりと見出されるのか。いくつかが、相互に結びついているのが見えるが、それらを取り上げて、コメントすることにしよう。

男性の「自然的」権利

(1) 女性の身体の占有は男性の自然的権利である。この点については後で詳細に検討するが、ここから、以下が帰結される。まず、女性は皆、いかなる男性によっても占有されうること、次いで、「強姦」と呼ばれる、こうした暴力的占有は、それが別の男性（父、兄弟、夫、息子）の利益を侵害しない限り、罰せられないこと、最後に、こうした万一の権利剝奪をあらゆる予防的かつ抑圧的手段を用いて防ぐのは占有権をもつ男性の役目であることである。

強姦は自然的権利の行使なので、すでに取り上げた小説『愛の物語』のように、ありとあらゆる恩恵や言い訳で飾られうる。男の欲望は待てない、捌（は）け口を見つけなければならないというのである。それはとりわけ、驚くほどに婉曲に表現される。たとえば、「サビニの女たちの掠奪」〔ローマ建国者ロムルスが人口を増やすために行ったとされ、多くの画題となる〕は、鎧をまとい剣を帯びて飛びかかる浅黒い肌の男たちにしっかりと抱えられ連れ去られる白い肌の半裸の娘たち、頭をのけぞらせ、首を傾け、髪は乱れ、絶望して両腕を差し出す娘たちを描いた大衆向けの一連の図像のように、現実にそうであるものとして、つまり、娘たち——思春期前の少女の場合も多く、いずれにしても同意はしていない——の強姦としては受け取られない。性的欲動、競技的パフォーマンス、英雄の奸策、大いなる危険を伴う略奪、戦争の報復といった、そこに描かれていることのすべてが、ポーリーヌ・シュミット・パンテルによるこの時代の強姦についての的確な考察に確証を与えている。それは男性たちにとってのみ、恩恵と甘美な感動で美化された、思考するに値し、表現するにふさわしい対象とされてきたのである。

女性の二重の「本性」

(2) 女性の「本性」は本質的に二重であるとされ、それが、女性を同一の文化において本来矛盾する項目に分類することを正当化する。女性は、冷たくひんやりしているが、熱くなりすぎることもある。生物学的自然主義の見解によれば、女性は同時に、慎み深く、かよわく、かつ性的に放蕩である[4]。ヴィレ〔一七七五－一八四六、フランスの博物学者、人類学者〕によれば、皮膚の繊細さ（神経が細かく分布したやわらかな肌）そのものが女性を熱情や肉体の激しい欲望に容易に反応しやすくし、同時に情にもろくもさせている。したがって、情熱の嵐にも容易に反応する女性の生来の本性が男性の保護の下に管理され抑制されれば、この情にもろい傾向は、女性を、恋愛や夫婦愛、母性愛、さらには病人や死を迎えた人々へのケアの営みへと導くという。不妊と生殖能力（子どもを産む力）はどちらも女性だけのもので、不妊が生殖能力の悪しき反面になるのと同じように、淫乱はつねに処女の純粋さの裏返しでありうるし、「娼婦」が母の不吉な裏面であるのと同様に、情熱に駆られた女は、ギリシアの婦人部屋に座るもの静かな妻の、いっそうなるやもしれぬ不吉な裏面を表している。

　女性が自分自身に向ける暴力（自殺、ヒステリー、痙攣）にしても、他者や自分の子どもへの身体的暴力にしても、一般に思い描かれている女性犯罪者の姿は、このように生物学的なものに組み込まれている。それは女性的なものの不吉な側面に支配された堕落と見なされる。暴力とは関係ないが、女性が閉経を迎え、欲望の対象、生殖の対象でなくなるやいなや、このような女性的なもののもつ堕落というまったく同じ考えに出会うことになる。研究会における報告の中でセシル・ドーファン〔『暴力と女性』の編著者〕が引用したように、バルザックは、わずか数語で、こうした女性の状況のすべてを簡潔に表現している。「嫌悪感を抱かせる、反抗的な貧困そのものの顔つきをした、血の気の失せた冷たい一人の老いた女」〔バルザック『禁治産』〕。同じように閉経した女性でも、徳と財に恵まれ豊かな夫婦生活を送る、「男の心をもつ」[5]女もいるが、閉経した女性をめぐる、一見相互に対立するかのように見えて、どれも正当と認められた逆方向への一連の概念的結合が行き着いたその先には、この女性とは対極をなす、役立たずの冷たく年老いた女がいる。連鎖の一方の端には、閉経はしても、裕福で権力のある夫と結ぶ性的関係による精液の正当な熱で温められた女性、血色の良い堂々とした、社会的に順応し、社交界にも顔がきく家庭的美徳の理想を代表する女性がいる。同じ連鎖のもう一方の端に、同じく閉経した女性がいるが、閉経が自然に連想させる[6]状態を示す「老いた」という形容詞がつき、彼女の血の気のなさと冷たさは肌の下に熱い血が通っていないことを、したがって強い男性がいないことをも示している。そのような男性の熱と好意さえあれば、そのような男性がいてこの老いた女の面倒をみてやれば、嫌悪感をもよおさせる困窮状態とその反抗の激しさによって汚名を着せられてしまった彼女の地位を変えてやることができるだろう。熱／冷、血色の良さ／血の気のなさ、富裕／貧困、順応／反抗、社会的融合／社会的不適応等々の対立する性質が、一つの同一のスペクトルを、一つの軌道の一方の端から他方の端までを占領している。そしてそれを参照する表象体系はどれも、いつ何時でも、正当性という同じ重りをその都度つけて、一方の観点から対立する他方の観点へと方向転換することがありうるのである。

女性の暴力は違反行為である

(3) 以上の理由から、暴力は、抑制のきいた女性性、言い換えれば子どもを産むことのできる女性にそなわる本来の女性性とは相容れないと考えられている。女性による暴力の行使は、男女の境界線を越える究極の違法行為と見なされる。

正当と受け止められる男性の暴力（親族内外の秩序の維持、戦争等）とは違い、女性の暴力は、男性の力で制御しなければ爆発するかもしれない女性の本性に含まれる動物的な、ほとんど非人間的な性質の表れと見なされる。アリストテレスを再び思い起こそう。彼は女性の生殖への貢献を質料にしか見なかったが、この質料は生命が吹き込まれ、人間のかたちにつくり上げられなければならなかった。女性の二重の本性から、今見てきたように、天使にも獣にもなれる二つの能力が導かれる。ヤニック・リパ〔『暴力と女性』の著者の一人〕はそれを次のようなスペイン内戦の描写を通して明確に私たちに示した。「アカの女たちは、獣のような行動に駆り立てられ、それが彼女たちを被害者ではなく雌にする」。彼女たちはハイエナ、野獣であり、その暴力はフランコ陣営からは残忍な色情化と見なされる。アカの「武装女性民兵」はそこでは、フランコ側の悲しみの聖母（マテルドロローザ）の対極にある。一方が自らの制御不能な動物性に支配されているのに対し、他方は自らの本性と自らの悲しみを模範的な憐れみの情の中で昇華させる。この論理においては、捕らえられたアカの女を「丸刈りにすること」は、毛を刈られた子羊のように、彼女の動物性を無力化しつつも、それを彼女の身体に刻印する一つのやり方である。女性の暴力は、正当ではなく、言葉の本来の意味で「獣的」なのである。

男性の性暴力は男性どうしの問題である

(4) 性暴力は、女性の身体への、カテゴリーとしての男性全体の権利の究極の表現であり、敵への政治的武器として用いられるとき（スペイン内戦、第二次大戦中のフランス国土解放時、旧ユーゴスラヴィア紛争など）、それは、欲望の捌け口であり、そこではさまざまに絡み合った要請が結晶化されているが、一般にはいくつかの幻想として示される。

第一に、それは、物質的な、もしくは動物的なテリトリーのしるしづけである。この身体というテリトリーは他の男性たちに属しているので、それを侵害するねらいは、その身体性やそれを所有することによる肉体的な快楽を超えて、この身体の本来の所有者である男性たちの名誉を傷つけることにある。

第二に、男性の名誉は、いくつかの文化においては極端なかたちで、一族の女性たちの貞節の中にあるとされている。この考え方は、別の文化においても、見かけはそれほどではないが、背景に見え隠れしている。欧米社会では、最近になってようやく、強姦が被害者本人への侵害であることが認められ、男性の所有物への侵害だとか、男性の名を汚す隠すべきものだと見なされることもなくなり、強姦の被害者への疑惑や嘲笑はなくなったが、そうなるまでには見方を逆転させるための甚大な努力が必要だったのである。

実際、女性性が、平和な多産性と荒れ狂う不毛な性暴力の両面の源だとすれば、そこには、男性こそが女性を支配し調整することによって、平和な多産性へと誘導するのだという考え方が潜んでいる。敵方の女性を強姦するのは、このような能力が敵方の男性にはないことを示すものである。女性兵士を強姦するのは、武装した女性の行動によって侮辱され傷ついた男性の集合的アイデンティティを回復させねばならないからに他ならない。「男勝りの女（ヴィラーゴ）」と呼ばれる女性たちの情熱的な演説を前にしても、同様の反応が観察されるだろう。いずれにしても、セシル・ドーファンが書いているように、男性は「自分の男としてのアイデンティティを傷つけられ、動揺している」のである。

第三に、こうした敵である女性兵士たちや敵方の女性たちの身体の占有は、女性の生殖能力が、出産までただ胎児を宿しておくだけの能力以上のものではなく、胎児のアイデンティティは母親の質料ではなく、精液に含まれるプネウマに由来するという考え方を具現する強烈なやり方である。精液は、せっせと勤勉に行われた性関係から生まれる子どものあらゆる資質を潜在的に含み、その資質には宗教的信条や政治的信念のような最も非物質的なものまでも含まれている。ヤニック・リパが指摘するように、スペイン内戦においてナショナリスト派は敵である共和国派の女性たちを強姦して、次のように言い放っていた。「我々が死んでも、お前らの女たちがファシストの子を産むだろう」。もっと近い過去に、旧ユーゴスラヴィア紛争においても、私たちは同じことを目にした。そこでも女性は、相も変わらず、紛争が具体的なかたちとして示される重要な要素の一つだった。妊娠適齢期の女性が捕らえられ、妊娠するまでレイプが繰り返され、そのうえ中絶できないように監禁されたのである。今年、一九九八年になってようやく「国際刑事裁判所を設立するために一六〇ヵ国がローマに集まり、一ヵ月間にわたる話し合いの末に、中絶の奨励となることを恐れるバチカンをはじめとするいくつかの国は反対したものの、ついに、『強制妊娠』は人道に対する罪であり同時に戦争犯罪でもあり、したがって国際刑事裁判所の管轄に属する事案である、と宣言することで合意した」[7]。「強制妊娠」は「ある地域の住民の『民族的』構成を変化させる目的で、または国際法その他の重要な規定を深刻に侵害しようとする意図をもって、強制的に妊娠させた女性を不法に監禁すること」と定義されている。この宣言文〔ローマ規定〕が、強制妊娠がある地域の住民の「民族的」構成を、その宗教的かつ政治的な必然的帰結を伴い、確実に変化させるとする考え方を承認している事実を指摘しておこう。これこそが本章で問題にしている不変の概念枠組みの強固さを示す模範例である。というのも、宣言文はこの考え方を誤りとはしていないからである。それは、この宣言文を執筆した国際刑事裁判所のメンバーも強制妊娠の罪を犯した人々も、精子がそのような力をもっていることにまったく疑いを抱いていないことを意味する。子どもは、白紙の状態で生まれ、その後の教育環境の中で信念や信仰が教え込まれるのではなく、生物学的な父の混じりけのない純粋な意思を通して、あらかじめそれをもって生まれるというのである。

女性は本当に人間なのか

(5) 以上のことから、女性は、男性と同じ権利主体とは見なされず、扱われもしないことになる。こうした太古からの概念枠組みの中に明快に示された諸々の理由すべてから、女性は男性と同じ資格をもった人間ではない。これは男性支配を構築する概念の頂上に位置する最も重要な考え方である。そのために女性は武器から遠ざけられている。『暴力と女性』では、多くの社会において、女性が誰かに血を流させ、そうするための道具として武器を手に取れると考えることが概念的に不可能であることは、強調されてはいない。この本に収録された論文にはこうした不可能性は明確なかたちでは現れていないが、それもまたきわめて重要な不変項である。ドミニック・グディノーだけが例外的に、フランス革命期に編み物を手にして死刑執行に立ち合った庶民の女性たちを取り上げ、男性たちが、彼女らが死刑台に惹かれるのはただ血に飢えているせいだと考えて、その凶暴さを非難したという側面から、この問題を扱っている。

緊急事態やポリスを守る必要だけが、男性の代わりに女性が戦うことを許してきたことはすでに見た。戦うことで女性は男性に近い身分に到達する。アルゴス〔ギリシア、ペロポンネソス半島北東部の町。ミュケナイ文明の中心地〕では、女性はそのとき顎髭（あごひげ）を付けることを許されていた。ユディット[＊4]やヤエル[＊5]が英雄であるのは、状況を活かすことができたからである。このように女性の身体に男性的な魂の宿ることもありうることが認められており、それが彼女たちを例外的な存在にする。当然ながら、それ以外の女性はそうはならない。何人かの女性が、例外的に、少なくとも一時的には、たとえその後で女性の通常の身分に戻るにしても、「自らの人生の主体」として、彼女らの名を不朽にする偉功を成し遂げた者と見なされうる。とはいえ、それは、女性の身体にいわば場違いに入り込んだ男性的な魂なのであり、栄光に満ちた偉大さに到達できる女性の真の能力が認められたわけではない。問題になっているのは、誰も異論はないだろうが、自然な生物学的な分類ではなく、概念的、論理的な分類である。この分類が男女の各々に正反対の地位を付与するのである。

武器から遠ざけられた女性たちは、発言することからも代表することからも遠ざけられる。国の議会の一員としての女性の正当性は、今もなお多くの男性からは疑わしいと思われている。本章の冒頭で見た一月一六日の『ル・モンド』紙が伝える国民議会での紛糾や、エディット・クレソン〔フランス初の、そ

＊訳注4　ユダヤの英雄的女性。祖国を救うために敵将ホロフェルネスを誘惑してその首を切り落とした。
5　旧約聖書の士師記に登場するケニ人ヘベルの妻で、シセラ王のこめかみに杭を打ち込んで殺し、イスラエルの民を救った勇気ある女性。

して今のところ唯一の女性首相〕が首相時代〔一九九一―一九九二〕に遭遇した困難を思い出せば、それはわかる。クレソン首相の場合は、その声がただそれだけで非難されていた。これは見過ごしてよい些細なことではない。優しすぎるからではない。耳障りだとして非難されたのである。長い間、権力の座にいた女性であることは確かだが、まさにそのために、競争相手からも傍観者的立場の人からも、女性的な魅力に欠ける者として否定的に見られたのである。言い換えれば、一時的に男性的なものに近づき、アルゴスであれば、男の外見的なしるしである顎髭を付けることさえ許されていた、一回限りの束の間の輝かしい活躍の中で女性的なままでいたギリシアの英雄的女性とはまさに正反対のケースである。女性たちの声は、それが群衆の間から聞こえてくるとき、騒々しく、判然としない雑音である、とドミニク・グディノーは言う。雑音だから邪魔になり、その内容は理解されない。共和暦第四年草月〔西暦一七九五年五月または六月に相当〕、女性たちは「女性市民」と呼ばれはしたが、民主的な公共空間に本当に招き入れられたわけではない。彼女たちが起こした反乱行為についてのイデオロギーにとらわれた政治的解釈に基づけば、明らかに、彼女たちの野蛮さは理性に、怒鳴り声は整然とした請願に、血への野放図な嗜好は権利の要求に、一貫性のないアナーキーな行動は理路整然とした行動に対立する。肯定的な要素は、当然ながら、男性の領域に属している。

権利主体でもなく、男性と同じ資格をもつ人間でもなく、男性の活動領域に踏み入ることも禁じられ、女性の生理的特徴から「自然に」生じたものとして与えられた空間と役割に閉じ込められた女性は、だからといってそこでの人生の主体になるわけでもない。女性たちに期待されていたのは、ツゥキディデス〔前四六五頃―前三九五〕も書いているように、「最も気高い最良の女性とは、良くも悪くも、最も話題にのぼらない女性である」ことだった。最も話題にのぼる者こそが最も気高く最良であるとされる男性の理想とは逆に、存在しないも同然なことだけが女性にとっては美徳なのである。

このように構築され、期待されている目立たなさは、しかしながら、すでに問題にしたように、英雄的女性に関してはとりわけ、逆転することもある。「高貴な身分」という特徴を性別よりも優位に置く別の対立する解釈に従えば、十七世紀の身分の高い女性が英雄になれることはすでに見た通りである。

一般的に、このモデルは、「男の心をもつ女」のモデル、カナダ・インディアンのピーガン族のモデルに一致し、不変の枠組みであり、そこでは、身分、年齢、体液、能力、富が結びついて、「男の心をもつ女」の資格が正当な権利として与えられうる女性、そうだと見なされうる女性、あるいは侮辱を受けずにそうした資格を要求できる女性がその他の女性から区別される〔本書第I巻第8章参照〕。西洋文化においても、独身の女性や処女（ジャンヌ・ダルク）、思春期前の少女、寡婦、さらには閉経した女性――言い換えれば出産適齢期に達していないか、すでにそれを過ぎた女性――は、その他の女性よりも例外的状況において、「男の心をもつ女」になるのに適しており、とくに一六五二年のマドモワゼル・ド・モンパンシエ〔一六二七－一六九三。フロンドの乱でコンデ公を助け、王軍に向かって大砲を放った女傑〕や夫ルイ十三世の死後ルイ十四世の摂政となったアンヌ・ドートリッシュ〔一六〇一－一六六六〕の例からもわかるように、高貴な身分だったり、ジャンヌ・ダルクのように神に選ばれた女性であれば、なおのことである。彼女たちの独身生活の現実がどうであれ、イメージは確かにそのようなものである。彼女たちは男のように熱をもっているので、一時的には、ほとんど男のように振る舞うことができるが、結婚をして子どもを産む女性は、危機にある国を守るため以外には、暴力は行使できない。だがいずれにせよ、女性に武器が許されるのはつねに例外である。

閉経した女性や寡婦の誰もがこの例外的な身分に到達できるわけではない。随伴的に、そして同じ論理的な理由が逆の対に組み合わされると、貧しい老いた女は、「男の心をもつ女」になるどころか、バルザックが見ていたように、魔女の典型になる。彼は、前述した一連の注目すべき概念的結合の中に、女性の目も覆いたくなるような貧しさ、意地悪さについての一つの見方、反抗（権利を守るための崇高な闘いとは逆の）の不当性、冷たく黄ばんだ醜い顔、老いといったものすべてを配置していた。先に引用したバルザックの文章がその通りだと思えるのは、まさにこれらの形容詞が女性的なものを指し示しているからである。

精神の高揚と過剰な情熱による窮地脱出

(6) 存在しないも同然であることへの最後の不変の返報。イメージ体系における今日まで広く流布し、今なおその多くが一般に通用しているケースでは、男性支配の下では服従する以外にそれほど多くの解決策はなかった。発言や知や武器や政治の場や代表権から遠ざけられていれば、いかなる時代のいかなる場所で生きる女性にとっても、要求や反乱を通して承認を得るのは容易なことではない。それをなしえた女性が何人かはいたとしても――なぜそれが可能だったのかはすでに見た――、その他の女性にとっては、自らが身を置く状況から逃れる道は、自分に残された可能な限られた行為の中にしかない。王女メディアのような子殺しや、覚悟の自殺（イヌイット族の女性たちの氷原への旅立ち、首つり自殺など。後者は古代ギリシアの女性たちに特有の死に方だが、もちろん彼女たちに限らない）や、アルレット・ファルジュが述べているように、精神の高揚や過剰な情熱のかたちとしてのヒステリーや痙攣発作といった行為である。しかしこうした解決法は相変わらず女性的なものの表象の罠に陥っている。それぞれがこうして、自らが陥っていると感じた閉塞状態から個人のレベルで逃げ出すとしても、罠は相変わらず仕掛けられたままである。それがまさに不変の概念枠組みの力なのである。

だから私は歴史家のジュヌヴィエーヴ・フレス〔『暴力と女性』の著者の一人〕の次の主張には同意できない。「男女の戦争は起源がたどれないほど遠い過去からのものでも決定的なものでもない。歴史的なだけで、そこには勝者と敗者がいるだけだ」。それにおそらく「男女の戦争」という表現を用いること自体が混乱を招くのではないだろうか。この概念を今日承認されている意味に限定するのであれば、つまりアメリカで、あるいはアビジャン[*6]での場合と同様、「男女の戦争」として、公然と認められる紛争という意味で用いるのであれば、フレスは正しい。けれども「男女の戦争」という表現が、一方に男性支配があり、他方に女性の服従や反乱があって、その二つの間に存在する関係を意味するのであれば、私は彼女に同意できない。この関係は、必ずしも決定的とは言えないまでも――それはまた別の問題であり、後で取り上げる――、確実に「太古からのもの」である。これまで述べたことからそれ

＊訳注6　コートジボワールでは、一九九〇年代から十数年間、政府軍と反乱軍との間で内乱が続いた。

は理解してもらえると思うが、私から見れば、女性蔑視は「女性の解放への反動」にとどまらない。それは女性的なものの普遍的地位をつくり上げている構成要素なのである。

「男性支配」の概念をめぐっては、今日の西洋社会ではすでに平等の進展が認められるという理由でこの概念を退けようとして、なぜこれほどまでに騒ぎ立てるのか。私たちがこの概念を用いて、この概念において前提となっている男性支配の現実を認めるとしても、だからといって、今日、さらなる平等への進展が見られること、そしてとりわけ、年齢や肌の色、セクシュアリティや経済的地位、出自（カースト制度）や宗教など、さまざまな基準に沿った、男性による男性の支配がこの概念自体に含まれることを否定しはしない。しかし、男性／女性の対立はこうしたさまざまな基準の中に見られる対立とは根元的に性質を異にするものであり、これらすべての対立を包摂するものである。人間でありたい、人類の一人でありたい、人格を認められた人でありたいという女性たちの要求を確実にする民主主義の理念の名において、男女の対立という還元不可能性を考慮しようとしないのは、ある意味では、意識においてこの還元不可能性に逆らうことである。

実際、男性支配は今日、世界中の多くの社会で影響力をもち、抑圧的で、暴力的なかたちで存在している。しかしまたそれは、あらゆる社会、あらゆる文化、文明においてと同様に、西洋社会でも、直接的に言い表されることはないが[8]、まったく自然で当たり前のように、歴然と機能して、すでに幼少の頃から、慣行や男性的なものの女性的なもののイメージ体系を通して刷り込まれて、それほど目立たないにしても、象徴的に、存在している。

その明白な痕跡は、さまざまな変化があったとはいえ、『暴力と女性』についての以上の分析で指摘した不変の枠組みのこの永続性の中に認められる。もちろんこのような枠組みは、社会における人間の習慣や行動に、いつでもどこでも、同じやり方でかたちを与えるわけではない。それにこうした枠組みが同じ拘束力をもって今日の西洋社会の、男性も女性も含めたすべての人の習慣や行動にかたちを与えるというわけでもない。しかし表れ方の度合いはさまざまであれ、不変の枠組みは存在している。それは、幻想や文学的、芸術的なイメージ体系はもちろんのこと、職場や家庭での振る舞い、ふと思いついた考え、集団生活、政治的姿勢にも、戦時の計画的な暴力の中にも表出し、さらには女性が、従来男性のものと考えられてきた政治的、知的あるいは職業的に高い地位に苦労してようやく就いたときに、女性自身が自らの能力や正当性や男性と同じ尊厳をもっていることに対してさえも抱く不安や疑いやためらい――それはつねに女性たちがそう教え込まれた結果なのだが――の中にも存在する。女性が抱くこの不安は、おそらく、最も激しい暴力の影響ではないが、すでに幼少の頃から頭の中に徐々に根を下ろしたものであり、気づかないうちであったにしても、暴力の最も根底的な影響であることは確かである。

女性は優しく、男性は暴力的か

二項対立的な表象体系は、世界のいたるところで、女性的なものは優しさに、男性的なものは暴力的なものに結びついていることを、私たちに示している。そして個々人の社会的行動や制度的規範や集団の目が、各人に、ジェンダーの共通定義にできる限りふさわしくあるように強いる。子どもに与えるおもちゃから叱り言葉まで、ほめ言葉（女の子へは「まあきれいな可愛いお嬢ちゃん」、男の子へは「元気のいい坊やだこと」）から命令まで、特権的な振る舞い（「お兄ちゃんは男の子だからそうしてもいいけど」）から冷遇まで、非難から褒美に至るまで、あらゆるものが動員されて、まだほんの幼いうちから男の子にも女の子にも、こうした二つの特徴の一方だけを受け入れるようにし向けている。子どもが目にするテレビの映像[9]も深刻な影響を及ぼしていることは言うまでもない。

というのも、このような馴致がなければ、テストステロン〔男性ホルモンの一つ〕の分泌が少なくても、女性どうしの間では、女性は暴力で自己を表現し、認めさせることのできる身体能力や運動神経を男性と同様にもっている。女性の体格や筋力には限界があるので男性との取っ組み合いでは対等に闘うことは無理だとしても。とはいえ、男女のどちらか一方が、必然的に振り分けられた自然な性的特徴として、そして自己を表現する基本的な手段として、暴力を独占しているわけではない、とも言える。人は誰でも同じように手段をもち、同じように欲望を感じ、同じように衝動に駆られる。暴力は、集団の行動にしても、個人の行動にしても、こうした基本的な欲求や衝動[10]を社会的に抑制できない空間に根を下ろす。この点については第三部でもう一度触れたい。この種の馴致は、一方で非難されたことが他方で奨励されるというように、正反対の向きに機能する。

個別に見れば、男性も女性もジェンダーの規範モデルに必ずしも適合しない特徴をもって生まれる。優しすぎてあまり男らしくない男の子もいるし、「男の子のような」「大胆な」「乱暴な」女の子もいる。それに、そうしたことを修正しジェンダーの型にはめ込もうとしても必ずしも成功するわけではない。だからナチスの強制収容所に、女性カポ〔他の収容者の監督を、暴力を用いて行うことも含めて、任ぜられた収容者〕がいたとしても驚くにはあたらない。今でもイスラエルの極右女性の中には、左翼女性の不穏な動きを監視する団体を「カポウォッチ」と名付けようという人もいる。[11] 王女メディアのように自分の子どもを殺す女性もいる。イングリッド・ベタンクール[＊7]を誘拐したコロンビア革命武装勢力のゲリラ隊は武装した女性部隊だった。パレスチナの大規模な街頭デモで女性をあまり見かけないのは、女性がもつべきとされる羞恥と慎みの名の下にデモ隊から遠ざけられているからだが、今では若い女性の中にも、誰にも自分の決心を告げずに、密かに準備して、これまでは男性だけをその「威光」が照らしていた自爆攻撃を選ぶ者もいる。そうした女性がこの行為から期待できる報酬は、彼女たちの兄弟のものと同じ性質であるはずはない。いったい誰が天上で六〇人の美しき永遠の処女[＊8]に代わって彼女たちを迎えてくれるのだろうか。

個人の欲望や衝動は幼少期からすでに男女別にコントロールされ方向づけられている。男の子は戦い、自己を主張し、殴り合いのけんかに応じなければならない。女の子は従順でなければならない。今日では、とくに大都市では変化も見られ、思春期の女の子やもっと年少の女の子も集団では、男の子と同じように行動し始めたが、女の子が暴力的に振る舞ったり暴力的な反応を示したりすれば、世

＊訳注７　コロンビアのエコロジスト派女性政治家。二〇〇二年の大統領選に出馬、選挙運動中に誘拐され、二〇〇八年に解放。

８　コーランでは男性信徒には天上の美女が約束されている。またハディーズ（ムハンマドの言行録）では美女の数は七二人とされる。

間からは厳しく咎められ非難される。陰険さが女性に固有の本性そのものだと評されたり、もっと慇懃に神秘的だと評され、男性の世界ではそれが女性の本性になるのである。ローマ帝国時代のエジプトの書物[12]にはすでに「誰も神を知らないように、人は乙女の心を知るすべもない」と記されていた。優雅、優しさ、従順、目立たず控えめな態度は、女性の特性として、女性たち自身が引き受け、自分たちのものだと主張さえしてきたとしても、その裏には同時に不満や疑問や疑惑や反抗が隠されている。だから男性は女性の言葉や行為が本心から出たものかどうかに強い疑いを抱くのである。この疑いはまた、結局のところ、当事者も含めた社会全体が、精神と肉体の驚異的な馴致の結果でしかないものを、人為的に、もって生まれた資質に仕立て上げていることの証である。

第4章　シモーヌ・ド・ボーヴォワールの盲点　新石器革命後に……[*1]

シモーヌ・ド・ボーヴォワールは、『第二の性』をそこで扱うさまざまな分野において学識豊かな作品にしようと望んだわけではない。彼女は非常に博識だったが、それはどの程度までだろうか。ボーヴォワールが利用した資料、彼女がまさに執筆しながら、カードやノートを駆使し、それらを参照し、思考した資料について知ることはきわめて難しい。というのも、ボーヴォワールの引用の仕方は体系的ではなく、『第二の性』には文献リストもない。何しろ当時は、専門書でさえも原典批判のルールに従っていなかったし、着想を得た出典を記さねばならないという倫理的なルールや、現在のように技術的な、正確な提示形式のルールに従うということもなかったのである。明らかに、ボーヴォワールの意図は当時の知識を総合することではない。彼女は過去の知識を自分の思考を培うため

＊訳注1　本章は、『第二の性 *Le deuxième sexe*, I, II』（1949, Gallimard）出版五〇周年を記念してドイツで開催されたシンポジウムのための原稿に基づいており、『第二の性』第Ⅰ巻、第二部「歴史」、Ⅱ章についての論考である。

の養分にしたのである。この章で〔『第二の性』第I巻、第二部「歴史」、II章〕彼女が明示的に参照している唯一の著者は、クロード・レヴィ＝ストロースである。その他は、雑然と、あちこちのページで、推論のおもむくままに引用される。たとえば、フレーザー[*2]、バッハオーフェン（ボーヴォワールは彼の『母権論』が「駄作」だとしている）、エンゲルスなどの著者、マヤ族、南米先住民オリノコ族、「インドのバンタ族」、バビロニアのカッシート人などの社会、ボルネオ、ウガンダ、アッシリアなどの土地、オーリニャック、マドレーヌ、ソリュトレなどの文化期〔いずれも後期旧石器時代の代表的文化〕、プラトン、アリストテレス、『聖書』『コーラン』『リグ・ヴェーダ』などの文献、アッシリア＝バビロニア、フェニキア、エジプト、古代ギリシアなどの宗教における母なる女神の信仰に見る宇宙生成論、大洋の男神アトゥムと海の女神ティヤマート、美男神マルドゥック[*3]、アスタルテ〔フェニキアの女神〕、ゼウス、女神デメテルなどの神々、パンドラ、アダムとイヴ、メディア、アンドロマケ〔トロイア戦争におけるトロイア防衛の総大将ヘクトルの妻〕など、神話に登場する人物が引用されている。しかし、ボーヴォワールが参照文献として示しているのは二点にすぎず、それも不完全に、注の中で言及しているにすぎない。すなわち、一九三四年のベグーアン伯爵の論文とホースとマグドゥガルによるボルネオに関する著作の二点である。[1]

彼女は、ネルソン・オルグレン[*4]に宛てた手紙で——他の人たちもすでに指摘していることだが——人類博物館の図書館に熱心に通って、「オーストラリアやインド、アフリカの部族」における男女関係の「唖然とするばかりの」表現について学んだことを話している。したがって、ボーヴォワールがこの図書館で現地調査の文献をもとに民族学の情報を入手したことはわかるが、利用できたさまざまな資料のどれを選択したのかはまったく知ることができない。他方、彼女がこの章で示している母なる女神信仰への関心や、ページのあちこちに散見される簡潔な言及を考慮すると、新石器革命後の農耕社会についての彼女の全体的な論述は主として近東での事象に基づいていると推論することができる。

より一般的に、理論的あるいは歴史学的次元で、彼女はどういう知識をもちえただろうか。ほぼ間違いなく、フレーザーやローウィ、バッハオーフェン、モルガン、ウェスターマーク、エンゲルス、ダーウィン、マリノフスキー（とくに一九二七年の父性に関する試論。それにエドウィン・S・ハートランドの試論もおそらく知っていた）、V・ゴードン・チャイルド、そしてたぶん、フランツ・キュモンやホブハウスといった古典的著書の内容にも通じていた。こうした太古の女性の状況に関しては、シャルル・ルトゥルノーやC・ガスコワーヌ・ハートレーなどの当時すでに存在していた概論を参考にしたに違いない。明らかにボーヴォワールは、一般に母なる女神の信仰、とりわけ大女神に対する信仰について、かなり深く考証していたが、おそらく、『バビロニアの裸身の女神』の著者でもある

＊訳注２　ジェームズ・フレーザー（一八五四‐一九四一）。イギリスの人類学者。ボーヴォワールはこの章で、彼の「男が神をつくり、女がそれを崇拝した」という言葉を引用している。

３　母なるティヤマートを殺し、その身体を二つに切り裂き、一方で天空を、他方で地上世界の土台をつくったとされる。

４　ネルソン・オルグレン（一九〇九‐一九八一）。アメリカの小説家で、『黄金の腕』（一九四九）などで知られる。一九四七年にボーヴォワールがアメリカに講演旅行をした際に知り合い、恋愛関係になった。二人の往復書簡のうち、ボーヴォワールの手紙だけが出版されている。*Lettres à Nelson Algren. Un amour transatlantique 1947-1964*, Gallimard, 1997.

ジョルジュ・コントゥノーの『オリエント考古学概論』を通してであろう。臀部の肥大したヴィーナス像に関するリュース・パスマールの研究や、コレージュ・ド・フランスでのジャン・プルジリュスキーの講義にも通じていたかもしれない。この講義録が友人の一人によって出版されるのは、彼の死後六年を経た一九五〇年になってからではあるが。

父親の役割が知られていなかったという仮説

言うまでもなく、当時まだ知られていなかったことを知らなかったといって、ボーヴォワールを責めることはできないだろう。偉大な人物でも、その時代の偏見やステレオタイプから完全に抜け出すのはいかに困難であるかを指摘するのが関の山である。これは非難ではないが、知識人の批判精神や学者の論理構成には必ず盲点が存在する。ボーヴォワールの場合も、安易に、いささかの疑惑も、少しの疑問ももたずに、おそらくそれが彼女の論証の重要な部分をなしているからであろうが、原始人は性交と出産との関係を知らなかったという前提を受け入れている。生殖における父親の役割が知られていなかったという考えは、マリノフスキーのトロブリアンド諸島に関する民族誌学[2]によって有名になり、二十世紀の終わりの数十年になって、他の民族誌学の研究によって重大な訂正がもたらされるまで、何の問題もなく受け入れられていた。それというのも、この考えは原始時代の人類は無知で野蛮であるという、全体としてエリート主義的な見解を漠然と反映しているからであり、原始人には観察力が欠けており、物事を関連づけて考える力がないので愚かなのも当たり前だと驚きもしない。この愚かさはまさに「未開社会がもっていた知識[3]」の貧弱さを証明しているにすぎないというわけだ。

さらに興味深いのは、マリノフスキーは、彼の調査対象者たちが精液の生殖能力について知っていたことは否定しても、ある程度の（ともかくも観察から得た）知識や考えをもっていたことは認めているにもかかわらず、彼の読者は、学識者も含めて、こうした無知を絶対的なものとして受け入れていることである。[4]彼らの知識や考え、たとえば、「処女は妊娠しない[5]」「どの子も父親に似ている」――というのも、アリストテレスの図式におけるように、質料を固めて形相を与えるのは父親であるからだ――を見れば、これらの未開人も生殖における男性の重要性を知らなかったわけではないと認めるのに十分であったはずである。マリノフスキーはしかしながら、後の方の「どの子も父親に似ている」という考えの中に、〔父と子の間に〕後から導入された「人工的絆」の結果だけを見ている。人工的とはいえ、その社会的な力は自然の情愛から生じるのであるが。残りの点については、女性の身体があらかじめ開かれていなければならないとしても、妊娠の「真の原因」は女性の中に入り込んでくる「同じ氏族（クラン）または下位氏族（クラン）〔一二七頁、訳注1参照〕に属する[6]」霊魂にあるということになる。とはいえ、マリノフスキーは、この霊魂が「妊婦の母親または父親の霊魂」〔強調はエリチエ〕かもしれないというインフォーマントたちの言葉をまったく取り上げていない。このように、女性の父親や母方の祖父の霊魂が女性の中に戻ってくるのかもしれないのだとすれば、マリノフスキーのインフォーマントたちも、男性の霊魂が妊娠に果たす役割を認識していたわけであるから、これによって妊娠には、性器の機械的な開口と子どものかたちに加工をすることの他にも、女性と同じくらい男性による何か超現実的な関与が必要であることを認めていたということがわかる。彼らが知ることのできなかったのは、厳密な意味での精子の生殖力だけである。しかし、忘れてはならないが、これについては私たちも同じように、十八世紀末まで知らなかったのである。この点は、マリノフスキーにとっては大きな関心事であったが、未開人たちにとってはとくに重要ではなかったのだ。

さらに付け加えると、トロブリアンド島民の観点では、女性の夫、父親、あるいは母方の祖父はみな同じ資格で、ただし異なる時期に、女系氏族（クラン）に「後から追加されるパーツ」なのである。死者の霊魂だけが、この氏族（クラン）のものにしろ他から接ぎ木されたものにしろ、女性の中に戻ってきて、妊娠させる。夫にも妻にも妊娠能力はない。女性は霊魂を宿らせ、栄養を与え、出産するだけだ。一方、夫は霊魂が入る準備をし、大きくなっていく塊にかたちを与える。こうした尺度で、要するに配偶子について知らないということで判断するのであれば、マリノフスキーは次のように書くこともできたであろう。トロブリアンド島民は母性の生物学的本質についてもまた知らなかったのだと。

ともあれボーヴォワールには、原始人が性交と妊娠の関連について無知であったという考えを何の検討もせずに、採用する必要があったのである。それはなぜか。

進化vs構造

右で触れたいくつかの出典に比べて、クロード・レヴィ＝ストロースの著作は『第二の性』のこの部分の主要な骨組みを提供している。彼は、ボーヴォワールが『第二の性』の出版に先立って『レ・タン・モデルヌ〔現代〕』誌に掲載した論文の中の不正確な箇所についていくつか指摘していた。『親族の基本構造』はもちろんまだ出版されていなかったが、彼は自宅で彼女にこの本の原稿を読ませた。ボーヴォワールは、この原稿の、女性は男性間での交換の対象物であるとする中心的な見解の中に、「他者としての女性」という彼女の考えの裏付けを見出したと強調している。しかし、この点こそは、『第二の性』の「歴史」のこの章に見られる四つのパラドクスの第一点である。すなわち、ボーヴォワールはレヴィ＝ストロースの構造主義の考えを受け入れることと自分の論述が両立すると思っているという点である。ところが、彼女の論述は進化論の考えに沿ってなされているのであり、父子関係についての無知は、進化論の考えにおいてきわめて重要な役を演じる一つの信条なのである。

構造主義の考えでは、親子関係、居住地、婚姻法則といった主要な社会的事象はさまざまな形態をとるが、それらの形態はすべて論理的に可能なものであり、思考され実現されるに際してまったく同じ資格で扱われ、同等に位置づけられる。歴史的に一方の形態が他方から生じるということはない。それらの形態は歴史的にはすべて同時に出現したのである。進化論的考えでは、それは今日では否定されているが、社会組織や文明の度合いにおいて下位にある一つの形態が上位の形態へと発展することに着目する。

ところで、ボーヴォワールの考えは断固として進化論的であり、レヴィ＝ストロースの原稿への聡明な理解力にもかかわらず、彼女は二つのアプローチの間の矛盾に気づいていないのである。

壮大な物語

彼女の論述を要約しておこう。前提となっているのは、植物の栽培や動物の家畜化[7]という、新石器革命に発した、遊牧民の狩猟・採集社会から農耕民の社会への移行である。前者の狩猟・採集社会では、性行動や生殖、出産には客観的に見て動物的な性質しかないが――そこでは男性だけに文明化への投企による超越性が与えられ、伴侶である女性には物理的な制約が重くのしかかっている――、農耕社会になると、人間（つまり男）は、「世界や自分のことを考え始める」[8]。農耕共同体における定住は、土地の所有、つまり氏族（クラン）による共同所有と子孫への継承をもたらす。こうして農業共同体では、瞬間の連続でしかなかったそれまでの生活に代わって、男たちの考えた計画に応じて、過去に根を張り未来に向かって投企する生活が始まる。ボーヴォワールは、「乱婚」が決して存在しなかったことは認めているが、文明のこの段階における生殖のための婚姻には、自分の氏族（クラン）に組み込まれていた妻にとって何ら服従の原因になるものは見当たらないとしている。こうした考え方自体、すでに見事に現実を無視している！

新石器革命は、確かにボーヴォワールの図式では、思考の革命を伴う。妊娠や出産はもはや単に動物的な自然の事実ではなくなる。農耕民は「畑の畝や母親の胎内で開花する繁殖の神秘に驚嘆する」[9]。大地と女性は頭の中で同一視され、その結果、大地は神秘的に女性に所属するものとなり、母権を根拠づける。こうした変化には二つの大きな事実が作用している。これらの事実は仮説にすぎないが、著者ボーヴォワールはそれをまったく批判なしに受け入れている。というのも、それは彼女の論証の重要な要（かなめ）であるからだ。一つは生殖における男性の役割は相変わらず知られないままであること、もう一つは大地と女性が両者に共通する繁殖力を通して同一視されていることであり、さらにこの二つを関連づける重要な要素が付け加えられる。すなわち、すでに狩猟・採集時代から男性的なもの／女性的なものの関係に刻印されている超越／内在という対立関係である。

　こうした前提に続いて、学術的に明白であるとされる一連の所見が示される。たとえば、農作業は耕地との共感の力によって女性に任され、やがて家内工業が、ついには商業も女性に任される[10]。一方、男性は相変わらず家の外で狩りや漁をし、それに戦士としての活動も加わる[11]。しかし、ボーヴォワールは、こうした排他的な役割分担についてコメントしないし、これらの互いに派生的な所見に含まれるさまざまな前提の論理的関連についてもコメントしない[12]。彼女にとって、こうした疑問の余地のない確信は、何よりも、新たな女性の力が「男性に恐怖の入り混じった尊敬の念を抱かせ、それが彼らの信仰に反映される」こと、また、「外的な〈自然〉のすべてが女性の中に要約されていく[13]」ことを主張するために必要なものであった。母なる女神の信仰についてのボーヴォワールの分析はこうした基盤に立っているが、同時に、母権制の神話を否定しており――これは彼女の批判精神が確かなものであることを示すものである――、「女性は権利の仲介者にすぎず、権利の保有者ではない[14]」と記されている。しかしながら、男性は、女性の繁殖力に恐れを抱きながらも、この力を「自らの意識が形成する概念を通して」思考するのであり、自らを「超越として、投企として」実現するのである。女性は、その繁殖力が恐れられ崇められるにしろ、養育者であって、創造者ではない。女性は「内在に運命づけられた」ままである。

人類の意識が徐々に目覚めるにつれて、男性的要素が支配的になっていく。「〈精神〉が〈生命〉に、超越が内在に、技術が魔術に、理性が迷信に打ち勝ったのだ。女性の価値の低下は、人類の歴史における必然的な一段階をなしている」。こうした主張は、原初の無頓着な動物時代と、その後の男性による生殖力掌握の時代との間に、現実に女性が過大評価されていた中間的時期が存在したことを想定しているが、それはそう簡単に言えることではない。要するに、私たちはつねに進化する歴史の運動の中にいて、母なる女神と並んで男性神が登場し、ついには母なる女神の地位を奪うことになる。こうした交代は、男性たちによる男もまた生殖力の一要素であるという自覚に対応している。

ボーヴォワールの図式に従えば、石器時代には女性に任されていた土地を男性が完全に手中に収め始めるのは、石器から青銅器への、次いで鉄器への移行においてである。以後、男性は「〔道具を〕自分の手で自分の意図した通りの形」につくる。彼の成功はもはや「神々のはからいではなく、自分自身に」かかっている。いまや男性は「技術者として[15]」大地に立ち向かう。やがて彼は奴隷制の利点を発見して、「妻子を自分に隷属させる[16]（ママ）」。ボーヴォワールは「イデオロギー革命」の重要さを強調しており、彼女によれば、歴史的に女系出自から男系出自にとって代わったのはこの革命によってである。この交代は神話の中では「激しい闘争の結果」として描かれてきたが、ボーヴォワールはこうした闘争は現実にはなかったと考えており、彼女の考えは正しい。しかしながら、これほど急激な事態の変化を理解するためには、革命的な変動があったと考える必要があった。ボーヴォワールによれば、それは二つの新たな征服、まさしく男性による征服によるものである。すなわち、一つは金属の征服であり、もう一つは、「技術上の因果関係の経験」によって、「生殖には母親に劣らず男も必要である」[17]という確信をもつに至ったことである。

このように家父長制の勝利は何千年もかかって暴力なしに構築されたが、この勝利は、人類の初めから「男たちが自分たちだけを至上の主体として確立することを可能にした生物学的特権」[18]によってすでに組み込まれていたのである。注意してほしいのは、超越と内在を対立させるボーヴォワールの基本的論法に不可欠な思考の転換によって、ここで生物学的特権とは、出産の重荷を免除された男性の特権であって、男女両方の子どもを産める女性の、したがって男性が自分と同じもの〔息子〕を再生産するためには女性を介さなければならないという「法外な」特権――男性がこの希少な資源を監視下に置き、その思し召しにあずからねばならない女神信仰を説明するに足る特権[19]、この点についてはまた後で論じたい――ではないのである。当然ボーヴォワールがそこから引き出す何ともすばらしい結論によれば、女性は完全には「〔男性の〕仕事仲間[20]」になれなかったがゆえに他者なのである。

すでに存在していた男性の特性

こうした再構成は一から十まで著しく間違っているが、そのうち二点を指摘しておこう。もし神話が現在観察される現実をそれ以前の不幸な状況の逆転、容赦ないものとして示される逆転によって説明するものであるとすれば、それ以前の状況もまたその神話の中で語られる一つの神話である。男性の優位は知的に、論理的に、イデオロギー的に説明され、妥当性が認められなければならなかった。この優位の確立に必要な条件としてボーヴォワールが提示する女性の価値の低下は確かに不可欠である。しかし、この優位は時代の推定できるイデオロギー革命によって達成される必要はなかった。というのも、それはすでに存在していたのだから。

二点目は、男性が、いずれも男性に固有の特性である技術上の経験と因果関係の観察によって、ついに受胎における自らの役割を知り——それは金属の技術が出現した時期と重なる——、そこから派生的に、自分の財産、すなわち土地、道具、仕事の成果、妻、子どもなどの独占権を主張するようになるという点である。また、次の点についても言及しておこう。男性がそれまで女性の領域であった農耕にも専念するようになるのは、男性の発明力と技術力のしるしである金属の制御が可能になってからにすぎず、農耕がもはや単に自然の気まぐれに左右されるものではなくなると、女性はこの領域を失ってしまうという点である。

ボーヴォワールは、起源においてはいずれの社会も母系であったと見ているが、それらの社会の外婚制を説明するために、レヴィ＝ストロースがさまざまな考察の末に引き出した結論に大胆にも次のような人類学的な仮説を加えたのであるが、それはおそらく、構造主義の見解——ボーヴォワールはこれを受け入れると言っている——と彼女の論理の原動力である進化論的見解を一つに結びつける必要があると感じたからであろう。女性の交換の理論に関して何か問題を感じ取っていたからではなく、単に、構造主義的見解と彼女の哲学的かつ進化論的な説明方法とを結びつける必要があったのである。こうして、男性は、自分が生殖において果たしている役割を知らなくても、婚姻によって成人の身分に到達することになる。母方の氏族（クラン）が男性に提供するのは内在であるが、男性は超越を欲する。近親婚（インセスト）の禁止は未知のもの、「他者」、自分ではないものに決然として向かっていく男性の意思のしるしとなる。彼は危険に賭けるのだ。「生まれつき定められていた運命の境界線を打破」するのである。

この心理主義的な仮説は、その根底にある前提が容認されることを必要としているだけでなく、実際に生活空間の中で移動するのは一般には女性なのだから、女性の運命の境界線もまた打破されるという事実をボーヴォワールは公然と無視している。彼女にとって、女性の場合、それは自ら欲するのではなく、受け入れなければならない運命なのだと考えるだけで十分であり、人類と不可分の男女の示差的原初価[21]の理由については、女性が母性という生理的役割の中に閉じ込められているからだとしか考えていなかった。

ボーヴォワールが豊かな才能と揺るぎない自信をもって筆をふるうこの大作、この壮大な物語には、いくつか論評を加える必要があるが、ここでは右に見てきたパラドクスの他に三つのパラドクスに関するものだけを取り上げよう。

地域的に非常に限定されたシナリオ

一番簡単なものから始めよう。ボーヴォワールは、全人類が共有する歴史の進化の全体像を組み立てようとしているのだが、実際には、肥沃な三日月地帯〔チグリス・ユーフラテス両河川の流域〕における新石器期の急変動と、推定される女神信仰に関しての、ヨーロッパ、中央アジア、近東で支配的だった全体的状況に言及するにとどまっている。その他の民族については、彼女の意図と一致していると思えるいくつかの民族学上の情報を提供できる場合を除いて、扱っていない。猿人から始まる人類のさまざまな変異やホモ・サピエンス（現代人）の出現に関して、相互に遠く離れたいくつもの発祥地を前提とするシナリオを彼女が知らないといって責めることはできない。また、たとえば日本の縄文文明のような、相変わらず狩猟と採集の生活をしていた社会で、植物の栽培は別にしても、〔＊5〕定住、村落形成、土器の製造のような非常に発達した技術の出現が見られたというケースを彼女が知らないといって責めることもできない。[22] しかしながら、次の理由以外には、なぜ彼女が牧畜民や動物の家畜化を考慮に入れなかったのかを理解することは困難である。つまり、牧畜民には母なる女神への信仰も、妻であり母である女性と大地を同一視することもなく、したがって、農耕社会に比べて女性が大地や領地に根付いていることと女性の内在性を結びつけた理論にうまく適合しないという理由である。

ボーヴォワールは、まったく何のためらいもなく、新石器時代の信仰が女神信仰、一般には母なる女神への信仰を中心にしていたという考えを、進化論的論証の礎石として受け入れた。それによれば、動物の生活から抜け出たばかりの無知な人間は女性の胎内に宿る繁殖力の神秘に信仰をささげる段階を経過するのである。やがて開眼によってもたらされる逆転が起きるためには、この無知と、そこから生じる信仰を前提しておかなければならなかったのだ。女神は、歴史的に立証された確かな存在ではなく、一つのイメージにすぎないと書けるようになるのは最近のことである。[23] したがって、ボーヴォワールが新石器時代の信仰についての右のような考えを大きな拠り所としたのも無理はない。たとえ多くの女神像が新石器時代以前のものであるにしても。

進化論的な図式がボーヴォワールの定めた段階に従うのであれば、現代でも母系社会と父系社会が併存していて――彼女がそれを知らないわけはない――、こうした母系社会で暮らす人々も父系社会で暮らす人々とまったく同じように生殖における男性の役割に気づいているにもかかわらず、二つの社会はしばしば隣り合っていることを、なぜ彼女が問題にしないのか、理解しがたい。男性の役割を知っているなら、彼女の進化論的な認知の図式に従えば、これらの母系社会も父系社会へ移行していたはずである。

さらに、これまでとは少し次元が変わるが、ボーヴォワールは、植物の栽培を始めることによって新石器革命を成し遂げたのは男性だということを既定事実と見なしている。仮にこうした性差のある見方を受け入れるとしても、狩猟民だった男はいったいどんな奇跡によって、それまで彼の伴侶が採集し、処理し、加工していた食用にできる植物について精通しえたのだろう。ボーヴォワールは、こうした手品について説明しない。しかしながら、この問題はすでに、とくにバックランドらによって、一八七八年に提起されていた。[＊6] 彼は、植物の栽培は女性たちによる塊茎や果実の選別から始まり、やがて（おそらく男女双方によって）穀物に適用されたと考えていた。この問題は重要である。という

＊訳注5　三内丸山の遺跡（青森県）ではクリ・クルミ・トチなどの堅果類、さらには一年草のヒョウタン、ゴボウ、マメなども栽培されていたことがわかっている。

6　Buckland, A. W. 1878, « Primitive agriculture ».

のも、もし女性が植物の栽培を始めたか、こうしたプロセスに関わっていたのであれば、もはや女性を内在に運命づけられ、創造的な計画をもたない存在としての地位にとどめておくわけにはいかないからである。

ところで、ボーヴォワールはまさに、この植物の栽培、次いで金属の使用といった技術革命と、集団がまず女系出自へ、次いで男系出自へと段階的に移行し（これは間違いである）、さらに夫や父親といった男性の絶対的支配へと移行したこととを直接的に結びつけているのである。こうした移行は、彼女の観点に従えば、それ以前にはなされていなかった因果関係の観察を介して行われる。こうして男性は徐々に、しかし不可逆的に、生殖における自らの役割に関する無知から覚めていったことになる。とはいえ、男性が生殖という内在性の領域に入ってきたからといって、その分だけ女性を超越性の側へ移行させたわけではなかった。

超越性の優位

こうした一連の仮説は、今日ではそのすべてが正当性を疑われているが、私たちを三つ目のパラドクスへと導く。超越性と内在性は、この世界に存在する者のうちに、男性と女性にそれぞれ割り当てられた分け前として、原初からの与件として、そこにある。その後の歴史が、それを明確にし、強化し、洗練する。しかし〔超越性は男性に、内在性は女性にという〕始原の与件は何ら変化しない。なぜそうなのか。ボーヴォワールは、女性の身体が相次ぐ出産とそれに続く仕事に打ちのめされ、極度のハンディキャップを被っているとするだけでは満足しない。彼女は、「子どもを成すこと engendrer や授乳は活動ではなく、自然的な機能であって、そこにはどんな投企も投入されていない」〔強調はエリチエ〕ことは自明の理であるとする。ボーヴォワールは、女性の機能を含意する「子どもを産む enfanter」ではなく、まさにこの「子どもを成す engendrer」という、男性の機能を含意する動詞を用いている。しかしながら、彼女は、「子どもを成すこと」はどのようにして単なる「自然的機能」を超越し、一つの投企になるのかを問うこともできたのではなかろうか。あるいは彼女の見解では、男性の投企は必然的に性行動や生殖の領域の外に位置づけられているのかもしれない。この見解には、男性が子孫を確保するために示す配慮を考えると――これは『第二の性』の中にも現れている――、確かに議論の余地がある。この点についてはまた後で述べよう。このように、ボーヴォワールによれば、女性は最初から永遠に受動的なものとして内在性に定められている。女性は運命のままに従い、現実を自分にふさわしいものにするための「高邁な」計画に自己を投入することは決してない。「どの分野においても女は創造しない。女は子どもを産み、糧を与えることによって、部族の生命を維持するが、それだけのことである」[24]。ボーヴォワールが次のように記すとき、彼女は自分の考えを述べているのだろうか、それとも彼女なりに人類の歴史を再構成し、そこから浮かび出てくると思えることを表現しているだけなのだろうか。「拡張と支配への男の意志は、女の無能力を宿命的不運に変えた。〔中略〕だがおそらく、生産労働が女の体力の範囲にとどまっていたならば、女は男と共に自然の征服を達成していたであろう」〔強調はエリチエ〕。男性はこうして、歴史のある時点において、女性の出産能力というかつては恐れられ崇められていた特権をハンディキャップ、無能力、劣等性に変える逆転によって、母性という家の中の領域への女性の追放を、熟慮し念入りに準備し組織する主体となる。

しかしながら、ボーヴォワールが語る進化論的な歴史は、原初から、出産がほとんど動物的なものであった時代も含めて、すでに存在していたもの、つまり、内在と超越の対立を徐々に際立たせているにすぎないことを指摘しておこう。この内在と超越という二つの哲学用語の上に男性的なものと女性的なものの一連の対立項が接ぎ木される。それらは彼女の論述の中に明確に現れているように、プラスとマイナスの対照的な価値を帯びている。たとえば、受動性／能動性、閉鎖／開放、内部／外部、定住／移動、物質／精神、魔術／技術、迷信／理性、反復／創造、混乱／秩序、制約／自由、愚鈍／聡明、影／光、臆病／大胆、服従／権威、女性的なもの／男性的なもの……「こうして男が至上のものと認めることになるのは、創造力、明晰、知性、秩序などの男性的要素である」[25]。

ボーヴォワールの記述によれば、進化のある時点において、男性的価値が勝利する。しかしながら、女性的なもの＝内在と男性的なもの＝超越という対立は、歴史の出発点から、すでに与件として存在していたのである。男女の関係は絶対的な相互性の中で形づくられていたかもしれなかったのに、なぜ女性は、唯一の主体である男性によって、純粋な他者性に運命づけられているのだろうか、また、なぜそれを受け入れているのだろうか。ボーヴォワールは、こうした二元性は男女の差異の観察から生じるという考えを、『第二の性』の「序文」で直ちに否定している。彼女にとって、この考えは問題にならない。「この二元性は、はじめは性別というかたちで対置されなかった」[26]。また、もっと先でも、人間は「世界を二元性のしるしのもとに捉える。この二元性は最初は性的な性格を帯びていなかった」[27]と記している。逆に、私たちの前提では、人類によって直接的に感知される男女の差異、動物にも人類にも共通する解剖学的かつ生理学的なこの差異の観察に基づいて、同一者と他者を絶対的に区別する象徴化の最初の知的操作がなされるのである。しかし、ここではまだ序列は生じない。序列は別の原因によって生まれる。

この差異の最初の観察を否定することによって、ボーヴォワールは一挙に、――女性が一人で立ち向かわなければならない出産の自然的、動物的側面とそれに伴うさまざまな危険や負担を根拠に――、一つの対立する価値関係を導入することになる。この対立関係においては、男性に割り振られた超越が女性に割り振られた内在よりも優位に立つことが、何の根拠も必要とせずに前提され、さらに拡大して、超越に関係づけられるあらゆる価値が内在に関係づけられる価値に対して必然的に優位に立つとされる。こうした超越の優位、したがって男性的なものの優位は自明のごとく断定されている。

こうした、要するに同語反復的議論による結論づけは、一種の手品ではなかろうか。そうであるとも、ないとも言える。というのも、つまるところこの結論は、私たちが思考するときに頭の中で用いる諸カテゴリーに含まれる序列的側面――暗黙のうちに男性的なものと女性的なものに結びつけられた価値観に従った序列的側面――を効果的に表現しているのである。しかし、母性の罠にからめとられることのない、超越的な自由の象徴である男性の生物学的特権に対して、妊娠や出産、つまり母性に「内在」の重荷を割り当てることは、逆説的に女性を一つの運命に閉じ込める結果になる。「母であることは女に家の中にこもりがちの生活を強いる。男が狩りをし、漁をし、戦いをするのに対し、女は家に残っている方が自然だ」[28]。確かに、ボーヴォワールによれば、これは新石器時代の男女の考えである。しかし、これまで人類の大半がつねに考え経験してきたこうした性別割り当ては、母性のもつ生理学的・社会的影響だけに帰されるものであろうか。

子どもか息子か

こう問うことで、私たちは先に予告した四つのパラドクスの最後のものに到達する。ボーヴォワールは――ここでもまた何の問題提起もせずに断定するのだが――新石器革命の時期に、女性の生殖力と大地の繁殖力を関連づけて見るようになり、生殖力あるいは母性を崇拝する信仰が母なる女神や大女神のかたちで現れた、あるいは優勢となった、としている。これは、おそらく男女に共通する信仰であるが、ボーヴォワールは男性の信仰として示している。この信仰は、女性の身体に隠されている神秘への崇拝であり、男性は妊娠における自らの役割を知らない限りにおいて、この神秘を恐れ、不安を抱くのである。だがすでに見たように、歴史家たちが問題にしている対象に与える断定的な意味も、男たちが自分の役割について知らなかったという断定と同じように、確かなものと考えることはできない。

とはいえ、確証に欠けるにしても、また、ボーヴォワールの用いた論拠はその後否定されたにしても、何か注目に値するものはあるだろうか。というのも、直接的に真実であるものもあるかもしれないからである。

奇妙なのは、普通なら正確な言葉を追求し不正確さを暴き立てるボーヴォワールが、女性の生殖力の産物である子どもに関しては、つねに性別を明示しない表現を用いていることである。彼女は、子どもや、子孫、次世代といった表現を用いて、「氏族（クラン）は子孫に深い関心をもつ[29]」とか、「法典を作成するのは男たちだが、彼らは子どもに対するのと同じ好意をもって女を考慮するわけではない[30]」と記す。他にもあちらこちらで同様の表現が見られる。しかしながら、女として生まれるのと男として生まれるのは、各人が築く人生にしても、生まれた子どもに注ぐ周囲の視線にしても、同じことではない。それは誰にもましてボーヴォワールの知っていることである。ところで男性が望むのはまずもって自分に似たもの、自分と同じものである。彼らが息子を望むことは、すでにボーヴォワールも見た通りである。新石器時代の農耕民は「自分の氏族（クラン）が他にもっと男たちを生み出して、彼らが畑の地力を永続させ、氏族（クラン）を永続させるようにと望む[31]」。実際、母系制社会においてさえ、男性は息子を望む。というのも、女性たちに息子や兄弟がいなかったら、母方のオジがいなかったら、母系制は機能しえないからである。また逆に、甥のいないオジは、父系制社会において息子のいない父親と同様、無に等しい。

ところで、たとえ生殖のメカニズムがまだ知られていなかったにせよ、新石器時代のさまざまな人類は女性の妊娠を「祖先の霊」によるものと信じて、男性がその霊を母親の胎内で人間の身体に似せて加工するのだと信じていたにせよ、男性には息子はつくれないこと、〈他者〉つまり妻である女性の身体を介してしか自分に似たものをつくれないということは、依然として重要な点である。したがって、恐れられ崇められるのは女性の身体に組み込まれているこの能力が男性に対して示す善意である、と考えることができる。そしてまた同時に、屈服させ、支配し、とりわけ占有すべきなのは、この同じ能力、子ども一般をではなく、息子を、男性に、男性のために産む能力なのである。

女性が利用価値のある素材として男性の支配下に置かれるのは、女性が子どもを産むからではない。女性が大地と同様に繁殖力をもつからでもない。それは、男性が自分の息子をつくるためには一人の女が必要だからである。ボーヴォワールは、母系制の氏族（クラン）が男たちを必要としたと記したとき、さらにまた、次のように記したとき、この考えを垣間見はしたが、十分に展開するところまではいかなかった。父系制に移行した後、男は「〈女〉というものから解放されて、一人の女と自分の子孫をもつことを要求する。［中略］男は跡継ぎを必要とし」、この跡継ぎに財産を残し、跡継ぎは家の守護神を礼拝するであろう、と彼女は記している。しかし、跡継ぎというのは男女両方だろうか。そうではない。父系制においては、男性だけが相続し、神に捧げものをすることができたのだ。ボーヴォワールは、推論を徹底的に突き詰めなかった。このように子どもの性別による違いを見落としたのは、彼女の推論のもう一つの盲点であった。そして、それは非常に残念なことである。というのも、もしこの点を考慮していれば、ボーヴォワールは、男性を超越として観念的に位置づけ、価値を与えるメカニズムは、単に自然――男性には免除されている出産と結びついた生物学的事実によって女性にハンディキャップを与える自然――に起因するのではなく、女性の能力の強奪に由来するのであることを認めることができていたであろう。あからさまな暴力によるのではないにしても、強奪であることに変わりはない。

今日まで女性が置かれてきた、いや今日でもなお多くの国において女性が置かれている隷属状態と男性による占有との関係の強さ、そしてそれが男性にとって必要であったことを理解するためには――この隷属は、結婚という縛りの中で出産や母性の価値にもたらされる尊敬によってかろうじて報われているのだが――、議論の中にこの点、つまり子どもの性別に関する考察を補足する必要がある。歴史的、構造的な、女性のあらゆる不幸（女性は交換の対象である）は、女性が自分の身体とは異なる身体をも産み出すということに由来している。これは動かしがたい不幸であろうか。そんなことはない。男女の配偶子の役割が同等であることを知り、避妊すなわち出産の自由を享受すること、これは必ずや女性が、単に個人として、あるいは個々の集団としてではなく、女性全体として、超越に到達するための主要な武器である。

確かに、ボーヴォワールの論理構成には誤りがある。確かに、彼女は『第二の性』のこの章において「壮大な物語」を記したが、それは正確ではない。彼女もまた、私たち皆がそうであるように、確実なこととして機能し、これまで通用してきた（もしかしたら今もなお通用している）哲学的表象や日常的な表象に判断を狂わされて、いくつかの手がかりを見落とした。しかしそれにもかかわらず、結局のところ、真実は明白に、執拗に、そこに示されている。こうして私たちもまた、次のようなパラドクスでこの章を結ばねばならない。ボーヴォワールがこの新石器時代に関する章でたどった道筋はおそらく最高に適切であったとは言えないが、それでもやはり彼女が示した構図は適切で、正しいものであったと。

第二部　批判

第1章　母性の特権と男性支配†

私の主要な研究成果の一つは、人類学の考察に身体の問題を導入したことである。それは、ずっと以前から構想していた論理的前提というわけではない。研究を進めるにつれて、いくつかの婚姻および親族体系の分析を通して、人類学研究の中心に身体の問題を据えることがどうしても必要になってきたのである。

私のキャリアの大部分は偶然によって導かれたものだ。最初の偶然は、私がまだ歴史学と地理学を志していたときに訪れた。一九五八年、私は一つのチャンスをつかんだ。ブルキナファソに行き、モシ族に関する調査をするという要請に応じたのである。二番目の大きな偶然は、私にとって決定的なものになるのだが、一回目の調査の数年後に再びアフリカに行き、サモ族という別の民族の調査をしようと決心したことに端を発している。サモ族の村落は一見してきわめて特徴的で、一九五八年の最初の滞在時から私の関心を引いていたのだが、私はここでまったく独特な親族体系を見出すことになった。

親族の諸構造の観念的重要性

私の目的は、親族名称に関する調査で、ある特定の領域での語彙を収集することであった。私は、当時まだ民族学を勉強していなかったために、親族の呼称は生物学的規則性から直接的に生じるのであり、したがって、世界中どこでも同じ構造をもつはずだと思っていた。人にはそれぞれ一人の父と母、何人かの兄弟姉妹がいると私は思っていた。ところが、調査の過程で、まったく想定外の結果を得たのである。そこで私は情報の一つ一つを徹底的に検証してみた。たとえば、インフォーマントや村落を変えてみた。しかし、結果はいつも同じだった。このまったく独特な親族体系は間違いなく存在していたのだ。フランスに帰国するとすぐに、私の見つけてきたことがすでにどこか他所で観察されていたかどうかを知るための研究に取りかかった。はたして、この親族体系は北米インディアンの社会で記述されていて、「オマハ」体系と呼ばれていた。

この親族体系には私たちからは奇異に見える特徴がある。西洋の文化では、誰でも、自分と同じ両親から生まれた兄弟姉妹（「実の」兄弟姉妹）と、両親の兄弟姉妹から生まれたイトコを識別するが、この体系では、父母を同じくするものだけでなく、「イトコ」の中で、父の兄弟あるいは母の姉妹から生まれた者も「兄弟」「姉妹」と呼ぶ。というのは、彼らは、互いに、「平行」と呼ばれる同一関係

† 本稿は『エスプリ』誌二〇〇一年三・四月号（*Espris*, mars-avril 2001）に対談形式で掲載されたテキストを増補改訂したものである。

（二兄弟、二姉妹は互いに「同一」である）の二兄弟、二姉妹から生まれたからである。それに反して、この同じ人が他の「イトコ」、つまり親どうしが同性ではない「イトコ」（彼らは互いに母の兄弟の子、父の姉妹の子である）のことは平等ではない用語で表す。たとえば、その人の母方のオジ〔母の兄弟〕の子は「オジ」、「母」あるいは「祖父母」と呼び、父の姉妹の子は「女系の甥（姪）」、あるいは「孫」と呼ぶ。こうしたかたちの親族名称は「世代斜行」と言われるが、理由は理解できる。

こうして私はこのあまりにも意外なタイプの親族体系、およびそれ以外の主だった親族構造体系の存在理由に興味をもった。私はこの存在理由を兄弟／姉妹関係の中心に置いている。レヴィ＝ストロースも同様に兄弟／姉妹関係について検討しているが、理由は異なる。周知の通り、レヴィ＝ストロースにおいて、兄弟／姉妹関係は、ある意味で、近親婚（インセスト）の禁止を通して互酬制と交換の概念を生じさせるものである。男たちは自分の姉妹との接触を自らに禁じることで、他の男たちと姉妹を交換し、代わりに彼らの姉妹を迎え入れることができる。こうして、婚姻の運命が兄弟と姉妹を結びつける。いくつかの社会、とりわけ交換に金銭や家畜の贈与を伴う社会では、兄弟は自分の姉妹を嫁がせた後で初めて結婚することができる。姉妹のために支払われる婚資を受け取り、それで今度は自分の妻を手に入れるための婚資を支払うことができるからである。兄弟と姉妹を結ぶ婚姻の運命は現代の西洋社会ではほとんど見えなくなっているが、旧体制（アンシャン・レジーム）下では別のかたちで存在していた。

兄弟／姉妹関係は、親族名称の諸体系の基盤として、三つの異なるかたちで表れる。

一　関係は、構造上は平等であるが、社会的関係において現実に平等であることを意味しない。

二　関係は不平等で、兄弟が姉妹より優位である。
三　関係は不平等で、姉妹が兄弟より優位である。

ここで問題にしている優位性は現実の地位に対応するものではなく、観念上のものである。オマハの親族体系では兄弟が優位であり、すべての娘は構造上、同じリニージ[＊1]のすべての男性より、彼らがどの世代に属していようと、一世代下位に属すると見なされる。たとえば、ある男性は、自分の父の姉妹の子を、あたかも父の姉妹が自分の姉妹であるかのように、「女系の甥」と呼ぶ。また、ある女性がひ孫〔男の子〕のいる男性の姉妹であるとき、あたかもその女性がその男の子の姉妹であるかのように、その女性の子もまたそのひ孫にとって女系の甥になる。このタイプの親族体系では、兄弟が父の立場で、姉妹が娘の立場であることを別にすれば、傍系の一親等は直系の一親等に相当する。このタイプの配置は親族名称の諸体系の中だけでなく、法体系の中にも明示的に存在している。それは父系制と男性的なものの観念的支配を密接に結びつけているのである。

オマハ型体系（父系制）の逆のかたち、すなわち母系制のクロウ型体系では、母の兄弟の地位が引き下げられ、父の姉妹の地位が引き上げられる。これは、配置原則として、兄弟に対する姉妹の、これもまた観念上の優位性を意味する。しかしながら、女性が、実際は兄である男性を、「私の弟」と

＊訳注1　共通の祖先をもつ出自集団のうち、最も大きいのが「部族」、以下「下位部族」「氏族(クラン)」「下位氏族(スー・クラン)」「リニージ」「下位リニージ」と細分化されていく。リニージでは確実に共通の祖先までたどることができる。

いう意味の用語で呼ぶことはできない。つまり、この場合、全体的論理が徹頭徹尾、適用されることはありえない。もし適用されるとすれば、私が「男女の示差的原初価」[1]と呼んだものと矛盾することになるであろう。

価値の一覧表での男女の異なる地位

男女の示差的原初価は、価値の一覧表で男女に普遍的に与えられている異なる地位を表しており、男性的要素の女性的要素に対する優位をしるしづけている。男／女の関係は親／子、年長／年少の関係、より一般的に言えば、時間的な先／後の関係――先行性が優位を意味する――と同一のモデルに従って構築されている。こうした一連の関係の同等性は普遍的に認められている。私の知る限り、たとえ母系制であれ、これらの関係を逆転したり、あるいは単にその存在を否認しているような社会は一つもない。

男女の示差的原初価は、私たちの思考に用いられている二項対立体系――それは男女双方が共有している――を暗示する序列の中に見出される。こうした二項分類は中立的でありうるかもしれないが、現実には序列化されている。たとえば、高は低より、充満は空虚より、硬は柔より、大胆は消極より、創造は反復より優れているというように。これらの対立は非常に強固であり、男性的なものと女性的なものの区別を可能にしているが、優位な極はつねに男性的なものに、劣位な極は女性的なものに結びつけられる。すべての言語は二項対立と男女の極の区別を用いている。実のところ、創造が反復より、外が内より、つまり、要約すれば、シモーヌ・ド・ボーヴォワールが述べているように、超越が内在に勝るということを存在論的に証明するものは何もない。これらの言葉に価値が与えられていたり、貶められていたりするのは、人々の頭の中でそれらの言葉に男性的なもののしるし、あるいは女性的なもののしるしが振り分けられているからである。同じ一つの言葉がある文化では男性的なものに、別の文化では女性的なものに結びつけられて、その言葉が帯びる価値が変わることによって、それを確認できる。

私の考えでは、このような二項分類は人類の起源に遡る。というのも、分類とはおそらくそれを通して思考がかたちを現す最初の知的操作の一つであるからだ。雄であるものと雌であるものの間にある明白な解剖学的差異はそれより先には遡れない思考の限界点であり、疑う余地のない反論できないさまざまな差異を同じものと異なるものの間の原初の対立のかたちで把握することを可能にしたのであって、この対立の上に他のすべての対立が構築されたのだ。序列関係は付加的な結果にすぎない。これは、完全な均衡は考えられないことを考慮すればわかることだ。優位なものと劣位なものが存在せねばならないのである。しかし、男性的なものに結びつけられたカテゴリーが女性的なものに結びつけられたカテゴリーより一貫して優位であると見なされるのは自然のこととは言えない。

なぜこうした表象が普遍性をもつのか

優位なものはつねに男性的なものに、劣位のものはつねに女性的なものに属しているのは、私の考えでは、男性が自らの再生産を可能にするために女性を彼らに所属する資源であると見なしたことの直接の結果である。男性／女性の関係が序列化された関係であるのはこの理由による。しかし、それは、たとえこの関係が過去において永遠の昔から存在しているにしても、未来においても永遠に存続することを意味してはいない。というのも、この関係が成立するにあたって依拠した諸条件はもはや同じではないからである。

どのようにして歴史のある時点で男性による女性の占有が起こりえたかを説明するには、原初の人類に遡らねばならない。彼らは世界について判断を下すために自らの感覚を介する他なかった。彼らは身体を通して、何らかの観察や経験をし、置かれた環境に意味を与えることができた。だが、自分たちには左右できない事実に関する、二つのあるがままの観察結果を認めざるをえない。

第一の観察——男性と女性には視覚や触覚によって捉えることのできる明白な差異があり、それは動物界すべてに当てはまる。それは一つの規則性、恒常性であり、変えることはできない。もう一つの大きな規則性は昼と夜の交替であるが、これについても人間はいかなる力ももたない。

これらはまさに感覚に直接的に訴える二項対立的な二つの規則性である。おそらくは、こうして、人類の象徴的思考は同じものと異なるものへの二項分類というかたちで始まり、定着したのである。

ペニスのあるすべての生き物は同一であり、ペニスのない外性器をもつすべての生き物は互いに同一で、前者とは異なっている。こうして、同一／差異（同一者あるいは自己vs他者）の関係は、過去に存在した、あるいは現在も存在するあらゆる社会形態において、象徴的思考の主要カテゴリーとして現れる。二項分類を用いずに整合性のある言説を構築できる社会はない。別の分類法、たとえば三つの項を介在させる分類法もありうるが、二項分類はつねに基軸としてそこにあり、人が変えることのできない二つの定数の存在を示している。

したがって私の考えでは、二項分類は、私たち人間の世界理解の基礎となるものであり、生物学的定数としての男女の区別、宇宙論的（コスモロジー）定数としての昼と夜の交替という、二つの動かしがたい大きな現実の観察から直接的に生じている。一方で、あらゆるカテゴリーが男性的なものと女性的なものに配分される。区別の原則はアプリオリに序列的ではなく、序列は二次的である。それはなぜだろうか。

第二の観察――原初の人類も性的関係なしに女性が妊娠することはないことを知っていた。マリノフスキーの研究[2]によって、私たちは長い間、生殖における男性の生理的役割について当時の未開人、ましてや、先史時代の祖先たちは知らなかったはずだと思い込んでいた。しかしながら、マリノフスキー自身も明言しているが、トロブリアンド島民は、一方で、処女には子どもを産めないこと、他方で、どの子も母親の胎内の子にかたちを与える父親に似ているということを強調していたのである。彼らが認めていないのは、私たちが、「精子の生殖能力」と呼ぶものだけであり、彼らはその存在を知らなかった。しかし彼らは、まったく同じように、受精した卵子を仲立ちとする母親の生物学的役割についても知らなかった。もちろん出産という明白な事実はあった。しかし、女性の開かれた身体の中に入るものは女性に由来するのではなく、祖先の霊であり、それを女性が養い、男性がかたちを与え、そして女性が産む。さまざまな文化の表象が男女に割り当てている役割がどのようなものであれ、子どもが生まれるためには男女の性交が必要であることはわかっている。先史時代の祖先がそれについて何も知らなかったと主張するのは、彼らについての奇妙な思い違いである。

なぜ女性は男児も産むのか

こうしたすべての観察は一つの疑問へと導く。女性のもつ一見、法外とも思える特権に関する疑問である。実際、動物界を見渡せば、雌の身体だけが男女両方の子どもを産むということに気づかざるをえない。こうした指摘は私たち現代人には当たり前のことと思えるかもしれない。十八世紀に精子と卵子が発見されて以来、私たちの知識はさらに強固なものになった。私たちは性染色体と遺伝子の関係を知っている。遺伝子は両親から分割されて伝えられるということも知っている。しかし、これは比較的最近の発見であり、生命の潜在力はすべて卵子にそなわっているのか、それともすべて精子にあるのかを知るためにいくつもの大論争が展開された。こうした発見がなされる前には、唯一確かなことは次の事実だけであった。ある一定の解剖学的かつ生理学的資質をもつ身体は自分と同じもの、つまり女児をつくれるだけでなく、異なるもの、つまり男児もつくれるという事実である。ここから、一つの重大な意味をもつ疑問が生まれてくる。なぜ、ある身体には異なるものがつくれるのか、なぜ同じものをつくるだけにとどまらないのか、という疑問である。

　こうした問題提起は神話の中に痕跡をとどめている。女性だけが住む島の神話が表現していることは、私の考えでは、そのように理解されねばならない。その神話によれば、女性たちは男性がいないので支配されることもなく、もっぱら娘だけをつくっていた絶海の孤島があったというのである。アフリカに広く伝わる創世神話についても同様である。それによれば、初め、男女は別々に暮らしていた。男性は自ら息子をつくり、女性は娘をつくっていた。ところが、人間は罪を犯したために、神から罰として男女が一緒に暮らすように命じられた。神は女性よりも罪の重い男性に一層厳しい罰を科し、自ら再生産する能力を奪い取って、息子をつくるためには女性の身体を経ざるをえなくした。この神話はなぜ女性が男児も産むのかを理解しようとした原初の人たちの考えをよく説明している。

　前述の二つの観察から導き出すことのできた唯一の答えは、女性が男児を産むにしても、女性に固有の性質によって、女性のイニシアティブだけで産むのではないということである。子どもになる可能性を秘めたものが神や祖先によって――すでに見たトロブリアンド島民の例のように――女性の体内に植え付けられ、男性が自分に似せて息子を形づくるのであるか、あるいは、男女どちらが生まれるかは力のせめぎ合いの結果によるのであるか、あるいはもっと多いのは、男児でも女児でも子どもが由来するのは男性からであり、女性は媒体または素材を提供するだけであるというのである。こうしたパラドクスは、すでに見たように、アリストテレスによって非常に明瞭に示されており、ヨーロッパ以外にもいくつか類似した学説があることが知られている。それによれば、女児の誕生は男性の性的能力の不足のしるしであり、通常の条件であれば、良質な産物、すなわち男児をつくる。このように男性は再生産を左右する動因となる。

男性は自ら再生産することができない。したがって、女性は、確かに一般には子どもをつくるための、だが、とりわけ男児をつくるための資源なのである。こうした表象はきわめて露骨に表現されることがある。たとえば、「女性は息子を産むために男性に与えられた」と断言したナポレオン・ボナパルトの場合がそうである。「女性は男性のイスラム教徒を産むためにつくられている」と宣言したアルジェリアのイスラム救世戦線の議長[*2]もまたそうである。最近では、フィリップ・ドゴール海軍大将〔一九二一−、第五共和制初代大統領シャルル・ドゴールの息子で、フランスの政治家〕が男女同数代表制（パリテ）に反対すると表明したが、彼によれば、女性は政治的動物であるべきではなく、国家に男子を与えるために存在するというのである。このように、基本的に、女性とは男性が自分と同じものを再生産し、男系親族を形成することを可能にする希少な資源であると見なされているのである。

特権剥奪のメカニズム

女性の特権剥奪のメカニズムは、男性には自ら再生産できないという事実によって理解できる。もし女性が、男児をつくるために最大限活用すべき貴重な資源であるのなら、男性はそうした女性を占有しなければならないし、また同時に、この機能、この特別の任務の中に女性を閉じ込めておかねばならない。クロード・レヴィ＝ストロースによれば、占有は近親婚（インセスト）の禁止から直接的に生じる。

近親婚（インセスト）の禁止は、レヴィ＝ストロースの理論にとって、交換、互酬制、さらに、婚姻の基礎である。婚姻とは、言い換えれば、女性やさまざまな労役を交換し合う集団どうしの結合であり、性別役割分業と結びついた配偶者間の相互依存関係の確立によって持続可能なものになる。レヴィ＝ストロースはこのようにして、近親婚（インセスト）の禁止――それは、外婚制、交換、互酬制につながる――と集団や個人の婚姻による結合という合法的制度を論理的に関係づけたのだが、しかし彼は女性の占有／特権剝奪とその正当性について疑問を呈することはなかった。男性が女性を交換するシステムをつくりあげたとして彼は批判された。それに対して彼は、観察できる現実を説明したまでのことだと答えた。その通りである。しかし、兄弟の頭の中で姉妹は占有できるものであり、息子を得るために姉妹と妻を自分の意のままに交換する権利があると思える必要があったという事実が、レヴィ＝ストロースにとっては説明に値することだとは思われなかったという問題は残る。彼の論理枠組みではそれは自然の事実であったのだ。

　要するに、男女の序列関係はこの原初の特権剝奪から生じたと思われる。実際、この特権剝奪は、一方では、女性の特権――その性質について理解する必要があった――を前にして抱く疑問への答えであり、他方では、男性には自分と同じものを再生産するために必要な素材または媒体を支配下に置く必要があったことへの答えである。この特権剝奪は観念的であると同時に象徴的、社会的な占有として現れる。特権剝奪は、さまざまな社会の象徴体系において、生殖が男女の平等な関与による

＊訳注2　アリ・ベンハッジ（一九五六‐）。イスラム救世戦線には党議決定の議長はおらず複数指導者制で、ある時期から実質上、彼が権力をもっていた。序文では副総裁になっている。

現象ではなく、女性は単なる手段にすぎず、男性の意思による現象として現れることを意味している。特権剝奪は、父系制であれ母系制であれさまざまな社会のあらゆる表象体系において非常に明確なかたちで現れており、それらの社会では女性をある時は通過する場所とし、ある時は単なる素材とすることで、生殖における父親と母親の関与を説明している。とはいえ、男性は単に精液を注ぐだけで、子どもの誕生と性別は外部の超越的意志に委ねられているという一貫した論理を示している母系制社会もいくつか存在してはいる。

性別役割分業がまず初めにあって、そこから序列関係が発生したとする考え方もある。しかし、性別役割分業を男女間の序列の起源と見なすのは、同時に男女の身体能力は同等ではないという主張を役割分業の根拠としない限り、難しい。

ところが、それは理屈に合わない。どの社会でも狩りをするのは男性であり女性ではないという事実は、体力や、男性に固有のものと思われているより大きな耐久力に基づいているわけではないからだ。身体的能力の差が影響しているのではない。女性に矢を射ることを教えれば、男性と遜色なく狩りができる。女性の耐久力が男性に勝るとは言わないまでも、同等であることは、誰もが経験から知っている。このような特有の役割分担は、むしろ血との関係を根拠にしているのであり、この関係は序列的なイメージ体系に由来している。そこには重要な禁忌が見られる。すなわち、女性は時には男性と共に戦争に行くにしても、他人の血を流させることはない。西部劇でよく目にするイメージでは、女性は銃に弾を込めるが、めったに引き金を引くことはない。もっとありきたりの例で言えば、屠殺場の「殺し役」は男性であり、女性はこうした施設内の大型動物屠殺用の場所には立ち入らない。[3]

フランスの田舎では豚の血を抜いたり、飼い兎を殺したりするのはほとんどいつも男性の仕事で、女性がするのは、男性が不在のときだけだ。たとえばアルジェリアやスペインにおけるように、独立運動や解放運動に参加した女性もいた。しかしひとたび危機が去ると、彼女たちは元の場所に戻らなければならなかった。女性は今日まで、男性との不平等な関係、つねに女性に不利な関係から継続的に抜け出したことは一度もなかった。なぜなら、この関係は太古からの強固な表象に根を下ろしているからであり、こうした表象は、他人の血を流す能動的行為と自分の血が流れるのを見る受動的状況を結びつけ、対立させ、さらに、女性が子どもや生命を「育む者」であると同時に死をもたらす者でもあることはありえないことを、万物の根源力が共鳴する一つの体系の中で法則として仕立て上げているのである。

女性的なものに価値が与えられることは決してないのか

現実の女性の状況はあらゆる社会であらゆる時代に同じというわけではない。男女の示差的原初価は、私たちの表象においては、男性的なものが女性的なものよりつねに優れていることを意味している。しかし、それは必ずしもすべての社会において現実の女性がつねに抑圧状態に置かれているという意味ではない。現実の女性と女性的なものを区別しなければならない。私が女性的なものに対する男性的なものの支配について語るとき、問題にしているのは自明のことと見なされている考え方であって、必ずしも現実の女性に対して繰り返し行われている男性の暴力について語っているのではない。たとえ、女性的なものに対する男性的なものの支配がこのような暴力を容易にしているのであるにしても。

ともあれ、これまでの歴史で、女性的なものに価値が与えられた数少ない例は、大半が、母性の概念に基づいている。それは、一人の男にとって、自分の母親を除き、女性はすべて性的対象と見なしてもよいという考え方に通じており、母親はこの理由で価値づけられるのである。この男にとって、母親は「母」としてしか存在しない。大女神信仰は母としての女性に対する崇拝、もっと言えば、女性の身体の中にある潜在的な出産能力――思し召しにかなう必要のある、思い通りにするのが難しい出産能力――に対する崇拝である。しかし、だからといって、それは、これらの信仰が属するのは女性が支配的地位を有する社会システムであるという意味ではない。それは単に、出産能力あるいは母性の概念が崇められていたことを表しているにすぎない。それに母としての女性に価値が与えられることは女性の条件にとって必ずしも良いことではない。母性崇拝はややもすれば女性を家庭に、母親役割に閉じ込めることになるからである。

女性的なものに価値が与えられた他の事例はすべて非常に特殊な歴史的状況に組み込まれている。たとえば清少納言は、一部の日本女性が文学的教養をそなえていた時代に属していた。しかし、それは貴族階級出身の女性に限られていた。したがって、女性の高い評価は部分的なものであり、全体的なものではなかった。同様に、フランスのフロンドの乱[*3]の時代を見ると、ほとんど男性に匹敵する能力をもっていた女性、グランド・マドモワゼル〔マドモワゼル・ド・モンパンシエ。九一頁参照〕は、まったく特別な身分、すなわち王家の娘〔ルイ十三世の弟ガストン・ドルレアンの娘で、ルイ十四世の従姉〕で、おまけに独身であった。実際、上流の女性にとって、娘時代にはできたことが結婚後はもはや許されないということはすでに見た通りである。多くの場合、独身であること、処女であること、女性でありながら男性的能力を認められることの間にはきわめて明白な関係がある。女性は再生産のサイクルに入るとたちまち母としての評価しか得ることができないのだ。つまり、女性の従属を説明するために問題になるのは、女性という性そのものではなく、そこに秘められた出産能力、それも息子を産む能力なのである。

子どものいない女性の場合はどうなるのだろうか

このことから、当然ながら、不妊の女性や思春期前の少女、さらには閉経した女性は――女性というジャンルとして一からげにではなく、個人として見なされるならば（条件の中にはすでに答えの前提となるものが含まれているのだが）――、こうした序列体系の脇に、つまり外に位置することになるはずである。

だが実際はそうではない。たとえこうした状態すべてに関して、あるいはそのうちのいくつかに関して、社会によってそれぞれ独自の位置づけが観察されるにしても、その解釈はつねに必ず、序列化

＊訳注３　一六四八 - 一六五三。フランスの宰相マザランの王権強化政策に反発した貴族たちが起こしたが、鎮圧され、結果的に絶対王政が確立した。

された見方をつくり出すプリズムを通してなされるのである。それを「不変項」と呼ぶことにしよう。人類学の研究はさまざまな社会に由来する種々の情報を明らかにし、慣習や風習の違いの下にあるはずの共通のもの、つまりいくつかの不変項を特定することである。とはいっても、これはいくつかの与件が永久に不動であることを意味するわけではなく、何世紀にもわたって存続する疑問や思考の枠組みがあること、そしてそれらが文化や時代に応じて異なる答えの中に具現化されていることを意味しているにすぎない。

さまざまなタイプの社会が、西洋社会では考えられない実に注目すべき慣行を見せてくれる。たとえば、ヌエル族のようなアフリカのいくつかの社会では、不妊女性に関する独特の風習が見られた。結婚後数年を経て、不妊の証拠を示すことができた女性は、元の家族集団、すなわち彼女の兄弟が暮らす父系のリニージに戻る。その時点から、この女性は男性として、つまり兄弟の一人と見なされる。こうした身分の変化によって、この女性は他の女性と結婚することができる。彼女は姪たちに支払われる婚資の一部を利用できるからである。実際、これらの社会では、婚資は基本的に花嫁の父を受取人とするが、一部は傍系親族、つまり父親の兄弟のものになる。したがって、兄弟の一人と見なされる不妊女性も自分の取り分を受け取り、自分用の家畜をもつことができる。この家畜は次に、彼女の妻になる別のリニージの女性を獲得するための婚資の支払いに役立てられる。これは、私たちが理解している意味での、性的関係を伴う同性愛の結合ではない。これは単に、不妊女性は身分規定上、夫であり、妻から奉仕され、子どもがいれば、子どもたちの父であることを意味している。そして子どもはいるのである。というのは、男の召使いが妻を妊娠させる役目を引き受けるからであるが、この召使いは生まれてくる子どもの父親と見なされることは決してない。彼は、妻に子どもを産ませるために夫が利用する単なる手段なのである。

このように、いくつかの表象は本来の性別の境界線を消去する。生殖可能な時期に女性が妊娠しない場合、その女性はもはや女性ではなく男性なのである。彼女は壁の反対側に、男性側に移動したのだ。しかしながら、不妊についての他のいくつかの見方はこれほど満足のいくものではない。

不妊女性は容易に離縁される。サモ族の部落（ブルキナファソ）で私が収集した系譜では、次々に何人かの夫をもった女性集団の大部分は不妊女性である。不妊はすべて女性の側に原因があるとされるが、それでも、不妊は時に夫婦双方の祖先の気質の不一致によることもありうると考えられている。双方の祖先はそれぞれ、当事者である夫婦の人格の構成要因の中に存在していて（祖先の「痕跡」）、その夫婦を通して共に子づくりすることに同意しないというのだ。あるいはまた、不妊は女性の個人的な「運命」（人格のもう一つの構成要因）に特有の条件によるものと考えられている。そうした運命の女性は特別に強い配偶者によってしか支配されえないというのである。

同様に、女児しか産まない妻も容易に離縁される。世界の多くの地域で、重要なのは男児だけである。女児しかいない男性は、彼には子どもがいないと言われてしまう。女児ばかり生まれた場合、それは、妻の中にある女性的なものの、絶対的かつ本質的に反抗的な悪意のせいにされる。だから、夫のために息子を産むのを拒む悪しき抵抗を打ち砕くために、女児しか産まない女性は暴力を振るわれかねない。

一般に、思春期前の少女は将来の妻であり母であると見なされているが、それでもやはり、月経の出血で定期的に冷えることのない身体固有の熱により、しばしば少年とほぼ同じ役割を担い、同じように振る舞うことができる。たとえば、南アフリカではいくつかの危険な儀式が思春期前の少女や、閉経後の女性によってとり行われる。さらに、女性兵士や戦場へ行く男性に同伴する女性も、思春期前の少女の中から、あるいはもっと広く独身の処女の中から集められる。

出産能力（それも男児の出産）と男性支配の間に確立された関係がとりわけ説得力を帯びるのは、閉経時においてである。ほとんどすべての社会で、女性の身分は閉経時に根本的に変化する。西洋社会では、ホルモン剤を使ったり外見に気を配ったりするせいで、しばらくはこの転換期をカモフラージュできるため、変化はそれほど目立たない。とはいえ、閉経によって女性の身分は決定的に変化する。彼女たちが感じる不安は、女性としてのアイデンティティや女性らしい特質の最も重要な部分の喪失感からきている。というのも、女性のイメージが、生殖の対象であり性的対象であるという二つの理由で評価されるとすれば、閉経はこの両面で取り返しのつかない喪失として実感されるからである。

西洋社会では、閉経は女性にとって排除や舞台裏への退場として経験されるにしても、まずは男性のからかいの種である。しかし、ほとんどの社会では、この移行は西洋社会ほど簡単ではない。移行は組織的になされる。閉経に対する社会の扱いは社会によって二つの大きなタイプに分けられるが、同じ社会に二つのタイプが同時に見られることもある。閉経した女性は社会的排除の犠牲となり、孤独のうちに見捨てられることがある。老齢で、貧しく、もはや保護してくれる夫も、息子もいない場合、そうした女性はすべての悪の根源である魔女に、バルザックが描く冷たい顔つきの女性になる。

しかし、既婚で、裕福で、多くの分野で何らかの才能に恵まれている場合、立派な父親や息子がいる場合、普通なら男性にしか許されてない行為を行うことのできる特別な身分を手に入れる。たとえば、すでに見たように〔九一頁〕、ピーガン族では、酒を飲んだり、神に誓ったり、祭祀を主宰したり、供物を捧げたり、さらには、立って用を足すこともできる。このような女性は、インディアンの社会では「男の心をもつ女」と呼ばれる。また同様に、イロクォイ族〔北アメリカ東部森林地帯に居住した先住民〕のマトロン〔リニージの高齢で影響力のある女性リーダー〕や、もっと身近な例では、ブルターニュのマトロンの例がある。

とはいえ、社会がとるこの二つの極端な態度の間には多くのバリエーションがある。出産能力に関して、またこの能力と時期の関係に対して、他の問題も提起される。人間社会ではどこでも、複数の世代が同じ時期に子どもをつくること、つまり、すでに子ども世代が子どもを産んでいるのに、親世代がなお子どもをつくることは容認されにくい。今日、西洋社会では、複数の世代が同居することがなく、また、最初の結婚の解消が増えて、年配の男性が若い配偶者との間に当然ながらまだ子どもをつくることができるので、容認されやすくなっている。しかし、すでに孫のいる四〇代を過ぎた親夫婦が子どもをつくれるという事実はある種非難の眼差しで見られる。これは、複数の世代が重なり合い、混ざり合うことはできないとする社会的規範によると考えられる。この規範には、伝統的中国やアフリカのいくつかの社会の場合のように、厳しいしきたりを伴うことさえある。伝統的中国では両親は長男が結婚すると性関係をもつのをやめる。この移行は正式に厳かに行われ、親夫婦は息子の結婚あるいは息子の第一子の誕生を機に、寝室を共にすることをやめ、以後、最後まで別々に休むことになる。両親は共に生殖の責任から引退し、ある意味で、子どもに生殖のバトンタッチをするのである。この場合、女性の生殖期間の終了が個人的に明確なかたちで示されることはない。なぜなら、それは夫婦双方に課せられた義務、つまり生殖と親族の継承の特権を次世代に譲るという社会的義務に従う必要によって隠されるからである。

人としての身分と避妊

現代の大革命は宇宙の征服ではない。それはむしろ、西洋の女性たちが、それまで不当に拒否されていた、自律した人としての法的に認められた身分を獲得したことである。この征服の主軸は、私の考えでは、出産能力のコントロールが女性たちの手に委ねられることで避妊が女性たちに与える自己決定権である。避妊のおかげで、女性は自らの身体の主人になり、もはや単なる資源と見なされることはない。女性は、配偶者や、欲しい子どもの数、産む時期の選択も含めて、生殖に関して自らの自由意志を行使する。かくして女性は、子どもをつくるために女性を利用することにあった支配体制に終止符を打つことができるのだ。確かに、女性にとって母親になるのは幸せなことであるが、発言権のないまま母親になるのは必ずしも幸せではない。生涯に十二回も十三回も、しばしばもっと多く出産するアフリカの女性が、それを神の恩恵であると見なしているなどと信じるべきではない。[4]

女性が支配されるのは、女性という性であるからでも、解剖学的に異なっているからでも、生まれつき男性とは考え方や行動の仕方が異なっていて、かよわく、無力であるとされているからでもなく、女性が出産能力という、しかも男性を再生産するという特権をもっているからである。避妊は女性が囚われ、自由を奪われていたまさにその場所で女性を解放する。それに、避妊がどの社会の女性にとってもいかに重要であるかを見て取れることはまったく注目に値する。最近、社会学者たちによって、今世紀の主要な出来事は何かを問う世論調査が実施された。男性の大多数が宇宙の征服と答えている。女性は九〇パーセントが避妊の権利を第一位に挙げている。私は本書第I巻で、男女の示差的原初価から脱却するための十分に強力な武器は何かという問題を提起した。そうした強力な武器がすでに存在することに気づいたのは本の出版後である。女性が避妊の権利を手にしたことは、実に人類史上前例のない画期的な出来事である。確かに、時代を追うにつれて、女性の身分には変化があった。しかしそれらは相変わらず、表象レベルではほとんど動きがないことを、いわゆる男性支配の枠組みを維持したままでの変化であることを前提としていた。女性とはすなわち家庭であり、生命に関するものの管理に専念するべきであるという前提の上での変化である。こうした共通基盤が根底から変化するためには、女性は自律した人としての法的身分を獲得しなければならない。つまり、避妊へのアクセスは女性の解放の主要な手段であるというのが私の考えである。

　現代の情報源からなおも隔てられているいくつかの社会では、女性は「自然」によって授けられるすべての子どもを産み続けている。彼女たちは思春期になるや、結婚させられる。そして妊娠－授乳－次の妊娠というサイクルが始まる。こうした女性たちは思春期から閉経まで、ほとんど一度も月経血を目にすることがない。しかし、こうした状態は次第にまれになり、今日では完全に情報源から遮断されたままの社会はごくわずかである。たとえば、サハラ砂漠を巡回して、遊牧民のトゥアレグ族の女性たちのために母子の健康を守る活動をしている「世界の医療団」〔一九八〇年にパリで発足。世界各地で人道医療支援に取り組む国際NGO〕の移動看護師や助産師は、女性たちがピルを要求すると報告している。彼女たちはコンドームを欲しがらない。なぜなら、夫は子どもが欲しいので避妊を拒否するから、使えないというのである。彼女たちは、先進国の女性は経口避妊薬を服用できること、それなら夫に知られずに避妊できることを知っている。トゥアレグ族の女性たちが要求するのはまさにそれなのである。しかし、資金と適切な医学的フォローがないせいで、彼女たちにこうした避妊薬を提供することができない。

　もちろん、表象体系は急激には変わらない。マグレブやアフリカの女性にとっての名誉や存在価値は相変わらず子どもをもつこと、とくに男児をもつことである。子どもが生まれたとき、女児より男児に価値を置く考え方は依然として根強い。しかし、子どもは望んではいても、望む子どもの数は以前より減っている。彼女たちはもはや受け身でいることを望まず、避妊手段をもたないまま夫婦関係を続けていれば生まれてくるかもしれないすべての子どもを育てなければならないとは思っていない。

　マグレブ諸国では、避妊はまだ今日的な話題ではない。しかし、出生率は減少しつつある。もちろん、依然二・三か二・五と高いが、それでも一九七〇年代と比較すると減少は著しい。[5]同様に、スペインやイタリアのようにキリスト教の影響の強い国でも大幅な減少が確認されている。一見矛盾するようだが、デンマークやフランスのように女性労働を奨励する国がヨーロッパの中で最も出生率の高い国となっている。女性は子どもをもつことを相変わらず望んでいるが、自己実現への強い願望との釣り合いをとりながら、欲しいと思うときにもちたいのだ。女性たちは子どもをもち、同時に、男性がしているように自己実現もかなえるために、自分の時間を管理したいと望んでいる。逆に、イタリアのように女性労働を奨励しない国や、ドイツのように税制面で働く女性に不利な国では、出生率の低下が見られる。女性が家庭にいれば、子どもが増えるというわけではないのだ。女性が報酬のいい仕事や社会的に認められた職業に就くことが出産の必然的な減少を伴うわけではない。むしろ逆である。

私たちは重大な人口の転換期を生きている。アメリカの人口統計学者マックス・シンガーが唱えた仮説を私は支持したい。彼は、二一世紀には、貧困国での歯止めのない出産のために世界人口の爆発的な増加という破局的状況に陥るだろうという仮説に同意しない。それどころか、避妊技術の普及や、女性教育の普及、乳児死亡率の低下、ゆとりある生活という考え方の台頭によって、逆に、世界人口の減少に直面することがありうると考える。[6] 時間はかかるだろうが、変化は女性解放の方向に進んでいる。世界の経済的利益がこの方向に向かっているからだ。

女性解放の手段を女性に供与することのパラドクス

この解放手段はいわば誤って女性に与えられた。確かに、当時の各国政府はまったく寛容な意図によって動いたのだが、こうした決定がもちうる影響を見抜いてはいなかった。男性用避妊薬の開発研究が行われたにもかかわらず、避妊が女性の身体にのみ適用されたのは、前に述べた集合表象に起因している。つまり、男性は、それに大部分の女性もそうだが、妊娠、不妊、出産に関わることはすべて女性の問題だと考えているのだ。最初は誰も女性が避妊を自立の手段として用いるだろうとは、一瞬たりとも考えなかった。法案を可決した議員たちにとって、避妊は女性に責任がかかっている出産を調整する手段であって、自立と自由を獲得するための武器になるとは考えなかったのである。

そもそも人間の生殖のメカニズムについての無知から生じている表象体系が、科学の進歩によってもいまだに再検討されてこなかったことを、いったいどう説明すればいいのだろうか。

問題はまず、たとえ社会や科学的知識が進歩しても、新たな知識の出現とそうした知識が新たな包括的表象の領域に転換される時期には必ず時間的ずれが見られることにある。今現在も、最も進歩した西洋社会においてすら、相変わらず太古からの考え方が痕跡をとどめているのである。

次に、近代科学の知見の完全な獲得をもってしても、社会が表象体系を根底から変えることはないだろうことが予想できる。西洋社会にはいくつもの表象体系が共存していることもわかっている。現代社会は大量の科学的情報を絶え間なく浴びているが、それでも非合理的なものは成功を収めている。こうして、伝統的な信仰システムと物事を科学的に解釈するシステムとが仲良く共存している。細菌の存在を知っているにもかかわらず、病気になると魔女の攻撃の犠牲になったのだと思うこともできる。私に言わせれば、ひたすら合理的なだけの人間は考えられない。

男女の示差的原初価は現実の行動となって現れる観念体系である。暴力がこの現実に接ぎ木されるのだが、すべてをこの暴力によって説明できるわけではない。私たちは、男女の戦争を生きているわけではない。男性も女性も何千年も前からの古い表象体系の犠牲者だという事実を生きているのである。したがって男女が共にこの体系を変える努力をすることが重要である。女性的なものを抑圧し価値を貶めることは必ずしも男性的なものにとっての利益にはならない。男性的なものと女性的なものの位置関係が優位、劣位という観点ではもはや捉えられなくなるとき、男性は対話者を得るだろう。男性は女性と対等に話すことができるだろう。しかも、男性は自分の女性的な部分を恥じることもなくなるだろう。それに、人と人が平等であることで欲望や恋愛感情がなくなるとは思えない。

生命の制御は男性的なものと女性的なものの関係を変えられるか

新しい生殖技術が男性的なものと女性的なものの関係に必ずしも特別の影響を及ぼすとは思えない。男性の不妊に対処する技術としては、ドナーによる人工授精よりも、細胞質内精子注入法〔顕微授精〕を用いる場合が増えているが、これは男性の、生物学上の、実の、父性を重視するものであり、伝統的な考え方に合致している。さらに、不妊男性から精細胞、つまり精子になる前の状態のものをあらかじめ採取し、注射器で卵細胞の中心に注入して胚をつくることも可能である。一方、女性の不妊に関しては、依然として体外受精が用いられている。この方法は、一般に夫の精子とドナーの卵子を用いており、女性の不妊は回復不可能であるという考えや母親は交換可能であるという考えを是認している。したがって私には、こうした男性あるいは女性の不妊への対処法がいかなる点で現在の男性的なものと女性的なものの関係に影響を及ぼしうるのかわからない。

ともかく、社会がこうした生殖補助医療の方法に対して維持している関係の中には、男性の不妊や不能は男らしさを損なうものだという根強い考え方がある。たとえば、一九七〇年代に「ヒト卵子精子研究保存センター」[＊4]の創設を主導したジョルジュ・ダヴィッド教授は、これまで報道機関が非配偶者間人工授精を行ったカップルやこの技術によって生まれた子どもたちに関するルポルタージュを取り上げたことはないと指摘する。他方、最初の試験管ベビー、体外受精・胚移植で生まれたイギリスのルイーズ・ブラウン（一九七八年）やフランスのアマンディーヌ（一九八二年）、そしてこの子たちの両親はメディアで過剰報道された。この違いの理由は非常に簡単である。体外受精によって対処できる不妊は女性の側に原因があるので、それを話題にしてもショッキングではない。逆に、非配偶者間人工授精が用いられる男性不妊は、当の男性にとっても家族にとっても受け入れがたく、それによって深い傷を負う。ドナーからの精子の提供は世間の目に秘密にしておかねばならない。すべての不妊は、集合表象において、もっぱら女性だけに原因があり、女性性がもつ悪意によるものと見なされてきた。その痕跡が現在も私たちの表象体系に見られるのである。

クローン技術はどうか

クローン技術は、それが大規模に行われた場合、変化の要因となりうるかもしれない。しかしクローン技術は、民間機関は別として公的機関での研究が禁止されているアメリカも含め、すべての社会で禁止されている。これまでのところ、私的な試みとしても、誰一人あえてそれを行った者はいないが、唯一、ある有名なイタリア人産婦人科医が、ヒト・クローンの作製を企図し、二〇〇二年には実行に移すとさえ予告していた。ヒト・クローン産生を禁止するために持ち出される理由は、その性質上、人間の尊厳を侵害すると判断されたためである。しかし、クローン技術によるヒトの再生産は正確にはいかなる点で人間の尊厳を侵害するのだろうか。私としては、各国政府がクローン産生を禁止しているのは全面的に正しいと思うが、理由はまったく違う。クローン産生は、人間の尊厳に対する侵害ではなく、他者性の承認によって形成される社会関係に対する侵害なのである。

社会に生きる個人には二つの大きな喜びがある。一つは、血縁や地縁による仲間内の喜び、つまり、近親者や家族と共にいる喜び。もう一つは、ジェンダーの仲間内、つまり男どうし、あるいは女どうしでいる喜びである。血縁の仲間内にとどまる喜びは近親婚（インセスト）の禁止によって原初の非常に早い段階で禁じられた。社会が形成されるためには、レヴィ＝ストロースが述べているように、「自らのうちに閉じられていた」血族集団は外へ開かれなければならなかった。近親者との性関係が禁止されることによって、各人は配偶者を他の血族集団の中に求めねばならなくなった。血族集団間での多くの婚姻が成立し、集団が分裂した結果、社会ができあがったのである。

これに対して、社会は確かに「ジェンダーの仲間内」に寛容であるが、それは、婚姻連帯[*5]システム

＊訳注4　提供された卵子や精子を保存管理するセンターで、一九七三年にパリの二つの病院に設置された精子保存研究センターに始まる。現在ではフランス各地に二四のセンターがあり、主に大学病院に併設されている。

5　婚姻による女性の交換を通して外婚制集団の間に形成される社会統合の形態。

によって社会の経済的、政治的、軍事的関係が促進され、あるいは損なわれない限りにおいてである。しかし、仮に、ジェンダーの仲間内が創世神話を現実のものにして、男性が息子をつくり、女性が娘をつくることになるならば、社会は存続不可能になるだろう。もはや再生産のために、他者の身体の助けを借りる必要がなくなり、その結果、異なる血族集団に属する男女の性的出会いによる社会的絆は失われることになるだろう。

たとえ本当の理由が明かされなかったにせよ、各国政府がヒト・クローンの産生を禁止したのは、このような逸脱を避けるためである。仮にクローン産生が許可されるならば、それは男女の関係を変えるかもしれない。しかし私は、もう一つ別の、これから説明する理由からも、クローン産生が許可されるとは思わない。

クローン産生によって、男性は自分と同一のものを再生産できるだろう。しかし自分一人ではできない。卵細胞と子宮が必要であるからだ。豚や牛の子宮を代用することは想像できるが、卵細胞は人間のものでなければならない。したがって、男性クローンは、卵細胞と子宮を提供する女性の身体を大量に必要とすることになるだろう。これは女性という種をまったくもって悲劇的な隷属状態に置くことである。子どもをつくるために、もはや愛情や欲望や性的関係が必要でなくなるということは、女性はまさに、男性が自分と同じものを再生産できるように卵細胞を生産するだけの役割に追いやられることを意味している。そうなれば女性の身体は完全に道具化され、男性の幻想の実現のために隷属させられてしまうだろう。

一方、女性は男性の助けをまったく借りることなく、クローン技術によって自分と同一のものを再生産できるだろう。卵細胞を穿刺し、核を抜き出し、あらかじめ自分の身体から採取した体細胞と取り替えて、再び自分の子宮に移植するだけのことである。

ということはつまり、危険性はむしろこちら側にある。ヒト・クローン産生が決して可能にはならないだろうと私が個人的に見なしている理由はここにある。もちろん、男性のクローン産生については、男性の暴力によって女性が隷属化される危険性はある。しかし、もし女性のクローン産生が当たり前になれば、人類の永続のために男性サンプルを保存する必要はもはやまったくなくなるだろうという事実、このことがとりわけ危険なのである。人類を時おり刷新するためには、容器数本分の冷凍精液を保存するだけで十分であろう。そして男性という種は消滅するかもしれない。そのときこそ**女性の法外な特権**の絶対的な勝利となるかもしれない。だが、人間の歴史が示しているように、男性は女性のこの法外とも言える特権ゆえにつねに女性を隷属させ利用しようとしたのであった。まさにこの同じ理由で、女性の特権が勝利することは考えられないことなのである。

第2章　ジェンダーをめぐる諸問題と女性の権利

本章で提起する諸問題は、立場を明確にすることを避けられない難しい問題である。普遍的な価値をもつモデルや慣行を外から押しつけることができるのか、それとも国内の変化を期待するにとどまるべきなのか。国際社会は、自国内において人権を蹂躙（じゅうりん）された人々を守る権利や義務をもっているのか。国際社会はどのように、そしていかなる手段を用いて、閉鎖的な国家をより開かれた方向へ働きかけ導いていくことができるのか。変革を拒みそれを正当化するために示される理由は主に文化相対主義に立脚するものだが、この論拠が提起する問題への倫理的な回答は何なのか。

私は、これらの問題を女性の権利の問題にしぼって、扱うことにしたい。女性とは人間がとる二つのかたちの一つでしかなく、女性の社会的な「劣等性」は生物学的に根拠のある与件ではない。だがなぜ女性の状況は二義的で、過小評価され、制約されたもので、しかも普遍的にそうなのか、さらになぜこの状況を覆すことがこれほど難しいのか。このような象徴作用の問題に答えることは私にとって差し迫った義務であるように思える。数多くの研究が男性支配の現実とその重大さを示している。

各国政府や国際レベルの政策による上からの行動も、ＮＧＯ、市民団体、あるいは個人による下からの行動も、差別や序列関係や暴力で特徴づけられたこの男性支配の広がりに歯止めをかけ、最終的にはそれを終わらせることを目指している。少なくとも、そのような政治的意思が存在すると希望することはできる。しかし、何らかの不平等が各民族の信仰やしきたりや慣習によって、さらには各民族のアイデンティティを守ろうとする意志によって公然と認められているというだけで、そうした不平等の存在理由を知らないままでいるならば、選択された行動手段が適切であるかどうかがどうしてわかるのか。行動するには、現実に対する明確な認識とそれを変えようとする真の意志をもち、適切な行動手段を用いることができなければならない。適切な行動手段を用いるためには、男性に認められた権利と同じ権利を女性に与えることに多くの国家が示す抵抗がなぜこれほどまでに根深いのかを理解しなければならない。

文化相対主義

まず本節では、文化相対主義の論拠に関して、次節では今日、世界で観察できる現実に関して、いくつかの問題点を検討することにしよう。

文化相対主義は、各国政府はそれぞれ独自の哲学に基づき人権を解釈する権利をもっていることを口実に、人権の女性への拡大に反論して用いられる主要な理論的論拠である。それが述べられている文書を検討しよう。一九九四年六月、北京の国連世界女性会議[*1]（一九九五年九月）に先立ちジャカルタで開かれた準備会議は、「各国は、国レベルで女性の地位向上の分野におけるそれぞれの政策を表明し、採択し、実施する権限をもっており、それをするにあたっては自国の文化、価値観、伝統、および社会的、経済的、政治的状況が考慮される」ことを強調した。つまり、女性の地位向上の分野におけるいかなる国際的な活動にもその有効性にも道を閉ざすことを意味しているに等しいのである。しかし文化相対主義の論拠にはどれだけの価値があるのか。

文化相対主義は、二十世紀半ば、社会人類学が差異の尊重、変異性の承認を打ち立てようと試みて、小規模社会集団の擁護を正当化するために発明されたのであって、こうした小規模社会集団を外部との交流から完全に断たれた要塞にするためのものではない。あらゆる人間社会は、普遍的な疑問や問題への個別の答えを基にしてつくられている。重要なのは普遍的な問いの方であり、文化的な答えではない。なぜなら前者は決して変わることがないが（なぜ男女が存在するのか、男女の関係はどうあるべきか、というように）、後者はそうではないからである。

そのうえ、男女は権利において平等か、同じように扱われるべきかという問いに、関係各国が独自の答えを出すという意味での文化相対主義について言えば、こうしたいわゆる国家ごとの差異は、たとえ女性にいくつかの権利を認めているにせよ、それは基本的に不平等な制度の下でのことであり、実際には男女平等原則の拒否という基本的前提に同意している事実を覆い隠している。それに気づきさえすれば、文化相対主義を擁護すべきものとして語るのは無理なことを認めざるをえない。したがって問題は、無数のバリエーションのある文化的多様性というよりは、むしろ次の最も重要な問いへの唯一かつ同一の否定的答えなのである。すなわち、女性は男性と同じ尊厳を享受しているのか、言い換えれば、自己決定権を、自らの身体や行為や精神を自由に決定できる権利を享受しているか、この尊厳は女性に認められ、保障されうるのか。答えは全面的に「否」であり、まさにこの満場一致について、なぜそれがはるか昔から、そして今なお存在しているのかを追究することが重要なのである。

相対主義はさらに、もし逆にこの問いに肯定的に答えるとしても、それもまた文化、状況、歴史に位置づけられた答えであり、こうした選択肢にすぎないものを広めようとする試みはすべて植民地主義的な強制である、と主張する。それは、この肯定的な答えが知的、倫理的な進歩（今からそう遠くない時代に、それ以前には、今日否定的に答える人々と大差のない考え方をしていた世界のいくつかの地域で、さまざまな理由から実現した）がもたらした成果であることを忘れること、あるいはわかろうとしないことである。それはまた、このような地域においてさえも、権利の平等が実現したと言うにはまだほど遠く、男女関係についての今までのありきたりの考え方が、人々の意識や慣習を、相変わらず支配していることを忘れることである。したがって、ここでの問題は、西洋がそれ以外の地域に西洋の固有な価値観や文化的なあり方を押しつけようとする帝国主義的状況というよりは、むしろ共同で取り組む知的、倫理的な考察であり、現実を思考し、変革しようとする普遍的な努力であって、すべての国が、人間の二つのかたちの一方を他方に従属させることを正当化するのは何かと問う

＊訳注１　国連主催の第四回世界女性会議。二一世紀に向けて各国政府やＮＧＯが取り組むべき指針となる「北京行動綱領」を採択した。

ことを受け入れ、この考察とこの努力に取り組まなければならない。
まずは今日、世界中でどのような状況が観察できるかを見てみよう。

暴力と性差別による虐待

第一に挙げるべき現実は、アムネスティ・インターナショナルが明らかにしているように、「差別は依然として世界の現実」であり、それは「命を奪うことさえもある病」である。暴力とあらゆる種類の性差別による虐待は、他のいかなる人権侵害よりも多くの女性や女児を殺害する。[1]中国では、毎年、百万人以上の女児が、息子を望む家庭に生まれたという「過ち」を犯しただけで、命を落としており、女性人口が不足するほどである。超音波検査後に中絶されたり、生まれてすぐに殺されたり、また多くが死ぬ運命にある孤児院に捨てられることもあり、この場合、女児とは言わず婉曲にただ「捨て子」と記載されるが、実際はその九八パーセントが生育力のある女児である。残りの二パーセントは確かに男児だが、さまざまな奇形がある。女児が捨てられるのは一人っ子政策のせいで、親が次に生まれる子が健康な男児であることを期待してのことである。インドでも同様である。アマルティア・センは、男児一〇〇に対して女児九四・八という出生の自然な男女比を基準値として、インド北部、西部の州では、男児一〇〇に対して女児がそれぞれ七九・三、八七・八と低いことを示した。しかし東部、南部の州では、逆に基準値より高く、なぜ男女の出生比にこうした差があるのかは、経済的、宗教的、政治的指標を用いても、説明がつかない。[2]男女比の指標を用いることで、シンガポールや台湾（九二）、韓国（八八）、中国（八六）でも、胎児が女児の場合に中絶が行われていることがわかる。中国では、出生時ではなく、幼児期の男女比が男児一〇〇に対し女児が八五にすぎないのは、すでに見たように、女児が選別的に捨てられ早死にするケースがあるからだ。

戦争や内戦で、最も重い代価を払うのは女性である。強姦は、表向きには糾弾されるが、強姦する者にとっては、男の勝者の権利に属するありきたりの単なる快楽行為と考えられている。国家が必ずしも計画的に組織したわけではないにしても、第二次世界大戦中の、朝鮮の二〇万人の若い女性たち（それ以外にインドネシア、マレー半島地域、フィリピンの女性たちもいる）の場合がそうである。彼女たちは処女で、多くの場合、強制的に不妊手術を施され、力ずくで日本軍の「慰安婦」にされたのだが、行軍規則では「備給品」あるいは「休息用備品」とされていた。戦争犯罪を裁いた東京裁判〔極東国際軍事裁判〕では、彼女たちの訴えは、「戦争状態にある国家が関係した事柄[3]については、個人に賠償を求める権利はない」という理由から、却下された。こうして、強姦を擁護し正当化したのである。より頻繁には、強姦は、民間人の間に恐怖を植え付けるだけでなく、被害者の家族の中の男性たちを侮辱する手段として用いられる。アルジェリアや旧ユーゴスラヴィアのケースがそれに当たる。

二〇〇一年二月二二日、旧ユーゴスラヴィア国際刑事裁判所は、一九九二年にフォチャの町の女性を繰り返し強姦したとして告発されたボスニアの三人のセルビア人に対し、歴史上初めて戦時下の民間人強姦を「人道に対する罪」と見なし、有罪判決を下した。繰り返し行われた強姦（女性への、であることを忘れないようにしよう）は「彼ら（ボスニアのセルビア軍兵士）が誰に対しても、そのうえ彼らの思いのままにいつでもまったく自由に用いることのできた、恐怖を植え付ける手段」[4]である。強制妊娠も、すでに見たように、最近になり、人道に対する罪であることが認められた。

平時でも、女性はやはり暴力の被害者である。まずはフランスの状況から話すことにしよう。女性の権利担当大臣および女性の権利局の要請で二〇〇〇年三月から七月にかけて実施された、フランスにおける女性に対する暴力に関する全国調査[＊2]は、成人の女性が調査前の一年間に公共空間や職場およびパートナー間や家族・近親者との関係の中で受けた暴力[5]について報告している。質問表では、それと名指されていないものの、いくつかの行為や事実、動作、言葉を通して、暴力があったことが見分けられ、被害者自身による暴力の否認の問題に対応できるようになっている。調査は二〇歳から五九歳までの六九七〇人の女性を対象に行われた。

調査からは、夫婦間の閉ざされた空間が暴力の最も行使される場であることが判明した。調査前の一年間に一度でも受けたことのある暴力の内訳は侮辱や脅迫（四・三パーセント）、精神的暴力（三七パーセント）、身体的暴力（二・五パーセント）、性行為の強要（〇・九パーセント）である。ドメスティック・バイオレンス〔DV〕の総合的な指標とされる身体的暴力や繰り返し行われる言葉による精神的暴力の被害者は一〇パーセントである。公共空間では、言葉による侮辱・脅迫が一三・二パーセントに、セクシュアル・ハラスメント総合指標[＊3]は八・三パーセントに上る。職場では、言葉による侮辱や脅迫が八・五パーセント、精神的暴力が一六・七パーセント、セクシュアル・ハラスメント総合指標が一・九パーセントとなっている。これらの数値は最も若い年齢層（二〇－二四歳と二五－三四歳）では、言い換えれば、性的に最も魅力的で妊娠適齢期にある女性ではすべての年齢層全体よりも高いと付け加えても、誰も驚かないだろう。この二つの年齢層では、上記のように定義されたセクシュアル・ハラスメントは、それぞれ、公共空間で二一・九パーセントと九・九パーセント、職場で四・三パーセントと二・八パーセント、家庭内のドメスティック・バイオレンス総合指標は一五・三パーセントと一一パーセントとなっている。

殺害にまで至る

最近の一〇年間に、パリで殺害された女性の半数が夫によるものだ、と二〇〇一年三月一日付『ル・モンド』紙は報じている。パリ法医学研究所がこの一〇年間に六五二人の女性の事例を調査して得られた結果である。パリの女性は、二週間に三人の割合で、ほとんどの場合、素手で殺害されたことになる。イギリスでは、ある報告書によれば、三日に一人の割合である。一九九八年一〇月にスペイン議会（下院）へ提出された社会の現状に関する報告書によれば、この年、九一人の女性が夫の

＊訳注2　フランスにおける女性に対する暴力についての全国調査。女性の権利局および女性の権利担当大臣事務局が出資し、パリ第一大学人口統計院の統括によって二〇〇〇年に実施された、フランスにおける女性に対する暴力の実態を把握することを可能にした初めての統計調査。

3　調査期間中に少なくとも一度でも、後をつけられたか、露出狂の被害にあったか、言い寄られたか、性的攻撃を受けたことのある女性の割合。

暴力で死亡した（四日に一人の割合）。二〇〇一年、スペインでは、DVで、九〇人の女性が犠牲になった。バスク祖国と自由〔バスク地方の分離独立を目指す民族組織〕が組織したテロの犠牲者が一五人だから、それより多いことになる。しかしDVは、報道機関や国民感情にテロと同じだけの衝撃を与えてはいない。女性議員が国会議員の二八パーセントを占め、「女性が選挙に立候補するためにクオータ制が強制される必要〔中略〕もなかったリベラルで近代的な」[6]スペインでも、DVの状況は変わらない。暴力を振るう典型的なタイプは、嫉妬深い男で、自分に自信がもてず、ほとんどの場合アルコール依存症で、暴力的な環境で育ち、ストレス解消のために自分の支配下にある女性に当然のごとく鬱憤を晴らすのである。

　EU加盟一五ヵ国〔二〇〇二年当時。現在は加盟二八ヵ国〕の女性の権利担当大臣が、この問題を話し合うために、二〇〇二年二月に、スペインのサンティアゴ・デ・コンポステーラに集まった。[7]欧州委員会の女性の権利担当委員は、「男性政治家や世論〔中略〕が沈黙を破ろうとしない」ことに遺憾の意を示し、ヨーロッパでは女性の五人に一人がこれまでに夫やパートナーから暴力を振るわれた経験のあること、一五歳から四四歳までの女性は、「癌、マラリア、交通事故、戦争を合わせたすべて」よりも、DVで怪我や死亡する率が高いことを指摘した。入院費用や欠勤等による経済コストも非常に高く、フィンランドでは、年間五〇〇〇万ユーロに、オランダではその三倍に上る。加盟一五ヵ国は、この悪の根源の一つが女性の経済的依存にあることを認識しているが、同時に、司法手続きを早めるための仕組みを設けるのと並行して、小学生のうちから相互尊重の考え方を普及させて男女平等を推進するために、教員を養成する必要があることも表明した。

　司法手続きの仕組みがある場合でも、いくつかの国では、女性の振る舞いが家族の評判を傷つけたとして、父や兄弟や夫や従兄弟、さらに息子までもが、その女性に対して犯す「名誉のための犯罪」は罰せられない。「汚された者を消すことで、汚れそのものを消すのである。咎められていることに関して女性に罪があるかどうかはどうでもよい。実際には女性こそが犠牲者であることも問題にはならない。重要なのは、公然と受けた恥を公然と修復することにある」[8]。地中海沿岸文化圏において知られているこの慣習は、今ではイスラム世界に、そしてブラジルやウガンダ、イスラエルやレバノンなどにまで広がっている。毎年世界中でおよそ五〇〇〇人の女性がそのために殺されており、しかも裁判外の処刑に関する国連特別報告官によれば、こうした殺害は増えているという[＊4]。

ヨルダンは、この問題に正面から取り組む道を選んだ。国王やその周辺、政府、そして人権擁護のために闘う人々が「名誉のための犯罪」を犯した男性の処罰を免除する刑法第三四〇条の廃止を求める声（一万五〇〇〇人が署名する請願書）を上げたのである。二〇〇〇年に、ヨルダンの下院（全議員が男性、とフローランス・ボージェ国連特別報告官は記している）はその廃止を再度否決した。「我々には緊急にやるべきことが他にある」と男性政治家は言う。「名誉のための犯罪は恐ろしいが、我々の最優先課題ではなく」、何よりも外交問題（パレスチナやイラク問題）や経済問題を優先

＊訳注4　女性に対する暴力に取り組むスイスの財団 Surgir の最近の報告（二〇一一年）によれば、推定で毎年一五万から二〇万人の女性が殺害されている。移民を抱えるヨーロッパでも名誉の犯罪は起きている。DV、情痴殺人、名誉の犯罪の区別が難しいために推定にとどまるが、オランダでは二〇〇九年に一三件、イギリスでは毎年一〇件余り、ドイツでは一〇年間に六〇件、フランスでは一九九三年から約一〇件発生している。

しなければならないというのである。ヨルダンの女性社会学者が分析しているように、政界が、一般の人々も同様だが、またしても一致団結し、西洋からの変革に脅かされた伝統的な家族の保全を盾にとっているのだとしても、そもそもヨルダンでは女性の社会的地位についての公開の議論は存在しなかったのだ。多くの人々は相変わらず、女性たちが婚外の、つまり男性が彼女たちに選んだ人生や運命の道筋から外れたところで性的関係をもちでもしたら、ただそれだけですでに、彼女たちには生きる権利はないと考えている。

それでも、二〇〇二年に、法律の廃止ではないが、いくつかの修正がもたらされた。[9] 浮気をされた妻が「名誉のための犯罪」を犯したケースでは、女性も男性との平等を獲得したのである。しかし女性が姦通を理由に息子や兄弟を殺害した場合（ありそうもないケースだが）、それは男性が娘や姉妹を殺害するケースに対応するが、女性も罰を免れるかどうかについては、法律は明確にしていない。男性は集団として、家族の一員の女性が犯したとされる過ちにより名誉を脅かされるが、女性が夫の犯した過ちの被害者になれるのは直接的に関わりのある個人に限られる。

パキスタンでは、毎日三人の女性が名誉のための犯罪の犠牲になる。ナショナル・ジオグラフィック・チャンネルが二〇〇二年四月にこの種の犯罪から生き延びた女性についてのドキュメンタリー番組を放送した。妊娠していたこの女性は、不倫を疑い嫉妬する夫に逆さ吊りにされ、めった打ちにされ、そのうえ耳と鼻と舌を切られ、目をえぐり出された。女性は生き延び、女性弁護士に助けられ、拷問の張本人である夫を告訴し、夫には、やりすぎとして実際に有罪判決が下された。おそらく、単に妻を殺しただけだったら、有罪にはならなかっただろう。しかしパキスタンは、大統領が自ら述べているように、「名誉のための犯罪」に国が取り組むべき問題があることを見ようとしない。

女性は石打ち刑に処されたり、その危険にさらされる。たとえば、ナイジェリアのサフィヤ・フサイニの場合は、離縁された後に子どもを産んだとして、「姦通罪」の判決を下され、石打ち刑に処されそうになったが、彼女を助けようとする国際社会の圧力が高まり、再審で無罪となった。あるイラン人女性はもっと運が悪く、猥褻(わいせつ)行為をしたとして、二〇〇一年五月二〇日テヘランのエヴィーン刑務所で、私たち西洋の人間には奇妙な配慮に見えるが、乳房を傷つけないように脇の下まで地中に埋められた後で、石打ち刑に処された。二〇〇一年一二月には、アフガニスタンの女性が、タリバンではなく、北部同盟に捕らえられ、カブールの刑務所に入れられた。一人は離婚しようとし、もう一人は婚約を解消しようとしたためである。

強制結婚

このように女性たちは自らの自由意思で、家族が彼女たちのためにあらかじめ定めた運命の外へ出ることができない(かつて自分も被害者だった母親がしばしば男性の側につく)。女性がそれを試みるとすれば命がけである。さらにひどいことには、単なる疑惑や虚偽の告発の犠牲になったり、あるいはまたインドのように、ある種の経済システムの犠牲にもなる。相手側が望む持参金を父親が払えなかった場合、嫁の命が軽んじられるのである。

明らかな強制結婚は言うまでもないが、世界中で取り交わされる結婚の大部分は、親どうしが取り決めたもので、当事者が受け入れたにしても、多くの場合、結婚する二人は結婚式前には相手のことを知らず、その多くは実際には強制結婚であり、娘は家族が望んだこの取り決めに同意しているどころか、強要されている。フランスでは、二〇〇二年一月、ソルボンヌ大学で開催された「移民集中地区女性住民全国集会」で、移民出身の女性たちや結婚前の若い女性たちがこのような現実を告発した。[10] フランスで生活する、「マグレブ、トルコ、サハラ以南アフリカからの移民家族出身の数万のフランス国籍または外国籍の女性たちは、こうした慣習[11]の被害者となる可能性がある」と見られており、国民教育省はこの問題への関心を喚起するため特別デーを組織しさえもした。しかしながらアフリカのフランス語圏諸国はすでに公式にこの慣習に反対している。マリ共和国の首都バマコで開かれた、あらゆる形態の暴力と性的搾取から子どもを守るためのフランス語圏閣僚会議（二〇〇二年三月二八－二九日）では、一〇ヵ国が、法定結婚年齢を一八歳と定め、夫と妻になる二人による結婚の同意の必要を定めた共通の基本法を採択した。強制結婚は、マリでは一九六二年から、コートジボワールでは一〇年前から、禁止されている。ギニアの社会問題大臣によれば、問題は近代法、イスラム法、慣習法という三つの法が併存し、文字が読めない住民の九〇パーセントが慣習法に従っていることだという。実際には、国の法律による罰則があっても、農村では早婚が相変わらず本人の同意なしで行われており、それが近代法に触れること自体を知らなかったり、当然であると確信したりしている場合もある。親の集団（男親を指すものと理解しなければならない）が、ケニアのクワレ州の児童課事務所を襲撃した事件を社会面で報じる新聞記事[12]にこのような確信の一例を見つけることができるだろう。この事務所は国の法律に従ってそれまで一七回強制結婚をやめさせていたが、襲撃者らは児童課に対し「自分たちの九歳から一三歳までの娘との交換で得られたはずの牛」を返せと要求したのである。伝統的な婚資のしきたりによれば、少女の結婚に際して一定数の家畜が親に与えられる約束になっている。男親は、したがって、慣習法によって得るはずだったものを国が賠償することを求めているのである。

性器切除

女性が子どものときに受ける性器切除について触れないわけにはいかない。性器切除には、あらゆるかたちの切除（クリトリス包皮かクリトリス全体の切除、小陰唇の切除、またはこの二つを合わせたもの）と陰部縫合とがある。後者では、クリトリスと小陰唇の切除、大陰唇内部の表皮のはぎ取り、排尿と経血のための小さな出口だけを残した大陰唇の縫合が同時に行われる。敗血症を引き起こしかねない手術環境、使用器具、麻酔の不使用が手術そのものと傷の癒合期間を苦痛で耐えがたいものにし、しばしば敗血症や死をもたらし、また、尿路感染や性交障害や分娩障害といったかたちで、女性の健康に後まで残る影響を及ぼす。陰部縫合は当然ながら婚姻の夜に夫が短刀で切開する必要のあることも指摘しておかなければならない。世界中で、おそらく一億から一億三〇〇〇万人の女性、とくにアフリカの女性に性器切除が施されているのに対して、陰部縫合が施された女性は五〇〇万から六〇〇万人に上ると見られる。後者はとりわけソマリア、エリトリア、スーダン〔二〇一一年の南スーダン独立以前の旧スーダン共和国〕

中・北部、エジプト南部、チャド北東部で実践されている（Hazel Robert et Mohamed Mohamed-Abdi, 2001）。

性器切除の問題は、それに対する反対運動が公的機関や地域で組織された女性運動から起こるときに、外部の監視権は何であれ、それを禁止するか限定するために、文化的な論拠が完全に機能する重要な領域の一つである。この場合、問題は、こうした慣習への外部からの介入に対して、監視・判定権を正当化したり支持したりするどころか、拒絶することである。というのも、女性自身によって継承されてきたがゆえに農村地域で広く支持されている慣習に、外部がこのように介入することは、侮蔑的で理解に欠けた、現地の実情を知らない、植民地主義的なものと見なされるからである。この慣習は外部からではなく内部からでしか消滅しないと考えられているのである。中心をなす論拠はまさに一方の側が要求し、他方の側が甘受した内政不干渉の論拠である。[13]この論拠は、それ自体で、性器切除が普遍的人権に関わる問題であるという考え方を実質的に否定している。なぜなら、それは私たちの問題で、あなたたちの問題ではない、あれは彼らの問題で、私たちの問題ではないと主張しているに等しいからである。

とはいえ、時代による変化は指摘できる。たとえば、世界保健機関は、一九五八年には、「この慣習は社会的・文化的な考え方に由来するため、それに関する調査研究は世界保健機関の管轄ではない」[14]と報告していた。しかし、一九七九年、ハルツーム〔スーダンの首都〕会議で、世界保健機関は、負担を軽くするために医療設備の整った施設で行われたものも含めて、すべての性器切除を公式に非難し、それらが行われている国に対して責任をもって対処するよう求めた。一九八四年、ダカールで開かれたインターアフリカン・コミッティ[*5]の第一回会合において初めて、性器切除は女性の健康を害するだけでなく、女性の人権侵害でもあると見なされ、それを国際社会は一九九四年のカイロの人口開発国際会議で認めた。さらに一九九五年、北京で開催された第四回世界女性会議は、女性の性器切除を性暴力と見なしたのである。

アフリカの女性運動団体は、ナショナリズム的理由から欧州の女性団体の支援を退けざるをえず、こうした外部の介入を強く拒んだとはいえ、自国の政府に行動を起こす必要性を理解させるためには、この支援が不可欠だったことを後に認めている。

それにこの問題は、厳密にはアフリカ諸国に限られたものではなかった。同じ問題がまもなくヨーロッパ諸国内でも持ち上がったのである。そこでも「人道的な配慮から医学的手段に頼ることを時には望みながらも」、自分たちの慣習や伝統的流儀に従い娘に性器切除を受けさせ続ける移民がいたのである。この慣習がEU法との衝突を招くことは明らかである。というのもEU法はEU域内で、いわゆる異なる「文化」が理由であっても、身体の完全性への侵害を許すことはできず、ましてや親権をもつ者がその子どもに行うことは許せないからである。EU法と慣習法との衝突であって、アフリカの法との衝突ではない。というのは、アフリカのすべての国に、意図的に打撲や傷を与えて身体を損なうことを犯罪行為と規定する法律があるからだ。またそのうちのいくつかの国（スーダン、ブルキナファソ、コートジボワール、セネガル、トーゴ）には女性の性器切除に直接関わる処罰法制があ

＊訳注5　性器切除をはじめ、女性や子どもの健康に影響を与えるさまざまな慣習に起因する問題に取り組むNGO。

る。そうは言っても、セネガルの場合のように、検事だけが調査して訴訟を起こすかどうかを判断する権限をもっているために、また、より一般的にセネガル以外の国でも被害者や擁護団体に訴訟を起こす権限がないために、こうした法律は期待された効果を十全に発揮できていないのだが。

実際のところ、問題解決に向けての作業のほとんどは、国や国際機関による計画に沿って、性器切除への関心を喚起するための具体的な行動を通して行われる。この行動は地域レベルで女性団体によって進められる。進歩がないとまでは言わないが遅々としている。ローランス・ポルジェは、ブルキナファソでは一九七六年に七〇パーセントの女性が性器を切除されていたが、一九九六年には六六パーセントになった、と指摘している。あらゆる手段を用いて情報を発信すべきである。二十世紀初頭の中国で一世代で消えた女性の纏足（てんそく）の慣習の場合のように、性器切除の慣習に従わないだけでなく、自分の息子が性器切除をされていない女性と結婚するのを妨げないことも誓う親の会設立への働きかけがなされている。

というのも、問題はまさにそこにあるからだ。性器切除をされていない娘を結婚させるのは、社会的な圧力のせいで、難しいと思われている。男性はそういう女性との結婚を望まない。母親こそが、自分たちの社会で自分たちの娘に当たり前の将来を保証するために、娘の性器切除を切に求めているのだということが繰り返し言われてきた。男性はこの点について意見を求められると、それは女性たちの問題で、自分たちは当事者ではない、したがって性器切除を奨励すべき立場にも思いとどまらせるべき立場にもない、と普通は答える。しかし現実を見れば、ある村落に入り、この問題への関心を喚起する活動を展開しようとする女性グループにとって、村の女性を集めて話をするよりも、そうさせてくれるように村の男性の役人や名士らを説得する方が難しい。彼女たちが、国の法律に基づいて活動しているのだと説明しても、そうなのである。強制結婚の場合と同じく、暗黙の衝突は慣習と国民国家の法との間にあるのであって、国際法との間ではない。

性器切除の核心にある男性支配

男性の側からの女性への明白な圧力は認められず、その一方で、コーランに書かれている戒律でもなく、宗教的圧力もまったく認められないとすれば、確かに女性がこの慣習の見かけ上の媒介者である。

とはいえ、この慣習の永続性とそれを維持しようとする女性たちの配慮――もちろん伝統を守るため、とりわけ自分の娘にその社会で唯一の女性にふさわしい将来を用意してやろうというのだが――は男性的なもの／女性的なものの不平等な関係、一方が支配し、他方が従属するこの関係と一環をなすものである。女性は、男児をもつことで尊敬され、尊重され、評価されるから、男児を望むのであり、インドにおけるように、家の慣習に従って、実際に多少ともすすんで女児の殺害にも加担する。性器切除をされていることで尊敬や尊重や評価が得られるならば、というよりは逆の言い方をすれば、性器切除をされていないことが信用の失墜や排斥や軽蔑につながるのであれば、実際にそれ以外に逃げ道がない状況では、女性は性器切除を望み、自分の娘もそうであることを望む。

性器切除（陰部縫合も含めたすべて）にしても割礼にしても両者について示される「文化的」説明を通して、男性の直接的な介入はなくとも、こうした圧力が効果的なことが見て取れる。そのうえ、性器切除の撲滅のための努力を相対化し、その影響を最小限に抑えるために、性器切除に対応するのが割礼だとする対称性の論拠がよく用いられる（現実にはこの論拠の正当性は認められない。この二つの慣習の分布地図は重ならないからである）。この二つの施術がもたらす影響が、肉体的にも精神的にも、重大さにおいて同じレベルでないことを疑う者はいない、そうであることを私は希望したい。だが、この二つの慣習を説明するために、インフォーマントや精神分析家が援用する諸々の理由を注意深く検討すると、男女にとっての保健衛生上の理由を別にすれば、そこにはまたしても女性的なものを男性的なものが支配する理想的なモデルが垣間見えるのである。割礼には、亀頭の露出により一種の永続的な勃起をイメージさせる男性性[15]を際立たせる効果があることがわかる。二つの慣習を関連づけた説明では、どちらの場合も一方の性の中にある他方の性に似ているものを、つまり陰茎の包皮とクリトリスを、それぞれの性から取り除くという点が強調されており、この二つの慣習のどちらにも肩入れはしないふりをしながら、しかし〔女性にだけ施される〕陰唇の切除と縫合の問題は棚上げにしておくというよくある論法であり、言い換えれば、男女を完全に差異化しようとする昔からの意思を示す論法である。それに対して、性器切除の慣習を強固にするために指摘されたそれ以外の論法は別のことを主張している。すなわち、この慣習は女性に夫以外の男性とは性交させずに貞節を守らせ、女性から快楽や性交への関心さえも取り除き、出産の苦しみを覚悟させるためにあるのであり、それを通して女性に将来当たり前になることへの心構えをさせる必要があるという主張である。しかしまた、より理念的に、性器縫合という最も残酷な慣習を正当化するために、良い出産をし、女性であることを全うするために必要な体液を新鮮に保つことが望ましいからこの慣習が必要なのだ、とも言われる。[16]

今まで述べてきたことを理解してもらえばわかるように、性器切除の慣習は男性と女性では意味が異なっている。たとえそれが普遍的な慣習ではないとしても、一方は男性性の明らかな誇示であり、他方は女性の能力の支配である。男性が女性の性器切除に手を貸すまでもない。妻や母親に任せておけばいいのである。だからこそ、意識を変えるための働きかけは、必然的に妻や母親を対象にしなければならない。彼女たちがその被害者だからである。性器切除との闘いは、したがって、男性支配の一つの症状との闘いだが、症状を取り除くことが時に治癒につながりうるとはいえ、その原因との闘いではない。

女性の性器切除は性的支配の核心をこのように明白なかたちで表している。女性の性器を占有し男性のために管理することは、女性の妊娠能力を占有するのに必要な前提条件であり、あるいは当然の帰結である。したがってそれは副次的あるいは局地的問題などではなく、男性支配のほとんど本質を表している。まさにこの理由から、女性の性器切除は、それが行われている地域に生きる人々だけでなく、人類全体が責任を負うべき問題である。理性が勝ち取ったものとしての人権のただ中に位置づけられる女性の権利擁護の問題である。そのことが女性の性器切除に関する国際社会の表明するあらゆる公式的立場、つまり、ここで問題となるのはいくつかの民族に残っている慣習への介入などではなく、私たちすべてに関わりのある根本的な何かなのだという立場を正当づけているのである。

差別と従属

差別は、身体の完全性や生命を脅かす暴力的なかたちをとるだけではない。それ以外の差別も非常に多く観察される。人権に関するあらゆる宣言に署名している国々においてもそうである。

政治的差別を見てみよう。女性の参政権に反対していた最後の砦、スイスが陥落したのは一九九〇年代にすぎない〔*6〕。フランスでは、女性たちは一九四四年になってようやく、アルジェの臨時政府が出した四月二一日の政令第一七条「女性は男性と同一の条件で選挙権と被選挙資格をもつ」によって参政権を得た。それまでに元老院は、下院が採択した女性への参政権の付与を三度（一九二九年、一九三五年、一九三六年）も拒否していたが、一九三六年の下院における採択は、元老院が考えを変えて賛成することは決してないだろうと安心していたためか、不思議なことにほぼ満場一致だった[17]。しかし両院の女性議員は当初は五－六パーセントでしかなく、その後あっという間に二－三パーセントに落ち込んだ。女性は選挙権は得たが、選ばれる権利、とりわけ選ばれる可能性〔候補者になること〕を実際に得られたわけではなかった。列国議会同盟によれば、二〇〇〇年における世界各国の国の議会〔二院制の場合は下院〕の平均女性議員率は一三パーセント、アラブ諸国では三・五パーセント、ヨーロッパの平均は一五・五パーセントで、スウェーデンが四二・七パーセントで、一位を占める。女性議員が一一パーセントのフランスでは、個人は別の個人の誰をも代表できるという代表制民主主義の原則と平等に到達するための必要悪としての男女同数制（パリテ）のどちらを選択するかをめぐる大論争を経て、一九九九年六月に、一九五八年憲法が上下両院の合同会議により修正され〔一九九九年七月八日公布〕、男女同数制（パリテ）が盛り込まれた。「法律は選挙で選ばれる議員職および公職への男女の平等な就任を促進する」の文言が憲法第三条の最終項として加えられたのである。これに基づき二〇〇〇年一月二六日、国民議会はいわゆるパリテ法を採択した〔詳細は本書第三部第3章参照〕。これは一種の積極的差別是正措置〔ポジティブ・アクション〕である。世界を見渡すと、行政権が行使される政府や大臣官房における女性の進出はさらに限られている。二〇〇〇年に一九〇ヵ国中、女性の国家元首は六名、女性の首相は三名にすぎず、女性の閣僚が一人もいない国は四八ヵ国に上る。[18]

職業差別はどうだろうか。フランスでは、男女の給与にはまだ二五パーセントもの格差があり、女性は男性よりも失業率が高く、パート労働者も女性が多い。同じ資格をもっていても、高い地位に就ける女性は少ない。フランスの上位五〇〇〇社で、女性の上級管理職は七パーセントにとどまる。〔*7〕いわゆる「ガラスの天井」効果である。ヨーロッパで、女性の就業率が最も高いのは北欧諸国で、デン

---

*訳注6　スイスでは連邦レベルで女性に参政権が付与されたのは一九七一年。州レベルでは一九六〇年前後から徐々に女性の参政権が導入されたが、すべての州で実現したのが一九九〇年代に入ってからのことである。

7　二〇〇八年七月二三日、第五共和制憲法第一条に「法律は選挙で選ばれる議員職および公職並びに職業的社会的責任職への男女の平等な就任を促進する」を加える憲法改正法が成立した。これに基づいて二〇一一年に制定された法律は、民間の上場企業と公企業における取締役会・監査役会の女性の比率を二〇一七年までに最終的に四〇パーセントにすることを義務づけている。

マークは七〇パーセントである（フランスは五二パーセント）。女性の就業率が最も低いのは南欧で、イタリア、スペインがそれぞれ三八パーセントと三五パーセントである。ヨーロッパ全体で見ると、女性就労者の八〇パーセントがサービス部門で働いている。多くの場合が不安定雇用である。女性就労者の一二・四パーセントが有期労働契約であるのに対して、男性は九・七パーセントにとどまる。女性就労者の三分の一がパート契約で、パート労働者（労働者が選ぶのではなく、ほとんどの場合、強いられたもの）の八〇パーセントは女性である。失業率も女性の方が高く、平均で一三パーセントに対し、男性は一一パーセント（フランスでは女性が一五パーセント、男性が一二パーセント、スペインでは女性が三〇パーセント、男性が一七パーセント）[*8]。EUにおけるこの不平等な状況は、男女平等に関する複数の指令からなるいわゆるアキ・コミュノテール〔EUにおいて積み重ねられてきた法規範〕があるとはいえ、続いている。EUは法文に定められ実現に向けて着手されたこの平等に加盟立候補国も取り組むことを加盟条件にしている[19]。

　ヨーロッパ以外の先進国における状況はどうだろうか。中国では、男女の給与格差は二〇〇二年で三〇パーセントだったが、『中国婦女報 *China Women's News*』は、企業が女性の採用を控えたり、採用する場合でも雇用契約期間中に妊娠しないことを女性にあからさまに誓約させたりしている事実を暴いている[20]。アメリカでは、二〇〇二年一月に会計監査院[21]〔業務拡大により二〇〇四年に名称が連邦政府監査院に変更〕が発表した報告書によれば、男女の管理職の給与格差は広がり続け、しかもそれは一九九五年から二〇〇〇年にかけての好況期にも続き、とくに情報産業およびレジャー産業では、二〇〇〇年に、それぞれ二五パーセント、三八パーセントにまで広がっている。格差の原因は育児関連の欠勤にあるのではなく、「ガラスの天井」効果と、賞与およびストック・オプションが最も影響力のある役職に支払われていることにあるが、こうした役職は男性が占めている（実際、メディアとレジャーの大手グループの最高幹部には女性は一人もいない）。[*9] しかも女性管理職が受け取る給与は同等の男性管理職より低く、彼女たちの六〇パーセントは家庭を築かなかったのに対して、男性は六〇パーセントが家庭をもっており、さらに、女性の年齢が上がるほど、同一労働における賃金格差が広がることが観察される。

教育、科学分野での差別はどうか。ユネスコによれば、世界中に読み書きのできない人が八億七五〇〇〇万人いるが、その三分の二が女性である。女性の識字率はパキスタン二四パーセント（男性五〇パーセント）、セネガル二三パーセント（男性四三パーセント）、スーダン三五パーセント（男性五八パーセント）にとどまる。だが、ベトナムでは九一パーセントの女性が、またタイ、スリランカ、フィリピンでもそれぞれ九二パーセント、八七パーセント、九四パーセントの女性が教育を受けてい

*訳注8　二〇一三年、EU二八ヵ国で女性の賃金は時給換算で男性より一六・四パーセント低い。この一〇年間で女性の就業率は四・一パーセント伸び、男女差は縮小している。しかしパート労働では依然として女性が占める割合が圧倒的に高く、EU二八ヵ国では女性就業者の三二・二パーセントに対して男性は八・八パーセントにすぎない。フランスでは女性三〇・八パーセント、男性七・八パーセント。また経営幹部に占める女性の割合は二〇一三年、EU二八ヵ国で三三パーセントと伸びているが、域内格差は残る。

9　二〇一五年の調査でも、アメリカの大企業に女性幹部がほとんどいないことがわかる。企業総収入でトップ五〇〇に入る企業の女性最高責任者はわずか二三名。アメリカ証券取引所の代表的な上場企業五〇〇社の女性役員は二〇パーセントにも満たない。

さと直接的な関係はない。

る。これらの数字からもわかるように[22]、女児にも教育を受けさせようとする意思は国の相対的な貧しさと直接的な関係はない。

ヨーロッパでは、女性の進学率が高まり、高等教育を受ける女性も増えているが、それでも一九九七年に「学生生活監視委員会」が行った調査によれば、女子学生は、博士課程まで含めて、彼女たちの兄弟に比べて親からの経済的な援助が少なく、電子機器（パソコンをもっている男子学生が三七パーセント、女子学生は二二パーセント）やレジャー用品を揃える場合でも同じことが言える。女子学生は家族の援助だけでは足りない差額をアルバイトなどで補っているが、そこでも男子学生の方が「特別待遇の雇用」（賃金が支払われる企業研修）を見つけやすい。そのうえ、大学では女子学生が過半数を占めているが（学生全体の五六パーセント）、博士課程になると、女子学生の方が少なく、とりわけ庶民出身の場合に、その傾向が強まる[23]。

卒業後のキャリアについても、とくに大学関係では、要職に就く女性は少ない。欧州委員会〔EUの政策執行機関〕が一九九九年一一月二三日に発表した報告書『女性と科学』によれば、すべての学問領域で、女性の正教授はドイツ五・五パーセント、オランダ四・九パーセント、フランス一四パーセント、スペイン一三・二パーセントにとどまる。

フランスの女性正教授は一四パーセント（准教授が三六パーセント）だが、詳細に見ると、学問領域により興味深い格差があることに気づく。女性の教授は文学、人文科学で最も多く（二六・八パーセント）、医学で最も少なく（女性が七・八パーセント、男性が九二・二パーセント）、科学分野で九・四パーセント、法学で一四・二パーセントである[24]。

科学技術分野における男女同数（パリテ）代表のための政府調査団が二〇〇一年秋に設置されたが、現時点では「任用・評価委員会、将来計画評議会〔中略〕は、研究業務に関する決定機関だが〔中略〕、男性の独壇場である」[25]ことが観察されることから、この調査団設置の目的の一つとして「諮問・決議機関に男女をバランス良く配置すること」が挙げられている。欧州委員会は、科学政策を決定する諸機関における女性の割合を現在の一〇パーセントから四〇パーセントに引き上げることを目標にしている。

一般に理系に進む女子学生は少なく、二〇〇一年では、フランスの工科学校の女子学生は二三パーセントにすぎない。社会学者のカトリーヌ・マリによれば、女子学生の少なさは「科学の世界が女性不在の世界としてつくられた」ことによる。[26]この世界には、「女性の知的劣等性についての言説によって正当化された」いくつかの明確な禁止事項がある。型にはまった考え方の中に今なお現れるこの言説の強固さについてはすでに指摘した通りであり（第一部第1章「女性の頭」参照）、こうした禁止事項が女子学生に自らの能力の過小評価や野心の抑制を招いているのである。

家庭にも差別はある。最近話題の「新しい父親」がそう呼ばれるにふさわしい役割を担っているかどうかについて、その妥当性を評価しようとした国立科学研究所の報告書によれば、フランスでは、二〇〇〇年に母親は父親に比べ二倍の時間を子育てに費やしており、さらにそれ以外の家事の八〇パーセントを担っている。[27]大して妥当性のないことがわかる。家庭内生産活動の中核的な部分だけを取り上げれば、その八〇パーセントは女性が担っている。国立統計経済研究所が調査した一九八五年と一九九八年の数値を比較すると、男性が一日の家事に費やす時間は十分しか増えていない。国立科学研究所の報告書[28]に見られる最も興味深いデータの一つに次のようなものがある。ひとり親家庭に注目すると、男親か女親のどちらがやるにしても、家事の結果にはほとんど差が見られない。そこからは、必要なことを一度習得すれば、男女が家事をするための等しい能力をもつことがわかる。ところが、カップルでは、男性の側に仕事優先の傾向が強まり、時間の使い方に性差が現れる。両親が揃っている家庭では父親は職業生活のために七六パーセントの時間を使う。それに対し母親は、職業生活に五一パーセント、親としての生活にもほぼ同じだけの四九パーセントの時間を当てており、女性のこのような時間の振り分けは、「二重労働」と呼ぶにふさわしいが、さらに、国立統計経済研究所は、やり遂げた仕事について、両者は「それらが引き起こす不快感とそれらによって得られる満足感から見て同等ではない」と指摘する。父親自身もっと家事を分担しようと努力しているにしても、父親の多くは、家庭に女性のパートナーを得るチャンスに恵まれれば、能力が同じでも、男女関係の太古からの表象によって与えられた地位の特権を考慮して、結局のところ支配的な規範を受け入れる方が楽だと考える、と同研究所は指摘する。[＊10] 家庭という領域で女性に責任を負わせることは、自然な適性によるわけでも考え抜かれた選択によるわけでもなく、今でも根強く残る太古からのモデルが反復された結果である。このモデルを生んだメカニズムはすでに明らかにした。

スウェーデンでも事情は同じである。閣僚の五〇パーセントを女性が占め、議会でも四〇パーセントを女性が占めるにしても、一般に考えられているのとは違い、家庭内では相変わらず女性が支配されており、女性は週に四七時間の家事労働をするが、男性は十八時間にすぎない。職場でも、給与の面でも重要なポスト就任の面でも、女性は不利な状況にある。[29] カップルのうち男性が失業中であっても、家事の大半を引き受けているのは女性であって、[30] このことは、前述の分析を補強するものである。

不完全なリストではあるが、重要な意味をもつこれらの具体例からわかるように、経済の最先進国と見なされる国々においてさえ、たとえそこでは平等に近づくために女性たちが自由に声を上げることもでき、その方向で努力することが公式には約束されているとしても、あらゆるレベルの暴力と差別が、相変わらずまかり通っている。人権の女性への適用は、ヨーロッパ諸国でも多くの障害があり、はかない願いどころか、為政者は適用するふりをしているだけだと思われている一方で、ヨーロッパ以外のいくつかの地域では、この原則を女性には認めない人々から、女性に適用することは自分たちとは別の文化、つまり西洋文化が決めた基本選択のように言われているのは、したがって皮肉なことである。ところが、現実には一方に女性に人権を認める文化があり、他方にそれを認めない文化があるというのではない。男女関係についての一つの同じ包括的な表象体系（つまり一つの同じ文化体系）がいたるところで機能しているのである。人権の女性への拡張は、純粋な理性から生まれた普遍的目標に由来するものであると私は主張したが、極貧社会も含めて、社会で支配的な地位を占める男性からも、自分たちの条件を内面化している女性からも人権のモデルへの抵抗があるために、同じスピードでは実現されえない。その意味で、フェミニストの闘争は、クリスティーヌ・デルフィがいみ

＊訳注10　全国家族協会連合（ＵＮＡＦ）が二〇一五年に実施した調査報告書によると、父親の育児参加は増えているものの、時間的には母親の二分の一で、遊ばせるのは父、食事・健康管理は母というように育児における性別役割分業も残る。半数近い父親は子どもと過ごす時間が足りない理由に仕事が忙しいことを挙げるが、ほとんどは仕事を減らそうとはしない。「それはどの程度、父は主たる稼ぎ主だとする伝統的役割分業意識の名残のせいなのか、雇用主側の問題か、自己規制か、男女の給与格差を前にした『合理的』行動なのか」と報告書は問いかけている。

じくも主張しているように[31]、「女性の」闘いではない。そうではありえず、人類全体の闘いなのである。

反生産的というパラドクス

暴力や差別と並んで、とりわけ反生産的とされているが実際はその反対であるというパラドクスを強調しなければならない。女性の待遇改善は、倫理的、哲学的な要請であるだけでなく、経済的要請でもあることが最近になって判明した。二〇〇〇年六月、男女平等をテーマに開催された国連特別総会に提出された世界銀行の調査研究によれば、より多くの権利を女性に与え、とりわけ教育の機会を保障する社会は、長期的な経済の生産性や、さらに人々の総体的な健康状態を改善することが、経験的に示された[32]。倫理的なものと経済的なものは、経済の利益という点でこれほどまでに結びついているのである。世界で貧困が増大すれば経済は深刻な脅威にさらされる以上、貧困との闘いは国際機関の優先課題となった。世界銀行は「中東、東南アジア、アフリカ諸国が男女の教育格差を縮小できれば、年間の経済成長率は現在より〇・五から〇・九パーセント上昇するだろう」と記している。ノーベル経済学賞を受賞したアマルティア・センも、同じように、女性解放が変革の決定的要因だと考えている[33]。

彼はたとえば、インドでは、女性の識字率が一九八一年から一九九一年までに二二パーセントから七五パーセントに上昇したことによって、五歳未満の子どもの死亡率が一〇〇〇分の一五六から一〇〇〇分の一一〇に減少したことを示している。同様に国全体の出産率の望ましい低下は女性の教育レベルが上がった結果である。「教育は女性の可能性の地平を広げた。教育によって女性はいくつかの概念に触れ、少なくとも家族計画について知り、妊娠や出産も含む、家族に関わる決定において行為者としての自分の役割を行使するためのより大きな自由を得た」と彼は書いている。

バングラデシュやパキスタン、インド、あるいはヨーロッパやラテンアメリカのいくつかの国で、小規模起業に乗り出そうとする女性を対象とした小額融資（マイクロクレジット）［＊11］を提供するムハマド・ユヌス〔バングラデシュの経済学者、二〇〇六年ノーベル平和賞受賞〕のグラミン銀行による独自の経験例は、融資を受けた女性たちが、この小額のローンを返済し、自分の企業から利潤を出すだけでなく、さらに自分たちで得た利益の一部を集団で、道路、井戸、学校、診療所など、地域改善の共同プロジェクトにも投資していることを教えてくれる。ムハマド・ユヌスは、必要とあれば、読み書きの学習をサポートすることで、このような起業や投資を応援している。こうした女性の起業は、開発における女性の重要な役割を浮かび上がらせると同時に、家族からの女性の自立の一つのかたちや、女性たちの能力が認められる上で、その経済的、金融的な成功が果たす役割もまた、明らかにしている。

右の状況とは異なり、全体として豊かなヨーロッパのような状況下でも、一九九九年に発表され

＊訳注11　一九七六年にムハマド・ユヌスがバングラデシュで開始した。現在では先進国を含め、一三〇ヵ国で、それぞれに合うかたちで貧困緩和、女性の自立支援として活用されている。詳細は、青木千賀子『ネパールの女性グループによるマイクロファイナンスの活動の実態』（日本評論社、二〇一三年）参照。

た「フランス経済分析会議」の報告書によれば、失業の増加と出生率の低下を女性の就労のせいにする従来の通念とは逆に、実際には、女性の就労は経済成長の原動力であり、出生率を促進することが観察された。成長の原動力として、女性の就労は、富の形成、消費の促進、機械化の難しい家事やベビーシッター関連の雇用の創出、労働総量の増加、年金の増額をもたらし、自分自身を評価し直す気持ちを女性の内に生じさせ、自立を可能にする。女性の就労はまた出生率（デンマークが一〇〇〇分の一二、フランスが一〇〇〇分の一二・七）の原動力であり、ヨーロッパで出生率が最も高いのは、女性の就労を奨励している国々である。税制によって女性に就労を思いとどまらせている国では、逆に出生率は最も低い（イタリアが一〇〇〇分の九・五、ドイツが一〇〇〇分の九・二）。したがって以下のことを認めざるをえない。ヨーロッパの女性は、適切な集団的支援によって家庭と仕事を両立させる手段が与えられれば、妊娠を自ら管理する方法をできる限りうまく利用して、欲しいと思うだけの子どもを産むのであり、それはインドの女性が、教育を受け、自立する手段を与えられれば、高すぎる出産率を下げることができるのと同じである。

次のように言い表せるかもしれない。女性が従属と非識字の状態にとどめおかれているのは、開発の遅れの結果ではない。逆に、開発の遅れは、それ以外の原因もあるが、女性をそのような状態にとどめおくことから生じた結果であり、それによって維持されているのだと。

女性がこの連鎖に気づくために必要なことがなされれば、女性はそれを自覚する。ユネスコの後援を受けて、二〇一五年までに初等・中等教育における男女平等の実現を目指して、一八一ヵ国の代表者が参加しダカールで開催された教育関連の世界フォーラムで、興味深い経験が紹介された。一九九〇年に世界で就学していない子どもが一億二七〇〇万人いたのに対し、一九九八年には一億一三〇〇万人に減少したが、この間、女児の未就学率（五九パーセント）には変化がなかったことが確認されたのである。ユネスコによれば、男女の就学率に差があるのは、女児の場合、結婚のために、一〇歳前後で、親が学校をやめさせるからだという。こうした状況を改善するために、マリでは母親を識字化プロセスに参加させるユニークな取り組みが広がっている。それが実施された一八村で、母親が読み書きをできるようになり、自分の娘にとって将来何が役に立つのかを理解したとき、彼女たちが自ら、女児の就学に反対する家庭を訪れ、女児の就学率を上げたのである。三年間で一八パーセントから三三パーセントにまで改善している。[34]

このように、経済と保健衛生の全体的な利益が男性の後見的保護から女性を解放することと関係しているのであれば、女性を保護下に置いたままにしようとする根本的な理由は、別のところに探し求めなければならないことがよくわかる。

女性のセクシュアリティの権利

問題の本質は何か。北京世界会議（一九九五年）や、さらに最近の二〇〇〇年六月五日から一〇日までニューヨークで開かれた国連特別総会「女性二〇〇〇年会議」の成果を通して、それが明確に見えてくる。後者の会議には一八〇ヵ国が参加し、参加国の代表者たちは、女性に対して、家庭と職場におけるより多くの保護、病気治療や教育の拡充、雇用の改善を図ることに賛同した。だが対立が最も厳しく、結局合意に至らなかったのは、女性のセクシュアリティの権利に関わる領域だった。この対立では、『ル・モンド』紙が書いているように、「バチカン、ポーランドのように保守的なカトリックの伝統が強い国々およびイスラム諸国との間で、実質的な同盟が再び形成された[35]」。しかしながら、女性のセクシュアリティの権利への準拠も、単なる言及さえも退けられたとはいえ、それが議論されたことは事実であり、そのことが「予想外の力学的効果[36]」をもたらしていることも確かである。性器切除の例を見てみよう。メキシコ会議〔国連主催で一九七五年メキシコで開催された第一回世界女性会議〕では議論されなかったが、一九八五年のナイロビ会議〔第三回世界女性会議〕はこの問題に若干触れ、一九九五年の第四回北京会議ではより多くの議論が交わされた。当初、文化的な理由を口実に、西欧側の介入を強く拒否していたアフリカ大陸でも、その後いくつかの対策がとられるようになり、性器切除は、現実に根絶されてはいないが、一六ヵ国が法的に禁止している。一夫多妻制や一方的な離縁、差別的な相続制度、あるいは売春（これについては残念ながら、強制売春と選択売春の間での意味論的議論にとどまっている）といった別の問題についても事情は同じだろう。だが、北京女性会議では、すでにセクシュアリティをめぐって、あらゆる議論が交わされていたことを指摘しておかなければならない。セクシュアリティの概念が初めて国連で取り上げられたのであり、それ自体がすでに一つの前進だった。しかしこうした点――「強制も差別も暴力もなしに、自らのセクシュアリティ（つまりパートナーの選択）と〔中略〕、自らのセクシュアル・ヘルスを管理し、自由に決定すること」――への抵抗は、まさにそれが、つまり女性の性的自己決定こそが本質的な争点であることを示している。そのことは最近のモロッコにおける女性――単数定冠詞を用いた女性 la femme〔次節参照〕――の身分の改正（開発への女性の統合計画、一九九九年）でも見られ、そこで論議を呼んだ提案としては、女性の結婚年齢の一八歳への引き上げ、一方的な離縁に代わる裁判離婚の導入、一夫多妻制の廃止、再婚を理由に母親から子どもの養育権を奪わないこと、等々が挙げられる。

現行の身分法を擁護し、改正法案に反対する人々の論拠は示唆的である。女性の結婚年齢の一八歳への引き上げは早期の性交渉を奨励することになる、というのも若い女性にはおそらく性交渉へ身を委ねるリビドー傾向があるのでそれを考慮するなら、必然的に早いうちから彼女らを管理する必要が生じる、というのである。一夫多妻制については、「もともと移り気な男たちから見放されるかもしれない女性にとって」一夫一婦制よりも被害は小さい、と言われる。二つの嫌疑が、しかも矛盾したやり方で、一方では若い女性の淫らとされた「本性」を従属の理由に仕立て上げ、他方で男性の傲慢な移り気の「本性」からは、この移り気の影響を制御するのではなく、その被害者である女性の支配をさらに確実にすることを目的とする一つの身分が導き出される。[37]

以上のことから、次の結論を導くことができる。すなわち、人権は普遍的性格をもち女性にも適用することができまた適用されるが、その普遍的な性格に対するいわゆる文化的拒否は、平等なセクシュアリティの権利という忌まわしい脅威を通して、男性が行使している女性のセクシュアリティの管理を失うことへの恐れに何よりもまず基づいているのであって、他のすべてはこの管理に付帯するものであると。

奇妙なことに、女性たち自身に向けて、自分たちの利益に反して男性が行使するこの権限を正当と見なすかどうかが問われることは決してない。とはいうものの、知的に解放されて、自ら論理的に考える手段が女性に与えられない限り、女性にこの問題を個別に取り出して問うのは誤りだろう。というのも、そうした最低限の教育的な投資なしでは（そもそも用心のために与えられていないのだが）、女性は支配のゲームの中に入ってしまい、その結果、自らを否定し、支配者の立場を正当化することになるからである。

いずれにしても、問題の本質は、男女平等の理念そのものが、複数の国家や思想集団や為政者だけでなく、世界中の何十億もの人々の心の底で受け入れられてはいないことである。というのもこの平等は女性に自由な個人の地位を、したがって人としての身分を与えることになるからで、そのことが女性に根本的に拒否されているのである。

私たちは、人間として、いかなる時代や社会を生きるにしても、遠い祖先から世代を経て受け継いできたいくつかの優勢な表象に支配されている。それらは、私たちが行動し思考するときに意識的に動員するまでもなく、ひとりでに機能するのである。「成功した」女性たちを対象にした調査研究が示しているように、女性がほぼ平等な権利を獲得した国々でも、精神面の差別を感じたり、自分が占める地位の正当性や、そこから当然生まれる権利に時おり疑いをもったりする女性がいるとすれば、それは、彼女たちもまた無意識のうちに、その客観的地位にもかかわらず、生まれたときから、幼い頃からの教育の影響で、男性だけが、真性にかつ生まれながらの権利において、世界の主人なのだという思いを共有しているからである。こうした太古からの表象こそを変えなければならないが、それは非常に難しく、非常に時間のかかることである。問題はしたがって厳密な意味での文化的な障壁ではなく、人類全体が分かちもつ一つの文化なのである。

私たちは、属している社会によってその度合いはさまざまだが、本書で論じている暗黙の表象体系とともに生き続けている。そこでは、女性は、集団の存続と男性の再生産に不可欠な能力をそなえた、人類にとっての「資源」（女性は大地である）と見なされている。人々の頭の中で、女性の出産能力と女性のセクシュアリティの二つが切り離されない限りは、前者の占有は後者の占有を通してなされる。しかし、しっかり目を開ければ、私たちはこの表象体系から自由になれる。知識の進歩があり、十八世紀における配偶子の発見（それが啓蒙と最初の人権宣言の世紀になされたのは偶然ではないだろう）、二十世紀における染色体とＤＮＡの働きの発見は、生殖における男性と女性、生物学的な父と母の相互の貢献を明らかにした。二十世紀後半にいくつかの国で女性に与えられた避妊の権利は法的に完全な人としての身分が女性に認められることの優れたしるしである。というのもこうして女性たちは自らの服従が根を下ろしていたまさにその地点で解放されるからである。この権利はしたがって平等への到達の最も重要なしるしとなるように思える。今では、人は堂々とセクシュアリティを生殖から切り離すことができ、それはイスラム圏の国々でも行われている。たとえば、出生率がマグレブ諸国でも低下し、実質的にヨーロッパと同レベルになり（チュニジアは一九九八年の出生率が二・二。一九六〇年には七以上だったモロッコとアルジェリアが、それぞれ一九九六年、一九九七年で三・一）[38]、しかも欧州では出生率の低下に二世紀もかかったが、これらの国々ではわずか二五年のうちに実現した。この低下は確かに女性の結婚年齢の上昇と就学によって新たな要求が女性のうちに生まれたことによるものだが、カップル内での避妊が増えているためでもある（チュニジアでの子宮内避妊具の使用や不妊手術、アルジェリアやモロッコでのピルの服用)。女性の新しい役割や女性に認められたこれまでで最大のセクシュアリティの自律は子どもについて、そして自己実現についての新しい見方をもたらすものである。イランでも、同様の状況が観察される。一九八〇年代半ば、イランの女性は平均六人以上の子どもを産んでいたが、二〇〇〇年にその数は二・一に下がっている[39]。一九七九年のイスラム革命により、この国では断固とした出産奨励策(男女の婚姻年齢のそれぞれ一二歳と九歳への引き下げ)が実施され、イラクとの戦争〔一九八〇年から一九八八年まで続いたイラン・イラク戦争〕によってそれは強化された。しかし、一九八九年に政府は方針を転換し、家族計画プログラムを採択した。それによって、避妊具・避妊薬の使用は、農村部で七二パーセント、都市部では八二パーセントに達している。このことは、セックスと生殖の分離が容認されていることを意味している。

このような新しい科学的、政治的基盤に立てば、私たちの倫理哲学的な人権観は、今後、地球上のすべての男性と女性への人権の公正な適用に向けて、太古からの共通の表象という沃土から抜け出ようと試みることができる。彼ら彼女らの宗教や現在の信仰が何であろうと、適用されるまでにどれほどの時間がかかろうと、そのために発明すべきかたちがどのようなものであろうとも。

これから進める闘いの相手は、太古からの普遍的な表象体系であるが、この体系は国境や文化の境界を越えて機能しており、世界各地の文化的慣習はそれぞれが無関係に自立して存在しているわけではまったくない。このように世界が共有するものの見方が相手なのだから、その効果を削減するための国際的な努力は何であれ、内政干渉と見なすことはできない。さまざまなかたちをとり、さまざまな過酷さを伴って男性支配を飽くことなく更新するこの世界規模の表象体系との闘いに、いかなる手段を用いるべきか。なすべき仕事は遠大である。それには、男性と女性の、すべての人民の意志と政府の意志が必要だ。しかし人民の意志が十分に強固でないところでは、政府の意志が持続的な効果をもたらすかどうかは確かではない。人民の見方を、そして人民の意志を変革するには息の長い取り組みが必要だ。

どこから始めるべきか

このような問いを立てたからといって、政府が国内で、また国際的にこれまで実施してきた、そして今後実施されるべき政策、すなわち既存の関係を変え、女性に対する差別や暴力を減らし、それを通して、平等や男女間のよりバランスのとれた関係を実現するための政策について語ろうというのではない。むしろものの見方や習慣的な考え方を変える必要を問題にしているのである。フランス社会も含めて、細心の注意を傾ける努力がすべての個々人に求められている。

まず、言葉がもつ意味論的価値にはつねに注意を払わなければならない。男性たち les hommes について語るのと同様に、個々人からなることを示す複数形の女性たち les femmes と表現せずに、単数定冠詞を用いた女性 la femme、すなわち、さまざまな判断や神話や幻想が植え付けられた一つの総称としての女性について語ることはすでに本質的な差別である。フランスの一九四六年憲法には「法律は、すべての領域で、男性 l'homme がもつ権利に等しい権利を女性 la femme に保証する」という表現が見られる。これはまさに、本心ではそのように保障するつもりのないことを示す心裡留保の好例である。もちろん「女性たち」という表現を用いても、この「女性たち」というカテゴリーを、単数形の「女性」というカテゴリーがそうであるように、本質的な性質によって集合的に定義した、個々の構成員が区別されない一つの均質な全体とするような単なるかたちの上での置き換えであってはならない。

同じ次元ではあるが、国内でも国際社会でも、公的文書において、女性たちを、年齢、肌の色、宗教、障害、民族に基づくカテゴリーと同様に社会学的マイノリティ・カテゴリーと見なす考え方を止めることが重要であるように思える。男性と女性は、性別にかかわらず、幼年期から高齢期までを同じように経験するのであり、障害や肌の色や宗教や民族的出自についても同じことが言える。性をそれ以外のものと同レベルの社会学的変数と見なすことは、基準は男性であることを暗黙に承認することを意味している。

これも同じ次元の話だが、人間を性別なしでは決して扱わないようにしなければならない。というのも性別のない人間は読者の頭の中では性別化されている。それは男性である。こうしたやり方は、先進国において、最高レベルでの、良心を咎められることなしに、女性差別の問題の否認を覆い隠すものである。一つ例を挙げれば、最近フランスの公的機関から出版されたある政治学関係の本が、「不正や貧困や暴力を減らすことに役立てる」[40]という倫理的な目的で、二一世紀を迎えた世界をテーマとして扱っている。この本は「女性たち」という言葉を決して用いない。女性たちは、婉曲に言及される（「非熟練労働」「低賃金」等々）だけで、姿を消している。そこでは「賃金の不平等」は熟練労働と非熟練労働の対比関係においてのみ検討され、性による不平等が指摘されることはない。本の中では「若い親たち」や「カップル」に時間が必要なことが論じられているが、よく知られているように、この場合、使われる時間は大部分が女性の時間である。教育や病気治療へのアクセスに差別があることはまったく問題にされない。また男女の不平等の問題も決して提起されていないが、それは民主主義や開発にとってきわめて重要な問題である。同様に女性が被る特別の差別や暴力についても触れられていない。この知的否認、この驚くべき消印は、国連大学が出版する書物[41]の中にも見られる。

以上は、いくつかの政治学、経済学の研究書についてである。だがそれ以外の学問分野についても同様の指摘ができる。女性史が出現したのはごく最近にすぎない。比較的最近の歴史的大事件の描写や回想の中にさえ、差別はある。女性だけを収容していたフランスのリュクロ収容所とブラン収容所には、スペインやドイツ、ポーランド、フランスの国籍をもつユダヤ人女性の他に、「公序」に反する振る舞いをしたとされるフランス人女性（売春婦、淫らとされる行為をした独身女性、女性政治活動家）も収容されていたが、これらの収容所は歴史学者の関心の外にあったことが指摘できる[42]。それは、E・ラミアン[43]が書いているように、「そんなことがあったとは誰も信じたくはない」ヴィシー政権〔＊12〕のほとんど知られざる側面である。「というのもそれは女性だけに関わる出来事であり、したがって二次的問題にすぎないと考えられたからである」。

国際機関や国内機関は、自らの発言や公表文書においてシニフィエ〔表現されたもの〕とシニフィアン

＊訳注12　一九四〇年、フランス南部のヴィシーで成立した対ナチスドイツ協力政権。一九四四年に崩壊。

ばならないであろう。〔表現するもの〕の間の矛盾を取り除くことによってこそ、明確なメッセージを発信することが期待できるのである。さらに、そうした発言がそれを推進している人々から全面的に無条件に支持されていなければならないであろう。

このような注意深い監視活動は、いたるところで遂行されなければならない。学術研究やジャーナリズムにおいても、スポーツや広告やテレビの世界でも、教科書や日常生活においても……、こうした監視活動は、活動領域にかかわらず当事者たちによって遂行されなければならない。また「雌の番犬」や「フェミニスト健在」のような監視団体によっても、遂行されなければならない。前者は女性政治家に対する性差別的罵詈雑言に反対して活動を始めた団体であり、後者は女性を侮辱する性差別的広告に対する反対キャンペーンを展開している

ここでは、『ル・モンド』紙の記者たちに、彼らが実行している監視活動について、敬意を表したい。彼らの記事は本書の執筆においてしばしば準拠となった。まずピエール・ジョルジュ記者だが、彼は、女性有権者に夫の投票によって自分の投票が左右されるかどうかを尋ねた世論調査や、同じく女性有権者を対象に行われた、男として惹かれる男性候補者についての世論調査のような、当然のように受け止められている精神的な差別の証となる出来事をユーモアたっぷりに取り上げる。[44] それにしてもどうしてその逆の男性有権者を対象にした世論調査はないのだろうか。あるいはアラン・ロラ記者で、彼は、テレビ番組の映像から、「人類が重ねてきたあらゆる残虐行為の共通項は一貫して女性である。〔中略〕犠牲となる女性は男性集団のど真ん中につねに目立つように置かれて嘲笑される」[45] ことを認める。さらにミッシェル・ダロニ記者は、シドニー・オリンピックで、男子一〇メートル・ピ

ストル射撃競技で優勝した選手について、スポーツ担当のコメンテーターが、「プレッシャーに負けた」同じチームの女性選手の「仇を討ち」「自信満々だが笑みを絶やさず、誇り高くも謙虚で、勝ち誇りつつも冷静」と表現したことに触れて、エスプリを効かせて次のように書く。「ということはオリンピックに、『かよわき女性［中略］、なぐさめるべきシンデレラ姫』がいると言うのだろうか。ならば、勝者よ、君のメダルを彼女に贈りたまえ。そしてぼくらがそうしたいと夢見ているように、彼女の耳元で『ぼくがいてよかったね、そうじゃないかい』とささやいてみたまえ」と。[46]

自分の行為を、言語行為も含めて、自らの信条と一致させて、自ら正すことを知ること、隠されたメカニズムを暴き理解させ、それまで閉じられていた目を開かせるように心がけること、具体的なやり方で、非常に些細なレベルにおいてでさえも、平等へ向かう一歩の実現に寄与すること。以上のことを、善意あるすべての人々は、（本書の第三部で扱う）政治的活動に先立ち、あるいはそれと並行して、心がけてほしい。というのも、要するに、世界についての見方は、その表れである行動の中よりも、私たちの頭の中にさらに深く根を下ろしているからであり、それを揺るがすことができると思えるには、自覚すること、そして見方を転換させるきっかけをつかむことが必要なのである。

第3章　「今日の混迷」における男女の差異†

本章のタイトルとして、このシンポジウムのタイトルを再度用いることにしたが、このタイトルには、男女の差異という一つの現実と「今日の混迷」という一つの仮定もしくは机上の空論が、何の前触れもなしに組み合わされ、提示されている。

シンポジウムの趣旨説明を読んで、人類学者として考える私は、疑いの余地のない明白なものとして示されたこの組み合わせが、長年私の意欲をかき立ててきた研究対象に属するものであるという思いを強くした。すなわち性別のある身体をめぐる象徴的表象の総体に関わるものである。趣旨説明には何が書かれているのか。

「遺伝学の進歩と同様に、慣習の変化もまた人類が太古から用いてきたカテゴリーのいくつかを脅かしている。なかでも、男女の差異はおそらく最も重要なものである。あらゆる文明は男性的なもの／女性的なものの区別と、男女への異なる社会的役割の配分の上に築かれてきた。

男女の役割分担についての議論は、女性の従属の何千年にもわたる歴史を経た今日、大いに意義のあることだが、男女のアイデンティティの定義に関わる混迷はさらに重大な問題を提起する。というのも、それは人類の基盤そのものと人類の未来を脅かすからである。」

ここに書かれているいくつもの断定は、確かに、コメントするだけの価値がある。

慣習の変化と遺伝学の進歩が「人類が太古から用いてきたカテゴリーのいくつかを脅かす」というのは、それほど確かなことなのか。どの程度、そしてどのようにそうなのか。

それらカテゴリーの「中に」、男女の差異があるというのだが、言い換えれば、男女の差異は諸々のカテゴリーの一つにすぎないというのだが、本当にそうなのか、その他の基本的なカテゴリーとは何なのか。

あらゆる「文明が『この』区別と男女への異なる社会的役割の配分の『上に』築かれている」というのは確かにその通りであり、しかもすべての文明だけでなく、最も原始的と見なされている最もつましい生活を営む社会も含めて、あらゆる文化についてもその通りだが、問題は異なる社会的役割だけだろうか。

趣旨説明の第二段落は、何千年も続いた女性の従属を考えれば、役割分担について議論するのは当然であることを認めてはいるが、「男女のアイデンティティの定義に関わる混迷〔中略〕は人類の基盤そのものと人類の未来を危険にさらす」という考えを強く提示している。何が言いたいのか。この想

† 一九九九年三月一四日、パリのユダヤ研究院 le collège des études juives de l'alliance Israelite universelle 主催の第一〇回シンポジウム「今日の混迷における男女の差異」で行った講演。

定された「混迷」をどう定義すべきなのか。もし定義できたとしたら、今日の世界、そこには先進社会も、同じ速度では発展を遂げていないそれ以外の社会も含まれるが、そうした世界で、この混迷は人々の頭の中でどのようなイメージとして現れるのだろうか。さらに、もし男女のアイデンティティの混迷があるとすれば、それは人類にとって危険なのか、それとも女性に限ればそれは恩恵をもたらすが、男性を含めた人類全体にとっては恩恵ではないのか。そうだとすれば、おそらく次の疑問が生じるはずである。このように告げられた人類にとっての危険とは、実際には、もっぱら男性にとっての恐れではないのかという疑問である。

定義の問題

趣旨説明の第三段落は、シンポジウムでは権力の領域における序列よりもこうした定義の問題に、より多くの関心が向けられている、と述べている。けれども、まず私が言っておきたいのは、権力の領域における序列の分析はともかくとして、構築された表象体系全体を抜きにして論じることはできないということである。というのも、こうした表象体系全体が「女性の従属が続いてきた」この「何千年もの間」、いたるところで困惑させるほどに一様に支配してきたのである。なぜどこでも事情は同じなのか。一方では自然とされた支配があり、他方では同じく自然とされ求められた服従があるが、このような依存関係を何が正当化しているのか。そしてこの不平等な構築物は男女それぞれの「本性」と「アイデンティティ」をいかように定義しようというのか。この本性とこのアイデンティティはいわば生まれながらにそなわった、変わることのない、したがって結局のところ侵すべからざるものと見なされているので、何としても維持すべきだというのだが。

「混迷 égarement」という語の使用が提起する問題から検討を始めよう。

この語やこれと共通の語根をもつ“s'égarer”“égaré”は、実際のところどんな意味を含んでいるのだろうか。フランス語辞典『リトレ』によれば、本来の意味では、形容詞“égaré”は、自らの「道」を見失った状態を示し、そこから、「正しい道を外れた」、さらには「徳や信仰や人としての義務の道を踏み外した」状態をも意味する。

名詞“égarement”は「思い違いをした状態」、心や記憶の「乱れ」を意味してもいる。動詞“égarer”は「正しい道から外れさせる」「過ちに陥れる、騙す」「人としての義務の道を踏み外させる」の意味になり、さらに代名動詞 s'égarer は「道に迷う、間違える、正しい道から外れる」「魂や精神が混乱に陥る」を意味する。

このように見てくると、この言葉が中立的でないことがよくわかる。逆に暗示的な意味を強く帯びてさえいる。というのも目印を見失うという意味を超えて、間違い、乱れ、方向転換、道の間違いを想定させるからである。つまり規範、公正、真実からの有害なずれを想定させる。それは、誰でも認めるだろうが、証明を必要とする前提であり、断定である。思い違いや目印を失うことによる乱れが本当にあるのだろうか、そうだとしても、あらかじめ引かれた道からのこのような方向転換は根本的に有害なことだろうか。

男性支配を確立するのに、生物学的差異だけで十分か

これらの問いに答えるために、私自身も一つの問いを立てることにした。男性支配を確立するのに、生物学的差異だけで十分かという問いである。このように問いつつ、私は、男性的なものによる女性的なものの支配——その広がりの中でいくつかのバリエーションを示しているにしても、普遍的であることを忘れてはならない——の正当性の根拠となるものを探し求めている。この支配は男女の異なった社会的役割の存続だけでなく、女性の厳密な従属をもたらすが、それにこの女性の従属については、問題になるのは人類の基盤そのものと人類の未来を規定する条件だと言われているのである。

今私がここで立てた問いに、私は「そうだ」と答えることにしよう。男性支配を確立するfonderには、生物学的差異があれば十分であったし、十分である。しかし、この場合、この動詞“fonder”は成立させ維持するという意味で用いているのであって、それが同時にもっている正当化するという意味においてではない。男性支配の論理的な原動力を明らかにすることは、私たちに、変わることのない、自然の、永遠の、疑うべくもない、侵すべからざる運命の存在ではなく、歴史の偶発的な性格を教えてくれる。この歴史は、確かに現実の観察や、そうした観察から発して、いくつかの永続的な表象体系を形成するに至った形而上学的な問いや観念的な構築物に左右されたものではあるが、こうした観察や問いは、感覚が与えてくれた手段のみから導かれたものであり、そうした手段については、

今日では、単に現実を描くためでさえも、もはや十分ではない、と当然ながら考えることができる。象徴的表象体系（ここでは、身体、とくに性別のある身体をめぐる）とは、人々がいかなる文化に属していようとも、彼らの頭の中や彼らの言説、態度、振る舞いの中で暗黙のうちに機能しているきわめて強固な諸概念のまさに総体として理解しなければならない。こうした総体を構成する諸要素は相互に強化し合い、認め合い、助け合い、さながら一丁では立たない銃が互いに支え合って立つ叉銃のように、均衡を取り合っているのである。このような必然的な概念的結合の中で、男女の示差的原初価（私が『親族の実践 *L'Exercice de la parenté*』において明らかにし、本書第Ⅰ巻においてより明確にした概念）は最も重要な基盤の一つであり、おそらく叉銃を組むように構成された諸概念を結ぶ主要な要素である。各々の文化の内部において、見出された不変項（すなわち一般的な枠組み）は確かにさまざまに変化する内容で満たされてはいるが、そうした内容は人類全体として見た全体構造に矛盾するものではない。

人類全体として見ると、象徴的構造とそこから生じる社会的構造は、あらゆる領域での女性の厳密な従属化をもたらしているが、それはよく知られていることなので民族学的論証はもはや必要ない。女性は政治的、経済的、文化的、宗教的領域から排除され、家庭領域だけが女性のほぼ独占的な居場所とされ（女性は家庭に縛られており、しかも男性はそこにいないという二重の意味で）、教育を受け、思考し、意見を述べ、自由な決定を行う機会を時には全面的に奪われ、女性の活動や女性の存在そのものまでが徹底的誹謗とさえ言えるほどに、蔑まれ[1]、妻としてとりわけ母としてのみ存在するように定められ、男性と対等な完全な個人としては決して認められない。

　とはいえ、この節の冒頭の問いへの私の肯定的な答えは、不変の概念枠組み――太古以来の支配的モデル――が、その安定性やその永続性を男女の本性的な、客観的な、測ることのできる、肉体的かつ精神的特徴から得ているという意味ではまったくない。私たちは第一部第3章で、女性の肌や声が男性と比較してはるかに柔らかであることに基づいて、女性に受け身、従順、自己犠牲の性質を振り分けることを正当化するのは、論理的にどれほど無理があるかを見た。私の肯定的な答えは、おそらくこうした性質の観察や、とくに、女性だけが子どもをつくることができ、さらに信じられないことに、男性をもつくることができるという生理学的な驚くべき事実の観察を起点にして、意味の付与をつかさどる概念装置が始動し、この装置が、観察可能な事実のすべてを用いて、それらを分類し、序列化し、人間集団の生活を続けるのに必要と判断された結論を導き出したのだ、ということを意味しているのである。

　男女の示差的原初価はあまりにも大規模な現象なので、疑問に付すことのできない自然的与件と同様に、人目につかなくなったのだが、自然ではなく、疑問に付すことのできる現象である。こうして、奪い取られた特権はハンディキャップとなった。男性はこの占奪を取り返されないようにするために、世界中どこででも、女性を家の中で子どもを産む役割に閉じ込め、理性の行使から排除し、政治的なものから排除し、象徴的なものから排除したのである。男性の身体的力がものを言うのは、まさにこの最後の点においてである。男性支配を説明するのに、力による強制は根本的なことではない。しかしこの強制が、今私が説明してきた占有の複雑なメカニズムをその後で補強し、その安定に貢献しているのであって、この占有のメカニズムにおいては、人類学者のニコル＝クロード・マティウが引用したコデルロス・デ・ラクロ〔一七四一－一八〇三、小説家〕の当を得た言葉を用いれば、「譲歩はしても同意してはいない」[2]。

試金石

男性的なものによる女性的なものの支配を理解するには、いわゆる性差つまり男女の生まれつきの「本性」ではなく、女性の出産能力が試金石となることがわかれば十分である。女性が男女を産み、とりわけ、男性の姿をした息子を産むというこの途方もない力をもっていなかったとしたら、世界も私たちの思考体系もまったく異なった仕方で機能していることだろう。シーソー運動と同じ上下運動によって、まさに優位の場が支配された劣位の場となったのである。それはまた、妊娠／不妊という対概念を双頭のヤヌスに仕立てる両義性の運動でもあった。支配の原動力は妊娠を管理することの中にあり、それは女性の生殖可能な期間に行われてきた。したがって女性の交換とは、男性の集団間で、女性といういわば不可欠な希少資源を分け合うことを通じて、平和に公平に生命を分配する方法なのである。

この視点からすれば、重要なのは生殖期間だけであり、そのことが思春期前の少女や処女の地位（概念上の地位である、なぜなら現実の社会では彼女たちはほとんどの場合、厳重な監視の下に置かれているからである）、そしてとりわけ、すでに見たように、閉経した女性に及ぼす地位の変化を説明している。

以上は民族学的観察に由来している。出産能力が男性支配の中心的な場であるとすれば、女性自身が自らの出産能力を管理することが、結局のところ、女性にとって支配の場からの脱出になる。それこそは人類全体にとっての大変革の強力な手段である。というのも、この変革が人類の一部に限られることは、誰もが同意すると思うが、それは無意味であるからだ。それに変革をこのように一部に限れば、その持続性を奪うことになるだろう。

同じもの／異なるものの対立はあまりにも根源的であり、それを回避することはできない。しかしこの差異は私たちの知っている関係性におけるような、序列化した絶対的不平等を必ずしももたらすわけではない。この不平等は女性の出産能力が占有されたことによるものである。女性が避妊によって自ら出産能力を管理する力を取り戻せば、その結果として当然、社会的ルールだけでなく概念上のルールをも変えることにもなる。

ルールの変更

それには二つの方法がある。まず第一に、完全なパートナーになることによって、女性は、子どもをもつかもたないか、もつとすれば、いつ何人もつかについての発言権を得て、とりわけ自分が誰をパートナーとして望むのかについての発言権を得るが、それだけでなく、アリストテレスが生気に欠け受け身だとした「質料」にその完全なる重要性を取り戻させるのである。そうなれば、私たちはもはや、国民議会で、ヌヴィルト法〔一九六七年の避妊合法化法〕に反対する議員が発した次のような言葉を――それは私がここでかいつまんで説明してきたことを要約しているが――おそらく聞かずにすむだろう。女性に避妊の自由を与えれば、「男性は自らの生殖力に満ちた男性性への誇り高い意識を失うであろう」という発言である。四つの言葉（意識、男性性、生殖力、誇り）に、男性支配の根底のすべてが表現されている。

第二に、そうすることによって、女性はまず尊厳と平等を自らのものにし、さらに、私たちの表象体系を支配している諸概念のあらゆるカテゴリー間の序列を逆転させるとまでは言わないが、少なくともよりバランスのとれたものにすることを、すなわち否定的なものが女性の極に、肯定的なものが男性の極に自動的に結びつけられないようにする新たな配分を考えられるようにするのである。それに逆転は望ましくない。それでは一つの不平等、一つの抑圧を別の不平等や抑圧で置き換えるだけになる。

私たちは今では妊娠における男女それぞれの配偶子の役割についての知識をもち、不妊が男性の側にもありうることを知っている。遺伝や相似が質料と息吹の間での闘いの結果ではないことも、男児ができるのは、それを嫌がる母の身体への父による外部からの植え付けによるものではないことも知っている。

生殖に関する生物学的事実の観察における根本的な変化が起きたのはせいぜい二〇〇年前にすぎず、十七世紀末のグラーフ〔一六四一―一六七三〕とレーウェンフック〔一六三二―一七二三〕による卵母細胞と精子の発見以来のことだが、[*1] この発見には異議も唱えられた。専門家の間で、次いで世論からも男女の配偶子双方の関与が認められるまでにはさらに時間を要した。各々の役割をめぐり長期にわたる論争が繰り広げられ、科学界は対立し、新たな生命の誕生における全責任をどちらか一方だけに帰して――すべてを卵細胞の中に、それともすべてを精子の中に見る――他方を排除しようとし、双方の融合、必然的な結合、双方による貢献を考えてみようとはしなかった。染色体のシステム、遺伝子の組み合わせ、DNA、DNA指紋は人類の歴史においてはごく最近になって知られたにすぎない。

今もなお機能して私たちを支配している人間の表象体系の根本的な基盤が完全に間違っているのであれば、こうした前提が、問題の核心における観察を欠いていたために誤りだったのであれば、私たちはそこから導かれた男性支配を打ち立てた結論を、あたかも自然に、生物学的に根拠づけられていたかのように、なおも保持しなければならないのだろうか。問題のデータが間違って作成されたというのに、得られた解答を正しいと見なし続け、個人としてまた集団としての私たちの選択や行動の指針とするためにそれを用い続けなければならないとでも言うのだろうか。

象徴的なるものの歯車装置

私たち人間の包括的な象徴体系は、観察、観察の批判、構造化され一貫性をもつ集合体への合理化、象徴的次元および社会的次元への転写という四つの過程を連結する思考の歯車装置を構成している。

観察が新しい尺度の中に位置づけられ、そのための新しい技術的手段を得ることによって起きる観察の根源的な変化は、必然的に、大きな動揺をもたらし、そこから生じたものの再編をもたらすはずで、おそらくは語の本来の意味での革命さえも引き起こすであろう。不変の枠組みはそれが観察され、その解釈がなされる仕方に左右される。その点から見れば、枠組みは変化することもありうるし、さらにはその内容が変化することもありうるように思われる。確かに、私たちの表象体系が、各人や各制度の内部で、あらゆる文化において、人類全体にとって、根本的な変化を遂げるには多くの時間を要するだろう。避妊のような技術的な成果に加えて、それらが政治的に承認されて、女性に決定者としての、つまり個人としての地位が付与されれば、この変化をおそらく容易にするだろうし、生殖における男女の共同の責任を単に表明するにとどまる場合よりも、変化を早めるだろう。それが人類全体に及ぶまでには、何千年ではないにしてもおそらくまだ数世紀はかかるだろう。今日の先進社会で変化が徐々に進むことで、熱狂、過剰、誤謬と受け止められうることが起こるのは当然である。

本章で問題にした「今日の混迷」が、女性が例外なくつねに下位で評価の低い極を占める（母神崇拝や聖母崇拝の見かけに反して）二項対立的カテゴリーの序列化された配分を狂わせるのであれば、そして、女性が男性によって支配された場を奪回することで、言い換えれば女性が男性と同様に完全な個人として自ら、自分の望みや自分の利益に応じて、妊娠と出産を管理することで、そうした二項対立的カテゴリーの序列化された配分を狂わせることができるのであれば、この混迷は好ましい。メ

＊訳注１　グラーフが胎生動物に「卵」が存在することに気づいたのは一六六〇年代だが、実際に哺乳類の卵子がフォン・ベーアによって発見されたのは一八二三年。

タファーを続ければ、それは道を外すことではない。女性は男女をつくる能力をもち続けているし、「人」としての地位が女性に否定されなければ、子どもを産むことを拒みはしない。女性は、重要な職業上の不平等の被害者ではあるが、家庭と仕事を両立させる手段が与えられれば、欲しいだけの子どもをつくることが最近の調査で証明された。それは前章でも見た通りである。

それは単に旧弊な思考から抜け出すだけのことである。男女の生理学的な役割は変わらないが、異なった見方がされることになり、それによって変わるのは、習慣的な考え方、思考停止的な安易な判断、身勝手な利害、各々が〈性別のある他者〉に抱く考え方である。

権利の平等ではなく男女の無差別を説き過度に平等主義を志向する立場は性的同一性を脅かすと言われるが、そのような立場は絶対的な差異主義を志向する立場と同様に、男性と女性、〈自己〉と〈他者〉、同じものと異なるものの関係についてのさまざまな考え方を互いにつないでいる鎖の最も目立つ両極端にすぎない。無差別は同一性ではない。同一性は差異の存在を前提としている。同一性にその意味とその現実を付与する差異がなければ同一性は存在しない。男女の究極の無差別を何としても望むことは、生きる者が受け入れなければならない与件、すなわち性差の存在を考慮しないことである。どのようなやり方で男女の無差別を目指しても、そこにはつねに部分的な性の区別を許すシステムが芽生えるもので、したがって差異は再現する。このような新たに生まれるものが一見性差ではないかのように見えるにしても。逆に、絶対的な差異主義を志向する立場は、相互理解や交換や相補性や協力がありうることを否定する。それは〈異なる者〉としての〈他者〉の否定である。ところが、女性が自由と人としての尊厳を得るための今日の闘い、この行動の真理に敏感に反応し、自らの特権を部分的に失ったり譲ったりすることを受け入れる男性たちも加わって進められているこの闘いは、社会的なものを形成している諸カテゴリーの政治的、知的、象徴的な均衡の回復を目指しており、今日の私たちの知識とのより整合的でより公正な状況に到達するためであって、不平等なシステムを再生産するような序列の逆転を目指すものではない。したがって、粗野だが最も想像力に訴えるかたちをしたこの二つの極端な傾向は、男女の均衡を回復させる大規模な運動と比較すれば、副次的な現象でしかなく、取るに足りないものでしかない。

第三部　解決策と障壁

第1章　可能で考えうるヒトの産生

メディアが、時には政治家、さらには科学者も加わって、瞬く間に広めた主張によれば、人間の人工的再生産の分野で今日の技術が成し遂げた偉業は、長期的には世界に関する私たちの全体的な表象様式を、中期的にも、より社会学的に、すぐにも容易に見分けることのできる効果を伴って、一方ではこれまでの親子関係や家族構成の方式を、他方では現実の男女関係やそれに対する考え方の性質を変えるに違いないというのである。一言しておくが、それは推測にすぎず、そこには混同がある。

推測と言うのは、こうだ。家族構成が実際に変化して、「ひとり親」家族――より明確により現実に即して言えば、自分の子どもを一人で育てる女性を軸にした「母を中心とする」家族――や、いわゆる「再構成」家族〔ステップファミリー〕がますます増えているとしても、それは、新しい生殖方法、つまり技術が当然のごとく利用されていることに根本的な理由があるのではなく、さまざまな要因の結びつきによるからである。そこでは、相変わらず男女関係の伝統的な見方が大きな位置を占めているが、それだけでなく責任や相互の契約上の約束といった概念の衰退と、それに付随して「何の拘束もなしに自分たちの自由を享受」したいという人々の欲望の増大も見出せる。つまり一方では、社会学的に観察できるこうした新しいかたちの家族と、男性的なものの支配と男女の役割分担を正当化している昔ながらの思考の図式が変わることなく執拗に持続していることの間に矛盾のないことが認められる。他方で、こうした家族の変化は生殖分野への技術の導入だけでなく、いくつもの原因のより複雑な組み合わせにも起因していることが認められるのであり、技術の発明それ自体は、人々に、その欲望のすべてが可能だ――というのも考えうることになり実現しうることになったのだから――と思い込ませている限りでは、このような変化に影響を及ぼすにしても、それは間接的でしかない。

混同は、技術の応用と科学的な知識という二つの別個の概念の間で起きている。ところが、通常の表象様式に、とりわけその中心にある男／女の関係に影響を与えることができるものは、いわゆる応用技術ではなく、それを可能にしたもの、すなわち知の革新であり、それは繰り返し述べてきた通りである。しかし、その作用は緩慢で、一種の錬金術のプロセスに従うように、時間を要し、全体的な政治的承認を必要とする。というのも、この作用は、できる限り多くの人々が徐々にこの知の革新に適応できるようにする教育を通して深く働きかけていかなければならないからであり、またそれは、各自が、そしてすべての人々が知の新たな配置を自らのものにすることを必要としているからである。

ところで、知の革命にはおそらく、あらゆる既知の象徴体系がその上に構築されている土台全体、つまり現実の認知という土台全体を長期的には覆す力があるのに対して、技術的な応用は、科学的な発見の後、時を置かずなされるので、必然的にそして厳密にその時点の表象体系の枠組みの中に位置づけられている。もちろん、科学的発見についても同じことが言える。そうした発見はいくつかの確信や信念や行動を前提とした世界の中で起き、出現する。しかしそれによって起きるパラダイムの転換は、科学分野において新しい支配的パラダイムになるまでに時間がかかるが、この転換が社会的に共有され認められた観念において、そして存在様式や行動様式において起きるにはさらなる時間を要する。技術の応用は、人々の精神の変革より前に、すぐにも起きるから、とりあえずは現状を受け入れている。

現代における人間の生成のイメージを提示することは、次の事柄についての一定の理解なしには難しいであろう。すなわち、この分野における、技術的あるいは制度的な新しい方式を発明し、統制し、管理してきた諸文化のイメージ体系について、また人類学の言説それ自体の中で暗黙のうちにしろそうでないにしろ形成されている思考の図式、とりわけ人類全体に適合する包括的な思考の図式について、さらに人間の生命とその再生産を同時に決定づけている変わることのない強い諸制約についての理解である。

人類が描く幻想（ファンタズム）

しかし、こうした理解だけでは、人工的な生殖――第三者を介入させ、性的関係の外で、ますます複雑になる医療行為によって実現するという意味で人工的な――がなぜそれ自体では、男／女の関係に根源的な変化をもたらす可能性がほとんどないのかを説明するには足りない。というのも、歴史学的・民族学的観察が私たちに示しているように、こうした操作は幻想の土台に接ぎ木されているが、この土台は現代に限られているどころか、実際には大昔から、男性支配に完全に統合されて、その上それを利用するすべを心得て、存在している同一の幻想の土台なのである。

人間が行う想像上の、あるいは現実の操作全体は、いつの時代であれ、また用いられた技術が何であれ、次のような諸観察からなる同一の強固な基盤に支配されており、人類が描く幻想（ファンタズム）といえどもそれに突き当たり、その先へ進むことはできないように私には思える。この基盤とは、私たちはこの世に生を受け、やがてこの世を去るが、子どもをつくるのは人生の限られた期間にすぎないこと、子どもをつくるには一人の男性と一人の女性の性的関係が必要なこと、女性だけが子どもを産み、しかも男女の子どもを産むこと、それは女性に途方もない特権を与えるが、妊娠とその裏返しとしての不妊の責任も負わせること、一人の子どもは一人だけの母親から生まれること、出生の世代順を逆転させることはできないこと、以上の六つからなるものである。

したがって、この分野におけるいかなる夢も、現実に実行されたいかなる操作も、多かれ少なかれ相互に密接につながる三つの目標に支配されることになる。一つは、不死の夢や妊娠男の妄想のように、この「自然的」与件の制約から逃れることであり、とりわけこうした絶対的な制約の中でも、女性の特権が強いる制約から、さらには生殖のための性的関係の必要からも逃れることである。

二つ目の強力な目標は他者性の排除である。自分自身による再生産は他者の必然性を認めないですむ完璧な方法である。

この夢が実現できるならば、三つ目の目標も達成されるであろう。すなわち、血縁やそれに伴う地縁の仲間内にしろ、ジェンダーの仲間内、言い換えれば同性の人たちだけでいることにしろ、つまりどちらの場合も、互いが認め合う、安全安心で、生きやすい幻想の地において、仲間内で取り仕切る理想的な社会を構築するという目標である。

もちろん今日の生殖技術は何よりもまず不妊対策として役立っている。とはいえ、人工授精においても胚移植を伴う体外受精のあらゆる技術においても、人類が継承してきた想像の領域に属する幻想（ファンタズム）のうちのいくつか――すなわち性交の必要がなくなったこと（クローン技術以外は、配偶子の出会いは必要だが、肉体関係そのものは必要ない）、冷凍による時間的制約の克服、一人だけではなく、複数の母親をもてること、さらには死後もなお子どもをつくれること（少なくとも男性の場合）――が働いているのが認められる。

その証拠としては、そうした技術が明確に提供している生殖の可能性そのものを、生殖技術が現に存在することとそれがもたらす効果によって、また技術をめぐる公式の言説や庶民の言説によって、客観的に確認できるという事実、そして同時に、そのような可能性のすべてはさまざまな社会においてすでに制度的な前例があるという事実が挙げられる。[1]

実際、民族誌では、ドナーによる人工授精と社会的に同等の価値をもついくつもの例を指摘できるが、そのようにして生まれた子どもの場合、その子の父親とされるのはつねに社会的な父の方である。卵子や胚の提供による体外授精-胚移植に対応するのは、古代ローマにおけるような子どもの贈与や「借り腹」、一夫多妻制をとるいくつかの家族制度において見られるような何人もの「母親」が無差別に複数の子どもの母親とされる例などである。さらには、死者に子どもをつくらせる社会もあり、この場合は精子を提供した生物学的父（ジェニター）と社会的父（ペーター）の役割を分けることでそれが可能になるのだが、妻が亡くなった夫の親族と再婚し、死者の名において子どもをつくるレビラト婚や、東アフリカのヌエル族の幽霊婚がそうである。この幽霊婚では、婚資として死者の名において女性に支払われる財貨が社会的に認められた父性のしるしを、生物学的父（ジェニター）にではなく、死者に付与する。以上の例の中には、性交、生殖、父性／母性の分離や、このような制度が男性支配とどのように適合しているのかも見て取れる。

集団の法と親子関係

このように、目新しいと思えるすべての方式が社会的にすでに経験済みであるのは、それらが太古からの同じ夢に対応しているからである。だからこそ社会的に可能なのである。しかし、それらが制度として機能するには、集団の法によって、明確に支持され、社会構造の中に確固として書き込まれ、その集団における人格や同一性についての表象に一致していなければならない。

集団の法は、継承権、相続権など、親子関係を成立させる諸要素を明確に示さなければならない。最も極端な父系社会でも、むしろそうであればとりわけ、社会的父（ペーター）、すなわち親子関係を社会的に成立させる者の同一性については、社会的行為者の誰から見ても疑いの余地はない。父の役割は、子どもへの愛情投資、あるいは法的に強い立場をもちうる子どもとの日常生活の共有など、いくつかに分割されて複数の人によって担われることもありうるし、〔法が定める〕親子関係からは切り離されることもありうるが、親子関係は存在しているのであって、単なる個人の決定でそれを侵害することはできない。生殖と親子関係は集団の利害に資するものである。社会的なものの基盤となる集団の権利は個人の要求よりも優先される。したがって、そうした社会には相反する効果をもつ二つの法規が存在することはなく、個人的なものと生物学的なものが社会的なものよりも優位に置かれることはない。

ところが、一九七二年以来、フランス法には相反する効果をもつ二つの規定が共存している。

フランス法は、嫡出性、意思、身分占有[*1]により確定されうる親子関係に加えて、今では親子関係を成立させるために遺伝的真実の基準を認め、前述の三基準に対抗できるようにしたのである。そのために二つの優位性が導入された。一つは、集団の利益よりも個人によってさまざまに変わる欲望の優位性（しかもそれ以外の方法によってすでに成立していた親子関係の取り消しによる、子どもの利益に対する大人の利益の優位性）であり、もう一つは法に対する遺伝子の優位性、すなわち社会を成立させている規範よりも、生物学的だからそうだと言うのだが、いわゆる自然の真理の優位性である（これは、野蛮さの一つのかたちである）。

その背後には、何もないところから新しい親子関係のかたちをつくり出せると信じる一種の政治メディア的ユートピアがあるのかもしれない。ところがそんなことはありえない。技術がもたらす効果がどうであれ、生殖にはつねに男性と女性が必要であり、この事実から、親と子の互いの性別によって決定される地位の組み合わせから発した、言い換えれば、人類と生殖が有性であることによる出自体系しか存在しないからである。そこから六つの主な可能な構造が生まれる。父系、母系、両系、平行、交叉、共系つまり無差別出自であり、フランスの出自体系はこの最後のタイプに属している。

次の二つの場合には、事情は違ってくるかもしれない。クローン産生が再生産の通例となった場合（そうなるとまたしても平行出自に陥るかもしれないが、この出自は皆無であるとまでは言わないが、まれにしか見られない。しかし考えられることではあるので、潜在的に可能である）と、プラトン的社会のような、ユートピア社会が実現した場合である。そこでは、子どもは生物学的父（ジェニター）から故意に切り離されている。このような国家形態においては、国家との直接的な親子関係以外の親子関係は存在せず、家族も、家族の住居も、継承も、相続も、姓も、遺伝する性質や特徴ももはやなく、したがって、かなり事情が変わってしまうことは、誰もが認めるだろう。このモデルに多少とも近いことが現実の歴史の中で複数回試みられたとはいえ、それは架空の次元にとどまっている。

クローン産生の考え方　思考の可能性から実現の可能性へ

「人間の再生産」方法としてのクローン産生の考え方によって何が変わるだろうか。この場合、実現すれば、純粋な再生産であり、もはや男女による生殖でないことは確かである。しかし、技術の面にこだわると、クローン技術を用いても、自分一人だけで再生産することはできない。他方の配偶子はもはや必要ないが、女性の生殖機能は必要である。というのも、卵核を取り除かれ遺伝子プログラ

＊訳注1　親子のように暮らしている事実がある場合に、後からこの事実に対応する法的効果を付与する制度。

ムを除去された卵子に、生殖細胞ではなく、男性か女性の何らかの器官から採取した体細胞が植え付けられ（雌羊のドリーでは乳房の細胞だった）、その後、子宮に移植されそこで育つことになるからだ。したがって、つねに第三者が、二人でないにしても、一人は必要で、つねに女性の生殖機能が必要である。

雌の子羊のドリーは遺伝子的には一頭の母親しかいないとされ、この母親に瓜二つであり、卵子に植え付ける体細胞を提供したこの雌羊のクローンである。しかし生まれてくるまでに、別の二頭の「母親」の助けが必要だった。卵子を提供した雌羊と、〔ドリーを〕胎内で育てた雌羊である。ある女性の個体の卵子の核を除去し、そこにこの同じ個体の器官から採取した生殖細胞ではない体細胞を植え付けて、それをまた同じ個体の子宮に移植するというシナリオはまだ誰も思い描いたことはないように見える。そうなれば完全なクローン産生だが、それは女性によるものでしかありえない。

今のところ、クローン産生の実験は動物でしか行われてはおらず（雌羊、牛、猫、猿など）、しかも、きわめて特殊な目的に限られている。あらかじめ遺伝子を改良して人間に役立つ特性をもたせた希少な動物を、胎内で育てる母親と卵子を提供する母親に分けて、二人の母親を用いて、短期間で再生産するのである。このような遺伝子を改良された動物のために通常の妊娠期間をかけるのは時間の無駄ということになる。それに、通常の有性生殖では、おそらく、次の世代で遺伝子改良の利点が失われるだろう。

もう一つ別のクローン技術のかたちがあるが、こちらの方がはるかに簡単ではるかに自然的事象に適合する。受精卵分割方式である。これもまた、人間の要求を満たすために動物を対象に実施されており、前述のものより問題は少ない。特別な生産能力（乳、食肉等）を理由に選抜された動物の卵子を同じ資質をもつ動物の精子と受精させる。卵割が始まった後、それをメスで各割球に切り分け――私の知る限りでは、これまで最多八個――通常の動物の子宮に移植される。このようにして、再び卵子を採取するために妊娠期間が終わるのを待つ必要もなく、希少な能力をもつ動物の排卵能力を最大限に利用するのである。この種のクローン産生は前述のものより前から行われており、技術的にもそれほど問題なく成功している。この場合、雄と雌の配偶子が相変わらず介在している。二つのクローン技術の組み合わせ、すなわち、第一の方法でクローン化した細胞を、第二の方法で卵割が始まった後に割球に分けるという二つのクローン技術の組み合わせを想像することを禁じるものは何もない。そうしていれば、たとえば、一頭ではなく、八頭のドリーが得られただろう。この技術を仮に人間に適用するとなれば、特別の資質のために選抜されたこうした希少な胚を誰が胎内で育てるのかについての深刻な問題を提起するだろう。

いくつかの批判

ここでは、第一のクローン技術についての、重要な生物学的または遺伝学的批判のすべてをリストアップしようというのではない。その種の批判は多数あるが、専門誌を通して、また実験の最初の成功例についての一般向けの雑誌・新聞における反響を通して知ることのできるいくつかの批判を挙げるにとどめたい。

クローン産生は、再生産の標準と見なされる場合、遺伝的多様性を抹消する。あらゆる生殖技術は、それが何であれ、どれほど人工的であろうと、（性交によるのと同じく）二つの配偶子を用いるので、単なる再生産、複製ではなく、一つの新たな生命を誕生させる。したがって、こうした生殖技術を用いても、遺伝的な多様性は維持されるが、単一の個体の遺伝形質を再生産するクローン産生では、そうはならない。

複製するに値する種畜は実験の結果から決定されるが、その決定がいかなる基準にもとづくのかについては、問題は解決していない。

大規模なクローン産生は脆弱な動物をつくり出し、遺伝的多様性は一度失われれば、もはやその脆弱性が改善されることもない。技術がますます高度化し、人工的な改良が増すにつれて、豊かな遺伝的能力が失われ、それにつれて、たとえば丈夫でないといった、不利な性質が誘発され伝達されるリスクも高まる。

ドリーの場合のような、生育力のある結果に至るまでに非常に多くの実験回数（二七七回）が必要であったという事実はさておき、また動物のクローン産生を実施しているさまざまなチームで必要な実験回数は減少傾向にあるにしても、採取しなければならない受精可能な卵子のコストは相変わらず非常に高いという問題がある。また、この有名なクローン子羊がまだ生きており〔二〇〇三年二月死亡〕、通常の方法で生育力のある子羊を何頭か産みさえしたにしても、世界中で実施された動物実験では、ほとんどがさまざまな奇形や障害をもって生まれ、早死にしていることが報告されている。二〇〇〇年五月には、パリ近郊のジュイ＝アン＝ジョザスにあるフランス国立農学研究所の研究者から、彼らが実現したクローン牛一〇頭中九頭に多くの発育障害が見られることが報告されている。[2]

最後に、クローンの年齢、その細胞年齢は、外見上の年齢、つまり生まれたばかりの赤ちゃんが死に至るまでの生命周期の年齢とは違うようである――いずれにしても多くの生物学者がそう指摘している――。クローンの年齢は核の除去された卵子に植え付けられた体細胞の実年齢らしいのである。この「被造物」の染色体はもっと年長の動物に見られる構造の変化を示している。万能性をもたされた体細胞――生殖細胞ではなかった――の老化の痕跡を消さないままで、この被造物は生まれた。一九九七年七月三日付『ル・モンド』紙がつけたタイトルのように、ドリーは「子羊の身体の中の年老いた雌羊」なのである。第二の老化と言える、ドリーの老化はドリーの母親の老化に加算されると考えられる。したがって、ドリーをクローン化するのであれば、そこから生まれてくる個体には二つの老化が重なり、クローン化のたびに老化が重なっていくことになる。時間の効果を遮るには、理想的には、つねにより若い個体をクローン化しなければならないということになる。少なくとも、この時間を消すという幻想に対しては、自然の法則はいずれにしても敢然と抵抗している。

ヒト・クローン産生という考えにはどんな幻想が関与しているのか

実際、すでに述べたいくつもの「幻想」（この言葉には、いわゆる精神分析的な含意ではなく、むしろ私たち人間の生命に関する個々人のものでありかつ集団を結束させる夢の数々という意味を付与している）がヒト・クローン個体産生の領域において呼び出され引き合いに出され絡み合っている。それらをリストアップして、人間を対象にしかも大規模にクローン産生が実施された場合に浮上する諸問題を明らかにしてみよう。

一人の個別の人間の不死の夢が第一に挙げられる。それはまた人々の心を最も捉えたもので、この肉体が死んでも、この世に再び姿を現したいという夢である。いくつかの宗教で今なお信じられている復活や化身（輪廻ではない）の考えは自我同一性にいくつかの本質的問題を提起せずにはおかない。この世によみがえる際に、肉体をまとって戻ってくるとすれば、それはどのような肉体か。壮年時代の三〇代の肉体か、それとも老いた肉体か。私が死んだ年齢か、別の年齢か。そして一つの肉体と結びつけられて、私の同一性をつくっていたこの何か無形のものが別のものに移植されて再来するとすれば、想像するのも不快な生き物のかたちでのこともありうるのだ。

ヒト・クローン産生の考えは、こうした不確定要素のうちの肉体に関するものは少なくとも消去ってくれる。自らの死よりもずっと前に細胞を保存しておくことができ、それが正しく再活性化されれば、見かけ上は同じもう一人の自分自身を生むはずだからである。しかし、もう一人の自分自身とは何か。同一性はどこにあるのか。肉体的な外見にか、遺伝的決定要因においてか、それとも自らが生きた経験、記憶、情動においてか。細胞の年齢の問題とは別に（クローンが十分長生きできるためには、若いうちに再生すべき細胞を採取した方がよい）、この世界にやってくる個人は自律した個人であり、自らの固有の人生を生きることは明らかである。ヒト・クローン産生においては、人格、地位、想像力、創造的力が移転されることはありえない。その意味で、クローン産生は明らかに期待はずれである。不死の夢は細胞ではなく、人格の不死だからである。

ここではついでに、一見奇妙だが実は重要なことを示す些事を記しておこう。生き延びたいという欲望を口にして、クローン技術によってそうできると考えて（不妊対策の場合とは異なる欲望）喜ぶ誰もが、自分の生存中には実行しようとはせず、言い換えれば、分身としての同一性や自分の生き写しであるようなもう一人との競合を考えようとはしないことである。

制度的に認められたヒト・クローン産生の可能性は、第二に選別、均質性、そして全体主義の幻想を誘う。一部の人だけが自らを再生産し生存を享受することを許され、その他の人はこのような観点で前者に奉仕するためだけにクローン化（再生産）されうるような社会において、生命にいかなる意味を付与すべきか。あるいは、あらゆる人が遺伝的にも外見上も似ているいくつかの血統で構成された均質的な社会で、生命にいかなる意味を付与すべきだろうか。

選別の幻想は優生主義思想へ向かうが――出生前診断が行われていれば生まれてこなかったであろうすべての人々、精神病者や深刻な遺伝病の患者といった障害をもって生きていくすべての人々が再生産から排除されるであろう――、またより根本的に、肌の色、ジェンダー、政治的・知的・経済的地位といった別の性質に属する基準による選別への脅迫観念に向かう。一定の社会的規則に沿って優秀と見なされた人々だけが、自由に人生を生きる諸特権を得て、自らを再生産する権利をもつことになるだろう。それは全体主義イデオロギーを思い起こさせる陰鬱な展望であり、そうしたイデオロギーはこの技術の利用の中に残虐なユートピア実現の温床を見出しうるのである。さらには、判断力を欠いているように見える人々をクローン化して、支配者に奉仕させ、支配者側は通常の生殖によって子どもをつくる特権をもつというようなケースも考えられる。この二つの可能性のさまざまな組み合わせを想像することさえも可能である。

もちろんこれは空想科学の領域のことだが、とくに二十世紀における私たちの経験からすれば、この種の用い方もありうると思えるのである。このうちのどれ一つありえないことではなく、その実現を容易にするような技術は何であれ、こうした目的のために用いられる可能性があることは、ナチスのイデオロギー、アーリア人再生産のための施設[*2]、ユダヤ人やロマ（ジプシー）の排斥、さらにまた精神病者の排斥、あるいはスウェーデンにおける精神病者への不妊処置計画[*3]を参照すればよくわかる。

〈他者〉の問題

不死の夢、全体主義の幻想に続いて、ヒト・クローン産生の考えが引き起こさずにはいない考察の第三の軸は、大文字の絶対的な〈他者〉というあまねく存在する問題である。実際、他者性なしで可能な同一性は存在しない。クローンさえもが元の個体との関係から見れば他者である。しかし、差異、他者性はここでは、それが同一の生物学的定義を伴った同一のジェンダーの中にあるために、取るに足りないものと感じられる。ところがクローン産生は、少なくともある意味では、大文字の〈他者〉、すなわち他方のジェンダーに属する人間への必然的な準拠を消滅させてしまう。

この点については、そこから生じると予想されるいくつもの影響が相互に絡んでいるのが見える。私には少なくともそのうちの四つが見える。

一つ目は、制度として定着した、あるいは自然な生殖と競合するヒト・クローン産生は、姻族になりうる集団間の争いの終焉を示すということである。つまり姻族がもはやなくなるのである。というのも、共通の祖先をもつ集団がもはや存在しなくなれば、そうした集団間の婚姻ももはやなくなるからである。そうなれば、真の人類学的な問題を提起せずにはいないであろう。

人類の起源において支配的であった状況に戻るかもしれない。すなわち、自らの恐怖と自らの同一性に閉じこもり、集団内の人々だけの間で再生産されていたいくつかの血縁集団が対立しながら共存していた状況であり、近親婚（インセスト）の禁止と外婚の掟が、婚姻連帯による集団間の交換を義務づけ、それによって平和と協力関係と社会とが同時に成立する以前の状況である。ただしその場合、こうしたクローンの血統は、同性でしかも類似した人々に限られるので、それぞれが特殊な特徴をそなえた血縁集団を形成することになるだろう。しかし、私たちの祖先の間で支配的だった状況との本質的な違いは、別の性質によるものである。つまり、私たちの祖先は、生物学的制約があるために、連帯と新し

＊訳注2　千年続くとされたナチス帝国のエリートとなるべき純粋なアーリア人の再生産を目指したレーベンスボルン（命の泉）計画に基づき、一九三六年以降、ドイツ国内各地に一〇施設が、戦争勃発後はナチス占領下のノルウェーなどにも十余数の施設が設置され、これらの施設で生まれた子どもの数は二万人前後に上るとされる。

3　一九三四年の断種法により精神病者、知的障害者の不妊手術が合法化。一九七五年の法改正で本人の明確な同意なしには不妊手術ができなくなった。

い生命とをもたらす者としての女性を一つの集団から別の集団に移動させることによって、血縁の仲間内に永続的にとどまるという致命的な状況を避けるための打開策を見つけることができた。社会的絆を再建するために、一つのクローン血統からもう一つ別のクローン血統へと流通させることのできる、女性に代わる交換貨幣は何でありうるだろうか。即座に予想できる答えはない。

他者性に関係した問題の二つ目は精神分析学的なものである。父と母という二重の準拠がもはやなくなり、たった一つの準拠しかない世界で、つまり各人にとって、精神分析学的に言えば、父のか母のしかないとすれば、子どもの人格形成はどうなるだろうか。今日私たちが考えているようなエディプス的構造はもはや問題とはならないだろう。クローン技術が生み出す生き物は、再生産がクローン技術のみによって行われる社会においても「子ども」と呼ばれ続けるだろうが、何に基づいてその人格は形成されるのだろうか。予想することはできないが、毎日の生活で男女の差異がもはや考慮されない絶対的な均質化によるのか、逆に、クローン技術による再生産の開始時点で、集団的に、そしておそらく敵対的なやり方で、〈他者〉のイメージが再び導入されて、各々の性に属する生き方や考え方に応じた、各々の性にそれらが「たたき込まれた」という意味だが、絶対的な差異化によってなされるのかもしれない。これは、男女がクローン技術によって再生産する権利を平等にもつ社会の場合を想定してのことである。しかしそれだけが予想できる状況だろうか。

ユニセックスのユートピア

ここから私たちは他者性に関係した三つ目の考察テーマ、ユートピアに導かれるが、フェミニズム・ユートピアと男性ユートピアの場合がある。

ヒト・クローン産生のフェミニズム・ユートピアでは、もちろん絶対的な場合を言っているのだが、女性の生体から採取された細胞が授精の役割を果たすので、男性はもはや必要ない。したがって、男性がいなくても一見持続可能な社会が形成されるには、女性だけで調達できる体細胞、除核卵子、胚を育てる子宮の三つ揃えがあれば、十分である。血統の多様化と刷新への配慮から、用心のために十分な量の男性配偶子を保存することも考えられる。だが、それは持続可能な社会だろうか。前述の遺伝的理由から、すでにそれは疑わしい。さらに一般的に、他者性の不在が提起する根本的問題からもそう言える。女性だけの異なる多数の血統を基盤にしたこの種の社会は、その結果不可避的に、さまざまな可能な基準に沿ってその内部での急速な多様化をもたらすことになるだろうが、それが平等社会でないことはまず間違いないだろう。

とはいえ、そこまでに至る道のりは長いことを指摘しておこう。確かに、一回の射精で膨大な数の卵子を授精させられることは知られている。非配偶者間人工授精が提供するそうした可能性も、今日の社会でフェミニズム・ユートピアを発展させ、実現させるには、十分ではなかったようである。ヒト卵子精子研究保存センターは、遺伝学的には根拠のない理由から、同一の精液からの授精回数を四回に制限したことを指摘しておこう。そこからもわかるように、実在の男性がいなくても成り立つような女性社会の幻想はあるにしても、社会的な障壁は厚い。

これに対応する、再生産において女性を必要としないような男性ユートピアには、すでに見たように、その実現にはいくつかの問題点がある。複数の女性が、それも多数の女性が必要になるからである。一人の女性がもつ潜在的卵子の数は四〇万個だが、それらを一気に排卵させることにはまだ成功しておらず、生涯で排卵するのはせいぜい五〇〇個ぐらいである。さらに、胎児を育てる子宮が必要である（しかし子宮については、牛や豚の子宮の可能性も考えられている）。絶対的男性ユートピアの枠組みでは、フェミニズム・ユートピア（男性消滅を予想することも可能）とは違い、女性の消滅ではなく、女性の完全な隷従に行き着く。その場合、女性はもはや卵子の提供者や胎児を育てる子宮の提供者でしかない。現実には男性に限定されたクローン産生は、女性的なものへの大いなる恐怖を伴うが、女性の完全な道具化により、この別の自分自身を宿し育てる必要が相変わらずない男性にとっては、まったく得な話であろう。

こうした途方もない夢、こうしたイメージ、こうした幻想は存在し、新聞や雑誌も取り上げている。そしてそれは、人間の条件の諸制約から逃れようとする昔からの夢であり、人類学的に言えば、普通のことである。しかし、他者性の基盤がまさに男性的なものと女性的なものの対立であるとすれば、それを完全に消してしまうのは、不可能ではないにしても、特別に困難である。クローン産生は、新たな社会形態を発明することによって、私たちがこの対立を消してしまうことを、制度的には、可能にしているにしても、論理的かつ数学的に言えば、次の三形態においてでしかありえない。まず女性単独型で、可能ではあるが、男性の消滅に伴い、別のかたちの権力や階層化をつくり出す。次いで、男性支配型で、男性の再生産への単なる奉仕のための女性の完全な隷属を伴う（しかし、隷属していても、女性の血統の存続が不可欠なので、二つの別個の血統の承認が、一方が他方の絶対的命令に従うにしても、前提となる）。最後に、二種類の血統の、平和的あるいは敵対的共存型であるが、そこではしかしながら、男性の血統が自分たちの再生産のために、自立的な女性の血統とは別の、隷属する女性の血統を思い通りに利用するというものである。これらの形態の各々から生まれる社会のプロジェクトは当然ながらこれから打ち立てられるべきものである。

以上の三つの形態のユートピアにおいては、それらが存続するには、当然ながら、自然的生殖が禁止されることになる。もちろん、あらゆる種類の社会的混合方式が考えられ、すべての人もしくは何人かにクローン産生と自然的生殖の二つが許される可能性から——その場合一方の方式が優位を占めるか、そうではないということもあるが——、均質的すぎる人口の遺伝子配合を多様化させるために限って男女の自然な結合が認められる可能性まで、さまざまだろう。

そこにはクローン産生によって他者性が消されることによる四つ目の問題点、四つ目の予想される影響があることがわかると思うが、ここではそれについては考慮しないできた。すなわち、男女間のあらゆる次元の衝動、欲望、快楽、愛、感情、情動に触れるものである。別のかたちの情愛を築き上げる必要があるだろう。

個人の不死の幻想と集団的全体主義的選別の幻想はすでに見た。残る問題として、世代と親子関係の問題を取り上げることにしよう。

世代、親子関係、性別化

通常の生殖では、親は、言うまでもないことだが自分の生存中に、子どもをもうけて産むが、それは「世代」と呼ばれる期間内に行われ、一世代は平均しておよそ二五年から三五年の間である。クローン産生は、次の二つの極端なケースを通して、この図式におそらくいくつかの修正をもたらす可能性がある。親の死後に行われるケースと、細胞の老化を避けるために、ますます若いうちに、たとえば二歳の子どもの細胞を用いて行われるケースである。

第一のケースでは、そのようにして生まれたクローン人間の養育問題が生じる。誰が彼らの教育を担い知識を伝達し、愛情を注ぐのか。私たちは、大昔、プラトンのユートピア国家において提起された諸問題に再び出会うことになる。

第二のケースでは、寿命の伸びを考えると、瞬く間に人口過剰な状態に達して、再び人々の再生産の権利について判断を下す必要が生じる。またしても全体主義国家の記憶がよみがえる。それに、同一の場所に、同一の時代に、似通ってはいても別の人格をもちながら、相互の身分（父／息子か、兄弟か）や世代関係が消去された人々が同一の血統集団において共存するという問題が起きる。

しかも親子関係の概念は結局どうなるのか。クローン産生により、家族の定義が変わることは、〈他者〉の問題を取り上げたところで、すでに見た通りである。母を中心とするか父を中心とする家族であることは確かだが、とりわけ女性だけのあるいは男性だけの家族となる。異性がまったく不在の中での人格形成は、今日そうであるものとは必然的に異なるだろうし、家族生活は私たちが知るものとはまったく違った様相を示すだろう。

　親子関係そのものについては、プラトンの国家がもっぱら社会的な観点からのそれへの解決策であったように、クローン産生は、生物学的領域における解決策であり、親子関係の新たなかたちを発明することを可能にする。この解決策が男女による生殖という概念を消去するからである。それによって、親子関係は性別と結びつけられることも、親や子どもの性別による位置関係の可能な組み合わせの中から選んだ一つと結びつけられることもなくなる。法が親子関係については明確に判断を示すべきであろう。男性だけの血統と女性だけの血統から構成されたユニセックス集団の共存は、知られているが稀な平行出自のかたちに新たな命を吹き込めるかもしれないことはすでに見た。しかしこれは、男女の項の一方を欠いたクローン産生が、生殖により子どもをつくり産むことに根ざしたいわゆる親子関係の概念に属すると、認めることができればの話である。さらに性別のあるクローンとこのクローンを誕生させたものを結ぶ関係がいかなるものかについて根本的な疑問が残る。つまり、生殖補助医療による出産でも、別のかたちで、同じように見出せる曖昧さである。たとえば、精子を提供したいわゆる生物学的父（ジェニター）の死後に懐胎し生まれた子どもの父は誰なのか、卵子（あるいは胚）を自分の娘か姉妹に提供した場合にその母は誰なのかを、法が明確な判断を下さない限り、この曖昧さはなくならない。あるいはまた二〇〇一年にフランスで話題になった、閉経した女性が自分の兄弟の精子と第三者から提供された卵子を授精させ自分の子宮に移植して産んだ子どものケースや、さらに、右と同じ提供者の卵子を同様に授精させて今度はこの卵子提供者を代理母として雇い報酬を支払い、この代理母から生まれた子どもを先のフランスの女性が養子に迎えたケースでも、誰が子どもの両親なのかは曖昧である。

クローン産生の場合に、本当に親子関係は存在するだろうか。実際、クローンの個体どうしの関係は何なのか。父と息子か、兄弟か。母と娘か、姉妹か。除核卵子は本来の遺伝的形質を伝えないという理由で、その卵子を提供する個体は親子関係から除くとして、代理母の身分はどうか。同じ理由から、この代理母も除くことができるとしても、それが一人の女性であれば、胎内で育てた期間や出産の肉体的、感覚的そして情動的な影響という事実を考慮しないわけにはいかない。こうしたさまざまな人々の間に、とりわけ同一の血統のクローン人間のそれぞれの年齢に応じて、いかなるタイプの関係を構築すべきなのか。親族の間での婚姻関係の概念が消えていくのとまったく同様に、親子関係の概念、少なくとも現在用いられている意味でのこの概念は、クローン技術だけによる人間の再生産を制度化するか、もしくはこの技術に生殖と同じ価値を付与する世界では、この概念が単に性別と生殖を前提にしているというだけの理由で、徐々に私たちの表象領域から消えていくだろう。

クローン技術によるヒトの産生は、それが開く可能性が不確かな冒険的なものであるだけに、こうした人間社会の本質的な特徴の永続性に関していくつもの問いを提起することがわかる。実際、一つの本質的な問題群、それを私は仲間内の問題群と呼びたいが、糸のように垂れ下がったままの未解決の問いを束ねるこの問題群の外に出ることは難しいように思える。

仲間内という大いなる夢

人類一般、そして個々のさまざまな文化は、いつの時代も同じジレンマ、どうしたら〈他者〉なしで生きられるだろうかというジレンマ（とくに、再生産に必要な道具としての女性なしでどうするかという男性のジレンマ）に陥ってきた。仲間内にとどまる夢は、すでに見たように、二つのかたちをとる。血縁の仲間内と、男性だけ、女性だけからなるジェンダーの仲間内である。クローン技術は、確かに、この夢に応えてくれる。

このような仲間内は、平和と安全の理想的な場として想像される。それはしかし偽りの場である。血縁の仲間内の夢は、普遍的に認められる規範である近親婚（インセスト）の禁止と外婚を通して持続可能な社会を築くために、婚姻関係を結ぶことによって、断たれなければならなかった。

けれども私たち人間は、家畜には近親交配を認めている。そのようにして飼育した家畜から利益を得るために、私たちにとって有利な結果を得るために、それを利用しているからである。

近代における同性の仲間内の夢の台頭も、事情は同じで、それが社会的に男性の間で多く実現したことは知られている（たとえば多くの社会で見られる若衆宿、西洋における兵舎、それ以外の男性ばかりが集う場所）。そして今、クローン産生という万能の技術のおかげで、この夢をさらに先へと推し進めることもできたかもしれないが、為政者のいわば直感的な良識が即座に、人間社会の始まりにおいて近親婚（インセスト）を禁止しなければならなかったのと同じ方向に働いた。クローン技術は、諸国家の決定により、人間には禁止されたのである。この技術は、人間に役立てるためにのみ、遺伝子組み換えの行われた個体の動物の再生産において用いられ続けるだろう。

今日、先進国の為政者は、動物性を抜け出そうとしていた私たちの遠い祖先が近親婚（インセスト）の禁止を必要としたのと同様に、〈他者〉（ジェンダーによるか、血縁によるかはさておき）の承認による社会的紐帯を構築する必要を当然ながら理解し、人間に対してクローン技術を用いることを禁止したのである。

この決定を正当化するための説明は、ヒト・クローン産生の実施は個々の人間の尊厳を侵害するからだというものである。個々の人間の尊厳が、人間が生殖によって生まれること、つまり二人の人間から生まれ、独自の遺伝的、そして社会的特性をその都度その人間の中につくり上げるいくつもの血統から生まれることにある、という意味であれば、それはその通りである。しかし、尊厳の概念にこのような意味が与えられられているかどうかは確かではない。この説明では、尊厳の侵害は、明らかに、いくつかの明確な目的に応えるために生まれさせられるこの潜在的な人間の道具化に起因しており、また代理母や卵子提供者の同じように明らかな道具化に起因している。この道具化の問題が重要なことを否定するつもりはいささかもないし、今日私たちにもそれについての倫理的な懸念はあるが、他の集団を承認し、そうした集団との間で婚姻関係を結ぶことによって、社会が開かれ、存続できるようにするために、近親婚（インセスト）を禁止した古代の歴史と比較してみると、ヒト・クローン産生に関する今回の決定は以下のことを暗黙に認めているように私には思える。すなわち、クローン産生によるジェンダーの仲間内が勝利すれば、太古に獲得された社会的なものの基盤そのもの、すなわち他者性――それをまず表しているのが男女からなる集団である――を一気に削除することになる。クローン産生の禁止は、他者性が社会的紐帯に必要であり、それを育てる土壌であることを暗黙に認めている――暗黙というのは、このような人類学の公式は諸政府の意識をよぎることは決してなかったからである。

拘束するもの

想像力によるのでもなければ、動物の種の大半と同じく、人間に課せられた有性生殖の拘束から抜け出すのは、確かに難しい。なぜか。数の限られた潜在的に可能な一定の条件を満たす対象の組み合わせをもとに発明されたあらゆる社会制度の根底には、まさにこうした制約そのもの――切れ目のない世代の連鎖の中で新たに男女を生み出すためには男女の個体の結合が必要なこと――があるからだ。新しい生殖方法（顕微授精、体外受精・胚移植）はそれぞれの社会に応じた男女の関係がもつ現実の性質にうまく順応してそれを受け入れている。というのもそうした方法は、個々の状況はつねに驚くべきもので創造性に富むとはいえ、男女による生殖の制度に組み込まれているからである。それらの技術は確かに、生理的必然性のいくつかから逃れたいという太古以来の幻想的な欲望に不完全にしろ、一つの答えをもたらしてくれる。しかしそれらは男女の関係に手を加えることも、変えることもない。

それに反して、ヒト・クローン産生の場合には、想像の中で、私たちは何でもできて、両性の生殖における相補性という黄金律にまでも及ぶように見える。しかし、男女の関係を破壊することが、消滅させることが、それを変化させることなのか。望ましいことなのか。そこには、おそらく支配の諸条件を変えるにすぎないか、悪化させるかもしれない危険がある。

技術的には、私たちはおそらく今日、種の再生産革命をもたらす可能性を手にすることができる。その場合に提起される諸問題は、根本的に厄介なものだが、肯定的な答えは見つからない。というのも、この革命に至るには、思い切った手段が用いられなければならず、全体主義的理想に支配されているから、社会的にも耐えられないに違いない。前述の男性ユートピアかフェミニズム・ユートピアのどちらか一方によって構築されるような社会のタイプは人類に、今日思いもつかない、想像もできない新たなプロジェクトを、新たな様相を、新たな幸福を本当にもたらすだろうか。

次のように問うことができる。単刀直入に言って、私たちは二つのジェンダーの一方の消滅か、それとも別々の性別集団からなる人類と向き合うことになるのだろうか。前者の場合、性とは別の基準（クローン産生の先行順、肌の色、知性、環境への適応性、背丈、体力等）による序列が再構成されることになる。絶対的無差別は持続する社会を生まないことを認めるならば、このような序列の再構成は避けられない。後者の場合、女性は完全に道具化されて、男性の再生産に必要な配偶子と生殖器の提供者としてのみ、その存在が認められることになる。この道具化によって、道理には反するが、男性的なものの絶対的支配が是認されることになる。このような変化が人類にとって胸をときめかせる前途であるかどうかは疑わしい。

第2章 避妊　男性的なものと女性的なものという二つのカテゴリーの新たな関係に向けて†

二十世紀の西洋諸国における法律に基づく避妊の導入は、男性支配の重圧を押しのける手段を女性に与えた。というのも、私の分析を理解してもらえばわかるように、避妊は、男性支配が根拠を置き、それがかたちとして現れているまさにその点に働きかけるからである。その点とは、言い換えれば、男性自らの再生産のために、夫であるにしても父や兄弟であるにしても、彼らの思うがままに支配してきた女性の生殖可能な期間である。

確かに問題は、避妊への公式の公然たる姿勢と知的対応が同じようにそして同じ速さで変化していくかどうか、そしてまたさらに根本的には、避妊をはじめとする性行動一般におけるこの革命が、本

† 一九九八年一〇月コレージュ・ド・フランスにおけるシンポジウム「避妊：強制か自由か」の講演テキスト（一九九九年に出版）に基づく（Étienne-Émile Beaulieu et al., 1999 参照）。

書で私が説明してきたような、太古に生成された男女の関係の表象に実際に直接的に影響を及ぼしうるかどうかにかかっている。

この点について、私が、新しい生殖方式には認めなかった世論を動かす力や効果を避妊の新たな技術には認めている、と思われるかもしれない。しかしそうではまったくない。女性解放運動の端緒となったのは、効果的な避妊器具（ペッサリー、子宮内避妊具）や化学薬品（次々と世代を新しくする経口避妊薬）の製造という技術的なことではない。女性たちは世界のいたるところで新しい技術を隠れてこっそり使用し続けることもありえたかもしれない。かつて昔ながらの方法を用いていたときのように。多くの伝統的社会でも、特定の果物や野菜の汁を浸したスポンジや草や布でつくったタンポンといった、ペッサリーのようなものを作ることは知っていた。しかし、こうした手段は、ほとんどの場合、相手の男性に知られずに用いられており、効果もさほどなかった上に、男性の性的欲望と自分の息子が欲しいという欲望に支配された彼女たちの従属状況には何の影響ももたらさなかった。妊娠をコントロールし、少なくともその間隔をあけ、時にはもはや妊娠することさえやめにしたいという願望は、つねに確かに女性たちの心の中にあった。彼女たちの命とりにもなりかねない最後の手段である妊娠中絶の願望については言うまでもないことである。

したがって、避妊が支配の場そのものに適用されるという核心的事実はもちろんのこと、重要なのは、女性が使用できる新しい避妊法が生まれたことよりも、むしろいくつもの要因の組み合わせである。まずは妊娠プロセスやそれに関連した配偶子やホルモンに関する明確な科学的知識が挙げられる。次いで、女性の健康や、妊娠中絶の試みで被る死や不妊の危険、適度な間隔をあけることによる出産条件の改善等のさまざまな理由で必要となった出産調整が人々の頭の中で許容されたこと、最後にそしてとりわけ、それが公式に引き継がれ法的に認められたことである。人間による生殖の制御という革新にしても子宮内避妊具やピルといった、ようやく効果的になったさまざまな方法にしても、それらが制度として定着したこと、そしてこの妊娠能力の管理が女性に委ねられたこと、この二つがあってはじめて、女性は、慣習にとどまらず一般に認められている表象をも揺るがす力を得たのである。

本章では、避妊革命と関連して、今日の西洋社会においてこの四〇年間を通して男女の関係に現れた変化の兆しを追うことよりも、男性支配のパラダイムの中心で起こりうる諸変化を明らかにすることに重点を置く。また現実の事象よりは、男性的なものと女性的なものというこの二つのカテゴリーの新たな関係へ向けて、人々の頭の中で、表象体系の中で何が起きているのかを問題にしたい。

世界の状況

今日では、先進国における生殖年齢にあるカップルの一〇〇パーセント近くが出産調整をしている。こうしたカップルの五〇パーセントが現代的避妊法を用いており、フランスではとくにピルと子宮内避妊具が用いられている。不妊手術はインドや韓国に限らず、アメリカも含めて、広く容認されている。ただし不妊手術のほとんどは女性の不妊手術である。

エティエンヌ＝エミール・ボーリウ〔一九二六－、中絶ピルＲＵ４８６の開発によって世界的に著名な医師・生化学者〕は、世界中で一九五〇年以降、一人の女性が産む子どもの数の著しい低下を指摘している。ところが、ヨーロッパでは二億五〇〇〇万人の女性のうち半数近い一億二〇〇〇万人が今でも避妊法を有効に利用できないでいる。[1] こうした女性たちが避妊の手段を得たときには、どうなるだろうか。避妊法については、女性の側だけで行われるものが七六パーセントに上り（避妊手術三六パーセント、子宮内避妊具二五パーセント、残りがホルモン剤による避妊）、九パーセントが男性による避妊（ほとんどが避妊手術）、一六パーセントがカップルによるもので――パートナー相互の自覚した積極的な行為が必要であろうという意味でカップルによるというのだが――コンドームの使用（六パーセント）やいわゆる「伝統的」方法（膣外射精、オギノ式等で一〇パーセント）である。

人々に与えるインパクトを考え、ここでは、エゴン・ディファリュシ〔一九二〇－、スウェーデンのカロリンスカ医科大学名誉教授。著書に『避妊革命』他〕の絶対数を用いる。[2] 避妊法の利用者五億六六〇〇万人中、四億二八〇〇万人が女性で、外科的方法（二億七〇〇〇万人）、ホルモン剤の使用（九六〇〇万人）、子宮内避妊具の常備装着（一億二五〇〇万人）といった女性用避妊法を利用している。男性のパイプカットは女性の卵管結紮術の九分の二（四七〇〇万人の男性）にすぎず、あらゆる避妊法を含めてみると、男性による避妊は、女性による避妊の一〇分の一である。さらに九二〇〇万人が、コンドーム（三五〇〇万人）か「伝統的」方法（五七〇〇万人）を用いている。この二つの避妊法は、すでに述べたように、少なくとも「先進的」とされる社会では、男性だけによるものではなくカップルによるものと考えられるが、しかしながらその通りかどうかは立証が必要かもしれない。

避妊法の現状

長期的な副作用のない、非ホルモン系または常時器具を装着せずにすむ、殺精子剤、排卵抑制剤、抗ヒト絨毛性ゴナドトロピン anti-hCG などを用いた新しい避妊法についての研究は今のところほとんど行われていない。緊急避妊法は、ワクチンと同様に、まだ見通しが立たない状況にあるようだ。[*1] このテーマは、政治的には、もはやあまり将来性がないように見える。この分野の研究予算は少なく、専門の研究者の数も限られ、おそらく意欲も乏しく、新薬開発のためのコストは高い。おまけに、フランスでは、適切な避妊教育も行われていない。

プラニング・ファミリアル[*2]は、思春期の少女が心理的にもまた実際面でも避妊するのが難しいことを指摘する。[3] より一般的に言えば、母親は多くの場合、娘の避妊について語ることに、娘の性行動についても同様だが、ためらいがちである。[4] また妊娠中絶は例外であるべきだが、それに頼る件数は相

＊訳注1　一九九九年六月、フランスでは緊急避妊ピル Norlevo が商品化。二〇〇〇年一二月に緊急避妊に関する法律が制定され、翌年以降、中学、高校の専属看護師による無料の処方が可能。しかし、中絶・避妊センター全国協会によれば、現場での未成年へのいわゆる「翌日ピル」配付への抵抗は強く、緊急避妊が日常的に実践されているとは言いがたいという。

2　中絶と避妊を禁止していた一九二〇年法の廃止を求めて、一九五六年に「幸福な母性協会」の名で設立、一九六〇年に改称。セクシュアリティに関わるすべての問題に取り組む運動団体である。

変わらず異常に多い。すなわち、フランスでは年間二〇万件の妊娠中絶があり、年間実施率は女性一〇〇〇人に対して十五人で、その他ヨーロッパ諸国と比較して平均的な水準にある。[5]

結局のところ、熟慮の上の出産調整は大部分が女性の手に委ねられているが、それは外科的な方法にしても、ホルモン剤を用いるにしても、負担がかかり、時にはもはや妊娠可能な状態に戻れなくしたり、時には長期にわたる厳しい制約や必ずしも有害でなくとも不快な副作用がある。この避妊革命は、始まってから四〇年が経つが、目覚ましく絶え間なく普及し、社会学的、心理学的、経済的、政治的な注目すべき影響をもたらした――女性用経口避妊薬の開発は、いわば女性の自由と尊厳のために最も大きな貢献をした医学的発明だったのである。自由と尊厳というこの二つの言葉は現状を表すのに見事なまでに適した言葉である。いずれにしてもこの概念的、政治的、医学的、技術的「革命」がこれほど急速に先進国のあらゆる分野の女性に受け入れられたということは、女性たちの要求に心底、応えるものであったと考えなければならない。しかしながらこれら先進諸国では、今では自由に避妊できる第二世代の女性やそれに続く世代が、それ以前の状況も解放のための闘いもその喜びも経験していないために、ピルの服用やその他の自由に利用できる避妊法（女性用コンドーム、避妊インプラント、膣リング、週一回の避妊パッチ、月一回の注射法、殺精子剤、避妊ワクチン等）[6]を、自由の手段というよりも日常生活における制約と見なす傾向があることも事実である。第一世代の女性たちに関しては、一九九八年一一月六・七日に、ＩＰＳＯＳ〔フランスの世論調査機関〕がペサック国際歴史映画祭、『ル・モンド』紙、国営テレビ・フランス３のために実施した二十世紀の注目すべき出来事についての世論調査が示しているように、生活様式に最も大きな変化をもたらした分野は何かという質問に、彼女たちは、携帯電話やパソコンをはるかに引き離して、経口避妊薬を最上位に挙げている。[7]

妊娠を調節し子どもの数をコントロールする手段は単に女性たちの手に届くだけでなく、女性たちの専用になっている、と当然ながら考えることができる。それは、世界で経済的に最も発展した地域、女性に教育や職業的平等が最も与えられている地域（避妊手段を得ることと相関関係にあるのかどうかを問いかけておく）、さらに、女性が宗教やイデオロギーの圧力に最も屈していない地域、これら三つの基準が必ずしも重なり合うことはないにしても、そうした地域に限れば、その通りである。世界の大部分ではまだそうではない。人類における革命だと言えるためには、女性によるこの妊娠のコントロールが、イスラム圏一般のような、もちろんそこに限らずそれ以外のところでも、そんなことはまだ考えることもできない世界の地域にまで及ぶのを待たなければならない。それでも女性の条件は、西洋社会ではこの半世紀に法的にも風俗習慣の面でも著しく変化し、男女関係に多くの目覚ましい変化をもたらした。本章で提起している本質的な問いは、この変化の中で、女性たちによる妊娠の管理はいかなる位置を占めているのかというものである。

二つ目の問いは、避妊手段を用いる自由を女性に与えたのは、あらゆるレベルの政治権力、それを握っているのはとりわけ男性たちであることに誰もが同意するだろうが、この政治権力側に見込み違いがあったのか、というものである。女性たちがこの手段を手にすることで多少とも時間はかかるが真の平等に到達できるようにしようという寛容で思慮深い意思は、避妊技術の発見者たちにはあったかもしれないが、政策決定者たちの頭の中に明確にあったかどうかは疑わしい。繰り返して言っておきたいが、まさに避妊の自由の中に、承認され受け入れられた序列なき性差のただ中で女性たちが平等に到達できる、唯一ではないにしても、主要な手段が見出せるのである。より根本的には、この手段が、女性的なものという概念に、それと対称をなす男性的なものという概念に結びつけられているのと同じ尊厳と価値を付与するであろう。

男女の差異の問題を考える

男女の差異の問題を考えるとはどういうことなのか。まず、あらゆる行為――行動、発言、態度――とそれらの根底にある考えは、社会生活を営む上で明白に説明する必要のない、原初の基本的な思考体系の基盤に従属しているということを言っておきたい。この基盤となる思考は、修辞学で言う暗示的看過法のように、とりたてて言葉にされる必要もなしに機能している。というのも、それは明確に意識のレベルに上ることはないが、誰からも共有されているからである。確かにそれは生まれたときから暗黙のうちに周囲の人々から子どもに伝えられる。観察し、繰り返し目にし耳にしたことから、子どもの中に、真理についての、自らの信念についての、いわば自然に築かれた心地よい確信が生まれるのである。しかしこうした心地よい確信は、それなくしては世の中で生きていけないものであり、時代や出身地にかかわりなく、世界中のすべての人間がこの確信を同じやり方で共有している。誰もが、自らの属する集団の文化の中で表現されたやり方以外には、この世界を考え、築く方法はないと思っている。誰もが、自分たちにとっての世界を考える文化的な方法は物事の本質そのものの観察とその秩序立てによって規定されていると考えており、つまり彼ら自身の考え方を文明の尺度にするのである。そのために誰もが、自らのものとは異なる慣習は未開のもの、さらには野蛮なもの、動物的なものでさえあると見なすのである。

その点では、人々は正しくもあり間違ってもいる。文化の多様性は否定できない事実だが、この多様性の内側に、あるいはそれを超えたところに、あらゆる人間集団にとって同じやり方で生まれる概念装置、現実の世界をその本質的な構成要素に還元して行われる観察から生まれる概念構成がつねに存在している。その結果、ある一つの特定の観察領域においては、理論上可能な概念の組み合わせは一定数に限られ、しかもそのすべてが考えられるというわけではなく、したがってこうした組み合わせのすべてが現実化しているわけではない。というのも、自然の制約があるからで、それによって出現する可能性は限られているからである。

男女の差異はこうした自然的与件の一部をなしており、その観察はあらゆる人間集団に共通の必然的な一つの思考の基盤を出現させることを可能にしている。私は、むしろこの差異の観察とその秩序立てがあらゆる概念化の基礎をなすという前提に立っている。時代や場所によってさまざまな文化的変形を観察できるにしても、男性的なものによる女性的なものの序列的な支配の普遍性を理解することを可能にしているのは、男女の差異の観察と秩序立てなのである。

私はこの自然的与件が何であるかをすでに説明したが[8]——主なものとしては、一つは、目に見える性差、もう一つは、女性がもっている子どもを産むという特権と、その必然的結果として、男性が自分に似た息子を得るには女性の身体を経由しなければならないという事実——、そこから、男性的なもの／女性的なものというカテゴリーのような、同じものを異なるものに対立させる二分法的カテゴリーに根ざした私たちの思考体系と、男性による女性の出産能力の占有――象徴的、文化的、社会的占有――を通して、再生産に関係する仕事の女性へのほとんど例外なしの押しつけと、知と権力という公的領域からの女性の排除とが同時に生じるのであり、二分法的カテゴリーの序列化は言うまでもなく、それによって、男性のしるしを含意するすべての側面の評価は高められ、女性のしるしを含意するすべての側面の評価は貶められるのである。

男性的なものの支配からどのように抜け出すべきか

出産能力が男性的なものの支配の中心の場であるとすれば、女性たちが自らの出産能力を管理するなら、それは、とりもなおさず、女性たちがこの支配の場から抜け出すことになる。それは人類全体にとっての重要な変革を促す手段である。というのも、誰もが同意するように、この変革が人類の一部にしか及ばないのであれば、意味はない。それにそのように変革を一部に限れば、その芽が摘まれてしまうかもしれない。男女の目に見える差異から生まれた同じもの／異なるものの対立はあまりにも根本的なので、それを避けて通ることはできない。しかしこの差異は必然的帰結として、私たちが知っている関係における絶対的に序列化された不平等を伴うわけではない。この不平等は男性による女性の出産能力の占有に密接に関係している。したがって女性は、避妊によって自らの出産能力を管理する力を取り戻せば、それ自体で、社会的ルールに限らず概念上のルールをも変えるのである。

それは二つのやり方で行われる。まずは、女性が対等なパートナーとなることによって、子どもを産むか産まないか、産むとすればいつ、何人産むのか、さらには理想のパートナーについて発言権をもつだけでなく、アリストテレスが生気がなく受け身だと見なしていたこの「質料」に完全なる重要性を取り戻させるのである。確かに、避妊の権利とは、女性たちが性的関係において、とりわけ結婚生活において、避妊手段を用いる権利を合法的にもつことだけを意味していると考えるべきではない。しかしながら何より重要なのは、この権利が法に書き込まれたことなのであって、単に女性たちがこの権利を密かに用いることが技術的に、経済的に可能になったことではない。法による公認は、この領域において女性自らの運命を、一人ではないにしても、少なくともパートナーとの合意の下で、決定する権利と責任とが女性たちに公然と与えられたことを意味する。ところで、個人に法的に認められた特権としてのこの責任とこの権利が、誰かが選んだ夫を拒否できず、誰かが決めた運命に従うことしかできないほどに従属している女性に与えられても、意味はないであろう。自分で配偶者を選べないなら、どうして子どもの数や産む時期を自由に選べるだろうか。避妊の権利は、その行使に伴い、配偶者を自由に選び、時には子どもの頃から取り決められていることもある結婚を拒否し、夫から一方的に離縁された場合には保護され、自分に適さない結婚からは自らの意思で抜け出すことさえもできる権利を女性にもたらすものである。避妊の権利は、こうした可能性を内包するので、男性支配が今なお文化の強固な基盤である国々では考えられないことがわかる。

もちろん、避妊の権利は、それが西洋社会で認められたとき、すでにそこでは、結婚には当事者である女性による同意の必要が認められ、結婚が可能な最低年齢が設けられ、女性に対しては遺棄されたり自ら離婚を求めたりする場合の道義的、財政的権利が与えられていたので、世界の他のいくつかの地域におけるほど顕著には、人としての身分取得の価値を帯びてはいなかった。しかし西洋においてさえも、つねにそれこそが問題なのである。というのも身体という私的領域で生じるはずのことについての決定は、治療を受け、教育を受け、虐待から保護される権利と同じく、人としての基本的権利に属している。この権利が欠けていたのである。したがって、避妊の権利が、右で見たような可能性を内包することに加えて、通常はこうした諸権利を伴うとしても、偶然ではなく、また、すべて揃っている権利が、別の状況ではすべてなくなってしまうとしても、偶然ではない。

女性の避妊の権利を法律に書き込むことは、したがって社会のルールを変えることである。それはまた概念上のルールをも変える。というのも、この権利や前述のそれに付随するすべての権利はカップルの間での言葉と行為における平等――それは女性たちが苦労して獲得したもので、男性パートナーからはほとんど認められてはいないが、法において存在する平等――を前提としているからだ。したがって、精液のプネウマの中にあるとされる「高貴な」価値としての精気と形相に対して、質料にその尊厳を回復させる作用が必ず起きる。こうした概念的な与件の間でのこれまでの序列関係が一気に激変することはありえず、むしろ目立たないがそれとなくこの関係が変化するにつれて、尊厳の回復作用は進んでいくであろうが、この変化を通して、女性たちの権利は明確に承認されていくだろう。避妊の権利のおかげで、女性たちの中に追いやられていた（劣等な）質料はもはや生気がないわけでも受け身でもなくなるのだから。この変化が成就したそのときには、男性には精気、女性には質料という価値の配分は意味がなくなり、まったく通用しなくなると考えられる。

第二に、そうすることによって、女性は確かに尊厳と平等を獲得するが、それに加えて、私たちの表象体系を支配している諸概念の分類体系すべての大転換とまでは言わないが、少なくとも、否定的なものが女性の極に、肯定的なものが男性の極に自動的に結びつけられることのないような、よりよい均衡や新たな配分――それはまさしく平等のしるしとなるだろう――を獲得するのである。男性支配から抜け出すことは、実際、既存の関係を逆転させることではない（その可能性についてのアンケート調査が明らかにしている男性の不安がどのようなものであるにせよ）。既存の関係の逆転は、不平等を再びつくり出すことでしかない。それはまた、女性たちが、すべての女性というわけではないが、自分たちの個人的能力において認められる男性との平等にますます近づこうとする、漸近線的な後追い競争でもない。

重要なのは、私たちの頭の中の諸カテゴリーの、現在における序列化された秩序にバランスを取り戻させることである。実際、女性を従属した家庭内のカテゴリーにしている拘束力のある考え方によって、この秩序がこれまでのように、あらかじめ決定づけられたままであることはもはやありえないであろう。というのも、女性は、出産能力一般やとりわけ息子をつくれる能力のせいで、男性の思い通りに従順で言いなりになるこうしたカテゴリーにされたのだが、まさにこの出産能力の場において男性支配から抜け出る自由が認められたのである。

見込み違い

私はすでに二つ目の問いを提起しておいた。女性たちに避妊の自由を与えたさまざまな政治的権力の側に間違いが、見込み違いがあったのかという問いである。本当を言えば、彼らは考えてもいなかったのである。こう答えてもよい主要な点は、彼らが、女性の出産能力の管理が男性支配を確立する上で何を意味していたかを明確には自覚していなかったということである。というのも、そのための人類学的データを彼らはもっていなかったのである。

女性に避妊の自由を与えることは、このような状況では、妊娠・出産に通常関わっているすべての負担を、相変わらず女性だけに負わせる方法にすぎなかった。確かに考え方としては、女性だけではなくカップル二人に責任をもたせるというものである。このような考え方は公式文書におけるあらゆる表現でも目につく。ごく自然に「女性とカップルの解放」と言われて、もちろん「男性とカップルの解放」などとは言われない。しかし実際にはカップルは飾り文句である。唯一必要な解放は女性の解放だったのである。この分野におけるカップルの自由はこれからまさに構築すべき概念である。二人のパートナーが今日、子どもをつくるにしても避妊するにしても、お互いに一致して行動しているかどうかは確かではない。いくつかのフェミニズム団体は、避妊の積極的な実践がまたしても女性の責任とされていることに過剰に反応して、今後は避妊の責任を男性に負わせたがっている。未来は、この種の、避妊を自由の本質的な手段としてではなく、逆説的に不当な制約として考えるような論理が示している負担の逆転の中にではなく、むしろ合意と責任の分かち合いからなる信頼の上に築かれるべきである。しかし目下のところ、このような相互の全幅の信頼はフランス社会にもまだ存在しない。社会科学高等研究院の社会心理研究所との提携で国立衛生医学研究所が実施した最近の調査からは、たとえば、女性には、男性パートナーを信頼してホルモン系避妊薬の服用をこのパートナーの方に任せることに大きなためらいがあることがわかる。相手が自分にはあまり関係がないことと思い、十分気をつけないのではないかと危惧しているからである[9]。それにここで問題にされているのは、配偶者どうしが子どもを欲しいと思ったり、出産計画を立てようとしたりするときに、根本的に、また必ずしも意見が異なるわけではない場合である。男性ができるだけたくさんの息子を欲しいと考えているような社会では、女性はこうした男性の意向から逃れることはできない。「世界の医療団」によれば、アフリカの女性たちが、夫に内緒で服用できる経口避妊薬を求めるケースが多くなっているという。彼女らに提供されている唯一の避妊手段であるコンドームの場合、男性の協力が必要だが、夫はコンドームどころか出産の間隔をあけることさえ嫌がるのである[10]。

　このように、ある意味では、避妊が女性の手中にあることは女性に新たな力と前進するための手段を保証することなのである。

男性向け避妊の失敗とバイアグラの成功

もしも政治が避妊の自由を女性に与えることを望まなかったのであれば、そしてできる限りうまく出産調整をすることによって、ただ人口を効果的にコントロールしたかったのであれば、最善の方策はおそらく、管理の場として、女性の身体ではなく、むしろ男性の身体を選ぶことだったであろう。しかしそれは夢物語でしかない。

というのは、先に引用した同じ調査によれば、精液の性質や男性生殖器に特有の諸機能と結びついた考え方のせいで、男性の避妊医療は、ほとんどの場合、身体的、社会心理的影響、とりわけアイデンティティに関わる影響を伴い、男性の身体の性的完全性を脅かす行為と見られている。精液が生殖機能を失うと、想像の中では男性性も同時に失われる。女性の避妊では、このようなアイデンティティの否定にはつながらない。女性の場合、アイデンティティの動揺は、生殖能力の中断ではなくその決定的な喪失に結びついており、閉経からくるもので、避妊ではない。男性にとっては、生殖能力の中断は男性性の侵害、象徴的去勢、社会における支配的身分の喪失であり、とりわけ女のようになること、男女間の役割や境界が激変することへの著しい恐怖なのである。調査に回答した一人は、「サッカー選手がロッカーからピルを取り出すことなど想像もできない」と述べている。このイメージは確かに笑いを誘うが、しかしなぜそうなのだろう。女性は、大学教授でもウェートレスでも、自分の都合の良いときに都合の良いところで、ピルを服用する。体力増強のための他の多くの錠剤や注射液はロッカーに入っているのに、避妊用ピルだけが問題になるのであり、私たちの感情的な反応や行動を支配している表象体系全体が要請する自己と他者の視線が問題になるのである。「最終的には、何であっても、男性側の性行為を妨げるべきではないように思える」と別の回答者も述べているように、性行為は授精の可能性と快楽とが混じり合ったものなのである。

したがって、まさに男性支配の論理においては、男性の避妊問題を取り上げることは非常に困難である。この同じ論理の中に、逆に、バイアグラの成功を位置づけることができる。ガリヤン賞[*3]がバイアグラに授与された。[11] いくつかの同じ用途の薬がすぐに市場に出された。日本製のユプリマ、つまりイクセンス〔前者がアメリカ市場での販売名、後者がヨーロッパ市場での販売名〕は有力なライバル商品である。[12] アメリカ国防総省は五〇〇〇万ドル（ほぼ五〇〇〇万ユーロに相当）を一九九八年一〇月にすべての軍人病院から提示された注文全体に照らして、一人一ヵ月あたり六錠の割り当てで、派兵部隊と待機部隊のバイアグラ調達にあてた。一九九八年三月二七日に認可されたバイアグラは六ヵ月間で四〇〇万人のアメリカ人男性に処方され、一九九八年六月二〇日には四億一一〇〇万ドルの売上高に達した。バイアグラを販売する多国籍製薬企業のファイザー社によれば、三〇〇〇万人のアメリカ人男性が一時的または恒常的な「勃起障害」のために、服用している可能性があるという。しかし、米国食品医薬品局によれば、実際に勃起障害のある人は服用者の一五パーセントにすぎず、それ以外は「男の役目をもう果たせなくなった」という考えにとりつかれた四〇歳から六〇歳の男性」からなる神経過敏な集団である。[13] これもアメリ

＊訳注3　フランスの薬学者メールが製薬分野の研究開発を促す目的で一九六九年に創設。

カでのことだが、複数の保険会社が、避妊用ピルの払い戻しは拒否しているが、バイアグラの払い戻しには応じている。カイザー・パーマネンテ社など他のいくつかはそれには反対しているが、その理由として、一ヵ月十錠の保証限度額は一社だけにとっても年間一億ドルになり、エイズの場合の抗レトロウイルス剤の払い戻しに充てられた予算の二倍にあたることを挙げている。最後にもう一つ付け加えると、米国食品医薬品局による一九九八年八月二六日のバイアグラ服用による六九名の死亡例の報告にも、バイアグラの服用者、とりわけインターネットで注文したり、急速に広まった闇市場で入手したりする人々の熱意が冷めることはなかった。

フランスでは販売が認可されて三ヵ月で、一〇万人がバイアグラの処方を受け、その間、一〇人の死亡が報告されている。フランスでもイギリスでも当初からつねに提起されてきた重要な問題は払い戻しの問題である。イギリスでは、一九九九年一月二〇日から、慢性インポテンツの患者だけ（脊髄損傷、糖尿病、多発性硬化症、遺伝的神経疾患）が払い戻しを受けられる〔日本では勃起不全に関する検査・治療費は保険適用を受けていない〕。イギリスの管轄大臣によれば、薬の価格と定期的にその助けを借りたいと希望する人の数を考慮すると、一九九九年に一六八〇万ユーロだった「勃起障害」への国全体の費用は七六〇〇万ユーロ、すなわち国の医療支出の一〇パーセントにまで跳ね上がると推定され[14]、被害リスクに見合った額を超えている。フランスでは、全国倫理諮問委員会が同様に、明らかに病的理由によるインポテンツの場合に一ヵ月につき一定の割当数に限った払い戻しの原則を容認する答申をした。

世界の他の地域でのこの薬の成功も知られている。マレーシアの保健大臣は、マレーシア国民がバイアグラの世界一の消費者であると表明し[15]、日本の厚生大臣は、「男性側の強い要請を口実に、バイアグラの認可に六ヵ月しかかけなかったが、（その一方で）日本の女性たちは、ピルの販売自由化を二五年間待ち続けており[16]」、しかもピルは、女性の尿から出るエストロゲンが水や周囲の環境を汚染し、それによって男性の生殖能力を損なうとして非難されている〔一九九九年九月に低容量ピルの日本国内での販売解禁〕。

本物のインポテンツにしか有用性のないこの薬の流通の速さには驚かざるをえない。この薬については、服用を希望する男性たちの大多数に、快適医療の名の下で、セックスの際の力強さ、持続性、回数における成果を出せるようにすることがねらいであることは誰もが知っている。女性の多くがセックスに求めているのは回数ではなくむしろ心と身体の融合なのだから、そうした成果が女性たちにとって恩恵になるとは思えない。製薬会社の広告では、バイアグラは性行為を改善でき、女性を満足させるという。しかし夫婦関係の外でこの薬を使用する年配男性の妻たちにとっては必ずしもそうではなく、また女性は誰でも、精を出して時間をかけて行うセックスに満足するものだという思い込みは男性の幻想を単に女性にまで広げただけのことである。より一般的には、「性的機能に何らかの欠陥をもつ人々」とか「各人の生活の質に[17]」影響を与えうる薬学的手段とか、男女の区別なく語ることには何がしかの偽善がある。このように中性的に語ることで、バイアグラは男女両方のためになると主張されるが、一方で、いわゆる「快適」医療としてそれが利用されるときは、男性の満足のためだけである。

また女性の更年期の治療とこのいわば男性の更年期の治療とが比較されることもある。しかし、そこに類似性を見るのは間違いである。女性の更年期の治療は、加齢に伴い下降した性的機能を回復させることや、快感の質を元通りにすることを目指しているのではなく、健康への重大な影響、たとえば、骨粗鬆症やいくつかの癌を引き起こす可能性のあるホルモンを原因とする深刻な症状を緩和することが目的である。そもそも更年期治療が薬品の開発ブームを実際に巻き起こすかどうかは確かではない。しかし閉経と同様の障害がないとすれば、バイアグラ開発の当初の意図がこのような障害を避けることだったと言えるだろうか。バイアグラの目的が本当のところ、こうした医学的症例とは別に、通常の加齢の枠内で人体が維持するのに苦労する性欲を満たせるようにすることだとすれば、平等主義を装いながら実はそうではない女性の更年期のホルモン療法との比較は間違いなのであり、社会保障による払い戻しの原則を、快楽の取得の医療化によって、はたして容認できるだろうか。そうなれば、平等主義的イデオロギーの下で社会的特権を隠蔽することになろう。

この薬剤とその使用をめぐる騒ぎは、男性支配の世界において今なお最も重要な価値がどこに置かれているのかをよく示している。私は淡々とそう述べておく。それはただ、平等が最も語られて、政府がそれを政治目標にしている国々でさえも、男性側の主な関心事は男女の平等ではないのだということを、そのことに耳を傾けてくれる人に、指摘するためである。

効果的な技術を伴った避妊の権利は、女性に重要な解放手段を与え、それが梃となり、この権利が与えられたところではどこでも、支配の場から女性が抜け出ることを可能にした。まだこの権利が与えられていない国々では、それに期待されている目的についての間違った判断があるために、当面、女性に与えられるチャンスはほとんどない。そうした国々では実際、女性にこの権利を与えれば、モラルの終焉と男性権力に根を下ろした社会の基盤の崩壊をもたらすと見られている。しかし避妊の権利が与えられた国々においてさえも、とりわけ人々の意識の中にある男性支配の中心観念が強固であるために、こうした観念が明確に表明された政治イデオロギーへと変貌するようなことがあれば、性関係についての包括的な表象体系の抵抗や個々人や政府組織による抵抗にあって、将来、後退が見られる可能性がある。この領域においては、私たちはまだスタート地点に立ったばかりであるし、確実なものは何も得ていないのだから、この権利をもってはいても、時にはその価値を十分に正しく評価していないかもしれない女性たちもそれを行使し続けることができるように、そしてこの権利をまだもつ機会に恵まれていない世界中のすべての女性たち、そうした世界中の最大多数の女性たちに、この権利の行使を広げるために、将来にわたっての監視がぜひとも必要である。

第3章　民主主義は女性を女性として代表すべきだろうか†

私は、このように表現された問いに、ごく自然に「そうとは思わない」と答えがちである。人間が身体的に男女二つのかたちをとるにしても、民主主義が人間社会を管理する政治的方法の一つだとすれば、個人は男性であろうが女性であろうが、お互いに代表し合う資格を平等にもっている。この問いの一言一句がそれ以外の答えを予想させない。

ただし、民主主義の概念はすべての個人にとっての権利と機会の平等の概念を含んでいることも事実である。そのためにフランスの政治代表の領域における著しい不平等を前にして、憲法への男女同数(パリテ)代表の記載の問題が提起されるに至ったのである。

ここで私は、国の議会ではもちろんのこと、新聞雑誌で、主に女性たちの間で――意見の対立はあるが、同じように知識人でフェミニストである――激しく交わされた、たいへん興味深い論争の一部始終を取り上げるつもりはない。[1] この論争は一〇年前に『パリテ・インフォ』という情報誌上で始まったが、この情報誌自体は一九九七年一二月の二〇号を最後に発行者側の意思で廃刊され、短命に終わった。ここでは本書でこれまで述べてきたことと私の立てる主要な問い、すなわちどのような公的行動や政策が男女の既存の序列を解体する助けとなりうるだろうかという問いを手がかりに、いくつかの論拠を取り上げるにとどめたい。

憲法と序列の解体

一九九九年六月二八日のフランス憲法第三条、四条の変更および選挙における男女同数（パリテ）の運用規則を定めた二〇〇〇年六月六日法に基づく法的措置は、避妊に関する法律と同様に——この法律については、私は、それが、すべての女性に対して、身体の自己決定権をもつ人としての尊厳をもたらす個人の地位の公式な承認を意味するものであると述べてきたが——、男女の序列を解体できる波及力のある重要な出来事だと考えられるだろうか。

そう考えられるかもしれない。権力と決定の場において自分が属する性の代表者をわずかしか見出せず、正当に代表されていないと感じている人口の半分を構成する人々に、自由に投票する資格に加えて選ばれる資格をも与えるからである。

しかし、何かがひっかかるのである。というのも、憲法においてまた法律によって、男女間の自然

† 一九九七年四月一日にフランス国立図書館で行われた討論会での報告原稿の改訂。

な本質的な差異のために、一方の性の人では他方の性の人を正しく代表できないことを認めることになるからである。したがって、この憲法上の差異主義は、私たちの祖先のやり方であった感覚でとらえた与件を基にして男女の関係を把握する方法に、法が認める一貫性と真理と力を付与して、それを法的に支持すること以外の何もしていない。この把握方法は、こうした感覚で捉えられた与件を基にして、彼らの観察能力と綿密な解釈能力にふさわしい一連の知的操作によって構築されたものだった。この問題に関する私の見解では、序列と男性による女性の管理は、この目に見える差異の観察とそれがもたらす効果から自ずと派生するのではなく、この差異を象徴的に利用することから知的に派生するのである。それについては理解してもらえたと思う。この象徴的利用の本質的な論理構成の分析を私は試みてきたのである。この見解からすれば、男性と女性が平等に選ばれる資格を性差に基づいて確立することは、長期にわたり代表資格への権利から女性を遠ざけてきたまさにこの象徴的利用の正しさを、この二つは対立しているように見えても、公式に認めることである。

もちろんこの法律はそう宣言しているわけではなく、政治代表の男女同数（パリテ）によって平等を制定しようというのである。しかしこの法律は言葉の罠に囚われている。というのも、民主主義の考え方そのものに内包されている普遍主義が男女のどちらによっても双方を相互に代表する資格において平等であることを前提としているのであれば、性差を平等の根拠にする必要はないからである。

罠が待ち受けている、というのもすべての人々には平等な代表資格があるという民主主義の理念と、民主主義の概念自体を発明した古代ギリシアから今日にいたるまで、男性だけがすべての人々を代表できるとされてきたこれまでの民主主義の実践（と概念）との間に不一致があることは明らかであるからだ。それに、近代の出発点において、女性が代表資格をもつにふさわしいだろうかという問いそのものが考えられうるものだったのか、提起されたのかどうかもわからない。つまり女性は人民の代表者としての地位を取得するにふさわしく、また、その能力があるかどうかだけでなく、もっとずっとありきたりに言えば、まずは私的権利だけでなく、擁護されるべき公的権利をもち、次いで自分たちの言い分を聞いてもらい擁護してもらう権利を別の人々に委任し、さらには公的代表資格を行使するために他の人々から委任されることができると認められていただろうかという問いである。このような三つのレベルで、個人としても、そして政治的権利主体としての哲学的地位からも、女性は排除されてきた。要するに、諸権利をもつ個人としての人間の特徴は男性性に還元でき、それに重ねることができるものであり、すべての代表資格は必然的に、男としてまた家長として、政治社会の成員全体に関わる問題を扱うことのできる男性だけの手のうちにあるべきだと見なす解釈によって、女性は排除されてきた。ところで、民主主義の考え方が発明されて以来、あらゆる種類の論拠や合理化によって女性排除が正当化され、歴史的に女性排除の状況が続き、今もそうであるとすれば、そこからは必然的に唯一の結論しか引き出せない。民主主義、人民、個人、選挙による代表、議会の概念に関する考察そのものの中に――そうした概念が性別のない中性形で表現されるにしろ、あるいはあからさまに男性中心主義的に表現させるにしろ――、まさに、男女の差異の昔ながらの象徴的利用モデルの及ぼす強い影響を見なければならない。私はこのモデルの効果的でいまだに根強く残るその基本的要素のいくつかについての詳細な説明をとくに第一部で試みたが、このモデルが意識においても日常的な現実の具体的諸状況においても、非常に強烈な影響をもたらしていることは、誰も疑いえないだろう。たとえば、政党内で活動したり政治的任務に情熱を傾けようとする十分な数の女性を見つけるのが、そういう男性を見つけるよりも実際難しいのは、女性だけに降りかかる家事やケア労働の重さを考えれば当然だが、それは生まれながらの無能さのせいにされるのである。

　つまり問題は、この暗黙の思考モデルである。したがって、それへの働きかけこそが重要なのである。憲法的手段はそのための正しい手段だろうか。

　避妊に関する法律は、追求目的としてこの効果を提示したわけではないが、女性の性的自己決定権を客観的に認めることによって、権利主体としての人の資格を率直に女性に認めたのだった。私がそう考えているように、太古の時代からこの根本的な資格が女性に認められていなかったとすれば、この法律はこうした無資格が誤りだったことを明らかにするだけでなく、すべての女性にとって今後は男女の関係を別様に受け止める決定的な可能性を開くのである（時間を要するだろうし、国によって進展の速度に違いはあるだろうが）。

　それに反し、憲法への性差の記載（第三条「法律は選挙で選ばれる議員職および公職への男女の平等な就任を促進する」）は人間の平等で普遍的な尊厳については何も述べてはおらず、男女というまぎれもない二つの異なるかたちの下での平等な分割を表明しているだけである。その意味で、憲法改正は前進ではない。私はここでは、「政治的原理に仕立て上げることのできる男女の本質的差異などまったく存在しない」というロベール・バダンテール[*1]の警句を私自身の責任において再度用いたい。[2]というのは、人間性とは個々のすべての人間に区別なしに共通するものだからである。変更前の第三条は、国民主権について、たとえ現実には逸脱があったにしても、不可分のものとして人民に属していると明確に述べていた。国民主権は今では二つに分割されている。

誰が誰を代表するのか

近代民主主義の始まりから、そもそもごまかしがあったのだ。デモス〔人民を表すギリシア語〕は、それがまとうことのできる男女二つの身体のかたちをした人民ではない。というのも、男性だけが、男性のかたちだけが、普遍的なものの基準となっているからである。いったいどんなまやかしの手口でこのような形式的な同一化に行き着いたのか。哲学者、政治学者、そして政治家がこのような人類学的な問いを立ててみるだけの価値はあるだろう。この形式的同一化は、民主主義国家でもそれ以外の国家でも、技術的、経済的に高度に発展した社会でもそれ以外の社会でも、一神教を信じる人民においてもそれ以外の人民においても通用しているのである。しかしこのような問いを立てるためには、本性のせいだという心地の良い自明の理の外に出ることを受け入れなければならない。知的にも実践においてもこの形式的同一化と効果的に闘うには、人類の長い進化の過程を通してその普遍的な結晶化に至らせた原動力を分析しなければならない。この形式的同一化はそれを考えついた誰かの頭からいわば完全武装されて出てきたわけではない。この考えを表現するのに最も適した資格のある思想家も、彼自身、

＊訳注1　一九二八-。弁護士、政治家。法務大臣時代の一九八一年に死刑制度を廃止した。元憲法院長。

自らが生きる世紀とその文化の落とし子であり、純粋な数学的な対象を扱う領域ではなく、男女の関係というきわめて基本的な領域においては、思考は、時代の文化に順応するにしろ、それを退けるにしろ、時代の証人である。当初のアポリア〔論理的難点〕は、それを解決するために、説明されず、論じられないならば、相変わらず同じ裏目の効果をもたらすものである。かくして、民主主義的普遍主義理論は実際には相変わらず男女間の先験的不平等を更新しているのであり、そのことを確認することができる。当然ながら、男女のどちらにも、男女双方の委任者になる平等な資格が同じように明白にある。けれどもそれは現実にはすべての男性が男性と女性を代表する権限をもつという事実となって表れる。哲学者、カトリーヌ・カンツレールの「女性もまた男性でしかないという情け深い抽象化の権利を有している」の言葉[3]が何よりも真実を表している。ところで、実際のところ、男女同数（パリテ）代表の要求は、人々からは、女性がこれまでよりもよく代表される権利を満たすものと見られているが、男性の傍らで議員に選ばれる女性がいるとしても、男性はこれまで通り男性によって代表され続けているのである。まだ踏み越えられてはいないが踏み越えるべき最後の一歩、それは男性も同様に、見事に、正当な権利として女性議員により代表されるという考え方をすべての人に認めさせることである。

　女性の選挙権の歴史を見てみよう。民主主義の歴史に詳しい歴史家のピエール・ロザンバロンはフランスにおいて女性の選挙権取得が遅れた（フランス一九四四年に対して、インド一九二一年、トルコ一九三四年）理由として、普遍主義に根ざした合理主義的言説を文字通りに理解した点を指摘する。彼によれば、男性と女性が平等だとすれば、女性は、何よりもまず女性であり、つまり「女性という性の決定因」によりしるしづけられてはいるが、男性によって確かに代表されうる。個人の正常な自然な類型は男性なので、性別は男性にあっては、個人に関する理論の土台として語られることはなく、価値づけられている。したがって女性は、スタート時点から女性の本質を成す身体的不適格性によってしるしづけられているので、男性のしるしをもたずに生まれたことが、それでも人間性から決定的に遠ざけられてはないことを、つねに自らの優れた行為によって証明しなければならない。それに対して男性の場合、息子をつくるにしても支配権や権限を振るうにしても、そのための彼らの生来の適性と彼らの知的な適性とを示すには、男性という性のしるしを見せつけさえすれば十分なのである。女性の「本性」（女性という性の決定因）という論拠がまさに女性の隷属化を正当づけるのに対して、破廉恥にも、同じ男性の「本性」という論拠が彼らの支配権を正当化するために、さらには、法を根拠づける権利さえも正当化するために用いられるのである。憲法によって承認されたことにより、この「本性」という考えが、したがって、まずもって法を根拠づけるのである。

イギリスの女性たちは、同じ性差の理由を用いて、フランスよりも早く選挙権を得た。しかしそれは、合理主義的言説によって完全に逆転させたかたちをとっていた。すなわち、アングロサクソン系のフェミニストの文章に見られるように、彼女たちの権利を根拠づけているのは、同等ではなく、差異である。フォーセット夫人〔一八四七－一九二九、イギリスの婦人参政権運動の指導者〕は次のように書いている。「男性と女性が完全に類似しているとしたら、女性は男性によって十全に代表されるだろうが、私たち女性は異なっているから、現制度においては私たちの特性は代表されえない」。

どちらの場合も、女性は別個の社会的グループを形成することになり、それが女性の政治領域への統合を妨げるか、選挙権をはじめとして部分的な統合しか認められないのである。

フォーセット夫人は、女性の特殊性について語るとき、性差だけでなく、本性的に女性的と見なされる能力の分野として特定されるものも示していた。つまり彼女は当時のイデオロギー的言説から抜け出ていなかった。女性には、日常的な事柄や学校、保育園、老人や病人のケア、プール、子どもの送り迎え、危険な交差点、街灯、さらに公衆衛生や麻薬中毒さえおそらく含めて、それらを管理する女性特有の適性は言うに及ばず、女性の視点からの特有の感性があるというのである。

しかしここで待ち受けている罠に気をつけなければならない。フォーセット夫人は次のように述べていた。「女性が男性と同じであれば、女性は男性によって完璧に代表されるであろう」。私たち女性の特性のために、私たちは女性議員を選ばなければならないというのである。この論拠は論理的に誤りである。完全な類似性と平等があったとしても、半分を占める一方の性だけが残りの半分を代表する資格があるとする論理的な理由はまったくないであろう。この論拠は歴史的に見ても人類学的に見ても誤りである。というのは、女性は政治社会において、言ってみれば哲学的には、個人とは見なされていないのだから、公共の場で男性から意見を求められるなどということは一般的には考えられないことなのである。

憲法改正は、必要悪だったのか、一時的に必要だったのか、それともただ単に悪なのか。答えが出るのは、おそらく数十年後になるだろう。しかしながら憲法改正が政治的な次元で実質的平等に到達するための十分な条件であるとは言えないように思える。考え方が同時に変化しなければ、一連の「型」が整備され、その中にさまざまに評価できる中身が入り込むことができ、中身自体はまったく差別的であり続けられるだろうという危険がある。

もちろん次のような反論があるだろう。ものの見方や支配的モデルが変化することだけがこの平等を当たり前のこととして確立させることができるのだとしても、はじめに何の後押しもなければ、それが変化するまで、いったいいつまで待つべきだったのかという反論である。それに対しては、憲法による性差の承認が招く重大な知的影響をもたらさないような多様な後押しがありえたであろうと答えられる。憲法に加えられた新たな条文は人類を構成する二つの要素についても、それぞれの序列化された地位についても、相互の代表方式についても明確な判断を確かに避けてはいるにしても。

他に可能な解決策があったのか、法律は解決策でありうるか

まず挙げられるのは、ロベール・バダンテールが、先ほど引用した文章の中で提案していたものである。政党にルールを課すことによって、通常の法律で、名簿式比例代表制にしても小選挙区制にしても、選挙方法を変更すれば、十分だったのである。これは、憲法に政党の義務があらかじめ定められてあればの話である。第四条では改正で加えられた新条項が確かに、政党は「法律によりあらかじめ定められた条件の下で、第三条最終項に明記された原則の実現に貢献する」と表明しているが、残念ながら、この文言では第四条は改正された第三条との関連を避けられない。第四条の新条項が、旧第三条において表明されていた国民主権は人民に属するという理念に基づいていたのであれば、違っ

ていただろう。そうであれば、法が効果的にフォローする限り、この解決法は正しかったように、私には思える。

二〇〇〇年六月六日に発布された法律二〇〇〇－四九三号〔いわゆるパリテ法〕が何を規定しているのかを見てみよう。[4] 比例代表・一回投票制で実施されるヨーロッパ議会〔EUの立法機関。加盟各国の直接選挙により選出〕選挙および元老院選挙比例区では候補者を男女交互に配置した男女同数（パリテ）を規定している。比例代表・二回投票制の選挙〔＊2〕（市町村議会と州議会）は六人ごとの男女同数（パリテ）、そして小選挙区制の国民議会選挙では五〇パーセントの女性候補者の擁立を規定している。

小選挙区制の県議会選挙、元老院の〔定員一名および二名の〕選挙区、人口三五〇〇人以下の町村議会はパリテ措置の対象外である。

当然、まず指摘できるのは、この措置の実施上の複雑さで、それはさまざまな偶発的な政治的要因によるものだが、フランスに固有なものなのか、そしてとりわけこの複雑さのせいで期待された効果が損なわれないかが問われる。

実際、法律制定後初の二〇〇一年三月の市町村議会選挙では、人口三五〇〇人以上の市町村では確かに四七パーセントの女性候補者がいたことが指摘でき、その波及効果で人口三五〇〇人以下の町村でも女性候補者は三〇パーセントになった（一九九五年は二〇パーセント）。しかし、そしてそこが重要なのだが、法が適用されないところでは、すなわち、市町村の行政府〔首長および助役団〕や県議会では、波及効果はまったくなかったことがわかる。選挙前に比べて女性の市町村長が増えたわけではない。政治学者のジャニヌ・モスユ＝ラヴォーが出した結論は、強制力のある措置なしには女性議員は増加しなかっただろうから、この措置は効果的だったというものである。しかし別の結論も出せる。女性の進出は、真の権力が始まるところで終わるという結論である。

たとえば、県議会選挙では、パリテ法は適用されないため、一九九八年に八・三パーセントだった女性議員は二〇〇一年に九・八パーセントになったにすぎず、ほとんど変化がない。同様に、効果的な地域運営機関でありながらパリテ法の適用外に置かれた市町村協力公共機構〔複数の市町村からなる広域行政組織〕においても、女性の代表は二パーセントから六パーセントに増加したにとどまる。人口五〇〇〇人以下のこうした公共機構全体では、行政幹部は、確かに女性が五六パーセントを占めるが、行政規模が大きくなると、言い換えれば、人口二〇万人以上では、この数字は四パーセントに落ちる。この事実からは、役職が財政的、経済的、行政的な重要案件に関しての実質的な決定権をもつものになると、女性はもはや受け入れられないのだと結論せざるをえない。

二〇〇一年九月に三分の一議席が改選された元老院選挙はどうだろうか。定員二名以下の県は比例代表制ではなく、パリテ法は適用されないために、女性候補者は二一パーセントでしかなかったが、定員三名以上のその他の県は比例代表制をとり、男女交互搭載名簿で実施されるので、女性候補は四五パーセントだった。ところが、名簿の一位男性、二位女性の後の、三位となった多くの男性現役候補者が、それでは当選できないと考えて、新たな候補者名簿を自ら構成して筆頭候補として選挙に出る方を選んだために、このようなケースを想定せずにそれへの言及もない法律の条文がないがしろに

＊訳注2　第一回で過半数を得票した名簿がない場合、一定の条件をクリアした名簿の間で第二回投票を実施。

されて、男性候補者の当選チャンスが倍増したのだった。このように名簿を増やすことが法の網をくぐり抜ける効果的な方法になったのである。全体を見ると、比例区選出の七四議席では、女性議員はそれでも五人から二〇人に増えたが、多数代表制の選挙区選出の二八議席では女性議員は二人で、改選前と変わらない。

国民議会選挙では、政党は、ルールを守って選挙に臨むよりも、罰金を支払うか〔*3〕、はじめから勝ち目のない選挙区へ女性候補を回したのである。

法の網をかいくぐる方法はいくつもあり、創意に富むものもある。わずかな権力でもそれを握った人々に、彼らの沈没につながりそうな「英雄的」行為までも期待するのはおそらく夢物語なのだろうが、しかしながら、選出議員たるものが第一に志すべきことは法の順守による国家への奉仕にあることを彼らに期待するのは当然である。それなのに、これでは、男性の利益が一般利益や共和主義的普遍主義の理念よりもあからさまに優先されているようなものである。

いずれにしても、政党に行動様式の変革を迫る法律というやり方は、今後の波及効果をもたらすためには確かによいのだが、通常「実質的権力」と呼ばれているものが行使される上層決定機関や権力の拠点に関して、男女同数構成の手法を断固として導くためのいくつかの措置が講じられない限り、そして法を迂回する行動や違法行為を効果的に削減するための措置が規定されない限りは、このままでは不十分なことは明らかである〔*4〕。

クオータはどうか

クオータ〔割り当て制〕の制定は効果的な解決法でありえただろうか。『パリテ・インフォ[5]』で明確に説明されていたいくつもの理由から、そうではないように思える。ベルギーの法律家Ｅ・ヴォジェル＝ポルスキーは、具体的な成果が得られるまでの期間に限って一時的に実施する、いわゆる「積極的」差別措置の戦略につきものの欠陥を指摘する。実際に何らかの好影響はありうるとしても、制度全体がそれによって変化することはない、と彼女は述べる。「自然に消滅することはない」男女の関係の「永続的かつ横断的効果」による構造的な理由からだと言うのである。ここで彼女が問題にして

＊訳注３　パリテ法は国民議会選挙については、候補者の男女同数を政党に奨励してはいるが義務づけてはいない。男女の候補者のパーセンテージの差が二パーセント以上開くと、その差に応じて罰金として政党が本来受け取る助成金が減額される。

４　二〇〇〇年のパリテ法以来、男女同数代表を前進させる方向でパリテ法は改正を重ねてきた。当初人口三五〇〇以上の市町村議会選挙に男女同数制が導入されたが、今日では人口一〇〇〇人以上の市町村議会選挙にまで義務づけられている。行政レベルでも助役の男女同数が規定されている。また県議会選挙には男女ペア候補制が導入された。州議会選挙でも男女交互搭載が政党に義務づけられ、州の行政を担う副議長団の男女同数構成が規定されている。詳しくは、石田久仁子「フランス共和国とパリテ」三浦まり・衛藤幹子編著『ジェンダー・クオーター世界の女性議員はなぜ増えたのか』（明石書店、二〇一四年）参照。

いるのは、太古からの高度に結晶化した心的表象体系の影響である。この表象体系を私たちは今なお用いているのである。まさにこの点について、議論は開かれている。私から見ると、問題は一方の性に帰属していることによる影響をなくすことではなく、長い時間をかけて人々を啓蒙し、またいくつかの具体的な面では時には強制的な措置もとりつつ、女性的なものの諸側面に自動的に否定的なしるしがつけられないようにする視線の変化を実現させていくことである。いくつかの的確な措置がとられれば、時間はかかるが、そこに行き着ける。

しかしながら、E・ヴォジェル＝ポルスキーがそのための到達手段としてのクオータに反対して用いる論拠は「それが遅れを挽回する手段で、暗黙のうちに女性を男性に同化することを狙っている」もので、だからこそクオータ推進派は、遅れを挽回したときにそれを廃止できると言い張ることが可能なのだというものである。もっともな論拠である。ところが、クオータは平等へ向けて継続的な変化を引き出すどころか、「一定の比率で」、その比率はさまざまだが、「不平等を固定化する」とヴォジェル＝ポルスキーは主張する。

この論拠は、次に述べる二重の意味で、まったく正しいように私には見える。一つは、クオータが一つの基本状態、男女がそれぞれ他方に対して、また男女の関係について抱いている見方に何の変化もなく、硬直化した基本状態の下に制定されているという意味において、二つ目はそのような考えで、最初から勝ち目のない、漸近線的な後追い競争が試みられるという意味においてである。というのも、男性の特権領域がつねに創出されることが見通せるのであり、そこにやがて女性たちが大した規模ではないにしてもおそらく進出するだろうが、そうなると、また別の領域がそれまでの男性の特権領域に取って代わるというように、終わることなく続くからである。不平等な制度の中にいながら原則として平等の促進を目指す諸制度を推進する主意主義的運動の誤りはいくつもの次元に関わるものである。まず、一時的な例外的状況をつくり出すだけで、実質的な不平等を支配している表象の全体系には関与しないことである。次いで、到達すべきモデルが男性モデルであることを認めており、このモデルが敗退することはない。さらに「承諾可能な妥協」としてのクオータの制限的論理においては、クオータを用いると、二種類の代表を政治的につくり出すことになり、現実にではないにしても人々の意識の中に、新たな差別の様式が打ち立てられ、人類のこれまでの歴史から考えれば、この二種類の代表の一方は卓越していると見なされた男性原理に根ざした男性の代表で、もう一方の代表よりも高く評価されるだろうと思われる。そして相変わらず人々の意識の中に、国・地方を問わず議員間の序列が築かれることで、議員の一部は自らの能力で選出されたとされ、その他はクオータかパリテのおかげで選ばれたとされることになる。この方法で選ばれた女性たちの職業的あるいは政治的地位は、彼女たちの能力よりも女性であることによるものだと疑われるのである。

さらに地位向上の手段としてのクオータは社会に南京錠をかけるかのように機能する。クオータは、平等に到達する手段として定められたわけではなく、「承諾可能な妥協」とされているだけなので、不公平な通商の場合も含めて通商条約に記載されている割当量（クオータ）の場合と同じで、規定の数値に達すれば、それを超えられない。

そして最後になるが、クオータ制は、男性の計画を思い通りに成功させる妨げとなるので、男性への逆差別という論拠を用いた、可能な限りのあらゆる裁判上の訴えへの道を開く。この論拠は実際有効だ。ポジティブアクションは確かに性別を根拠にしているからだが、性別を根拠にするのは、男女の関係についての私たちの思考体系の枠組みでは、性別にかかわらず個々人の形式的な平等を説く普遍主義的言説を別にすれば、性別に言及せずに、男女の観念的平等を現実のものにする手法を整備する必要を理解させることは不可能だからである。いくつかの国々、とくにアメリカでは、女性のための積極的性差別是正策はその否定的側面のために攻撃されている。イギリスでは、一九九六年、総選挙で以下に挙げるいくつかの特徴を示す選挙区で、党の公認候補者として（優先的に）女性を選ぶとした労働党の決定に対して、二人の男性がフランスの労働審判所に相当する裁判所に歴史的な訴訟を起こした。その選挙区とは、まず労働党の男性が占めていた議席の選挙区のうちで、この議員が次の選挙に出ないと決めている選挙区、次いで労働党が優位な選挙区、三番目が新たにつくられた選挙区である。かくして各地の地方委員会は次の選挙の候補者として三四名の女性を選出した。労働党は、性に基づく差別を禁止する一九七五年法が政治代表職務を職業とは見なしていないことを知っていたからだ。労働審判官はしかし、この職務が仕事や職業ではないにしても、事前の選抜活動はそれにあたると考えて、EU平等待遇指令の名で訴えを裁くことにした。そして裁判所は「彼らの性を理由に違法に差別された」[6]という原告の訴えを認めたのである。

何が解決策でありうるか

パリテをめぐる考え方全体を根本から変える必要がある。

実際、第一に、男女の平等が差異主義的観点からではなく、普遍主義的観点から侵すことのできない権利として認められないのであれば――この場合、普遍を無差別と混同してはならない――、現実の社会関係における差別や不平等が不当で非難されるべきものとして自然に受け止められはしない。したがって、性差の承認を平等の根拠にして、平等に到達しようとするのは、間違いである。それはいわば、何世紀もの間この性差が象徴化されてきたままの状態で、それを根拠とした序列が正しいことを認めることである。それはこのような何千年来の表象のかたちを衰退へ導くことにはならない。そうすることによって象徴作用と切り離せない前提を認めるからである。

第二に、男女同数（パリテ）代表による平等が、遅れ挽回策で獲得できると思うとすれば、それは間違いである。この観点では、すでに述べたことだが、最適状態（およびそれに付随する諸特権の拠点）は男性的なものであり、目標は、男性的なものに到達することではないにしても――それは遠ざかるので――少なくとも近づくことである。

形式的かつ事実上の平等の承認とそれに伴う見方や意識の必然的な変化は、スポーツの比喩を用いれば、モーターの補助で走る人にそれなしで走る人は挑戦できないパーシュートレース（追い抜き自転車競争）や、ハンディ付きレースとして考えるべきではないし、後者であればクオータ制の制定になるだろう。そうではなく、むしろリレー競技か、対峙する（男女混合の）二チームが相手方の方へ向かって進み、途中でお互いが出会った場所の位置関係を測るような未知のやり方として考えるべきである。

共和国は、パリテ導入以前の憲法が宣言していた普遍性を無視して、一貫して女性に対して政治的諸権利の平等な行使を拒んできた、とロベール・バダンテールは書いた。しかし、女性に対するこのような拒否は、通常の法的措置で――憲法に手を加える必要などなかったであろう――修正できるのである。遅れの挽回という考えではなく、相互の接近による出会いの考えの中でそうした法的措置が実施されさえすれば。

今述べてきたように理解された諸措置は良識ある真の政治的意思を必要としている。この意思は、権力の座にある男性たちの利他主義的決定に基づかなければならないだけに一層、それを生み出すのは難しい。彼らが己の特権の一部放棄を受け入れるべきだが、それがどれほど考えられないことであるかを私たちは見てきた。それがだめなら、避妊の手段が与えられたときのように、いわば無意識のうちにではどうか。権力の領域には関係ないように見える避妊が、男性権力をつくり上げた男女の示差的原初価の中枢を直撃していることに、避妊法をつくった人々は気づいていなかったことはすでに見た通りである。それとも、これもめったにないが、一七八九年八月四日の夜、熱狂的で寛容な感情のほとばしりの中で、貴族の特権が廃止されたときのようにはいかないものか。しかし平時では、冷静な視線や冷静に計算された利害が勝るものである。

国の政治的意思、そして、国のあらゆるレベルのあらゆる機関における国を代表する主要な人々の政治的意思が欠けているのである。つまり国の重要な行政職や政治職や県の知事部局幹部職員に対する彼らの指名・任命の権限をただ単に用いて、同数の女性と男性を——各職場の男女の構成比ではなく、性比という生物学的普遍性の基準が機能するのと同じように無作為に——任命するという政治的意思が欠けているのである（性比は男性に誕生時にわずかな特典を付与している）。

国は、大学や主要な教育研究機関に対して、この同じルールに沿って職員採用委員会や評議会や教授の選出において同数の男女を任命するように促すだけでなく、平等を導くためにそうした委員会の一部メンバーの任命・指名や職員採用提案の承認における修正権を用いることもできるはずである。それらは、国が本当にそうしたいと思えば、容易に実行できる措置である。

それが実行されないのは、女性の能力が劣っていたり——専門家の誰もが、それは間違った考えであることに同意している——、女性にそれを受け入れる余裕がなかったりするからではない。それは、共和主義的普遍主義への扉を実際には開けようとせず、男性の権力行使の砦を完全無欠なまま守ろうとする、暗黙の、後ろめたい思いもなく疑問に付されることもない意思のせいである。この暗黙の意思が疑問に付されないのは、人々の心や意識の奥底で太古からの表象体系が機能し続けていることによるが、今では男性も女性も多くの人々が、この体系を揺るがそうとしている。後押しが必要なのは、しかしながら、この点である。右で述べた職務については、選挙で選ばれる地位ではなく、契約や決定に基づく地位である。つまり、こうした国のあらゆるレベルにおいて長期間にわたり実行された仕事を通してこそ、一種の順化を生じさせ、長期的にこの表象体系を揺るがすことができるのである。

これとは別のいくつかの措置は、費用はかかるだろうが（今述べてきた措置には費用は一切かからない）、必要である。恵まれた階層には属していない女性のために、家事・仕事という二重労働の宿命的な連鎖から抜け出すことのできる十分な設備を整える必要がある。議員の仕事やさまざまな行政職に男性と女性が等しく自由に携われるようにするには二つの異なったやり方で対応できる。一つは、すでに述べた出会いの方向で、家庭の仕事を本当に男女が分担することによるものだが、それに先立ち見方や習慣や行動の著しい変化がなければその実現は難しい。もう一つは、保育所、必要に応じて夜間でも子どもを預かる託児所、家事援助等々の容易に利用できる公益施設による一定数の問題の取り組みを通して家事・育児の負担を軽減することによるもので、効果的に進められる。

別のもっぱら政治的な措置も取られうるし、すでに取られているものに関しては、注意深く実行される必要があろう。

政治職の兼任の廃止[＊5]は、きちんと守られるのであれば、風通しをよくするだろうし、意図的な妨害がなければ、女性に政治参加への道を開くことができるだろう。同様に、閣僚ポストのために自分の議席を次席候補に譲る議員[＊6]は、このポストを退くときには、もとの議席を一時預かり所に預けた荷物のように取り戻すよりは、新たに選挙に出て民意を問うべきであろう。というのも選挙は国王に帰属するような終身権も、すべての議員職の資格も付与するわけではない。

いくつかの選挙制度が女性候補にもたらす不利な効果についても考える必要があるだろう。小選挙区制や間接選挙（現実には仲間内での選出）で行われる元老院選挙は、女性の議員選出に中立的ではない。

スウェーデンでは、女性が閣僚の五〇パーセント、国の議会の四〇パーセント、県議会の四八パーセント、市町村議会の四一パーセントを占めるが[7]、こうした政治参加はフランスと同様にそのままスウェーデンの女性の社会的条件を反映しているわけではない。両国で、女性の条件はとても類似している。では、スウェーデンではいったい何が変わったのか。まず挙げられるのが、出産のコントロールである。しかしそれはまた、政党内の強力な女性組織に主導された正真正銘の闘いの成果でもあり、この闘いはすでに青少年組織から始まっている。こうした女性の運動体では、男女の党員の参加する会議で女性に「コーヒー・サービス」が押しつけられることを拒み、クオータを正式な党内規定にすることはできなかったが、つねに状況に合わせて闘い、選挙のたびに、候補者名簿に載せる女性候補者の数や、党幹部や党内各層の責任ある地位への女性の参加を増やすことに成功した。[*7] フランスでもこうした組織の結成を促し、組織のできたところではその活動を支援すべきである。

---

*訳注5　国民議会議員または元老院議員が地方議会議員や市町村長をいくつも兼任するのは戦前からのフランス特有の慣習だが、一九八〇年代以降、徐々にこの兼任制度が見直され、現在は上下両院議員または欧州議会議員は人口三五〇〇人以下の町村議員・市町村協力公共機構審議会議員は許されるが、それ以外に兼任可能な政治職は州または県の議長か副議長、あるいは市町村の首長か助役のどれか一つに限られ、二〇一七年以降は自治体首長・助役・副議長の兼任も禁止される。

6　第五共和制憲法下では、閣僚は国民議会または元老院議員であってはならない。したがって閣僚に任命された時点で議員を辞職し、国民議会議員あるいは元老院選挙区選出議員であればあらかじめ選出されている代行者に、また元老院比例区選出議員であれば、次席に議席を譲る。

7　スウェーデンにおける選挙クオータは、一般には「ソフトコータ」と呼ばれる政党内の合意で推進されるもの。緑の党が一九八七年に初めて党綱領に公式にクオータを定めたが、現在も主要八政党中、こうした公式クオータを定めているのは左派三政党に限られる。詳しくは衛藤幹子「スウェーデンにおける政党型クオータと女性運動」三浦まり・衛藤幹子編著、前掲書参照。

また女性を個人として市民として認めるという利点のあるまさに次の点で、スウェーデンの例を参考にできるかもしれない。すなわち、世帯への共通課税を廃止して、各自が自ら税金を支払う制度にすることである。そうすれば、女性の労働が男性の収入への追加税となる「補足的なもの」にすぎないと見なされることもなくなるだろう。

同様に、初等教育から高等教育までのすべての教科書の文章の表現を見直すことも必要だろう。それが絶対的に必要なのは、非常に早い時期に太古からの支配的モデルを支える原動力が意識に刷り込まれるからである。子どもをとり囲む人々の影響は大きいが、教科書のもつ権威もおろそかにすべきではない。追及すべき問題点はしばしば微妙でとらえにくい。たとえば、十九世紀のパリの幹線道路について語る偉大な歴史家は「ここには女性が彼女の買い物をしに来る」と書いている。「何人かの女性がその市場を訪れる」のでも、ただ「買い物をする」のでもない。彼女の買い物をする、彼女の家事をすると表現したとたんに、単に言葉の力で、それは女性の存在論的領域に入ってしまう。

これらは、普遍主義的平等精神において男性と女性を近づける措置であり、公権力が、そこからの効果を期待できることに実際に同意しさえすれば、したがって、その代表者を通して、それが絶対的な優先事項であること、経済問題や政治的社会的な対立問題といった重要問題に比して副次的で些細な問題ではないことを理解しさえすれば、実施できる措置である。

スウェーデンの例

エリザベート・エルガン[8]〔ストックホルム大学教授、北欧の女性運動の専門家〕は「スウェーデンの政治生活への大勢の女性の参加は女性の社会的条件が変化した結果ではなく、闘いの成果であった」ことを明確に示した。確かに、スウェーデンの労働市場は相変わらず最も差別的な労働市場の一つである。「給与、手当、年金、収益、資産・不動産所得等のすべての所得を一括すると、スウェーデンの女性の総所得は男性の三分の二にしかならない」。

スウェーデンの政治的平等のための闘いはいくつもの理由から効果的だった。政党内部に果敢な運動組織が存在することにはすでに触れたが、分離課税制度を獲得して、女性たちに完全な市民としての地位を確立したときのように（一九七一年）、きわめて具体的な要求事項の下で、男性と女性が解け合い一体となろうとする意思も挙げられる。エリザベート・エルガンはまた、フェミニストたちの闘いを積極的に支持したメディアの役割や、公衆の間で普及し、議論を助長し、時には世論に強く働きかけた学術研究の重要さを指摘するが、その例として「同一のテキストの執筆者が女性とされるか男性とされるかで、読者の受け止め方や分析が異なることを証明した研究」が挙げられる。女性が作者だと、容易に馬鹿にされ、受け入れられなかったのである。

これに加えて、選挙制度の構造（間接選挙で選ばれていた、言い換えれば仲間内で選出されていた上院の廃止）や既成エリート層の比重がフランスとは異なる事実が挙げられる。フランスにおいては、エリート層はある種の国家貴族である。

スウェーデンでは、一九八〇年以降、ひとたび議会の女性議員率が三〇パーセントを超すと、この女性の議会進出の動きがまさに加速した。しかしこれまでとは根本的に異なる政治が進められるだろうという予想に反して、現実はそうではなかったことを、まず指摘しておかなければならない。男性の政治とか女性の政治とかがあるわけではない。重要なのは、女性が政治活動に参加するようになったことである。以来、議会の各委員会での女性の数は増え続け（一九九六年に四三パーセント）、もっぱら社会的使命を帯びた委員会が女性で一杯になっているだけでなく、外交、財政といった伝統的により威信のある委員会にまでそれは及んでいる。任命ルールが明確ではない中央省庁の管理職に女性の数を増やすための運動も始まった。「一九八六年に一六パーセントだった中央省庁の管理職における女性の割合は、一九九三年には三七パーセントに上昇した」が、クオータ制を主意主義的に用いることなしに、国の議会の良識ある行動によって実現したものである。

こうした取り組みからいくつもの効果が生まれた。たとえば、大学内の序列の性別構成における不平等が批判され（女性教授は全体の七パーセント）、家族生活の尊重がより目に見えるかたちで正当な要求として受け入れられて議会内に保育所が開設されさえしたことが挙げられる。しかしとりわけ、その波及効果により、公的生活からこれまで排除されてきた、若者や移民の団体が声を上げ始めたのである。かくして、政治生活の民主化が見られた。この民主化は「政党や組合の下部組織からあまりにも長い間切り離されていたことによって生じた政治エリートの閉鎖的傾向」に対する闘いを導き（女性たちがもたらしたより大きな成果については言うまでもない）、同時に男女の市民の公的生活へのより積極的な参加を促すものである。目標はもはや、人を落胆させるような、手の届かないもののように思われてはいない。

確かにスウェーデンでもすべてが完璧というわけではない。後に見るように、男女のモデルのもつ強い影響は私的領域では十全に機能し続けている。しかし政治的・市民的平等の面では、クオータや憲法上のパリテのような明確に宣言された措置や法的な優遇策によらなくとも、男女が具体的に効果的に断固として推進した闘いによってもたらされた民主的な利点は多大であることは明らかである。

普遍主義が人の目を欺き、現実には、控えめにしろそうでないにしろ、男性的なものの支配を隠蔽しているならば、そのときは、政治職兼任制の廃止や選挙ルールの変更のような具体的な効果的措置を用いて、いずれにしても女性を完全な個人として確立するあらゆる必要な措置を用いて、まさにこの核心そのものに闘いを挑まなければならない。それは人々の意思が真に結集されたり、男女双方が共に生きることを真に学習することによってしか、つまりは政治教育や平等教育によってしかなされえない。しかしスウェーデンの例はさらに、女性が生殖を自ら管理するという最も重要な獲得物をもち続け普及させることなしには、何一つ実現しえないことを私たちに示している。それに、女性たちは、世界中いたるところで、妊娠・出産領域において男性支配を妨害する力をもっており、それが女性たち自身の力であることを自覚すべきであろう。男性支配があまりにも深く根を下ろしているために、行為者の誰の目にもそれが当然のように見えるだけに、この力を行使するのは多くの場合難しいにしても。しかし西洋社会では、女性たちが十分な数の子どもを産まないことでずいぶんと非難されるが、それは本当のところ、女性に不利な条件を課し、女性を監督下に置いたままにしている、女性のためにつくられてはいない世界への拒絶ではないだろうか。個人の自由と男女の平等が社会全体の利益になることを私たちは理解すべきである。

第4章　障害と障壁　女性の身体の利用について

男女の示差的原初価と男性支配は、男性による女性の出産能力の占有、そしてとりもなおさず、男性による女性のセクシュアリティの享受に基づいている。というのも出産能力の占有は必然的に性行為から生じる快楽を伴っており、セクシュアリティの享受なしには行われないからである。したがって本章は、セクシュアリティという暗く、また輝かしくもある領域に直接的に関係している。それは、生殖、性欲動、欲動の充足における快楽という三つの要因の共存に固有のあらゆる矛盾と緊張状態が絶えず絡み合い更新される接点である。ここでは、この三つの要因を中立的に、つまりどれもが男女両方にとって不可欠なものとして位置づける。しかしながら、まさにこの緊密に絡み合った結び目全体に、男女平等に関して最も強いブレーキと障害が位置しているのであり、これこそは断ち切るべき真のゴルディオスの結び目なのである。

現代の論者、とりわけ法律や精神分析の専門家たちは、フランスや欧米諸国の政府が取っている最近の政策――セクシュアル・ハラスメント、未成年者の買売春、いわゆる「セックス」ツアー、あるいは広告など、最近とくに重要性を帯びている分野での立法化――が「男女平等政策」と見せかけて実は、自由の擁護や男女平等の追求とはほとんど何の関係もない、欲望の「犯罪化」あるいは「抑圧」に行き着いていると主張している。本当にそうなのだろうか。私はこの議論に加わり、それをおそらくは異なる視点から解明してみたいと思う。もちろん、困難は承知している。こうした問題の難しさについては、ミシェル・シュネデール〔一九四四－、作家、精神分析学者〕が最近書いたものの中で引用している通り、フロイトも次のように強調している。「この厄介な性への従属からの解放を人類に約束する者は、どんなに馬鹿なことを言おうとも、英雄と見なされるであろう」[1]。しかしながら、本章では、こうした解放の提案をしようというのではなく、錯綜した権力状況――そこでは原因と結果の境界が曖昧になり、互いに補強し合っている――をよりよく理解し、何が正しい行動で何が政治的にまた法的に仕掛けられた罠なのかをおそらくはもっとよく見分けるための材料を提案したい。

女性の身体を所有するための闘争

私たちは演繹的方法によって、次のことを、すなわち、男女の示差的原初価と男性支配は、女性の出産能力、さらに言えば、自分ではそれができない男性のために息子を産むという女性の能力の占有の上にその土台を築き、影響力を確立してきたことを明らかにしてきた。この占有は、それが本当に成功するためには、出産という役割への女性の封じ込めを伴う。さらにこの封じ込めが効果的になされるために必要なさまざまな措置が講じられる。それらは、日常生活を維持するための反復的な任務の割り当て、男性への服従の義務づけ、無知の中にとどめおき、知識や権力の領域から遠ざけて、自分の境遇を決定したり公共の福祉のために働くことのできる「人としての身分」を否定するといった、女性を卑しめるあらゆる措置である。女性が無知なのはもともと馬鹿だからだというのは、よく知られた論法である。

女性の出産能力の占有がもたらす必然的な帰結として、特定の女性のセクシュアリティを個人的に独占するために、男性間に不可避のやむをえない闘争が生じる。息子を産む者を手に入れるためのこの絶えざる闘争は結果として、男性の性的能力の誇示や賞賛をもたらしたが、それに加えて、男性の性欲動は、たとえ仲間どうしの闘争においては制御されるとしても、正当なものであり、その発露を抑制するべきではないしすることはできないという確信がすべての人間の間で共有され、深く根付くことになる。この占有は人類の歴史において、さまざまな社会制度の違いにもかかわらず、つねに二つの形態のもとになされてきた。第一の形態は、社会的に統制されたものである。男性は自分たちの所有物である娘や姉妹の身体を交換することによって、つねに男性どうしの間で、持続的な社会的絆を築くことができる。娘や姉妹の身体は、他の男の手に渡り、無口で慎み深く貞淑で、息子を産む、名誉ある妻としての多産な身体になる。二つ目の形態はこうした統制を受けているようには見えない。すなわち、次のように言うことができる。女性を所有する者の権利は親子関係や婚姻関係に基づいており、女性の身体を性的に利用したり利用させたりするのは出産の目的のためであるが、こうした所有者によって占有されず、保護されていない女性の身体は、潜在的にすべての男性に所属しており、すべての男性の性欲動は満足させられるべきである、と。したがって、誘拐、強姦、買春は、女性の身体を占有するための、少なくとも一時的に占有するための、統制された交換の代用であり、女性の身体を性的に利用し快楽を追求するためのものであるが、こうした利用は、性行為を通してなされるのであるから、生殖のための利用と切り離すことはできない。

セクシュアリティ、生殖、快楽

どの社会でも、カップルの現実の私生活において、女性の身体の性的な利用、快楽の追求、そして生殖のための利用は必ずしも切り離されているものではない。しかし、多くの文化において、生殖を目的とする夫婦間の性関係からは快楽の追求を追い払い、婚外の不法な関係には嫡出子をもつ権利を拒否することで、この分離を実現しようとしてきた。ギリシアでは三種類の女性が市民である家長の世話をしていた。すなわち、都市（シテ）の出身で、息子の母となるべく貞淑にして貞節な正妻、日常的に肉体の満足を引き受ける内縁の女性、そして、性的快楽の相手を務める、名うてのあるいはそうでないにしても、高級娼婦や売春婦である。インドでは「正妻の慎み深さを守るために、高級娼婦を用いることが社会的に認められている」というのは本当である。家庭領域を離れたところでは、かなりの自由が認められており、「何人もの女性と同時に関係をもつことは、雌牛の群れとの関係と呼ばれている」。聖なる踊りを奉納する神の侍女、デヴァダシは、「苦行者たちを誘惑する者であると同時に、信者たちへの褒美でもある」[2]。イスラエルについても、ノアの洪水の時代には、二人の妻との結婚が認められていた。一人は子どもを産むために、もう一人は快楽を与えるためで、後者は妊娠しないように薬草を煎じて用いていた。ビザンツ帝国では、アスカロンの浴場の排水路で約百体の生後間もない赤ん坊――そのほとんどが男児――の骸骨が発見されたが、これは高級娼婦や売春婦の間で避妊が失敗したときに子殺しが普通に行われていたことを示している。しかし、将来、手持ちの娼婦たちと入れ替えるために役立ち、しかも無償の資源である女児の方は生かしておいた。というのも、高級娼婦たちは、売春宿を維持するために、若い女奴隷を買ったり、捨てられていた女の子を育てたりしていたからだ。このように、娼婦たちの閉ざされた社会では、高級娼婦から生まれ、生まれたときに殺されずにすんだ女の子（通常とは逆に、女の子が生き残った稀な例である）には、娼婦として生きる途が定められていただけでなく、彼女の存在によって母親の老後の世話も確保されたのである。これはまさに、後にテオドラ女帝〔九九五－一〇五六〕となった娘の運命であった。彼女は売春宿で生まれ、宿の仲間たちと同様に男たちを楽しませるためのセックスゲームを経験したとされている。ガチョウを数羽連れてきて、女たちの性器に満たした穀粒をついばませるというゲームである[3]。

生殖、性的所有、快楽という三つの面の分離は、時には単に二つの面――性的所有と生殖vs性的所有と快楽――においてなされるが、すでに見たように、媒体としてのそれぞれ異なる女性にいずれかの役割を一つずつ割り当てることによって実現される。それぞれの女性は、一人の男の精神的かつ身体的利益のために、ひたすらどれか一つの役割を果たすことを課されるのである。こうした分離は、綿密に行われることによって、男性の欲動の正当性を社会の中で確認し、認証し、強化する効果がある。

現代における、効果的な避妊法の導入は、女性にとってこれと同じ部類の分離、ただしこの場合は女性が望み、選び、実践する分離につながると考えることができる。そして確かに、そこから期待される利点はもはや男性の利点ではない。すでに見たように、避妊法の導入がもたらした主要な利点は、女性に帰属する完全な人格としての身分を法的に承認したことにあった。女性が危険にさらされることなく快楽を享受できることは、もちろんこうした身分の一部を成している。しかし、利点がもはや男性だけのものではないことがまさに、あらゆる原理主義に、女性が避妊手段を利用すれば、それは例外なく女性の不品行に道を開くものであると考えさせる理由になっている。女性の解放には必ず不品行が対をなすというのである。女性の避妊手段の利用はまた、多くの男性によって、望まない妊娠の脅迫観念から解放された女性たちの身体を彼らの自由に使用できるように与えられた追加的な許証であると見なされている。このように、相変わらず存在し強い効力をもつ太古からの論理のもとで、女性による避妊手段の利用は本来の目的から逸脱させられ、ある種の誘惑や許可として、つまり、男性の性欲動の正当性を補強するものとして、生殖の要請から解き放たれた、性欲動の充足の追求というかたちで受け取られている。

すべての社会が、性的活動をいくつかの局面に分離するという規則――男性の性的要求をそれぞれ異なるかたちで満足させる効果がある――に従ったわけではない。また、こうした分離が行われた社会でも、多くの男性が自らのセクシュアリティをその通りに完璧に組織立てる手段をもっている、あるいはもっていたわけでもない。さらにカップルの間でさえ、たとえば自慰のような、さまざまに評価される方法を用いて、複雑な性関係が営まれる。といっても、それは女性のセクシュアリティに利益をもたらしはしない。

ヨーロッパやその他の農民社会では、「過ちを犯した」娘が「尻軽」と呼ばれて餌食にされたにしても、本当のところ買売春はないし、ましてや買売春市場は存在しない。強姦や近親婚（インセスト）の禁止はおそらく、有効な、かつ秘密裡の代替手段であった。[4] アフリカの村落社会でも、国家形態としては近代国家であるとはいえ、まだ伝統的な社会組織が根強く残っており、都市部から離れたところでは、厳密な意味での買売春は存在しない。私が観察できたブルキナファソのサモ族には、飼い慣らされていない「野生の」という意味の、ガガレと呼ばれる女性たちがいた。彼女たちは夫と死別、あるいは確かに離別したのだが、父や兄弟の援助を求めて彼らの元に帰ることはせず、農民になるか、あるいは一番多いのは、黍（きび）のビールを製造し、それを売って生計を立て、一人で子どもを育てている。こうした女性たちを指す「野生の」という言葉は、実は、彼女たちが自律していること、後見下には置かれていないことを強調しているのである。彼女たちには恋人がいるとしても、だからといって売春婦ではない。彼女たちは自らの意志で、その恋人に自分の子どもたちの父親の資格を与えているが、この資格は非常に値うちのある財産である。彼女たちに対する蔑視はない。というのも、こうした女性たちは男性と同様に自分の責任を引き受けているのだし、要するに、彼女たちの振る舞いによって、男性の生殖権や親子関係の登録権が侵害されることはないからである。

男性の欲動の正当性

一つの点がこれまでまったく議論に付されていない。もっぱら男性の欲動だけが正当であるという点である。欲動は、男性の本性の正当な構成要素として必然的に存在しなければならないものであり、表現される権利があるのに対して、女性の性欲動は、その存在までも含めて、すべての要素が否定されている。これは、男女の示差的原初価を構成する最も強力で、絶対的に不変の要素である。すなわち、男性の性欲動は邪魔されたり妨害されたりするべきではなく、この欲動の行使は、他の男性がもつ公式の権利に反して暴力的で乱暴な仕方でなされるのでない限り、正当である。男性の欲動はまぎれもなく存在するし、不変であるというのだ。

社会が存続していくためには、人間の条件に固有のいくつかの欲動を法律や規則によって規制しなければならなかった。さまざまな法文集において最も管理され束縛されている二つの欲動は、一つは他人の生命や身体の安全を侵害する欲動であり（他人とは何かはきわめて詳細に定義されているため、それらの限定規定は、言うまでもないが、人間であれば誰でも保護するわけではない）、もう一つは他人の財産――家、田畑、家畜、物品、その他さまざまな方法で合法的に獲得された所有物――を侵害する欲動である。多くの社会で女性は相変わらず男性の財産の一部をなすものと見なされている。

他にも多くの欲動が、多かれ少なかれ厳密に、あるいは狡猾に、何らかの枠をはめられている。たとえば、知への欲動、自律し尊重されたい欲動、理解してもらいたい欲動などである。男性の性欲動については、生命や財産の保護の枠を定める法律や社会習慣を尊重する限りにおいて、自由に行使されるべきものと見なされている。西洋では歴史的に、宗教による容赦のない抑圧が若者や少年のセクシュアリティを支配し、教会の定めた規律に従うように強制してきた。しかし、男性の性欲動、とりわけ成人の男性の性欲動はもっぱら正当なものとされ、問題にされることはなかった。その他の、こうした道徳律に服していない社会では、社会的抑圧は若者のセクシュアリティに関する規範的側面よりも、この領域における成人男性の利益や特権の保護に向けられている。

今後、疑ってみる必要があるのは、このように男性の性欲動の正当性が一見、自然で自明のことに見える点である。もちろん、男性の性欲動を全面的に押さえ込もうというのではないし、そんなことをしても意味がないだろう。こうした自明性を疑ってみるのは、女性の欲動の正当性も同時に認めることができるように、そして、一方の欲動の表現が他方の欲動の消滅につながることのないようにするためである。

というのも、男性の欲動は満たされるべきであるという、こうした絶対的・排他的な正当性からは必然的に次のことが帰結されるからである。すなわち、一方では、一人の男によって保護されていない女の身体は差し出されているのであり、正当な獲物であるという確信、そして他方で、こうした当面の満足を得るために所有された身体はあらゆる価値を喪失するという確信である。あるいは、逆に、こうした確信から男性の欲動の絶対的・排他的な正当性が生じるのである。道徳的に断罪され、社会的に放逐されるのは、男性の欲望を遠ざけることのできなかった、あるいはそのすべを知らなかった無防備な女性であって、男性ではない。こうした女性たちは、彼女たちの欲動の特徴である、いわゆる自然な動物性――この点で、男性の欲動とは異なっているとされる――から考えて、自分の置かれた状況に責任があると判定される。十七世紀にガブリエル・スュションによって告発された論法――女性を教育する必要がないのは、女性が生まれつき愚かであり、無知であるからだ――と同類の同語反復的論法に従って、女性は生まれながらに動物的であり、抑えきれない性欲動をもっているので、男性が女性を制御し、同時に、彼らの意のままに性的に利用するのは当然であると宣言する論理が用いられるのである。しかも、こうした実状に責任があるのはあくまで女性であると見なされる。

こう述べたからといって、あらゆる男性が実際に、思春期やその後の人生を勝ち誇った臆面のなさで生きる、あるいは生きてきたと主張しているわけではない。むしろ、逆である。西洋のキリスト教社会について言うと、すでに述べた通り、思春期の少年のセクシュアリティは容赦なく抑圧されてきた。男女のリビドーの実質的な平等を守るとか打ち立てるということは問題外であり、こうした状況では平等などまったく考えられないことであった。生殖目的ではなく情欲目的のあらゆる性行為、つまり、婚姻外の性行為（生理的「充足」のために娼婦と関係をもつことは望ましいと考えられていたにしても）、あるいは異性愛以外の性行為は抑圧しなければならなかった。さらに社会階層の分化を考慮に入れると、こうした抑圧は深刻な影響をもたらしうるものであった。レチフ・ド・ラ・ブルトンヌ〔一七三四－一八〇五、文学者〕は、ローマ・カトリック教会の戒律によって性欲を抑圧された頑健で貧しい農民の若者たちについて語っている。彼らの「獰猛な淫欲は金持ちの淫欲よりもずっと激しい。貧者たちには何もなく、だからこそすべてを激しく欲望する。どの娘も高嶺の花である。そこで彼らは手当たりしだいに強姦しようとする〔中略〕。こうした情念が頑健な貧しい若者たちにもたらした結果については、実際に見たことがなければ想像できないだろう」[5]。十九世紀には、寄宿学校での自瀆狩りについての証言が豊富に残っている。ティソ博士の理論によれば、マスターベーションはそれにふける男性の身体を衰弱させ、致命的な影響さえ与えるとされていた。二十世紀においても、一九六〇年代の社会変動以前には思春期の少年が異性に近づくのは難しかった。しかしながら、現在、男女に与えられている世界では、その背景も配置も、すべては成人男性の性欲動が大した障害なく実現するようにつくられているというのが真実である。

こうした断言を裏打ちするための言説

民間に流布する、一般に嘲笑的でシニカルな言説は、この真実を、「うちの雄鶏を放すから、お前さんの雌鶏を小屋に入れておくれ」「熟し始めた女は摘み取らなければならない」「暇な娘は、悪しきことを考える」といった俗諺（ぞくげん）の中で繰り返している。ここで意味されていることは、見張りのないところでは何をしようと男性の勝手、悪しき性癖は女性の専売特許、そうした性癖は結婚させて封じ込めるべき、という三つのことである。ジャン＝ルイ・フランドラン〔一九三一－二〇〇一、歴史家〕は、十六世紀から十九世紀のフランスのさまざまな地方の歴史を綿密に研究して、次のように記している。「娘たちが妊娠したとしても、それは決して彼女たちが男に恋をして、その男と性関係をもちたいと願ったからではなかった。それはいつも男（少年ではなく、大人の、しばしば既婚の男）の方が彼女たちを欲望し、誘惑するか力ずくで、手に入れたからであった。ここにはまさに行動の基本構造があり、この点を強調しておくことは重要である」[6]。フランドランにとって、重要なのは「行動の構造」であり、それは、能動／受動、自由／服従、強／弱、攻撃的／無抵抗といった男女双方の背中合わせになった本性を反映している。もしこうした見解を受け入れるならば、もはやどうするすべもない。原因は大昔から了解済みということになる。しかし、別の考え方も可能である。構造そのものは確かに存在するが、それは本性に基づく行動の構造ではなく、文化による、つまり構築された、普遍的なものの見方の構造であるという考え方である。この構造もまた、右のような二項対立の正しさを論点先取によって承認し、定立する。だが、これらの二項対立は、侵すことのできない自然的に対立する行動に基づいてつくられたのではなく、生理的特殊性、すなわち、女性だけが子どもを産むようにし、性が、快楽をもたらすものであると同時に、子どもを得るために必要なものであるようにしている生理的特殊性に基づいてつくり上げられたのである。その結果何が起きたかについては、すでに見た通りである。

聖アウグスティヌスは、もし売春婦を都市（シテ）の外に追放すれば、満たされない性欲が原因で、社会は混乱に陥るだろうと述べている。問題になっているのはもちろん男性の性欲であるが、それは男性の本性そのものであるのだから、聖アウグスティヌスの中に道徳的反論を引き起こすことはない。彼はまたこうも記している。むしろ善良な妻が「自然にもとる性交」をしようとする夫の意のままに夫の行為に身を任せることは、夫を売春婦の元にやってそうした欲望を満足させることよりも罪深い[7]、と。男性の欲望は、自然に反すると見なされている行為も含めて、男性の本性そのものによって駆り立てられるのであるから、大した罪ではないということを、これほど明白に述べているものはない。逆に、妻がそうしたことを受け入れるのは、性欲の捌け口として用いられる売春婦と同様に罪深いことであるというのである。おまけに聖アウグスティヌスは、魂が身体に優るように、男性の身体は女性の身体に優ると言明している。[8]

家族法に関するモロッコでの議論の際に、一夫多妻を正当化するために用いられた論拠の一つが、男性の「本性」は抑制できないという論拠であったことが思い出される。こうして一夫多妻制は、老いていく妻たちにとって有利な方策となる。彼女たちは一夫一婦制では、自然で正当な性欲のせいで移り気な夫に追い出されかねないが、一夫多妻制は、老いた妻が若い妻たちと妻の地位を共有しなければならないときに、保護された地位を維持することを可能にする。したがって、いかなる場合も、男性のこの好色で浮気な「本性」や、そうした「本性」に身を委ねる権利が問題にされることはなく、以前にした約束や他の人たちの権利（権利がある場合）は顧みられない。こうした男性の「本性」を問題にすることへの拒否から導き出される論理的帰結は、すでに説明を試みた通り、女性に男性がもっているのと同じ権利を与えることへの拒否に他ならない。

少し高所から、こうした観点で見るならば、女性の権利についての最も公式の承認でさえもバイアスがかかっていることがわかる。それは、たとえば、強制妊娠を人類に対する罪として認めたローマ規定〔八七頁参照〕にも表れている。規定の条文は、別の次元、つまり思い込みの次元で――私たちが問題にしていることと根本的にかけ離れているわけではない――、生まれてくる子どもの民族的、さらには宗教的身分を決めるものは精子の中にあるとする考えを共有して、その考えの正当性を暗黙のうちに認めているのである。条文は、こうした結果〔自分と同じ民族的、宗教的身分をもつ子どもを得ること〕を得る目的で行われる行為、つまり強姦を繰り返し強制的に妊娠させる行為は罰せられるべきであると言う。これは要するに、こうした結果（女性に彼女とは民族的、宗教的に異なる子どもを産ませること、とも言える）は、男性が性的快楽を手に入れ、彼の万能の精子によって自分に似た子どもを強制的に産ませようとする行為に、つまり、まさしくそうした男性の意志にかかっていると認めることである。期待されているのが男児であることは、言うまでもない。

　このようにすべての女性の身体は、人類を完全に全面的に代表する男性のために、生来の欲動と渇望が当然そなわっている男性のために、さまざまな名目で、一つの特別な務めを果たすためにつくられている。

　潜在的にそれを語っている言説はいろいろなかたちで見出される。二十世紀の典型的な小説家から、二つのそれほど極端ではない例を挙げよう。アンドレ・モロワ〔一八八五－一九六七〕は書いている。「音楽家は、売春婦が官能のために行うささやかだが必要な務めを、感情のために行う」[9]。あるいはまた、「この世界のいかなる言説も、男たちが食べ物や女や金貨に飢え、猥褻で嫉妬深い二手類の動物〔霊長類においてサルなどの四手類に対する人類のこと〕であることを妨げないだろう」と書いている。満たされるべき感情や官能は、もっぱら男性の感情や官能であり、それは自明の理である。そして、たとえ道徳的判断では軽蔑されても、男性だけがこの「猥褻な」人類を代表するのである。というのも、女性は、食べ物や金と同様に渇望の対象として見られているからである。アルフォンス・ブーダール〔一九二五－二〇〇〇〕は書く。「実のところ、男は犬と同じであり、それ以上でも以下でもない〔中略〕。男は右往左往するが、結局はあれだけが問題なのだ。つまり、どんな代価を払っても女をものにすること。ただし、社会で生きていくためには言動に気をつけなければならない。障害物をうまく乗り越えるためにさまざまな術策［中略］を弄するのである」[10]。確かに社会はある種の礼儀を要求する。さもなくば、「伏魔殿」になるであろう。とはいえ、社会は肝心な点には触れない。男性の欲動は抑えがたく、合法的なものであるという考えの正当性を問題にすることはないのである。

いくつかの事実――男性のための市場

売春はさまざまな形態を取るが、売春するのが女性でも男性でも、利用するのは明らかにもっぱら男性である。たとえ、今日、北欧の富裕な熟年女性の性を満足させるために熱帯地方へのツアーが存在することが指摘されているにせよ。それに、女性用のセックス・ツアーを組むことがこの方面での平等に通じるかどうかは疑問である。せいぜいそれは貧困の搾取を再生産するだけであろう。そうは言っても、こうした道徳的論拠は、この種の新機軸に対して最も重要なものではない。男女が完全に対称であるためには、結婚やそれに準ずる契約関係にある若い女性にも、男性の場合と同様に、売春夫の利用が提供されているのでなければならないだろう。しかし、どんなに完全な避妊手段が講じられていようと、笑い話ではなく、あえてこうした対称性を推し進めようと考える者はいないだろう。それほど、所有する男と所有される女という考えは根強いものである。

売春は、男性売春――少年、主に思春期の少年による――にしろ、女性売春――少女、娘、あらゆる年齢の女性――にしろ、その趣味や志向に応じて、もっぱら男性のためにある。売春は、それに適した場所で、商品を陳列し、選ばせる。客は誰でもそこに行けば、慣用語で言うところの、自分の買い物、つまり「品定め」ができる[11]。インタビューに答えた客の多くが期待する一番の楽しみはまさしくこの「品定め」である。あっちの女、こっちの女と順に近づき、眺め、かぎまわり、選び、この肉体がどれも自分の自由になり、自分のために提供されているのを確信すること。『ル・モンド』紙の記者は次のように記している。ブローニュの森を車でゆっくり走り、「この色とりどりの、仮想のハーレムの中に忍び込む、支配者のごとき、落ち着き払った狩人たち。常連のタクシー運転手の言によれば、〝のぞき趣味をたっぷり満足させられる〟。さらに彼は無邪気に念を押す。〝ひと回りするだけで、やってもやらなくても、よく眠れるんだ〟」。常連ではない客の大部分は「誰も選ばなくても、〝大勢の女が自分の自由になるかもしれないこと〟にご満悦なのよ」と、ある売春婦は説明する。そして、こうも付け加える。客にとって「買春は当たり前のこと。それは彼らの性の楽しみ方の一つなの」。

幻想か現実かは問題ではない。重要なのは、それぞれの男性の中にある潜在的には何事もなしうるという考え、そして彼に提供されている身体に対してこの力をいつでも行使できるという考えである。

売春に従事する女性を、場所や時代によって、「公」の女、「喜び」の娘、「慰安」あるいは「くつろぎ」の娘、と呼ぶ言葉遣いそのものが、まさに彼女たちに割り当てられているものが何かを物語っている。喜びや慰安は男性の喜びや慰安である。彼女たちの身体はすべての男性のものであり、公の空間に属しているのだから、彼女たちは「公」のものである。「公」という概念自体が、男女二つの形態をもつ人類全体の利益ではなく、そのうちの一方にとっての満足しか指していないことは別にして。ミシェル・ペロー〔一九二八－、歴史家〕は、この「公の」という修飾語の使用に見られるパラドクスを効果的に指摘している。すなわち、公の男性とは、彼の属する社会の利益への寄与と見なされる崇高な、政治的、知的活動によって、自分の思想、行動、生命を捧げる者のことであるのに対して、公の女性とは、自分の身体を個々の男たちの精液の排水口としている女性のことであり、低俗で軽蔑すべき活動と考えられている。[12] ここでもまた、男女の対置は完璧である。

解放、挑発、売春

イスラムの説教師は売春を、男性の後見からの女性の解放がもたらした悪影響の一つであると見なしている。解放そのものが物質主義と自由の所産だというのである。もちろん、売春とこうした解放とは何の関係もない（というのも、男性による管理が女性の身体に及んでいる限り、売春は構造的にこの管理と両立するからである）。しかし、イスラム教国とキリスト教国の宗教的対立のただ中において、売春が、このように、いわば同じように示されているということは、頭の中に次のような普遍的、あるいはほぼ普遍的な図式が存在していることの傍証である。すなわち、そうした状況に身を置いている責任はすべて女性の罪深い「本性」にあり、その不名誉は家族にも跳ね返るとされる状況の中で、女性は男性に所有され、厳しく監督されている。男性の責任は忘れ去られているのである。

売春への非難は女性の実際の解放を前にしてますます反感を募らせる。女性ジャーナリストのダイカ・ドリディは、二〇〇一年の夏にハシメサウド〔アルジェリア東部にある石油基地〕で起きた女性を狙った大量虐殺の理由を説明しようと試みた[13]。この虐殺に先立ち、七月にも、別の虐殺が、若い女性たちがホテルのウェイトレスやホステスとして働いていたテベッサ〔アルジェリア北東部の県都〕で起きている。テロリストたちがやってきて、男たちに向かって信仰を説き、それから彼らの目の前で、「卑猥」だとされた五人の女性の首を掻き切ったのだ。機動隊の分遣隊を指揮している軍人が事の終わった後にやってきて、「こんな糞のような連中のために自分や部下の兵士たちの命を危険にさらしているとは！」と叫んで、彼女たちの受難に追い打ちをかけた。その後、女性たちは家族の「不名誉」にならないように、名前を伏せて葬られた。ハシメサウドでは、四〇人の女性が襲われて、「強姦され、殴打され、重傷を負わせられ、焼かれた」が、人々の議論は、彼女たちが売春婦だったか否かを知ることに終始していた。実際は、彼女たちはアルジェリアあるいは外国の石油基地で雇われていた掃除婦だった。「彼女たちは父や兄から遠く離れて、夫もなく、ハシメサウドで女手一つで、子どもや仲間と一緒に生活していた」。そのことが許しがたいのである。攻撃を仕掛けた者たちはゲリラ戦闘員ではなく、「狂信的な大人に率いられた未成年者たちである」。こうした女性たちの成功――彼女たちは自分で働いて家族の生活を支えていた――や自立が、失業と挫折の状態にある大人の男性たちには許しがたいのである。彼らは、ハシメサウドで働くのに必要な通行許可証をもっていないために同じように欲求不満を感じている若者たちを利用したのだ。要するに彼女たちはメタファーとして売春婦であり、それゆえに、男たちによって何がなんでも処罰されるべきである。彼女たちが働いており、自律した分別のある個人であり、それによって男性同国人よりも成功しているというだけで処罰されるべきなのである。

自力で自分のために生きているというだけのことが、さらには、単に存在し、公の場に姿を現し、人々の視線にその身体を、一部分でもさらすというだけのことが、挑発になる。本来、ヴェールが意味しているのは――ギリシア、ローマ、ユダヤ・キリスト教、イスラムの伝統のどれにあっても――、ヴェールによって隠されている身体は奪ってはならないということである。逆に言えば、古代の売春婦や巫女や奴隷にはヴェールをかぶることが禁じられていた。ヴェールの不在は、したがって、その身体がすべての人に提供されていることを意味していた。[14]

強姦者が自分の方が挑発されたのだと説明しだすや、強姦者に対して寛容になるのが通例である。西洋諸国では目覚ましい進展が見られ、こうした強姦者の弁明を真に受けたり、とりわけ、その弁明を受け入れて罪を赦したりしないようになってきているものの、強姦者に寛容な例はまだあちこちで見受けられる。たとえば、ドバイの控訴院は、犠牲になった十一歳の少女が「薄着で気を惹いた」[15]として、強姦者の罪を軽減した。イタリアの裁判所は、ケニア人の売春婦を殺して、死体を捨てた犯人を、「法廷として同情を示すべき」ケースであり、「禁固刑に処しても［中略］何の意味もない」[16]として、釈放した。逆に、合法的な快楽を仕切っていた「遊廓の女王」の埋葬に際して、イスタンブールの商工会議所の所長や共和国の検事総長は花束や花環を送った。彼女が生前、忠実なやりて婆であり、既成秩序における同志であったからである。[17]

いくつかの特殊な例

いわゆる情痴犯罪が、どれほど女性の命を奪うものであるか、それにもかかわらずいかに沈黙に付されてきたかを見たが、こうした犯罪の扱い方は、男女の関係についての太古以来の見方において、妻の占有とそれに伴う性の充足が男性に認められた一種の自然権になっていることを証明する要素の一つである。西洋諸国では、この種の犯罪の八〇パーセントは、さまざまな理由で女性に逃げられることに耐えられない男性の犯行によるもので、愛が犯行の口実にされている。残りの二〇パーセントは、女性によるものだが、その大部分がこの同じ命題〔妻の占有は男性に認められた一種の自然権であるという命題〕を立証している。というのも、彼女たちの大半は、容赦ない所有関係の恐怖から逃れようとして殺人に追いやられた妻たちなのである。しかし一般に流布している強力なイメージは、『郵便配達夫は二度ベルを鳴らす』のように、あまりにもお人好しの夫を愛人と協力して殺す不実な妻のイメージである。

これまで認められていなかった、あるいは知られていなかった慣行を合法化することにおいてしばしば先頭を行く国、オランダには、「性の介護者」団体があって、自宅まで出向いて障害者の性的欲求を一時間半七三ユーロで満足させるサービスを提供している。[18] 言うまでもなく、障害者の男性にこのサービスを行うのは女性で、これだけを専門とする女性看護師である。同じサービスは、寝たきりで、性的満足を与えてくれる人のいない同じような状況にあるはずの女性には提案されておらず、利用できない。こうしたニュースに接すると、言葉の最も崇高な意味で、つまり愛他的感動という意味での、この一種の「隣人愛」に拍手せずにはいられない。ドルトン・トランボ〔一九〇三－一九七六〕の作品の主人公が思い出される。[19] 彼の身体には感覚があり、知的にも感情的にも無傷なのに、丸太のような状態を余儀なくされ、その状態に閉じ込められたまま死ぬしかなく、彼を理解できた唯一の人〔看護婦〕との接触も上官の軍医長によって意図的に奪われる。けれども、愛他主義は別にして、こうしたサービスが男性にだけなされることは無意識のうちに当然であると思われるのに、あらゆる年齢のあらゆる身分の女性の性的欲望を満たす普通の手段として男性を自由に利用できるような社会システムを考えるとき、人々は気詰まりを覚えることに変わりはない。また同様に、地面に倒れた少年の裸でかよわい身体が、それをとり囲み少年の恐怖と屈辱をあざ笑うブーツを履いた女たちの輪の中央に投げ出されている光景を想像するのは不可能である。しかしこれは、前に引用した〔一九四頁〕、アラン・ロラの描くシーンとまさに対をなすものである。もちろんブーツを履いた男たちが輪になったシーンが喚起するのも正常な行為とは言えず、常軌を逸したショッキングな行為であるが、そうした光景は、意識のどこかで、驚くにはあたらないと思わせる。

私はこの種の論証によって、男女間の完璧な同質性を、私たちの望む平等の基盤として打ち立てようとしているわけではない。そうではなく、男女の関係の非対称性と不平等がすべての人によって非常に深く内面化されている表象の力を感じてもらい、そして、それがリビドーの観点から何を意味しているのかを再考するきっかけにしたいのである。

欲動、欲望、リビドー

欲動、欲望、リビドーといった概念について議論するためには精神分析の分野に立ち入らねばならないが、それは私の能力を超えている。しかし、二点だけ指摘することができると思う。

第一は、人間活動の原動力であるリビドーが男性だけのものであると考えるのは妥当だろうかという点である。男性はあらゆる捌け口を自由に用いてよいという特権の底流にあるこうした考え方と、一般に言われている女性の身体にはどうしようもなく暗く奔放な欲動があり、その欲動の実現によって非常に強い快楽を得るという考えは、どのようにして両立しうるのであろうか。よく知られているように、テイレシアース〔ギリシア神話に登場するテーバイの予言者〕は、快楽の特別な尺度で男性が一の目盛りに達するとすれば、女性は九の快楽を得ると見積もった。テイレシアースがこんな宣言をして女性の秘密を暴いたのを見たヘーラーは、激怒して、罰として彼を盲目にしたと伝えられている。これは確かに神話にすぎないが、男性は女性を恐れているという思い込みと同時に、女性にもそれと対称的な恐れがあると思われていることが効果的に表現されている。つまり、女性は自分たちの置かれている性的隷従の中に隠されている逆支配の力が暴露されるのを恐れているというのである。というのも、力関係（現実にあるとされている）について知らないのは男性の側なのであるから。

こうした男女の対置から引き出すべき結論は次の通りである。男性の欲望だけが重要であるとし、男性の欲望は利用できるすべての身体を用いて満たしてもよいが、妻以外の複数の女性によって提供される男の快楽のあらゆる可能性を利用しながらも――ただし相互性を追求したりせずに――妻たちの性的欲求は抑圧しなければならないとする古典的立論、こうした立論はイデオロギーによる構築物であり、精神生理学的な現実を反映してはいないこと、そしておそらくは、あらゆるイデオロギー的構築物の中でも最も深刻な、最も影響力の強い、最も重大な結果をはらんでいることである。

この構築物が基盤にしているのは男女の非対称性だろうか。身体的な非対称性が、リビドーの表現や実現において強く作用していることは間違いない。しかし、男女の器官の非対称性――挿入するものと挿入されるものの対立――だけが、生活のあらゆる領域に及んでいる男性の社会的支配の起源であるとするのは難しい。能動／受動の場合と同様に、そこにはあらかじめ一つの価値判断が想定されている。挿入される身体に結びつけられる女性的なしるしは、挿入される身体やその本来の挿入能力の如何にかかわらず〔たとえば男性同性愛の場合〕、即、マイナスのしるしなのである。他方、能動vs受動という特性は挿入するvs挿入されるという特性に自動的に結びつけられているわけではない。挿入を伴う性行為において、受動性が男性的なものである場合もあり、インドがこのケースに当てはまるが、そこでは受動性に価値が与えられる。男性支配を理解するためには、もっと別の要請が働いていることを見なければならないと、私には思われる。つまり、一般に子どもをつくるためには女性の身体を占有しなければならないことである。確かにそうであるが、それはとりわけ、男性のために息子をつくることによって、身体的に男性のかたちをしたものを再生産するためである。これまでいくつかの文化的背景において簡単に見てきたように、女性の身体の利用をそれぞれ異なる女性に割り当てる分割は――この分割は男性の性的快楽にさらなる要素を提供するが――、その出発点において、男性支配の原初の基盤である思考を前提としている。すなわち、男性が自分たちの同類を再生産するためには、受益者である男性どうしの合意の上で、女性の身体を入手し隔離することがどうしても必要なのである。

この構築物が基盤にしているのは、「自然的な」差異として、女性の快楽の欲求は男性に比べて取るに足りないものだということであろうか。人間も属している動物界が機能していく上での基本前提は、最小の代価による快楽の追求は誰もが普遍的にもっている欲求であるというものである。[20]この普遍主義はまずまずの平等主義的意味合いをもってはいるが、実際のところ性の領域においては、男性の欲動にしか及んでいないと理解しなければならないのだろうか。それは、他の領域、食料や避難場所や休息の追求、あるいは苦痛の回避といった領域においてと同じ性質のものであるはずなのだが。それとも、女性における快楽の追求は性的活動とは無関係であり、たとえば、母性の充足と関係しているのであるといった別の前提を立てなければならないのだろうか。このように、私たちはリビドーに関してもまた、法律の表現において普遍主義と見せかけて人としての身分や市民としての身分から女性を除外したのと同じ拒否に出会うのだろうか。すべての人間は快楽を追求するが、女性はそうではない、あるいは、違う仕方で追求するというのであろうか。社会秩序の基盤には、このように、「自然的な」差異がアプリオリに措定されている。しかし、性欲や快楽の追求における女性の欲求はごく些少であるとか、仮にそうした欲求があるとしてもその目指すところが根本的に異なっているといった仮説を客観的に確立することは不可能である。

男女の非対称性や女性には男性ほど快楽への欲望がないといった仮説をもっとよく理解させるため

の要素として、男性だけが知る欲動の激しさと女性に定められた愛の欲望の変わらぬ誠実さとを区別することが提案される。男性の欲動はホルモンによるもので、抗しがたく、強制力があり、愛する相手、望む相手に向かうとは限らないが、女性の欲望は決まった相手に向かい、相手との相互性を求めるというのである。しかし、ここで言われているのは、実際は、社会的に分配された男女の役割であり、それが正当であることを証明するための合理化にすぎない。男性には確かに性欲があるが、そこから自動的に、それが我慢のできない、コントロール不可能な、生理的にその場ですぐに満たされなければならない欲動であるということにはならない。これは禁欲主義者や修道者に限らず、また、必ずしも昇華[*1]を経なくとも、多くの男性の日常生活が証明していることである。愛の欲望は男女どちらにとっても欲動のかたちで表れうる。しかしまた同時に、ミシェル・シュネデールが述べているように、欲望は、単に対象を前にして立ちすくむ（自分を欲望してくれない相手を欲望する場合）だけでなく、対象をもたない（特定の誰かを欲望しない）こともあり、[21]たとえばシェリュバン（ボーマルシェ『フィガロの結婚』の登場人物）の場合がそうだが、欲望はそれを充足できないことの中にあり、この不可能性は彼の欲動の力を抑えるどころか増大させるのである。

　男性の性欲は何ものも止めることもできず、制御することもできない急流であるという側面――それに対して、女性の欲望は「よどんだ水」である――を示すことによって、男性の性欲を自然の欲求であると認めること自体、男性の欲望の正当性を弁護することである。かくして、すでに見た制

＊訳注1　性的エネルギーが性目的ではない何らかの活動（学問・芸術・宗教など）に置換される無意識的過程。

度的に確立した制限（殺さない、他人のものを取らないという制限）の範囲でなら、どんな行為に及ぶことも許可される（ところで一般にこうした制限が尊重されること自体、欲動はそれを感じる個人によってコントロールできることを証明している）。社会的制約とはまさに観念的構築物、表象に属するものであり、男女の正しい関係を命ずるような仮借ない「自然」に属するものではないのである。

女性色情症の例を見てみよう。これは、一人の女性が多数のパートナーに身を任すという、一種の身体的かつ精神的不調を説明する精神医学用語である。欲求不満やリビドーの昂ぶりがきわめて深刻な状態にあるとき、女性色情症が実際に精神医学上の障害である可能性は大いにありうる。しかし、強調しておかねばならないが、性の市場で適切な相手を紹介してくれる供給網がないところで多数のパートナーを探すことは、それだけでも、西洋女性にとって、とりわけここ四〇年の変化以前は、世間体という前線での困難な闘いを強いられることを意味していた。ところで、多数のパートナーを相手にすることは、女性の場合は不品行や精神障害に帰されるのに、男性が売春婦を相手にすることは（強要による関係は言わずにおくとしても）、単に健康上の必要ということになる。それは、嘔吐や排泄と同様に、いっぱいになりすぎて苦しくなった器官を空にすることにすぎない。まったく純粋に生理学上の話なのである。しかし、逆に、同様の次元で、不可欠な「栄養補給」というメタファーも可能なはずだが、そうしたメタファーが女性の欲求の正当な充足という、場合によってはありうる要求を援護するために用いられることは決してない。メタファーが用いられるのは、男性から精液を吸い取って空っぽにしようと貪り食う大食いの女か人食い女の残虐さというかたちにおいてか、さもなくば、正式の婚姻関係における性行為が蒼白な貧血症の娘に活力と生気を取り戻させると見なされて、精液の治療的価値を喚起する場合である。[22]

今日の実情

今日も状況はほとんど変化しておらず、それどころか新たな形態による女性の身体の性的利用や――男女を問わず子どもの身体の性的利用も加えねばならないが――、さらには旧来の形態での搾取の増加のせいで、おそらく悪化さえしているのを見ると、絶望的に思えるかもしれない。しかしながら、公的にも、政治的にも、また私的にも、見方は変化してきている。法律、個々の法律の司法上の適用、警察の関与が性の領域にも及び、強者の襲撃から弱者を守ろうとしている。こうした傾向には、欲望に枠をはめ、リビドーを枯渇させる危険はないだろうか。確かにこれは重要な問いである。しかし、こうした問いを提起することは、リビドーや欲動は男性だけのものであるとする支配的モデルを強化する危険を冒すことにもなりかねない。なぜなら、一部の、いわば見識のある人たちの見方は確かに変化し始めているにしても、男女のセクシュアリティの表象というこの重要な領域において、行動の規範が本当に変化するためにこれまで何もなされてこなかったために、大勢はそのままであるからだ。一方、とりわけ、暴力や不平等な取引によって手に入れる性行為の利用者は着実に増加しており、狩場を広げている。

たとえば、周知のように、セックス・ツアーが存在することへの認識が広がっているにもかかわらず、また、それに対する糾弾や、旅行業界自体の取り組みもなされているにもかかわらず、現在のところ、増大する需要の力に押されて、ほとんど成果が上がっていない。需要の九九パーセントは男性であり、二–三〇〇万人の子どもが犠牲になっている。[23] しかも、顧客が表明するエイズへの恐れのため、利用される子どもはますます低年齢化している。[24] こうした数字は、一人の子どもに複数の客がいることを考えると、需要がいかに巨大であるかを物語っている。

セックス・ツアーは、新たな形態での女性の身体の利用の一角をなしている。集団強姦の日常化や国際的なマフィアの密売組織もまた同様にその一角をなしている。ヨーロッパ域外から強制的に連れてこられた娘たちは都会の市場で働かされるが、彼女たちはますます若年化している。さらにまた、広告や商業目的のために、女性の身体のエロチックな力が、陰険な、しかし熟慮され計算されたやり方で利用されているが、こうした利用は、女性の身体はすべての男のものであるとする観念的な図式に忠実に従っている。女性の身体の上に当然の権利のように注がれる占有の視線はその最たるものである。

これに対して、セクシュアル・ハラスメントと呼んでいるものは新たな形態ではなく、昔からあった状況の不当性が認識されたことによっている。雇用者が、かつての親方や領主のように、身体的あるいは精神的な強要のもとに（たとえ自分には当然権利があると示すだけであっても）、自分の権威を利用して、女性になれなれしく振る舞うことを許すような権力状況の不当性が認識されるようになったのである。

重要なのは、単に行き過ぎを法律によって規制することではない。絶えず教育を繰り返すことによって、十分な根拠もなく私たちを支配し条件づけている思考体系の普遍的なメカニズムを理解させることが必要である。というのも、すでに詳細に分析したように、こうしたメカニズムは大昔から構築されてきたものであるからだ。次に重要なのは、さらに難しいことだが、単に結論を引き出して見せるのではなく、一人ひとりが考え方や行動を徐々に変えていけるようないくつかの着弾点を示していくことである。それには長い時間がかかるだろう。ピエール・ブルデュー〔一九三〇－二〇〇二、社会学者〕は「社会構造が身体に刻印されることから生じる恐るべき惰性[25]」について語っているが、そうした惰性は、習慣によるもの、つまり、まさに教育や身体の馴致によってごく幼い頃から身についたものによるのである。ジャック・ブーヴレス〔一九四〇－、哲学者〕は、ブルデューについて述べながら、「知ろうとするだけでなく、知っていることから結論を引き出そうとしなければならない。そして、引き出すべき結論が実践（プラティーク）〔無意識的なものを含めた習慣的な人間の行為〕に関するものであるとき、私たちは、知性には残念ながらもはやほとんどどうする力もない、昔も今も同じように制御しがたい一つの領域に入る[26]」と記している。しかし、彼はこの言葉の後に、このことは「個々の行為者の行動を支配する社会学的規則性の存在」に左右されることのない「自由で責任のある行動」というものについての私たちの考えを変えるものではないと付け加えて、先の言葉がもつ悲観的な意味合いを修正している。私もまた、同じように、これこそが私たちの堅持すべき路線であると考える。すなわち、男女の関係をいたるところで支配しているシステムのコペルニクス的転回を、たとえ時間はかかっても勝ち取るために、説明し、理解させ、説得し、教育し、実行に移すことである。しかし、これは困難な企てであることをつねに念頭に置いておかねばならない。というのもまさに、この企ては平等の中での幸福に到達するために、人類の半分に対して何千年にもわたる特権を手放すことを要求するからである。これまで、哲学者たちも含めて誰も、この人類の半分に対して、そうした幸せがありうることさえ考えさせたことがなかったし、そうした幸せを得るための負担がどんなものかを示したこともなかったのである。平等の実現は、男性を敵とした、男性にとっては防戦することしかできない「闘い」の中で強引に奪い取る勝利によってなされるのでも、支配的な図式からすれば理解しがたい制裁によってなされるのでもなく、協力と連帯によって、つまり観点の変化によってなされることが必要であるが、そうした変化のためには、読者も気づかれるように、いくつもの個々の行動のおかげですでに変革の第一段階に到達していることが必要である。

女性の身体の新たな利用――広告

広告は、激しい競争の中で製品を買わせることが重要であるから、本質的に商業目的で、女性の身体あるいは性的イメージをさまざまな方法で利用する。一つの方法は、現代社会では身体やセクシュアリティは隠し立てするようなものではないのだから、公明正大に利用して、その範囲内で、人間関係の中にあるエロチシズムを効果的に表現するというものである。もっとも、広告のイメージと販促進の対象との関連がかけ離れているように見える場合もある。こうしたずれは、それ自体おそらく意図的なものであり、用いられている身体のエロチックなオーラを対象である商品に転移し、アピールすることを目指しているのだ。たとえば、急ブレーキをかけた自動車から降り立つクラウディア・シフェールの脚の映像。彼女はボールを拾い、それがブレーキをかけた原因だったのだが、歩道の端で待っていた男の子（黒人）に手渡し、驚いてうっとりしているその子の額にキスをしてやり、キスしてもらえなかった仲間の少年たちが嫉妬してキスをまねながら身体をくねらせ、投げあげるいくつものボールと、冷やかすような歓声の下をさっそうと去っていく。この光景は、自動車にエロチシズムを与えるだけでなく、人間的な暖かみのある生き生きした色合いを与えるいくつものメッセージを伝えている。

逆に、これまで見てきたような支配的モデルを徹底的に利用して、前面に押し出すものもある。これらは次の三つのタイプに分類できるだろう。

一つ目のタイプは、顔のない、扇情的なポーズをとった身体、または身体の一部分を利用することであり、女性に購買を勧めている当の商品ではなく身体そのものの利用、もっぱら男性のための別の利用の可能性を効果的にほのめかす言葉を伴っている。たとえば高級ランジェリーの画像。そこには誘惑のレッスンが組み込まれ、二通りの意味にとれる表現、「どうして私の銀行家は私が〝肌もあらわな／無担保の〟方がいいのかしら」が添えられている。このキャッチコピーはとりわけ注目に値する。どんな銀行家も利益になる客よりも、〝肌もあらわな／無担保の〟――つまりこの広告では性的に身をさらしているという意味の――男性客を好んだことなど決してないのだから、このコピーは、真面目な銀行は男性相手であることを匂わせている。何たるユーモアか。香水オピウムの広告の赤毛の女性の、ヒールの高い、くるぶしのところを紐で結んだラメ入りのサンダルを履き、開いた両脚を支えに、弓なりにのけぞった肢体、黒地を背景にしたヌードの、真っ白な肌の身体は、こうして人目にさらされている身体の性的利用を暗示する以上のことを示している。ここで、こうした女性の身体の広告における利用を取り上げるのは、猥褻あるいは凌辱の概念を盾に取って非難するためではなく、そこにある二重の非対称性を浮き彫りにするためである。つまり、女性に商品を購入させるためには男性の欲望をかき立てなければならないが、男性に商品を購入させるためには女性の欲望を動員してかかる必要はないということである。それどころか逆に女性的な価値を与えすぎると、男性向けの商品には害になることが認められている。

ここには、確かに、太古からの支配的モデルによって女性に仕掛けられた計り知れない罠がある。もし女性が個人としては存在せず、もっぱら男性の女性に向ける欲望や視線の中でのみ存在するのであれば、女性は自分が存在していると感じるために男性の欲望や視線に順応しなければならない（閉経後の女性をしばしば襲う見捨てられた孤独感はここに起因している）。ミシェル・シュネデールは、十九世紀のある女性蔑視の諷刺家の、「愛の暴力が、その対象になった人にいかなる嫌悪感を吹き込むにしても、まったくその対象にされない女性たちにはそれ以上の嫌悪感が吹き込まれるのである」[27]という文章を理由に挙げて、女性自身が「より控えめなセックス」を望んでいるわけではないと主張しているが、それは間違っている。この文章はあまり上出来ではないが（暴力の対象が性別のない「人」から女性全体に移行している）、女性は自分がまったく求められず、誰からも暴力を振るわれないことにもつねに嫌悪感を抱いていることをあからさまに示している。そこでは、人間存在には深遠な矛盾があるとか、女性には生まれながらのコケットリーがあるという明白な事実ではなく、女性にとって、しかじかの男性の欲望の中に、欲望によって、存在するかしないかという選択はいつもきわめて過酷なものであったことが明らかにされているのである。女性たちが求めているのは「より控えめなセックス」ではなく、おそらく彼女たちの好みに合ったより多くの、あるいはよりよく合ったセックスであり、いずれにせよもっと敬意を払ってほしいのである。

幻想の中で支配的モデルを利用する二つ目のタイプは、映像やそこに組み込まれた言葉遊びによって、女性の身体が、この場合は必ずしも性的な利用に向けられているわけではないが、それでもやはり、あらゆる仕打ちを受けうる動物的身体であることをわからせるものである。それは要するに男の幻想であり、たとえばバベットという女性の名前のついた生クリームがそうである。そこでは、生クリームも女性も、「泡立て／鞭打ち fouetter」「かき混ぜ／殴り battre」「とろみをつけ／縛り lier」「鍋に移す／性行為を強制する faire à la casserole」ことのできる、またはそうすべきものである。このコマーシャルは、生クリームと生クリームのように甘くやわらかな女性そのものとの両義性を――官能的に、言葉遊びの楽しみしか見ていない制作者にとってはそうなのだろうと思うが――利用している。男性の幻想はまた、革靴を履いた主人の足下に屈伏した女性や、動物と一緒に、その動物と同じ姿勢で同じ身のこなしの裸身の女性を登場させる。この種のものでは、出会い系サイト[28]が打ち出したコマーシャル以上に、女性の動物的性格という考えを暗示しているものを見つけるのは難しいだろう。そこには黒いミニスカートをはいた若い女性の後ろ姿が写される。頭部はなく、腰には男性の手が置かれており、ダックスフントの長い鼻がスカートの後ろを持ち上げて、子どもっぽい小さな白いパンティが見える。この犬は明らかにオスで、座った若い女性の腕に抱かれているのだが、この女性は笑みを含んだ視線を横に向け、左手の二本の指で犬の性器を支えている。要するに、女性の身体（つまり性器）は犬にとってさえ欲望をそそるものであり、女性の身体が放つ匂いはあらゆるオスの欲望にとって抵抗できない扇情的なものであることを同時に理解させようとしているのである。この映像とこうして事業を伸ばしてきたと思われる出会い系サイトの関連は、男性に伝達されるメッセージが次のようなものであるというまさにその限りにおいてしか存在しない。すなわち、こうした場所に出かけてくる女性は捕まえてもよいさかりのついた動物以外の何ものでもないということである。

さらに三つ目の非常に狡猾なタイプがある。ある商品を広告するのに、女性を諷刺したり、その能力を過小評価したりするやり方である。運転の下手な女性とか、バーゲンセールで奪い合う女性や、頭の悪そうな女性や（「私が発明したのではないけれど、使い方は知っているわ」、というカンドレル〔粉末状甘味料〕の広告）、ピイピイ騒ぎ立てる女性だったりする（マヨネーズの広告）。その他、ありふれたすべての広告について話すつもりはないが、そういった広告は女性たちがお気に入りの品々、箒（ほうき）、床雑巾、バケツ、アジャックス〔洗剤の商品名〕を、南仏の太陽の下で幸せいっぱいの様子で踊りながら、有頂天になって使っているのを映し出す。そうした広告の一つで、以前のものだが、女性を貶めることで、逆に、男性の手で男性のためにつくられた品物の価値を高めるという支配的モデルに訴えるまさに典型であるという点で注目に値すると思えるものがある。ジーメンスが数回にわたって『ル・モンド』紙に掲載した、十時間の通話が可能な携帯電話GSMジーメンスS4「パワー」の全面広告である。ページ全体に、時間の経過を示すいくつかの目覚まし時計が配置され、その間を、全部で五〇行の「ペチャ、クチャ、ペチャクチャ……」のバリエーションで埋め尽くし、「悪いお知らせ。あなたの奥様は十時間も電話をかけ続けました。世界記録更新です」と締めくくられている。[29] 文脈から考えて、悪い知らせは夫にとってである。優先利用者である夫は「ペチャクチャ」とは違う話し方を心得ているはずなのに、妻の節度のないおしゃべりとその空虚さのせいで、どちらも女性特有のものだが、お金を巻き上げられる支払い者になるというわけだ。

以上の三つのタイプが直接関係しているのは、人間関係の正常なエロス化ではなく、男女の示差的原初価と男性支配という太古以来のモデルの核心に刻み込まれた幻想である。広告業界が自分たちの作った広告が伝達するメッセージの反復力を理解しようとしないのはこのためである。彼らはメッセージの正当性についてよく考えもせずに同調しているのである。たとえば、広告代理店協会は、衆目にさらされるポスターという手法の利用に時として軽率な面があることは認めるが、基本的にはまったく問題はないとしている。アーティスト・ディレクター・クラブは、「客体としての女性の利用が日常化していること」を認め、悪い習慣ではあるが、といってもごく稀であるし、ラップミュージックに比べれば広告はそれほどひどいものではないとする一方で、女性たちは苦情を言うけれど、その同じ広告主にうまく乗せられて被害者になっているのもまた女性ではないかと非難している。それが必ずしも同一の女性でないことは言うまでもないし、こうした論法にはどのようにして反証を加えるべきかはすでに見た通りである。ＢＤＤＰ父子会社は、広告は社会の鏡にすぎないのに（これは間違っていない）、こうした問題では都合の良いスケープゴートにされていると考えており、同じ広告でも少々スノッブな雑誌に載せるのと街の壁に貼るのとでは生み出す効果は同じではないという考えを蒸し返す。いわばエリートの感受性（つまり男性の？）はユーモアをもって選別することを知っているが、大多数の人にはそれができず、洗練された人たち向けのこのエリート相手の広告の主題が女性であるときは特にそうである。そして最後に、ピュブリシス・グループは、いわゆる性欲の意図的利用という考え方については端的に否定する。というのも、広告の目的は欲望をブランドや製品へと転移することなのだからという主張である。さらに、広告が与えるイメージの受け手には、買わないことによってそのイメージを拒否する権利はあっても、イメージ制作の基盤にあるモチベーションまで監視する権利はない、と主張している。[30]

このように、業界の人たちは問題を回避して、いわば「ボールをタッチラインの外に出している」と、判断できる。ピュブリシスは別として、提起されている問題の正確な内容が把握できていないのだ。ピュブリシスにしても、そこに商業目的での欲望の転移に必要な手段しか見ていない。問題が否定されているとまでは言えないが、十分に把握されていないのだ。

二〇〇一年七月に専門家グループが広告における女性のイメージに関する報告書をフランス政府に答申したが、この報告書は「人間の尊厳の尊重」に明らかに違反する行き過ぎがあることを確認し、「道徳秩序」を救うためにではなく、「暴力と差別に対して」闘うためにいくつかの対策を提案している。たとえば、広告業界自身の責任に訴え、職業倫理規範や自己点検作業を通して、広告審査委員会の規約をこの方向で適用することである。また、〔報道の自由に関する〕有名な一八八一年七月二九日法を改正して、「性別、障害、年齢、あるいは性的志向による差別」――この文言は、すでにアムステルダム条約〔*2〕で用いられている――を制裁対象理由として追加し、市民団体に裁判を起こす権利を与えることである。そして最後に、広告業界の人たちと議論するための意見交換や公開討論の推進が挙げられている。[31] この最後の点は、相互の教育や情報交換を目的とするものであり、とくに、業界人の自覚や職業倫理規則の制定につながれば、重要であることは疑いない。職業倫理規則のうち最も単純なものの一つは、言葉で魅惑したり、二枚舌を用いて気を引くのはやめることを学ぶことであろう。こうした計画がこの先どうなるかはわからない。道徳秩序の回帰や、創作活動への一種の検閲の復活を恐れる多くの反対派がこの計画に反対し、とりわけ市民団体に与えられている告訴の可能性に反対して立ち上がる危険性があるからだ。さらに「創作活動」という語――「コンセプト」という語と同様、かなり不正確に用いられている――の意味についても合意がなされなければならないだろう。黎明期にある男女平等がその根底から覆されることがないように警戒することが、たちまち道徳秩序の回帰ということになるのだろうか。こうした恐れを表明することで同時に、広告の中で女性の身体についてなされている根本的に「不道徳な」（他者に対する蔑視という意味での）利用を認めることは、見事なまでの矛先転換ではないだろうか。

いずれにせよ、現在私たちの目前で展開されている事態を見ると、広告の言説が含む内容は、男女平等を促進するための対策と両立することも可能なはずなのに――どうしてそうでないわけがあろうか――、相変わらずまったく逆の方向に働いている。専門家グループの代表は「万事が、あたかも不平等が一種の仕返しのために広告企業の言説の中に移動しているかのように、運んでいる」と指摘している。この言葉は、〔広告業界が〕間違いを明確に意識していると同時に、取るべき対抗手段に

＊訳注2　一九九七年に調印された欧州連合の基本条約。一九九九年発効。当該の文言は第一三条一項で用いられており、性差別にとどまらずあらゆる差別との闘いが規定されている。

ついても明確に意識的であることをほのめかしているという意味で、少々手厳しい。問題の広告業者を別個に見れば、そうとも言えないのだが。ともあれ、確かに時代の空気は反映されており、広告の言説には単に太古からの支配的モデルの核心が奔放に表現されているのが見られるだけでなく、それが脅かされているのを感じ始めているだけに余計に強く表現されていると考えられなくもない。

性的侮辱の野蛮さ

この同じ説明の試みを、男権の上に築かれた野蛮な慣行の一般化、あるいはその新たな局面を説明するために——そうした慣行は昔から例外的なものとして存在していたとも言えるし、現在ではとくに目に見えるかたちで広くはびこり、ほとんどありふれた日常茶飯事として現れているとも言えるものであるが——繰り返さなければならないのだろうか。

それはもちろん、略奪や戦争の際に行われる強姦のことであり——場合によって監禁、反復、集団暴行、強制妊娠を伴う——、本書の第二部でも問題にしたが、兵士や民兵は自分たちの手中に落ちた娘や女性を性的に利用し、彼女たちの無力や恥辱に強い満足を感じるだけでなく、彼女たちの家族全体を侮辱し、そうすることで全員の抵抗を打ち砕くことを狙っている。それはまた、「一般市民に、彼らの拘留や諸権利の侵害の合法性に異議を唱える可能性が与えられていない」[32]あらゆる国において、女性に好んで科される罰としての強姦である。この行為は国家の役人によって何のためらいもなく行われる。彼らは自分たちの権利と力は国家そのものに由来しているのであるから処罰を受けることはないと確信しており、加えて、司法警察官としての彼らの特権であると見なしていることを実行することによって無償の性的快楽を得る。それはいわば征服した国での戦利品のようなものである。

しかし、ここまでのところは、言ってみれば古典的なことであり、正当に得ることのできる男性の満足の領域にとどまっている。それは、（戦争や弾圧といった）機会が、父親であれ夫であれそれまで女たちを管理していた者の権利を無効にし、誰でも自由に使用できるようにした身体の上で正当に得られる満足である。女性の身体は、メタファーとしてではなく、現実に、鎮圧され、打ちのめされ、略奪され、利用される敵地そのものなのである。

実際は、ここではとくに、この節の冒頭での問いをふまえて、西洋諸国における少年たちの性的欲望を満たすための普通の手段になっている強姦の一般化（大人の場合の売春婦の利用にあたる）について取り上げる。つまり、少年グループによる集団暴行、公式には「未成年の少女への共同強姦」と称されているものである。ル・モンド社の月刊誌『教育』の定義によれば、「若い娘を男あるいは女の友人が、別の仲間たちの待っている場所に誘い出し、性的虐待を加えるといったタイプの集団暴行で、しばしば〝輪姦〟とか〝淫売計画〟と呼ばれている」[33]。

事前計画……

新聞の論評からいくつかの共通点を指摘できる。まず第一に、〝輪姦〟は大都市郊外の社会的に恵まれない地域に限られた問題ではないということだ。リヨンのクレマンソー中学のケースのように、高級住宅街でも同様に起きている。どの女の子を犠牲者にするかといった事前計画が（「淫売計画」という言い方からもわかるように）つねになされている。犠牲になるのはたいてい内気で控えめで真面目で優等生と目された、主謀グループから距離を置いていた少女である。このグループには複数の女子も含まれていることがあり、強姦を見物したり、時には次に犠牲にする少女を連れてきたりする。こうして、いわば参加料を支払うのである。犠牲者として選ばれた少女は、グループによる突発的単発的な襲撃の対象になることもあるが（たとえばリヨンの中心街で中学校の同級生たちにさらわれた少女の場合、中学生たちは少女をさらってから携帯電話で他の仲間に連絡した[34]）、たいていの場合、作戦は長期にわたるものである。リヨンのケースでは、少女はすでに二度も同じ方法で襲われていて、覚えられていた。より一般的には、一度襲撃されると、その少女は襲撃した少年たちのための日常的な――時には自宅まで迎えにくる――性奴隷にされる。少年たちは他の仲間もお相伴にあずかれるように呼んできたりもする。こうした責め苦は、噂が広まるまで何ヵ月も続く可能性がある。彼らの作戦が巧みに仕組まれ、計画的であることを明らかにしている点の一つは、作戦にはたいていの場合、数週間にわたる感情的心理的な条件づけが先行していることである。一味の少年たちは、犠牲者となる少女を誘惑するために代表として「美少年」を送り出し、恋愛感情があるように思い込ませて、警戒心を薄めさせる。少女が彼について人気（ひとけ）のない場所（地下室、パーキング、階段、あるいはマンションの一室のこともある）に行くのを受け入れると、そこでいわば待ち合わせていた一味と出くわすことになる。一般に加害者たちが、「付き合っている子」だとか、被害者の軽率な振る舞いのせいだとか、同意の上だといった論法を用いるのはそのためである。少女が一味の一人に同意していると、全員に対して同意していると見なされる。時には、最初の性関係は、こうしたケースで自由な選択などと言えるとすればだが、確かに自由な同意の上でなされることもある。二〇〇一年四月に判決が下りた、パリ十九区の集合住宅の地下室での一〇人の若者による一四歳の少女強姦事件もそうであった。暴行は二度行われた。『ル・モンド』紙によると、一回目は、「自分のガールフレンドを仲間と〝分け合う〟つもりだった、当時の恋人の先導で行われた[35]」。この表現には間違いがあり、大人の読者向けに書かれている。彼女は恋人だったわけではない。これは実際には、獲物の狩り出し役として送り出された密使の「美少年」によって意図的に仕掛けられた罠である。

したがって、これは少女たちを狙った事前計画によるものであり、示し合わせた狩猟である。狙われるのは加害者と同じ社会階層や学校に属しているが、グループとは距離を置いていた、精神的に不安定で、孤立した少女たちである。ターゲットになるのは、たいていは非常に若く少年たちと同年代の少女だが（ブザンソンで裁かれた事件では一一歳から一三歳であった[36]）、時には大人の女性が、知的障害があり、抵抗力が弱いせいで選ばれることもある。

被害者たちは強い圧力をかけられ、沈黙と同意を余儀なくされる。この圧力は被害者家族、とりわけ妹たちに向けられ、もし被害者が事件について語る決心をすれば家族が報復を受けると脅かされる。訴え出た場合、しばしば家族全員、両親兄弟姉妹までが転居しなければならないほど追い詰められる。[37]というのも、共同体の視点からすると、家族も被害者も、国家機関に訴えたことによって、一つの権利の当然の行使を妨害したことを恥じるべきなのである。実際こうなると、周りの人たちは、若者たちをもはや犯人ではなく被害者だと見なし、不当に罰せられたと考える。当然ながら、少女が誘ったのであり、合意の上の「若者の恋愛沙汰」であって、彼らは挑発されたのだ。大衆の支持は『ル・ヌーヴェル・オプセルヴァトゥール』誌が報じたルーベクスの事件やリヨンの事件のように強姦者の方に向かう。リセ〔公立高等学校〕のソーシャルワーカーによると、「テレビ番組の『ロフト』のような、最も弱い者を排除する暴力に強く影響を受けた中学生たちは、自分の友だちが事件に関わっていることは受け入れがたく」、むしろ被害者の「軽率さ」を非難するのである。

……そして無自覚

こうしたすべてにおいて最も注目すべき点は、事件の張本人たちが明らかにその重大さを自覚していないことである。すべての証言がこの方向で一致している。「彼らにとっては、取るに足りない行為なのです」とパリ十九区で起きた事件の被告側女性弁護士は言明している。二人の少女が巻き込まれ、四ヵ月続いた輪姦事件では、少女たちは「毎晩二〇人が順番を待っている」ところに毎日連れて行かれたが、逮捕された一五歳の少年たちはどこがいけないのか本当にわからないのである。「彼らはスーパーマーケットで買い物でもするように少女たちをものにするのだ」と事件を扱っている憲兵隊長は語っている[38]。

『ル・モンド』紙の記者[39]の質問に対して、エヴリー〔パリ南郊の都市〕に住む少女は次のように答えている。「男子たちにとって、輪姦に加わるってことは、ちょうどワールドカップで勝ったようなものなのよ。お互いに一種の競争をしてるようなものね。ともかく、男の子はどんな馬鹿げたことだってできるわ。誰も何も言わないいんだから」。一方、男の子と一緒にいるだけで「女の子には噂が立つ」というのに。同じ記事によると、少年たちは「この辺で輪姦させる（〝輪姦させる〟で、〝輪姦される〟ではない）女の子は、俺たちが無理強いしてるんじゃなくて、あっちがやりたがってるんだ」と答えている。ただし、こう付け加える。「確かにグループだと、調子にのってしまう。女の子とは、〔中略〕ついやりすぎる、大胆になるんだ」。別の少年は「女の子たちは俺たちが寝たがってるだけだって言うけど、その通りだよ。ロマンチックな気持ちなんて、そんなものない」と言い放つ。彼は、そのうち処女と結婚したいと思っているとか、「もし自分の妹が淫売だなんて思われたら、恥だよ〔中略〕。もう人から相手にしてさえもらえなくなる」ので、妹のことを見張っている、とも言う。

情動不全か、強者の法か

これらの言説は、悲劇の当事者や証言者たちが事件において何が問題になっているのかを冷静な目で見ていることを示しており、非常に興味深い。政治家や心理学者など、大人たちの分析はどうかと言うと、親の愛情不足による情動不全や性の荒廃を前面に押し出して、「単なる消費の論理」や当事者たちの「感情や情動の貧困[40]」の説明に終わっている。加害者についてはおそらくその通りである。しかし、被害者が感じている多様な情動（苦しみ、恥、恨み、恐れ……）を誰が推し量るというのだろう。国内治安高等研究所に提出された社会学の報告書（著者はエリック・ドゥバルビゥ〔一九五三－〕）は、別の、より一般的な次元に立って、「未成年者の暴力のメカニズム[41]」を見事に分析している。それによると、このメカニズムは、強者の法を中核として、グループ内で誰が強者で誰が弱者かを互いにはっきりさせるいわば選別テストを行うが、こうしたすべては、「男としての掟」がグループの法として幅を利かす男尊女卑的な背景においてなされる。この掟は「名誉を真に構築するものとして絶対的に」、同時にまたそれ以上はありえないほどこれ見よがしに機能する。実際、自分の地位を保持するためには常時自分を認めさせることが必要であり、弱者に対して絶えず攻撃を繰り返すことになる。序列における自分の地位をただ守りたいがために、「強者はつねに先に進まねばならない」。

これらはまさに実地調査に基づく非常に的確な分析であるが、輪姦の事例は、実際、強者の法や単なる消費の論理の典型であるとしても、さらにより根本的に、男女の差異の表象の支配的モデルの一環をなすものであり、このことは取材を受けた少年たちの言葉の中にありのままに表現されている。要するにこうしたモデルは、避妊や男女同数代表制(パリテ)によってもたらされた女性の地位に関する考え方の変化と犯罪抑止の法制が一体となった闘いにもかかわらず、消滅するどころか、その抵抗力、再生力、そして存続のための旺盛な闘争心を見せつけているのである。

こうした支配的モデルは脅かされ始めているだけに、その反動として、そしてまた単に、広告やあらゆるかたちのサブカルチャーの影響、消費イデオロギー、禁止を排斥する教育システム、さらに青少年にとって未来の展望や関心の的になるものの不在を付け加えることもできるが、こうした要因が相互に強化し合い、同じ方向に向かっているがために余計に強く力を表してはいないだろうか、という問いを私たちは立てた。しかし、こうしたすべての要因は、輪姦という非行形態の急激な増加を説明することはできても、これらの非行の基本的与件、すなわち男性は女性の身体を利用して快楽を得るという基本的与件をつくり出すわけではないし、強者の権利としての男性の権利、被害者の側の恥辱、他者を侮辱することによる満足やうぬぼれといった特殊な性質をつくり出すわけでもないのである。

不安な再－創造

問題は再活性化というより再－創造である。上で見たような状況を前にして感じる不安は、太古以来のモデルを引き継ぎ、助長しているのが思春期の若者たちであり（注意してほしいが、私は若者全般について言っているのではなく、一部の特定の若者について言っている）、その年齢がますます低下していることからきている。これらの若者たちは太古以来のモデルを、誰もが子どもの頃からそうしてきたように、そしてそうし続けているように単に内面化したというだけでなく、このモデルに対して闘うどころか、日常生活の中で最も野蛮なかたちで効果的に実現するために、このモデルの新たな制度的様式を発明したのである。制度的というのは、それが、若者グループの文化と呼ばれるものによって社会的に認められているという意味においてである。さらに、ここで問題にしている未成年の少年たちはこうした性的欲望を満たすための方法を、別の時代なら同じような少年たちが処女の花嫁を探したり、あるいは大人の男性が売春婦の元に通ったりしたのと同じように、普通のやり方であると考えている。ロマンチックな気持ちなどないことを認めて、そう主張することからもわかるように、カップルが欲望を共有し合う関係の中で性を習得するという考え方はまったく消滅している。そのため若者にとっては二つのタイプの女性だけが残る。伝統的な結婚と生殖のために大切に取っておかれる娘、そして、こうした近寄りがたい、したがって視界の外にいる、一群の遠く手の届かない普通の女性たちとは別の、無理強いし、良心の呵責なしに利用し乱用できる、自分の勢力圏内の弱者、という二つのタイプである。

太古以来の男性支配モデルの再創造、普通だと思われている、強要による男性の性の習得の性質、グループの見ているところで、その同意のもとに、お墨付きを得るためになされるこうした特殊な性行為（チームでの一種のワールドカップ）、これらは、自由と尊厳の考えに反するのと同様に、男女平等の考えに根本的に反しており、まさに憂慮すべき重大な事実である。「尊敬」の概念が若者たちによってアイデンティティの正当な要求として主張されている時代にあって、この同じ尊敬が少女たちには文字通り否定されているということは驚くべきであり、少女たちは第二のカテゴリーに意図的に追い落とされているのである。

こうした行為はその野蛮さのゆえに罰せられるべきであり、直ちにそうされるべきであることに疑いの余地はない。しかし、それ以上に、未成年者たちが新たなかたちでねり直しているとはいうものの、自分の父親や社会全体から引き継いだ変わることのないモデルを、どのようにして彼らの頭の中から追い出すべきだろうか。日常茶飯事というほどではないのが救いだが、こうした慣行がフランスのいたるところで、しかもあらゆる階層で見聞されているという事実だけでも警戒を要するものである。昔よりもさらにいっそう暴力的な性的支配の慣行の台頭によって、男女の平等のためにこれまで勝ち取ってきたものが、将来、来るべき世代にとって、無に帰することがあってはならない。そのようなことになれば、こうした暴力的な性的支配の慣行の影響は国民全体に及ぶことになるであろう。私たちがいま経験している、平等へと向かうグローバルな変化は連続した前線上で進行しているわけではない。前進している箇所もあれば、取り残されている地帯や、抵抗地帯もあるのは当然である。しかしここで問題にしているのは、そういうことではない。問題は、男女の平等に対する真の攻撃が、まさに未来に向けての信念が形成されつつある、影響を受けやすい若者世代の中でなされていることだ。こうした攻撃は阻止されねばならない。そのためには、まだまだ教育のために、すなわち、教師や指導者の教育、親たちの教育、学校における子どもの教育のために、論陣を張る必要がある。知性に語りかけるこうした教育は非常に困難な仕事であり、社会の大きな変化が伴われなければならない。しかし、解決策はここにしかない。理解し、理解させ、具体的にかつ政治的に、知から行動への移行を試みることである。

人身売買と売春組織網

現代の特徴は、さまざまなかたちでの人身売買、たとえば、違法労働をさせる工場、主に若い女性や少女を対象とする家事奴隷制、そしてとりわけ、巨大マフィアを利する売春組織などの急激な増加である。

ヨーロッパでの売春組織の事象だけに限っても、現在年間一〇万から一二万人の若い女性（一四－二五歳）が東欧諸国（アルバニア、ブルガリア、マケドニア、モルダビア、ルーマニア、ウクライナなど）や西アフリカ諸国（とくにコートジボワール、ガーナ、ナイジェリア）からＥＵ域内に流入している。

これらの女性たちの経歴は悲しいほど似ている。彼女たちは、無知や信じやすさ、そしてあまりにも悲惨な状況から抜け出したいという願望につけ込まれ、騙されて集められたのだ。ここでもまた、結婚や給料の良い仕事を約束する勧誘員を装った、時には狙った餌食の両親の信頼さえも手に入れるような、罠が仕掛けられる。こうして長い苦難の道が始まる。抵抗を打ち砕くために繰り返される殴打、暴行、強姦、そしてとりわけ国に残っている家族や妹たちも同じ目に遭うかもしれないという報復の脅しが彼女たちを待っている。

彼女たちは監禁され、殴られ、身分証明書を没収され、場合によっては組織から組織へと文字通り売り飛ばされる。そのたびに組織の脅威は強まり、身近に迫ってくる。彼女たちは、歩道に立っているときも、近くで監視されており、助けてくれる可能性のある人や警察との接触も、さらには「女たちのバス」のようなボランティア団体との接触さえも妨げられている。「女たちのバス」は、一九九〇年からパリを囲む環状道路をまわって、コーヒータイムを提供し、束の間の休息と慰めをもたらしたり、コンドームを配布したり、女たちに自らの権利について情報を与えたりする活動をしている。これらのボランティアたちは、女性たちが近くから監視されていることや、恐がっていることを証言している。というのも死の脅威は現実にあるのである。二〇〇〇年には、イタリアで、一六人の身元不明の若い外国人女性の遺体が、身体を切断されたり轢き殺されたりした状態で、高速道路で発見された。

これもイタリアでの話だが、およそ二万人の売春婦が外国人女性で、アルバニアのマフィアによって「商品のように輸入された」と考えられている。フランスでは少なく見積もって一万人が主としてパリやその他の大都市に送り込まれている。そこから抜け出すのはほんのわずかであり、それは彼女たちの勇気や、時には入国の際に警察に摘発されるという偶然によるものであり、またイタリアのサンタ・フォカにある「平和の女王センター」のような救済センターの活動のおかげでもある。このセンターは、「密入国や性暴力の搾取者を告発する被害者のための社会保護プログラムを提供する」[42] イタリアの一九九八年法第十八条によって、国家から財政支援を受けている。

フランスにはこうしたものは皆無である。二〇〇一年一二月一三日に国民議会の調査団が提出した「フランスにおける奴隷制度」と題する報告書には、国家の全面的怠慢のもとで、「人間をモノ化する」[43]現代の搾取形態が記されている。さらに、このようにして売春婦にされた若い女性たちを警察の担当部署は人身売買の犠牲者としてではなく密入国者として見ているのである。調査団はいくつかの対策を提案しており、それらはすべて必要なものであるが、まだ実行の目処もついていない。まず第一に、イタリアのように、これらの女性たちに安心できる避難所を提供することが必要である。また、司法への協力と引き換えに滞在資格と労働許可証を与えるか、あるいは帰国できるように支援すべきである。そしてとりわけ、不正取引者たちを処罰すべきである。そのためには刑法を改正して、現在欠けている人身売買に関するセクションを挿入する必要がある。また、裁判所の中に、金融犯罪のために設置されているような特別「部署」をつくり、「資金洗浄や麻薬密売に対して現在取られている適用除外措置を売春斡旋業にも拡大する」必要がある。最後に、調査団の議員たちは「行政上の分散を改善する」ために関係各省間の連絡機関の新設を提案している。仮に制度的手段が存在しても、非常に難しい任務であることが理解できる。こうした手段だけではたして十分だろうか。

何しろ利益は巨大である。一晩で一五人から二〇人の客を取り、客一人から平均二五ないし五〇ユーロとして、一人の「娼婦」が、美しければなおのこと、搾取者にもたらす利益は「年間八〇万から一〇〇万フラン」にもなると、ある警官は話している。[44]インターポール（国際刑事警察機構）によると年に平均七二万フラン（一一万ユーロ）である。

宿泊保護センターを創設するといったいくつかの対策は国家にとってかなりの出費になるかもしれない。しかし、右で見たような法律・行政レベルでの対策を講じるのに大した困難はなかったはずである。なぜそうはされなかったのだろうか。報告書が強調しているように、そのためにはかなり重要な視点の転換が必要であろう。報告書によれば、被害者は犯罪人のように扱われ、訴状は日の目を見ないまま片付けられ、警察官は士気を奪われ、加えて、担当部署の人員も十分ではない。売春を強制され、収入を没収されている若い女性たちを保護する体制がこのように相変わらず不備なままであるのは、「ふしだらな女」という伝統的なイメージの強さによっていることは間違いない。つまり、彼女たちは怠惰や自堕落のせいで自ら好んでそうした運命を選んだのであり、したがって完全に責任があり、加えて、そうした女性は、お金と引き換えに身を任せることで、性的欲求にうち勝てない抵抗力の弱い男性や若者に道を誤らせるのだから、非難されるべきであるというのだ。

人々は相変わらず、こうした女たちは自由に自分の道を選んだのであり、自分の欲望に従っているのだと思い込み、そうではないことを示すあらゆる証拠を認めない。仮に高級娼婦の場合や、囲い主と一緒に暮らしているフランスの昔ながらの娼婦の場合はそうであるかもしれないにしても、暴力によって、あるいは極貧状態から抜け出すためにやむをえず連れて来られた女性の場合にはもちろん当てはまらない。表向きは自由な選択に見えても、いつでも必要に応じるというかたちの売春が存在するのはそれに対する強い需要があるからに他ならない。公式の数字によると、実際より過小評価されているが、一年に一二万人の外国人女性がヨーロッパの売春市場に流れ込んでおり、彼女たちは一日に一五人から二〇人の客を取らなければならないことを考えると、ありそうにもないが年に六五日の休暇を与えるとして計算しても、性の消費行為は年間五億四〇〇〇万から七億二〇〇〇万件になる。この数字が、既存の売春婦による件数に加わるわけである。フランスでは、少なく見て年間一万人の新たな外国人女性が市場に加わるとして、合計で四億五〇〇〇万から六億件に上る。これらの数字は、その大きさからして、しかもそこには非合法の数字は含まれていないことからして、現実の需要がどれほどの規模であるか、実際のそして潜在の利用者の良心がいかほどものであるかを示している。

結局のところ、男性が女性に期待するものに応じて男性によってなされた非常に具体的な女性の分類、すなわち生殖か性的満足かという分類の枠内でなら、男性の欲動を満たすのは合法的であるという、根底にある考えにつねに戻ってくるのである。

人身売買の問題は、視点を変えることの難しさとそうした変化を阻止するものの性質がいかなるものであるかを明らかにする典型的な状況である。人は、確かに、女性を売春に追いやる容赦のない強制を人権の名において罰すべきであると見なすことには合意しても、言い習わされている二つの理由のために、こうした奴隷制を阻止するための方策を容易に検討できないでいる。一つは、売春は男性の欲求を満たすための、したがって、家族と「貞淑な妻」の安泰を守るための「必要悪」であるという理由、もう一つは、売春婦が提供するから需要が生じるのであり、彼女たちは手に入ると見込まれる利益のために自ら求めてそうした身分にとどまっているのだから、堕落の責任は売春婦自らにあるという理由である。ここにあるのは現実の驚くべき反転である。しかし、こうした反転した現実を生きている人に対してそれを解き明かし、証明して見せることは困難である。というのも、それは、太古以来の男性支配モデルを支える最も根強い原動力をなしているからである。この反転こそは、男性がその行為主体である政治、司法、警察、行政機構などの意識の遅れ、そしてまた、別の社会選択もありうることを考えることの難しさを説明している。これらすべての行為主体が次の点についての明確な意識と確信を普通に共有することが必要であろう。すなわち、人権に反しているのは、人身売買や、女性に売春を強制するためになされる暴力だけではなく、売春婦の身体は金を支払うことによって男性に合法的に属すのであるから売春は男性が性行為を手に入れるための正常な手段であると見なすこと自体でもあるという点である。

特権を享受している人にとって、自分が特権を享受していること、そしてその特権がいかに大きなものであり、そうした特権がそこから排除されている人たち、あるいは、さらにひどいことには、他者の所有の対象にされ、所有されることがまさに他者の特権を形づくっている人たちの権利の否定の上に立っていることに気づくのは難しい。その結果、売春の問題は、どの国においても男女の関係のまさに中心にある倫理の問題としては考慮されず、また、政治的にも教育によってもそうしたものとして扱われないまま、不法移民、暴力、汚れた金といった単に警察の管轄に属する問題とされてきた。この問題が正面から取り組まれるときでも、もっと先で述べるように、それは選択というかたちにおいてであり、そうした表現そのものが問題の実態を隠すものである。

性行為への支払い

性行為への支払いがいつ頃から始まったのかは、わかっていない。しかし、こうした支払いはエジプトで、ピラミッドや大墓地の建設作業員の集まる盛り場で行われていたことが確認されている。おそらくそれ以前は、誘拐や強姦によって、抵抗する身体の上で得た暴力的満足でしかなかったものを、外見上は自由に同意された商取引に代えたという意味で、実際、これは注目すべき発明である。支払いは、行為への報酬であり、はじめは損害賠償であったのが、結果として罪を取り消すだけでなく、支払いを受け取る女性に罪の責任をかぶせるのだから、これは男性にとって都合の良い「道徳的な」発明である。民事あるいは刑事事件において、今日でもなお、規則に則った賠償の受諾は犯罪または過失を犯した者の責任の終結を意味し、とりわけ被害者のあらゆる事後要求を妨げる。無理やり性行為をさせられた女性は、結果として、生殖のための交換に使用される女性たちの共同体から排除されたのであったが、女性への賠償金の支払いは男性にとって名誉挽回の役を果たしたのであり、女性は一度支払いを受け入れるや、共同体の男性の保護を失って、性的襲撃に身をさらされた女性の供給源を形成する。こんな支払いは自由の行為ではない。それは男性の解放と女性の隷属のしるしである。

二つの立場の選択――規制か、廃止か

国連の女性に対する暴力に関する特別報告官は、最近の報告書において、女性を売春に導く四つのタイプの状況を挙げている。第一は、騙されて、強制的に売春させられる場合。第二は、勧誘員が本当のことをすべては言わず、借金を負わせて束縛し、さらに身分証明書類を押収することで、彼女たちが拒否する仕事をさせている場合。第三は、どういう運命が待っているかはわかっていて、自分たちを搾取する密売人によって置かれている従属状態を考えれば、そこから抜け出そうというもくろみは幻想にすぎないことが明らかになっても、他に解決策のない女性の場合。最後に、自分で選択し、あるいは誘いに同意して、自分で財布を管理し、自由に動ける女性の場合[45]。最後に挙げた状況は、人身売買には入らないが、現在最も稀なものである。この状況は一〇パーセント以下である。これは二人のパートナーが意識的に選ぶ男女関係の一つのタイプと見なすことができるが、もちろん売春に身を委ねる女性の誰にでも当てはまるケースではない。しかしながら、「強制売春」という用語、一九八五年のナイロビ会議で出現し、一九九三年一二月の国連総会（「女性に対する暴力の排除に関する宣言」第二条）で再び用いられたこの用語は、逆に言えば、自由に同意された売春が確かに存在することを意味している[46]。

私たちの観点では自由に同意された売春は存在しないと思われる。なぜなら、そうした売春は男性の要求に応えるためにしか存在せず、社会全体が、この要求は自然で、合法的で、避けられないもの

であり、性行為を買う権利を伴うものであると認めているからにすぎない。問題の核心はまさにここに、この決定的な要因の妥当性が疑問に付されることがなかったこと、明確に考慮されることさえなかったことにある。したがって、売春するという「自由な」選択は、まさにライオンがハンターのつないだヤギにおびき寄せられて「自由に」罠に入るのと同じで、提供された（まことしやかな）利益のために、その目的でつくられた枠の中に入ること以外の何ものでもないのである。

一般に売春の問題の提示のされ方において、この重要な問いが欠けていることは明白である。そこでは二つの哲学的な命題が対置される。すなわち、売春は人権の侵害であるという命題と、売春は普通の社会的現実として見なされるべきであるという命題である。しかし、女性の人権への侵害としてであれ、また社会的現実としてであれ、売春が存在するのは、男性の性欲の捌け口を容易に、ぜひとも見つけるべきであるという、男性の権利の正当性そのものへの無言の合意によって、それが「避けることができない[47]」現象であると当然のごとく考えられているからにすぎない。

第一の命題においては、人間の身体は商品ではなく、いかなるかたちにおいても売買されえないと考えられている。さらに、性行為は報酬を伴う労働として考えることはできない。報酬を伴う労働とは、何かを加工したり生産したりするための労働力の使用を前提としており、そこでの行為者は主体として行動する。売春においては、身体は、力関係という関係性において、他者に客体として委ねられた受動的な身体である。第二の命題は逆に、ここでは単にサービスの提供が問題になっており、売春婦は「セックス・ワーカー」として考えられるべきであると主張する。第一の命題においては選択の自由が考慮されることは決してなく、経済的社会的側面も含めた強制だけが考慮されるのに対して、第二の命題では、売春するという選択、つまり自分の身体を金銭のために使用するという選択の自由は完全なものであると考えられるが、唯一の制約はとくに未成年者に対する強制である。二つの命題は、売春する者が刑事的に訴追されるべきではないとする点に関しては一致しているが、その身分に関しては異なっており、一方においては被害者であり、他方においては責任のある（そして商業上の）人格である。国の取るべき態度に関しては、両者の不一致は全面的である。第一の命題においては、供給者、斡旋者、仲介者、さらにスウェーデンの場合のように、客さえも訴追することによって売春に立ち向かわねばならない。第二の命題では、売春は規制のもとに置かれるべきであり、強制によって利益を得るような取引を行う者だけが訴追される。

こうした〔男性の性欲の正当性を疑問に付す〕視点の欠如、こうした根本的な盲目が、提示された政治手段の明らかな不統一を説明している。たとえば、売春婦自身は、公式にどのように見なされるにしても、つまり犠牲者としても、商取引の自由なパートナーとしても、罰することはせず、仲介による売春の搾取は何であれ禁止する、あるいは暴力に基づく不正取引の断罪によってその効果を制限するといった具合である。こうした曖昧さは裏を返せば、売春の「不可避性」という、決して明確に表明されたこともなければ確たる根拠もない考えを前提にしており、しかしながら女性がこの不可避性の犠牲になっていることを暗黙のうちに認めている。

こうした不可避性は、もし一つの執拗な要求のせいでないとしたら、いったい何に起因するというのか。この執拗な要求についてその実態が何であるかを誰も詳細に描こうとは考えないが、それはこれまで私たちがそのメカニズムを明らかにしようと試みてきた太古からの男性的なものと女性的なものの関係に基づいた、しかも、そもそもは詐欺だが、被害者に直接お金を支払えば（たとえピンはねがあっても）汚名返上になるという原則に基づく搾取なのである。

実際、この同じ盲目、この同じ曖昧さに基づいたいくつかのタイプの政策が共存している。[48] 禁止主義は、行為も行為者も――そこには売春する者も含まれる――そのどちらも犯罪視する。非刑罰主義は、売春は合意した成人どうしの個人的選択であるとの前提に立ち、合意を欠く行為を行わせた者だけが罰せられる。したがって、客、斡旋業者、売春宿の経営者との関係は苦情申し立てがない限り、私法に委ねられる関係である。規制主義は、その典型はフランスでナポレオン時代に出現したのだが、登録制と衛生検査のもとに行われる売春を許可する。他者による搾取は、未成年者や不同意の人の場合を除いて、罰せられない。現在ヨーロッパで広まっている規制主義的傾向の先頭に立つのはオランダとドイツであるが、セックス・ワークという呼称を要求し、セックス・ワーカーに労働権と商業権の適用を要求する。オランダでは、一九九六年以来、売春宿の経営者は企業主と見なされている。ドイツでは最近、連邦議会で、所得税を課されている売春婦に対して失業保険や年金制度、社会保険の権利を与える法律が採択された。[49] 最後に、廃止主義は、十九世紀の終わりに規制主義に対する反動として現れたもので、売春はあらゆる種類の暴力によってなされる犠牲者の搾取であると考える。廃止主義は、女性のために代替となる解決策を探すことによって売春を抜本的に解消することを推奨する。売春は罰せられるべき行為ではなく、法的空白領域に置かれている行為〔法的には禁止されてもいないし、許されてもいない行為〕である。逆に、売春の搾取は、売春に使用する貸し室の提供も含めて、罰せられるべきであり、スウェーデンの場合のように、客自身も罰則を科されることがある。

フランスは、売春が私生活や個人の自由に属すると見なされているという意味において、廃止主義の国に分類される。しかし、客引きや斡旋（法的には、勧誘、補助、仲介、場所の共有、場所貸しの五つのカテゴリーに分類される）は、法に抵触する。売春婦は自営業者として申告している場合にのみ社会保険の恩恵に浴する。彼女たちが暴力を受けた場合に裁判に訴えるのは簡単ではない。というのも、それは彼女たちに不利に働くからである。つまり、彼女たちは客引きの罪に問われ、客は重大な虐待でなければ無罪になる。売春婦が得た利益は、非商業的利益の名目で課税される。また斡旋業者の利益も、斡旋は不法な活動であると見なされているにもかかわらず、同様に課税される（これはこの制度に固有の矛盾の一部である）。もちろん、ここで問題にしているのは旧来の売春斡旋であり、人身売買のマフィアによる仲介者ではない。後者はすでに見たように目下のところ適切な法的処罰能力が欠如しているため、あらゆる取り締まりを逃れているのだ。

現在ＥＵやフランスでは、売春の提起する問題のヨーロッパレベルでの解決策として規制主義を採用するための攻勢が仕掛けられている。

売春が社会的問題であることを認めることは、そうと明確に表明しないまでも、そしてまたこの問題に対してどんな道徳的視点をもつかは別にしても、人類の一部が、もしその構成員がそれを望むなら、人類のもう一方の人々の身体のいくつかを、性的な捌け口として利用するために金で買う権利をもちうることがそれほど当然のことではないことを、それだけですでに認めることである。

ところでオランダやドイツのモデルに従って売春の規制を受け入れることは、男性に女性の身体へのいくつかの主要な権利を認める太古からの支配的モデルを、制度的、また法的に具体化することである。フランスの政治指導者が規制主義の誘惑に抵抗すべきであるのは、規制主義によって推奨されている方策は、その原則においてもその本質においても、女性に、とりわけ避妊の利用によって、自分のことは自分で決定する権利を有する人としての身分を認めるために取られている方策に反するからである。規制主義はまた、自由の概念、女性の自由な選択という概念を盾に取るが、すでに見たように、実際には、自分たちの「買い物」ができる家畜のごとき女性の一群を必要としている男性にとっての自由な選択であるという事実を認めるまやかしである。法的な枠内で、そうした女性たちがこの運命を自分で選択したのだと思うことができるのなら、それだけ容易に彼らは女性を買うことを受け入れられるだろう。ところがこの場合、自由な選択とは見せかけであることに変わりないのであって、貪欲な需要があふれている市場に供給をもたらすにすぎないのである。

強調しておかねばならないのは、二つのタイプの方策――一方は、人間としての尊厳における平等を推進し（避妊の権利、政治における男女同数代表制（パリテ）、教育や給与の平等など）、他方は、太古からそうであるような女性の身体を所有する権利という男性支配のモデルを自然的必然性として認め正当化する――の間にある根本的な両立不可能性である。こう強調するのは、国民を代表する議員や政権担当者が、その点について十分認識し、半世紀以上前から選択してきた平等主義の道を歩み続けることを希望するからである。

客を罰するべきか

規制主義を拒否することは、だからといって、売春婦たちが置かれている、あるいは陥っている状況から逃れ出ることを支援するあらゆる援助を拒否することを意味してはいない。私たちはこれまで、一方で不正取引者と闘うために、他方で女性たちを支援するためにどんな方策をとりうるかについて見てきた。残るは、客についての難問である。

不正取引者や斡旋業界、つまり売春から利益を得ているすべての人たちに罰則を科すことについては、全面的な合意がなされているし（売春宿の経営者が商店主と見なされているオランダを除いて）、売春婦たちに罰則を科さないことについても、彼女たちを被害者と見なすか（廃止論）、取引の自由が認められている社会における商人と見なすか（規制主義）にかかわらず、同様に全面的な合意がなされている。しかし客に罰則を科すかどうかは懸案となっている。客を罰することは確かに、現状では、一見正しい考えに見えるがそうではない。いったいどうすれば、自分の無実、自分の正当な権利を確信している者を――というのも、世界の歴史全体が、また社会の反応が総じて、そう考えることを助長しているのだから――罰することができるだろうか。事前教育をせず、問題をどう把握するかについての男女の全体的な意識が何も変わらないまま、客に罰則を科すことは欺瞞であり、もぐり営業を促し、それに伴う不正取引を増加させることになる。スウェーデンでは一九五六年以来、男女平等と、身体を性的快楽のために金で買う権利の不当性が学校教育において叩き込まれてきたが、こうしてようやく一九九九年に、客への罰則を認める法律が施行されたのであり、それによって、売春そのものの消滅ではないにしても、あからさまな売春はなくなった。フランスで、「欺瞞的な黙認、寛大とさえも言える状況から、抑圧の政策へと」急激に移行することは不可能である。[50]

話はいつも、膨大な教育の仕事というところに戻ってくる。この仕事は実現されねばならないものであり、政府や国民教育省、そしてその関係者が中心となり、次第に親や大人全体が関わっていけるように、私たちがもっているあらゆる情報手段を用いて、長い期間をかけて実現されうるものである。

現時点で客に罰則を科すことを拒否するのは、これまでいかなる教育的メッセージも前もって示すことができていなかったような突然の態度変更は大多数の世論の理解を得られないという理由からである。たいていの場合、客は自分に自信のある遊び人ではなく、連れあう人も愛もなく、自らの幻想を実現する可能性もない哀れな男であると主張する人たちに加担するためではない。逆に、誰も、特定の女性たちの性生活が惨めなものであり、「自らの幻想を実現する」可能性などほとんどないことを考えたりはしないが、すでに説明したように、そうさせているのは支配的モデルの原理そのものである。ここではより一般的に次のことを強調したい。一つは、そうしたケースが想定されるとしても、それは一般的なケースではないこと。もう一つは、いかなる社会においても、他者に対する詐欺にあたるような権利の行使を自らに許すために、自分が満たされてないことを口実にすることはできないということである。貧しく飢えているからといって盗みは許されないが、それでもその場合は、情状酌量の余地はある。虐げられ抑圧されているからといって、正当防衛の場合を除いて、人を殺す権利はない。どうして性的欲求、身体の欲動の場合にだけ手に入れる権利がありうるのかわからない。確かに代価は支払われるが、その支払い自体が男性支配の術策の一部なのである。

最近（二〇〇二年二月二一日）、フランスでは、一五歳から一八歳の未成年者の買春客に懲役三年、四万五〇〇〇ユーロの罰金――電話やメールなどの電気通信網によって知り合った場合は加重される――を科す法律が採択された。[＊3] 偉大なヒューマニスト、ロベール・バダンテールが、上院での審議に際して、これまでの状態との急激な断絶を理由に（この点についてはその通りである）この法律に反対した一人であることは興味深い。彼が、法律が変わったのだという事実を明確に示すことを主張したのは正しい。学校で論評されるようにするために、法文そのものに未成年者の売春の明確な禁止を記載するようにしたのである。

しかし、彼はまた、個人に、そして未成年者にも――というのも、一九八二年に同性愛罪が廃止されて以来、身体の自己決定権は一五歳からと定められているので――同様に与えられている生き方の選択の自由を捨てることはできないとしている。ここでもまた、こうした選択の自由がまやかしであることが理解されていない。法的論議としては確かに十分な根拠をもっているが、ここで問題にしている領域においては、権利そのものが権利の否定を合法化することになる。

さらに重大なのは、ロベール・バダンテールは、もはや法的水準ではなく社会学的な面で、刑罰が行為に相応していないと判断していることである。たまたま客になった男にとって、こうした理由で

＊訳注3　二〇一六年四月一三日法の成立により、フランスでの買春は違法となり、性的サービスに対して対価を払った者には初犯で一五〇〇ユーロ、再犯では三七五〇ユーロの罰金が科せられる。有罪となった買春客は、性労働者の現状について学ぶ研修を受けなければならない。

出廷するだけで「家庭的にも、職業上も、社会的にも惨憺たる結果」を引き起こしかねないというのである。それは確かにその通りである。さらにバダンテールは、こうしたケースにおいては、デュパンルー流[*4]の保守的な道徳的断罪は退けなければならないと付け加える。「セクシュアリティを支配している欲動という暗く謎めいた力を過小評価する」ことになるだろうからというのである。これこそは、彼のように見識のある男性においても、太古以来の支配的なモデルが深く内面化されている好例であると私には思える。というのも、彼の頭の中では、もっぱら男性の性欲動と、これまで認められてきたようにたとえ未成年者相手でもそうした性欲動を充足させる権利だけが問題にされているのである。私の観点では、こうした権利が当然であると言うのを拒むことは、道徳の問題でもなければ、男女のセクシュアリティを暗い地帯であると見なすのを拒否することでもない。問われているのは、未成年者の身体を用いて大人の幻想を充足させることの正当性が万人によって暗黙のうちに認められていることである。こうした確信とこうした思考システムの存在こそが未成年者を売春に追いやっているのである。[51]

もっとも、私もロベール・バダンテールと同様に「刑罰よりむしろ教育的手段を優先させる」方が望ましいと思う。しかし、客に罰則を科すことに反対する彼の議論のいくつかの点をここで私が強調するのは、この議論の主要な部分が人類に不可分であるように思える思考様式に――実際は不可分ではないが――いかに起因しているかを示すためである。この思考様式をいつの日か完全に解体するために、あらゆる方向から立ち向かい、減殺していくことが緊急かつ不可欠である。仮に「挑発的な服装やポーズをしたロリータたちがあちこちの壁を飾っているとしても、小悪魔的な少女を主役にしたエロチックな映画がテレビのゴールデンアワーに放映されるとしても」、それは彼女たちがすすんでそうしているのでもなければ、彼女たちの責任でもない。そうさせるために彼女たちを起用した男性たちの大規模な市場の主導によるものであり責任である。

何がなんでも男性の性欲を満足させることが自然であり、したがって正当であるという考えを制御できるものを早急に見つけなければならない。避妊の権利といわば対をなすようなものを見つけなければならない。避妊は、西洋社会の女性たちの願望に応えるものであり、さらに現在では合法化され社会的に承認されているので、それだけ容易に彼女たちはそれを自分のものにしている。すでに見たように、避妊は女性を束縛していた出産の軛（くびき）から解放し、女性に人としての身分を与える。ところが、男性はこの身分を生まれながらにもっているのである。こうして何千年にもわたって構築されてきた男女の状況の非対称性によって、男性の性的充足は〔女性の場合のように〕束縛ではなく権利になっている。要するに、どのようにして男性を、女性に対する支配、そしてまた競争の中で、つねに「できる男」（今風の言い方をすれば）でいる必要性や、つねに強者でいる必要性において表現される強い男モデルの軛（くびき）から解放すべきなのだろうか。

処罰することは適切ではないし、非生産的である。法律によるいくつかの慣習の規制は過度のものだけを対象にしており、結果として、普通の慣習を、つまり女性の身体はそれを奪うことのできる状況にあるすべての人に属しているという基本的な確信を正当化し続ける。

＊訳注4　フェリックス・デュパンルー（一八〇二‐一八七八）。オルレアンの司教・教育家。第二共和政期の反動的教育改革法ファルー法の起草者の一人。

新たなモデルは、教育を通して、こうした確信が前提としている女性の権利の侵害、人間としての女性が男性と同じようにもっている権利の侵害の不公正さをすべての行為者に自覚させなければならない。しかしそれだけでは十分ではないだろう。この新たなモデルは、制度化された避妊が女性にもたらすのと同じような報酬を男性にもたらすのでなければならない。その報酬とはどのようなものだろうか。それは、外観を取り繕わなければならないという束縛からの解放かもしれない。自己実現やそこから期待される内心の尊厳を、支配や強制による性的レベルとは別のレベルに位置づけることかもしれない。同じように抑圧から解放されたパートナーの自由な同意によって得た快楽の確かさであるかもしれない。必要な知識をもち同意している成人のパートナーの間では、何も不可能ではないし禁止されるべきではない。こうした快楽の一つはおそらく、金銭の支払いや暴力による支配関係の不透明性とは別の、自由なセクシュアリティを新しい仕方で対等に生きるよろこびであるだろう。これは容易に構築できるモデルではないし、すべての人に受け入れられるには時間がかかるかもしれない。しかしながら、これは断固として踏み出さねばならない道である。男女の関係における平等に到達するためには、男性的なものと女性的なものの関係を相変わらず支配している古いモデルに固有の序列を解体するしかない。二千年か三千年後に、この新たなモデルが普遍的に確立されるであろうとき――このモデルは、さまざまな個別の自発的な行動や決断、そして生物学的知識の進歩、それらすべての結集を考えれば、いつか必ずや形成されるだろう――、そのとき私たちの子孫は、彼らのモデルに先行していた不公正なモデルの頑強さと持続性におそらく驚くことであろう！

法と欲望

法は欲望を攻撃しているのだろうか。この章の冒頭で、さまざまな論者の意見を受けて提示した問いはまさにこの問いである。すなわち、さまざまな領域――セクシュアル・ハラスメント、広告、セックス・ツアー、未成年者の買売春……における、法的、刑罰的手段の導入は欲望の抑圧ではないのかという問いである。

『ル・モンド』紙に載った興味深い記事[52]は、「性的行動に対するますます大仰な制裁」や、「犯罪者に対する、刑法の基本原則に照らしてますます違反の度を増しているさまざまなかたちの処置（放免前に必要とされる精神鑑定、治療を受ける義務）、それは時として一般法に抵触する性格さえ帯びており、あたかも再犯に対して社会が示す恐れを考慮した〝事実上の終身刑〟である」ことを憂慮している。記事によれば「現在、有罪判決の半数近くが性犯罪に対するものである」。

この領域での自由を説く社会においては、性行為の合法性を判断する唯一の基準は合意の有無でしかありえないだろう。ところで、この記事の執筆者たちによれば、法はこの場合にも、性関係をもちたいのにそれを他人によって禁じられている人を、性関係をもちたくないのに強要されている人と同様に守らなければならないが、そうはなっていない。前者のケースは罪とは見なされず、したがって性関係をもちたい人を妨害した人が刑務所に送られて「監視の下に精神医学的更正措置」を受けることもないというのである。しかし、実際には、こうした反対推論は全面的に正しいとは言えない。成人した娘の性生活を禁じるために監禁するような父親がいれば、性犯罪としてではないが、監禁罪に問われるであろう。そして彼の態度は精神医学的に疑わしいであろう。精神障害者と見なされている人の性生活の権利に対する侵害もまた、不妊手術であれ、監禁であれ、すべては身体の所有権への侵害あるいは他者への虐待であり、罰せられるべきである。

記事の執筆者は、法的に守られる新たな価値は「自由」ではなく、「法が〝性的なもの〟と呼ぶところの新たな価値であり、〝性的完全性〟の権利として法的に制定されたものであり、当事者の同意によってしか侵すべからざるものである」と説明する。彼らはまた、性行為を、権力の乱用、虐待、あるいは暴力といったより適切な罪名で一般法の中に組み込む代わりに、特殊な行為として扱うことが本当に望ましいのかという問いを提示している。

彼らはこの記事を二重の問題提起によって締めくくっている。「欲望の抑圧と抑圧の欲望のどちらが本当に勝者なのかわからない」。そして、男女間の不平等を是正するためにセクシュアリティを攻撃するのは不平等の理由――彼らから見ると、不平等は「労働と生物学的および社会的再生産の負担」の中にある――についての誤解が招いた結果ではないのか、と問う。

性行動を一般法全体から分離すべきではないという考えには、アプリオリには、同意せざるをえない。罪名を、誘拐、監禁、強要、身体的暴力、権力の乱用のように呼び換えることは、「性行動を、性的なものとして特定された標的にすることを避ける」態度である。それにこれは上で見た逆転した状況に当てはまる。

しかし、罰せられるべき性行動を性的なものとして特定された標的にすることが、欲望の抑圧になるだろうか。もう一度強調しておくが、問題になっているのは、一人あるいは複数の人に向けられた感情という意味での欲望というよりも――その感情に応えるか応えないかは別である――、抗いがたいものと見なされている男性の性的欲求、あるいは女性を管理したり服従させたりするのに適したかたちとして利用されている男性の性的欲求なのである。ここで言われている「欲望の抑圧」という表現は、一見男女両方に関わっているが、実際には、非常に稀な例外は別として、肉体の欲動的現実の中にいる男性にのみ関わっているのである。

男性の性的欲求の充足に制限を設けることを問題にしているときに、それでもやはり欲望の抑圧であると言えるだろうか。サディズムは、力の行使そのものの中に快楽が見出されるときに、この力の自由な行使を妨げることにあるということができる。したがってこの観点からすると、こうした力の過度の行使を防止したり、自分の力の行使において他人の権利を害した人を罰する法律もまた、サディズムである。この論議はそれ自体としては真摯なものである。しかし、二十世紀後半になるまでそうであったように、国家が強者の力の行使における神聖不可侵の性的快楽の名のもとに、こうした絶大な力の行使の被害者たちを犠牲にするなどということを、今なお認めるのはいささか困難である。

次のように問うことができる――しかもこれは問題の単なる末節ではない――、私たちの法的カテゴリーは、政治的カテゴリーと同様に、民主的にまた法的に性別のない人間を対象としてきたが、そうすることによって何らかの点で、男性的なもの／女性的なものの関係――女性の身体の使用というかたちも含めて――の核心に刻み込まれている不平等な序列を巧みに引き継ぐことにこれまで役に立ってこなかったかを見ることが必要ではないか、と。

第5章　障害と障壁　母性・職業・家庭

前章で私たちは、男女の示差的原初価と男性支配の、すなわち、男女の関係の、そして男性的なもの／女性的なものという頭の中で構築されたカテゴリー間の関係の、この太古以来のモデルは、息子を直接、自分に似せてつくることのできない男性が産む性としての女性を占有したことに基盤を置いていること、こうした占有には、生殖能力の占有と性的満足を得るための身体的支配という二つの側面が含まれていることを示した。このように人類の過去および現在は、男女の生殖機能の隠すことも偽ることもできない非対称性——今日では逆にこれまでとは異なる考え方が可能であるにしても——に基づいた観念的かつ実践的な構築物に左右されているのである。人類の起源において、この非対称性についての観察と考察が一つの支配システムの観念的かつ具体的な形成の支えとなったのであり、このシステムによって、女性は子どもを成すことに責任はない代わりに（子どもを成すのは男性である）、妊娠、出産、それに伴うさまざまな仕事、さらに拡大して家庭領域での仕事の責任を割り当てられ、同時に、家庭以外の領域、つまり公領域、知の領域、権力の領域から排除されたのである。

女性の身体の潜在能力がもたらす二つの側面を、多くの社会において、どのように区別しているかについてはすでに記した通りである。つまり、ある場合には、たとえば古代ギリシアにおいてのように、男性が女性のもつこの二つの機能を二人あるいは三人の異なる女性、すなわち妻、妾、娼婦に配分することを承認し（原理的にはすべての男性に認められていたが、少なくともそれができたのはかなり裕福な市民であった）、またある場合には、男性に、男性にだけ、社会的に取り決められた「夫婦」生活と並行して、性的欲望や幻想の実現のために、場合によっては売春婦を用いる可能性と権利を与えている。

同族の男たち、あるいは家族間での統制された交換による妻や妾の占有は、一方で、母親として、また家庭に快適さをもたらす者としての役割に彼女たちを閉じ込める。家長や家族の身体的精神的満足を維持する役目が家の女主人である本妻よりも妾の方に振り分けられることがあっても、彼女たちに共通する運命はこうして家庭に閉じ込められ、非生産的で、報われない、そしていつも同じような、始めも終わりもない、絶えず新たに繰り返される、目に見えない仕事への幽閉である。

明白な必然性はない

子どもを産むという驚くべき生理機能を女性だけがもっていることから、男性には将来、息子をもつために、母親になる女性を占有しなければならないという必然性が生じた。しかし、それに続いて、生物学的自然から見て明白な必然性のない、一連の社会的結果もまた生じたのである。それらは思い込みや習慣的行動が入り混じったもので、私たちはそれらに固有の論理に従って分析を試みたが、そうした社会的結果が男女の示差的原初価の強固な基盤である原初の必然性から厳密な意味で派生しているとは論理的に支持できない。だが、そうした一連の社会的結果は、西洋社会の近代的変化の装いをまとったものも含めて、現在も相変わらず流通しているのである。

第一に、女性には子どもをつくる適性があるのだから、もっぱらその役割の中に、さらにはそれに付随する養育と世話の役割の中に閉じ込めておくべきであるという考えである。第二は、女性の内奥の本性はその生理と結びついていて、性格も性向も知性も適応力もすべてが生理によって支配されている――男性の場合はそうではない――という考えであり、まさにこうした生理のゆえに、女性には自由の剝奪、無知、公的・集団的責任からの排除といった地位があらかじめ用意されているのであるという考えである。さらに深く浸透しているのは、女性の本性は本能的、したがって動物的であるという考えである。というのも、母性は女性にとってまったく理屈抜きの本能的探求の結果であるからで、男性にとっての性的欲求と同様に満たされる必要があるというのである。動物的で、本能的で、身体の生理的必然性によって母性の満足へと導かれているため、女性は、この満足が得られないとき、時には満足しているときでさえも――これがこの同じ本性の第二の側面である――、生来、激しい性的快楽の探求へと向かうので、男性はそれを制御し誘導しなければならない。

女性のセクシュアリティがこれまで、そして今も、世界の大部分の場所で、男性によってしばしば暴力的に奪い取られているのと同様に、女性を特殊な存在にしているもう一つの側面、すなわち母性もまた、男性支配の枠組みの中で知的であり同時にありふれてもいる巧みな操作によって、女性が他にももっているあらゆる潜在能力を埋没させ消滅させてしまう障害物になっている。

第二の大きな障害はまさにこの母性であり、男女を不平等に扱うことを正当化するための母性の利用である。この障害を回避し、乗り越え、あるいは甘受するためにはそれを理解しておく必要がある。もし母性という現象を前にして社会慣習や考え方が変わらなければ、いったいどのようにして生物学的な非対称性と平等の追求を両立させられるだろうか。

母性という主題は非常に広範囲に及ぶものであり、大いに論じられてきた。労働や職業上の不平等の主題もまた同様である。私はここでこれらの主題をもっぱらこれまで私が用いてきた視点から検討したい。すなわち、太古における支配的なモデルの形成とその解体という視点である――解体は、解体できると考えられるがゆえに可能である。したがって、まずいくつかの問題点を提起してみよう。なぜ母性は、性別分業を正当化し、男性の仕事に特別な価値が与えられることを正当化するために利用されるのか。なぜ母性は、今日の社会においてもなお、評価の低い、報酬の低い仕事に女性を配属することを正当化するのか、女性が当然要求できるはずの採用や、昇進、給与を獲得するために出会う困難を正当化するのか。母性の願望の中にある女性に特有なものとは何なのか、それに対応する何らかの父性の願望は存在するのか。要するに、男女間の社会的平等への道において、母性がもはやハンディキャップにならないためにはどうすればよいのか。

抜本的解決法——母性の拒否

制度としての避妊は、それが合法化され利用可能であるいくつもの国の女性たちによって熱狂的に受け入れられており、すでに述べたように、女性に、少なくともこの領域において、自分の運命を自由に決定できる人としての身分を認めることによって、女性解放の主要な手段になっている。しかし、それによって、仮に女性たちが母親になることを全面的に拒否できるとしても、それは序列の解体に達するための持続性のある全体的な解決にはならないと思われる。そのような解決法は人類に不幸をもたらすだろう。人類は、不平等の上に築かれた形態のまま、もっと別の形態を試してみる機会をもたないまま、消滅することを余儀なくされるのである。それに、すべての女性が全面的な拒否を主張し、実行するということは、人類の歴史の現段階においては、いくつもの理由で考えにくい。それはおそらく、自らの再生産へと駆り立てる生命の欲動の存在を無視することであり、いずれにせよ、カップル間でのさまざまなタイプの男女関係の現実の状況を考慮しないことである。それはまた、巨大な社会的圧力を考慮しないことでもある。女性たちもまた太古以来のモデルに従って、そうした社会的圧力を内面化しているのである。女性たちは、若く、妊娠することができ、性的に魅力的である限りにおいて、あるいはまた、こうした時期を過ぎてしまったときには、自分が母親であることを誇りにできる限りにおいて、このモデルに沿って生きていく可能性が認められているのであるから、母性の個人的な拒否はいわばこうした女性に課されたアイデンティティを放棄する意志であり、勇気を必要とすることがわかる。セクシュアリティが抑圧されているのと同様に、母性もまた、太古からのモデルの枠の中にいる女性にとって全面的に自由な選択ではありえない。母性はアプリオリに、女性が他人の視線の中で生きる権利と身分を認めてもらうためにどうしても必要な条件であるからだ。あらゆることが、教育や遊びを通して、女の子たちに子どものときからこうしたメッセージをいたるところで教え込むためにできている。不妊症に対する反応もまた、こうした尺度で分析できる。伝統的な社会においては、不妊症の女性は「ほんとうの女性」としては扱われなかったが、これは現代の先進社会においても出会う考え方であり、女性の口からも、カップルの不妊の原因が男性にあるときには、男性の口からも聞かれる。彼らは自らの不能のせいで配偶者が「ほんとうの」女になることを妨げているとしばしば自分を責めるのである。こうした現実、こうした真実は、生まれたときから決められている運命の受容によって規定されるこのアイデンティティの誰の目にも明白な指標である。母性の拒否が女性の厄介な本性によるものであり、息子をもちたいという男性の意思に本来的に逆らっているかのようだというのは、すでに見た通り、たとえば北米インディアンの社会や中国におけるように、男性の大いなる幻想に属するものである。

個人による意識的かつ意図的な母性の拒否は、世界の歴史の中でそう多く見られることではない。伝統的な社会において、不妊は女性にとって大きな不幸として感じられており、そうした個人的拒否は考えられないことであった。十七世紀から十九世紀のヨーロッパ社会においては、姉妹のうちで年下の者は経済的理由で独身のままでいることを余儀なくされ、その結果として、修道女になったり、彼女たちより幸運に恵まれた姉たちの召使いになったりした。どちらの場合も、正反対のものではあるが、社会秩序の維持のために個人としての女性を利用することに変わりはない。

集団的決定としての母性の拒否はさらに稀である。古代アテナイの喜劇作家アリストファネス〔紀元前四四六頃－紀元前三八六頃〕は『女の平和』の中でセックスのストライキを喜劇的に取り上げているが、考えられないことであるからこそ喜劇的なのである。イロクォイ族のマトロンは、男たちの遠征計画が少しでも彼女たちの意に沿わないものであるとき、配下の若い女性に対して、戦闘のための遠征に出発しようとしている男たちに、性の務めや、とりわけ、彼らにとって必要であった糧食の準備をしないように命ずる権利と権限をもっていた。イロクォイ族の社会習慣では、女性たちにとってセックスを拒否するよりも食物の供給を拒否する方が容易であったことは想像に難くない。より身近な例では、ラテンアメリカ諸国で、拷問による行方不明者や死者の母親たちの市民団体が何度も自国の女性たちに生殖ストライキを呼びかけたが成功しなかった。この呼びかけは男性に向けた間接的かつ潜在的な脅迫である。もしあなたたち男性が暴力を止めようとしないのであれば、私たち女性は将来、暴力を完全になくする手段をもっている。そもそも私たちの息子が存在しなければ、誰も私たちの息子を殺せはしないだろう、というのだ。

おわかりのように、この領域で女性たちにできる妨害の可能性は現実的なものというよりは幻想である。それにはいくつもの理由がある。たとえば、再生産／生殖へと追い立てる社会的重圧、子孫を得たいという男性の意志、さらにまた、母性を受け入れることで自ら何かを実現したいという女性に固有の願望（この点については後述する）もあるが、これは、世間一般の支配的なイメージに合わせて、それによって他人の視線のもとで生きていることを実感しようとする願望とは原理的に異なる願望である。

ボーヴォワールは母性の個人的拒否、否認の中にしか女性の解放を見なかった。[*1] 彼女の見解では、母性と公的領域への参加は、社会の再生産という重要な事柄について配慮せず女性だけにその責任とコストを委ねるような社会においては、両立しえないものである。したがって、ボーヴォワールは西洋社会を口を極めて非難しているが、西洋以外の国でも同様であり、過去においてもずっとそうであったのだ。彼女の言っていることは正しいが、この不変項、この太古以来の観念的構築物は、不可避の自然的運命ではない。逆に、それを解体することこそが、男性と女性の公的な関係を変えるためのあらゆる努力を傾けなければならない重要な点なのである。

生殖――女性が負担する社会的コスト

「女性は母親になれるのだから、なるべきであり、さらに言えば、母親にしかなるべきではない」[1]と結論づける論理は、単に十八世紀の運命論者たちにおいてようやく出現した見解ではない。それは、

＊訳注1　これはエリチエの誤解であり、ボーヴォワールは、『第二の性』で「バースコントロールと合法的中絶は女が妊娠・出産を自由に引き受けることを可能にする」と述べていることからもわかるように、母性そのものを否定したわけではない。また、一九七〇年代初めの第二波フェミニズムによる中絶合法化のための運動では、その先頭に立ったこともよく知られている。

生殖のメカニズムについての無知の上に築かれた、非常に古くからの思考枠組みの表れである。この思考枠組みは、女性がもつ子どもを産むという驚くべき能力から一つの自然的制約を導き出し、この制約は女性に重くのしかかり、この能力に伴うすべてのことを女性に負担させるのであるが、同時にそこから、〈母なるもの〉の価値――女性のではない――を、そして、まさに献身と自己犠牲からなる母性愛への称賛を導き出すのである。

こうして、この女性の人生の主要な部分は、私的世界に、より正確には、女性の世界にのみ属していると見なされ、その上さらに、ひとえにこの領域における女性の意思にかかっていると見なされる。結果として女性は自動的に、とはいえ女性自身のせいで、公的な世界や労働の世界から締め出されるのであり、他方、男性の世界そして公的なものの世界はこの母性の領域にはいささかの責任もないと見なされる。

母性に関わることが正規の仕事ではないように行われているのを認めるには、自分の周囲を見れば十分である。子どもへのケア労働は、いわばシャドウ・ワークであり、フルタイムの紛れもない労働として重要視されることはなく、もっぱら女性の私生活の何か余分な付属物のように考えられている。さらに、企業においても、女性労働者が同時に母親でもあることを考慮して何らかの提案がなされることはまったく（あるいはほとんど）ない。それどころか、そこには二重の不公正な不利益が存在すると断言できる。身体的な世話、食事の世話、そして教育も含めて、子どもの世話はいつも大半が女性に委ねられているだけでなく、そのせいで女性は職業的にも金銭的にも不利に扱われ、キャリアにおいてブレーキをかけられたり、パートタイムや、評価の低い、低賃金の仕事に回されたりしているのである。[2]

日本から届いた例を取り上げよう。そこには以下に見るように、いくつかの本質的な事柄が簡明直截に述べられている。『ル・モンド』紙の日本特派員、フィリップ・ポンスの記事によると、[*2] 数名の女性管理職〔ママ〕が使用者に対して賃金および昇格における差別を訴えた裁判で、被告である使用者は原則では有罪とされたが、原告の要求した昇格については棄却された。使用者側は、支配的な社会慣習に従ったまでで、差別にはならないという主張を盾に取った。[3] その説明によれば、子育てのために一時休職し、「昇進コースを自ら外れた」のは女性たちの方である。さらにこれは組合の見解とも全面的に一致している。このように、記者によれば、日本の職業平等法〔雇用機会均等法〕は差別的慣行を打破できていない。[*3] 実際、「この法律は、昇進を希望する女性に、男性に合わせた基準に適応することを強いるものであり、母になりたいという正当な願望を考慮していない」、つまり母性を拒否することを強いているのである。

これはまさに問題の核心に触れるものである。右に引用した記事の筆者によれば、不公正はまた、女性たちがもっている「母になりたいという正当な願望」を考慮しない使用者側の差別的な拒否の中

＊訳注２　取り上げているのは大阪地裁住友電工事件判決（二〇〇〇年七月三一日）と東京地裁野村証券事件判決（二〇〇二年二月二〇日）。

３　その後、日本の雇用機会均等法は改正を重ね、ここに記されているような妊娠・出産・育児休業・介護休業などを理由とする不利益取扱いは禁止されている。さらに二〇一七年一月一日から施行される改正法では、こうした禁止に加えて、事業主による防止措置義務が新規に追加される。

にもある。女性たちが職業生活においてあまり不利にならないように願うなら、母になりたいという願望の方を後ろに追いやるか、あるいは押し殺さざるをえないのである。性別にかかわりなく、能力に応じて男性と平等に扱ってほしいという女性の要求を受け入れることは問題にならないことがわかる。こうした要求は、男性も女性と同じように家庭をつくり、それに伴う負担や責任を、だからといって職業上の不利を被ることなく、いつか引き受けることになるという事実に基づいたものであるにもかかわらず。その上さらに、実際には、働く女性の中には母になる願望を犠牲にしている人もいるにもかかわらず、すべての女性が母親になるためにいつ何時でも退職する可能性があるという嫌疑をかけられている。そして、まさにこの嫌疑を理由に、すべての女性があらかじめペナルティを受けているのである。

しかし、最も重要な点はさらに別にある。「母になりたいという正当な願望」に言及することで、女性には欠勤が多いことを一つの明白な事実であるかのように際立たせるのである。女性は、経済、労働、給与生活などによるさまざまな客観的束縛を勝手に逃れて、純粋に個人的な、ほとんど利己的な願望をもつのであり、企業にとって危険な欠勤を増やす責任があるというのである。こうした判決には象徴的に二つの重要な点が抜け落ちている。一つは、子ども（とくに男児）をもちたいという願望は――母性願望に対応する父性願望があるとまでは言わないにしても――、カップルにおいて男性にもあるが、そのために男性が不利に扱われることはないということ、第二は、子どもの誕生は社会、諸制度、そして企業が今後も機能していくために絶対的に必要であるということである。

現在、母性という現象に向けられる視線は、もはや女性のもつ理解できない能力を引き合いに出すことはないが、母性を女性の身体に潜む何か漠然とした愛の衝動のせいにする点では、相変わらず太古からの支配的モデルの中に深く組み込まれたままである。実際、このモデルにおいては、女性の身体は男性のために生殖、日常の快適な性生活、性的快楽という三つのかたちで（労働力を別にしても）利用されているが、こうした利用は、女性の身体そのものにそなわっている生物学的必然性によるものであるという見せかけによって隠蔽されている。女性はリビドーによって性的放逸へと追い立てられ、雌としての性質によって母性へと追い立てられる。そしてこの二つの特質に由来する生来の弱点のせいで、女性は性欲と母性という二つの欲求の命令につねに屈服させられ、その結果、公的領域および職業領域において果たすべきより高度な義務を怠っている。要するに、女性が家庭に引きこもるのは、もっぱら女性に原因があるというのである。

機能上の非対称性についての誤解

「母になりたいという欲求」を正当であるとする考えは、男性が性的欲求を満たすことの正当性といわば対をなすものとして生み出された。この考え自体は自然による強要を根拠としているわけではないが、女性性を生物学的なものの方に追いやる効果があった。

母性はそれ自体として自然の事象ではない。母性は、つねに社会的に構築されるものであり、それに応じてその規範と義務が定義される。とはいえ、子どもの出産とその後の養育（とくにそれが母乳による場合）に当てられる時間だけを考慮しても、母性の生物学的次元を棚上げするわけにはいかない。そもそも男性支配の本質を担う支柱は、このように女性が産み育てるという事実の確認のもとに築かれたのであり、月経、妊娠、出産、授乳のために、女性性は完全に生物学的なものの方に追いやられ、一方、男性性は「象徴的なものにまつわる栄誉」[4]を自分だけのものにする。

それに、男性と女性の間に生殖における対称性はない。マリ＝ジョゼ・ダヴェルナスが示しているように、母性の諸相を分けて考える生物医学においてさえも、生物学的父性（精子）と対をなす純粋に生物学的母性（卵子）は、実際には母性の本質としては考えられていない。人類にとって共通した母性の明白なしるしは、妊娠と出産である。この非対称性を否定したり、相補性という表現――アプリオリに男女の対を理想化するこの言葉は近年、安易に用いられ流行している――を用いたりすることで意味を変質させるべきではなく、非対称性を考慮し、それを基盤とすることが必要である。主意主義的なアプローチによって、男女は相補的であると言ってみたところで、その分、社会的序列がなくなるわけではない。女性の身体だけが国の将来の富を宿すという男女の身体の機能上の非対称性は、女性のエゴイストな「衝動」によるのではないこと、したがって、こうした非対称性がもっぱら女性だけを犠牲にするようなものであってはならないことを認めなければならない。女性もまた男性と同様に、知識を獲得し、自ら選んだ職業生活や自ら引き受けた公的生活に携わる権利を法によって与えられた個人なのである。

男女の身体の機能上の非対称性を公に承認し、この承認から導かれる結果を法律や行政に組み入れることは、最優先課題であるが、実現の困難な仕事でもある。というのも、そのためには私たちの表象体系の社会的転覆がすでに始まっているか、あるいは、避妊に関する法律が採択されたときに起きたように、一見そのために考え出されたのではない施策がそうした転覆を引き起こす効果をもっていたといったことが必要だからである。現在の表象体系、支配的モデルもまた確かに非対称性の承認の上に築かれてはいるが、序列を築くためにそれを利用している。ここで私たちが提案しているのは、序列を解体するためにこの非対称性を活用することである。

確かに、非対称性が今日でもつねに男女の序列を支える土台として用いられていることは容易に理解される。こうした事態は、女性の「地位向上」や責任の分担の方向に進むものとアプリオリに信じられそうな施策からさえも生じている。クレール・ネランクが法学者の立場から指摘しているように、妊娠および出産は親子関係を根拠づける疑う余地のない事象である。というのも、子どもの母親が知らないうちに男性が子どもをもつことはできないからだ。逆に、私たちの社会では、父親が知らなかったときはその子どもに対する男性の責任はないとされ、この免責は法律によって強化されている。しかしながら、少なくとも金銭的責務を果たすことを父親である男性に義務づけるという点で母親である女性に有利であるように思われる法律、一九九三年一月八日法と一九九四年七月二九日法が採択された。だが、実際には、男性によって採択されたこれらの法律は「想定される拒否と逃避」を先取りし、要するにそれを当然と見なし、費用負担の男性への移転を最低限にとどめている。そして女性は、結局のところ、一人で子どもに向き合い、責任を引き受けなければならない。このように、憲法では、女性は権利において男性と平等であり、また逆に、男性は義務と責任において女性と対等であると認めていても、現在の法律は、不正や不平等が目立たないようなやり方で、非対称な序列関係を整えているのである。男女の非対称性は、社会の再生産という非常に重要な領域をもっぱら女性のシャドウ・ワークに頼ったり個人としての願望を犠牲にさせたりすることのないような調和のとれた社会の基本的な構成要素であるべきなのだが、現在の法律はそれを認めていない。こうした原則と実際の状況の不一致は、自然的な自明の理と称するものを盾にしているが、私たちの文化の重大な盲点であると考えられるし、将来においてもそうだろう。

不承不承の歴史の歩み

二十世紀のフランス史を通観すると、母性や女性に関する方策が講じられたのは、不承不承に、圧力に屈してであって、公正や、原則と現実の調和という面からも、経済社会活動全体のために期待できる利益という面からも、男女の非対称性の承認という非常に重要な問題が本気で熟考されることはなかったことがわかる。

すでに二十世紀初頭から、母性の社会的機能の承認と国家による保護を目指したフェミニズムの要求は始まっていた。もし母性が愛国的義務であるのなら、それに応じた権利もあってしかるべきであった。中絶の抑圧であれ出産の推奨であれ（一九二〇年法および一九二三年法）、いずれにしろ出産奨励主義の施策であったが、一九三〇年には出産休暇の制定と妊娠中の検診の義務化を伴う社会保険、一九三二年には家族手当、一九四五年には専業主婦特別手当が設けられた。女性は市民として認められ、参政権を獲得するが、市民としての女性に期待されたのは子どもを産むことである。こうした歴史は必ずしも一直線に進展したわけではない。一九三九年七月、当時の首相ダラディエは家族法を制定し、中絶に対する抑圧を強化する。一九四〇年一〇月には既婚女性の公務員への雇用が禁止される。

産む主体の自由の要求と母性への役割指定に対する拒否が姿を現すのは、一九五六年からであり、プラニング・ファミリアル〔二四三頁参照〕によってである。一九六七年の避妊に関するヌヴィルト法（施行令が出るまで長く待たねばならなかったが）と一九七五年一月の中絶に関するヴェーユ法は、セクシュアリティと生殖を分離するという、こうした新たな意志を公的に承認するものである。母性機能は自由な生産主体の到来にとって障害であるという見方と同時に、一方では、母性の中にある女性特有の感じ方や考え方を賛美するといった、さまざまなフェミニズムの立場があった。しかし、女性を自律した主体として認めさせることがあまりにも緊急かつ必要であったために、当時は「母性を拒否する権利とは別に母性についての考察」をすることはできなかった[5]。

避妊の権利は、すでに述べたように、あらゆる時代を通しての最大の変革であり、まだこの権利を合法的に獲得していない国の女性も含めて、すべての国の女性がこの権利のもつ解放の力を見誤ることはない。これは、言うまでもないが、女性を従属的身分から権利において男性と同等な人格へと移行させる核心がまさにそこにあることを示している。この避妊の権利は一つの到達点、人間として同等な尊厳をもつ身分への確実な入り口であり、厳密に言えば、ともすればそう主張されてきたように母性を否定する権利ではなく、産むか産まないかを決定する権利であり、自分の意に反して産まない権利なのである。

ヨーロッパにおけるこの権利の獲得は、女性の労働による自己実現の願望や、職業生活と私的生活の調和〔ワーク・ライフ・バランス〕への配慮と並行して歩んできた。しかし、こうした要求は本当には聞きとげられていない。経済界、政界、そして労働界も、この領域における真の平等、性差を認めた上での平等にいまだに配慮していない。しかしながら、近年、家族政策は自宅での保育手当や認定保育ママの雇用の補助などによって雇用政策の牽引力になろうとしている。とはいえ、そこで問題になっているのは、男女の非対称性を認めて、それがもたらす結果を引き受けることよりも、失業数を一時的に改善することである。しかしながら、社会福祉サービスの需要の圧力が増していることが観察されており、ヨーロッパでは、現在、出生率に有効な施策は、手当などの財政支援よりも、子どもの保育のためのサービスの整備や、雇用と収入の安定に関わるものである。それはさておき、一九三〇年から一九九〇年の間にヨーロッパの労働人口は三〇〇〇万人増加し、そのうちの二五〇〇万人を女性労働者が占めている。こうした夥(おびただ)しい数の女性の労働市場への進出という現実を確認し、それに続いて新たな政策が取られてきたとはいえ、それらは依然として限定的であり、企業社会の実態も家庭領域の実態も動かしはしなかった。スウェーデンでさえも、家事や子どもの養育は相変わらず大半が女性の肩にかかっている。今後の重要な課題はここにある。この問題は、イレーヌ・テリー〔一九五二–、社会学者〕によれば、[6]「男女混在(ミクシテ)」の原則に立った社会的政治的考察によって解決することが必要であり、社会有機体論的な相補性の原則は廃さねばならない。この原則は、カップルにおいて女性が家庭に従属する体制を整え、それを正当なものとする伝統的な性別分業の考えに基づいているからである。母性が提起する問題は、今のところ（過去においてと同様に）、女性が個人的に解決しなければならない。しかし、母性は人類に関係するものであり、政治、経済に関係している。現在の母性の管理はウルトラ・リベラリズムの矛盾を露呈している。それは利潤のみに基づき、その目的のために男性と女性の関係についての伝統的な見方をバネとして利用するものである。

企業世界、家庭世界

労働界は女性に対して閉ざされてはいない。とはいえ、男女の機能上の非対称性に適応していない——それどころか、適応することを拒んでいる——のである。そこでは一義的な要請として、どんな企業であれ継続性を必要としていること、この継続性は、とりわけ責任のあるポストについては、男性労働者の採用によってのみ確保されるということが認められている。男性は、家庭世界における暗黙の慣習によって、家事や子どもの世話のために毎日決まった時間に帰宅することを強制されていないからである。

言葉の習慣から女性職員と呼んでいるが、将来の望ましい変化を視野に、「家庭責任のある」職員と名付ける方がより適切であると思われる、そうした職員に適応することを企業が拒んでいることと、家庭世界で幅を利かしている状況との間には、実際、明白なつながりがある。両者は互いに補強し合っているのである。

保育園や託児所の開設、子どもの要求により適応した労働時間の調整といった進歩が、時には認められるにしても、通常の対応はむしろ責任のあるポストからの女性の排除である。女性により多くの自由時間を与えることによって女性の希望に対処するものであるという口実のもとに、ヨーロッパ諸国で、さらに世界中で、パートタイムやフレックスタイム、そして有期雇用契約での採用が大規模に行われている。労働時間の柔軟性（フレキシビリティ）は、実際は、もっぱら雇用主にとっての利点であり、雇用主が思い通りに決定するのである。たとえば、タニア・アンジュロフ〔社会学者〕が家政婦のケースについて報告しているが、それによれば、家政婦は一般に外国人で、都市の中心部から遠い郊外に居住しており、派遣会社に雇われているが、彼女たちの仕事は早朝であったり夜遅くであったりして、二つの派遣先の合間に与えられている日中の自由時間をうまく調整する自由があるなどと主張することはもちろんできない。

こうしたまやかしに比べて、施設の不足は誰の目にも明らかである。フランス政府は、二〇〇一年六月の家族会議[*4]で、託児所の収容枠を二万五〇〇〇から三万人分増設することを約束した。一九九九年の収容可能人数は全国で一九万九〇〇〇人であり、これは誰が見ても十分ではない。二五－四九歳の女性の八〇パーセントが働いているのに、わずか九パーセントの子どもしか保育所や託児所に受け入れ枠がなく、一三パーセントが保育ママに託され、五〇パーセント以上が母親によって、そして二六パーセントが他の家族や隣人によって保育されている。さらに収容数には地域により大きな格差がある。そのうえ、保育施設は、母親が――というのも、問題になっているのはつねに母親だからだが――やむをえず受け入れている労働条件、たとえば半日労働や不規則な労働時間、さまざまな研修、不安定雇用などにほとんど、あるいはまったく適応していない。[7]

官公庁においては、時としてそれが可能であるが、労働時間短縮制度によって労働時間はさまざまである。とはいえ、差別的であることに変わりはない。女性たちはこの制度を一日に二重あるいは三重労働を余儀なくされる状況に合わせて、できるだけうまく利用しているのである。彼女たちは、朝早く職場に来て、昼休みを短縮して働き、子どもの下校時間に迎えに行くために定刻より早く退社する。必然的結果として、夕方の、遅い時間に行われる会議――その影響力は大きい――には欠席することになり、彼女たちのキャリアは被害を受けることになる。

適切なイニシアティブに欠ける企業、動きの鈍い地方行政と中央官庁。つまり現状では、何の疑義もなく完璧な満場一致で、母親としての仕事は相変わらず、女性が当然担うべきものと見なされている。論拠はいつも同じである。すなわち、女性は子どもを産むのであり、彼女たちは本能に動かされてそうするのであり、それによって大いに満足している。要するに、それに伴う仕事は、母性から発した必然的な付属物にすぎないのであるから、女性だけが責任を負うことになるというのである。

家庭の仕事は厳密な意味での母性すなわち出産からのみ派生するのではないにしても、そうした仕事がなされる家庭世界は、無分別、現実の歪み、労働の強要からなるこうした重要な現象と密接につながっている。社会学者たちは一致して、この家庭世界こそは闘いを挑むべき最後の砦であると考えている。他の砦――政治、教育へのアクセス、機会の平等、職業や法律上の平等など――につい

＊訳注４　ミッテラン大統領の提案により一九八二年に発足。家族政策の方針を協議する場として首相主宰で毎年一回開催されてきたが、二〇〇九年に家族高等評議会に発展的解消。

ては、男女の序列を崩す方策がかなり前から適宜取られてきているというのである。だが、これは間違った見方である。家庭という砦は一連の砦の最後のものではない。そうではなく、まさに他のすべての砦がその上に築かれている基盤なのである。

性別分業は、社会人類学の分析によれば、地域によりさまざまな様相を呈していて、しばしば一八〇度異なっていることもあり――これはまさにこの分業には生物学的必然性がないことを証明している――、人類の起源において生み出された男女の示差的原初価と密接に関係している。この男女それぞれに付与された異なる価値が、すでに述べたように、男女に割り当てられた仕事に付与される、同じように異なる、そして完全に差別的な価値の尺度となるのであり、その逆ではない。狩猟が「高貴」な仕事であるから男性が狩猟をするのではなく、男性が「高貴」であるから、狩猟も「高貴」になる。こうして、今日でも相変わらず次のような現象が見られる。つまり、男性的活動として高い価値の与えられていたものが、女性がそこに多数参入したことによって、価値が下がってしまうのである。

こうした分業は、それが取る形態において、不変でも普遍的でもない。すべては、地域の状況に応じて社会がしかじかの活動様式に与える重要性に関わっている。女性には人間の血も動物の血も流させることが許されていないとしても、禁止の強度は人間集団によって異なっている。アラン・テスタール〔一九四五－二〇一三、人類学者〕が示しているように、農耕民族では禁止は絶対的で、女性は単に血に触ることさえできないとしても、イヌイット族の女性は、氷原で、獲物を殺しはしないが処理はする。また、戦闘民族では、一定の条件のもとに、女性が猟をする権利を認めている。[8]

つまり、仕事の優劣を決めるのは、それぞれの仕事の性質でも、各々の性に固有の適性[9]でも、行為の手順でも、それが要する労苦や技巧の度合いでもなく、観察したものに意味を与えるための原始の思考に基づいて、その仕事をどちらかの性に割り当てるまったくの恣意性にかかっている。もちろん、そこには一般的傾向が認められる。それはいくつかの対になったカテゴリーとセットになっており、私／公、内／外……を対立させ、女性を私、内、家庭に、そして、養育の仕事に割り当てる。そうした仕事は、女性の身体を、子どもを産み養育するものにしている機能上の非対称性から直接的に派生していると考えられているのである。また、女性は女性自身が血を失うので、血を流させる仕事をしてはならないという、比較的一般的な禁止もある。そういう仕事をすると、共感によって大量の出血を引き起こすかもしれず、女性の将来の生殖能力にとって有害であるというのだ。私たちは、ヨーロッパでもこうした禁止が相変わらず有効であることを知っているが――さすがに女性が血に触れたり、料理をすることはできるとしても――、こうした禁止は、意味が拡大されて、女性と戦争を互いに遠ざけることを正当化しているが、女性の弱く、臆病で、意気地がない……といった性格によるのではないのだ。

南アメリカ大陸の南端にあるフエゴ諸島や、日本、チュニジアには、息を止めて潜る鍛えられた海女がいる。アジアやアフリカの農業社会においては、女性たちが田畑でしている労働は、分量、持久力、時間において男性の労働をしばしば上回っている。ソ連での経験は付随的に、女性がレールを敷いたり土木工事に携わったりすることが見事に可能であったことを証明している。実際のところ、女性が行うことが身体的理由で完全に不可能であるような仕事はないし、それは男性にとっても同様である。

要するに、家庭世界における分業は何千年も前からの歴史の結果であり、構造的不変性の結果である。現在の行為者もまたこの分業を行っているが、構造的不変性の内容には必ずしも気づいていない。この分業は、価値格子による分類に従って男女どちらにも内面化されているだけに強固である。日常生活における行為は、この価値格子の中で、行為者に社会的に期待されている性別や環境条件に応じて配置されており、たとえば、料理をしたり水を汲んだりすることは、事実上、世界のどこにおいても男性のする行為ではない。しかし、そうした仕事も給与を支払われるかたちで行う場合は男性の活動であり、何の不名誉も伴わない。アフリカでは独身の成年男性は、日常生活を維持するのに必要な仕事を自分でしてはならないので、結婚した姉妹の家で居候するという惨めな状態に追いやられている。現在も男性の側は、妻も職業をもっていて、その給与が一家の生計に寄与しているときでさえも、相変わらず妻がしてくれる家庭での世話から確かな利益を得ている。これは、男女が提供する仕事が補完的であった原初の状況の悪しき遺物である。逆に、女性側が縄張りをつくり、ずっと昔、自分の同胞が封じ込められていた場所をいまや自律の場所にすることもあるが、そうすることで、女性には家庭の「権限」があり、こうした活動に喜びを感じる生まれつきの性向がある、という二重の論拠に道を開くことにもなっている[10]。

不平等の「魅力」

実際、家庭と母性という領域に鍵をかけて、いずれにしろその方がいいと思っている夫をそこから故意に締め出すことは、そうする女性にとっては、生き残っていくための一種の実存的反応であり、おそらくはまた、この家庭と母性という捌け口においてしか実現できない権力意思の行使でもある。それは、彼女たちに提示されている最低限の存在のかたちをもう一度自分のものにすることなのである。彼女たちは、与えられた運命を一つの選択として引き受けることによって、生来のものとされている男性のこの領域での無能力――パートナーである男性はこの無能力を威信の表れであり、男としての差異のしるしであると確信しているので、笑って受け入れるのだが――とは対照的に、自ら獲得した能力の空間をつくり上げる。それはまた、自律した意思決定のための閉ざされた空間をつくることであり、そうすることで責任のある、一見、自由に見える空間をつくるのである。

企業の枠組みの中で事態が動くためには、家庭世界でも同時に動かなければならない。それには公権力の意志だけでなく、個人としての男女双方の自覚と熱意が必要である。次のような関係を築くことは男女双方にとって利益になる。すなわち、仕事の価値がその仕事を行う者の性別によってではなく、仕事そのものによって判断されるような関係である。そこではまた、公的言説においても私的言説においても、体力の維持や回復、子育てという再生産の仕事が、生産に関係する仕事と同様に、豊かで、有益で、尊く、有意義なものであると主張されるであろう。しかし、人々はこれから建設しなければならないこうした世界の利点をうまく想像できない。なぜなら人々はこの世界を現在の考え方で見るからであり、数字化できる利点というかたちでは、日常の安楽や尊敬の主たる受益者は男性であるにしても、現在の考え方をする限り男女ともそれぞれに現に存在する序列から何らかの利点を引き出すことができるからだ。女性にとっても、対称的に、いくつかの利点が存在する。しかし、そうした利点が存在するのは、それらが支配的な思考の枠組みの中にすべり込み、支配的思考を傷つけることなく共鳴する限りにおいてである。それどころか、男の心を惹く魅力、はかなさ、軽薄さ、あらゆる責任の放棄といった女性に期待されている特徴の中に逃避したり、あるいは逆に、女性の領域だからという理由でマイナーで価値がないと見なされている、女性のために用意されている領域を全面的に引き受けようとしたりする限りにおいてである。

確かに、平等モデルは、不平等の受益者にとって、「魅力」と確実性に欠けている。それはまた、とりわけ、男性アイデンティティの再定義を促すことも確かであり、そうして再定義された男性アイデンティティは優越性の感情を締め出すものであると同時に、父親としての実質的な実践と結びついたいくつかの役割を日常的に受け入れるものであるはずだ。

最近の変化

フランス国立統計経済研究所が行った調査（一九八六年と一九九九年）によると、さしあたり、その一三年間にほとんど変化は見られない。就業している女性は一日に平均三時間三〇分を家事のために使っているのに対し、男性は一時間一五分である。注目に値する一つの、一見、奇妙なデータは、配偶者のいる男性で子どもがいない場合、二時間九分を家事に割いているが、子どもが二人の場合は、一時間三〇分しか割いていないことである。他方、配偶者の女性の家事時間は六時間四〇分に達しており、しかも浴室・トイレ・洗面所の掃除や洗濯・アイロン掛けはもっぱら彼女の仕事である。[11] 同じように、離婚して子どもを引き取り、いわゆる母親の仕事とされていることのほとんどすべてを引き受けていた父親が、新たな配偶者との生活に入るとその仕事を相手に譲ってしまう。これは、言うまでもないが、母性と家事には切っても切り離せないつながりがあると無意識のうちに認め、暗黙のうちにそうしたものとして実践し、女性が家事を引き受けることを正当化していることを証明するものである。これはまた、男性にはそうした仕事をする能力が生まれつきないというわけではないことも証明している。しかし逆に、価値と快適さという面での利点――たとえば、相反する時間的要請を曲芸のように切り抜ける必要がない、自分自身が世話をしてもらう、単に男の仕事だからという理由で社会的に評価されている仕事だけに専念するなど――のために、子どものいるカップルの生活では大部分の男性が、少なくとも家庭領域では、太古からの支配的モデルにぴったり適したライフスタイルを採用するように促されていることを証明している。

こうした一般的傾向は相変わらず強い。スウェーデンでは、政治代表の領域では進歩したが、家庭における女性の境遇は、右に示した境遇と非常に似通っている。

また、定年退職後も、身についた習慣や深く根付いた考え方は揺らぐことなく、「夫婦間の役割分担の不平等は改善されない」ことも指摘しておこう。国立統計経済研究所のある女性研究者の調査[12]によると、生活時間の差は逆に拡大する。家事に費やされる時間は女性四時間九分に対して男性一時間五四分であり、自由時間は男性の方が一日に二時間多い。さらに、男性の活動は、同じ家事の中でも、反復的で、目につかない、「価値の低い」（もっとも、価値はその人の性別に関わっていることに注意しよう）、そしてとりわけ満足感の得にくいものには向けられず、どちらかと言えば半分趣味的なものに向けられる。たとえば、大工仕事、園芸、車の手入れ、動物の世話、また、すぐに食べるのではないジャム作りなど、つまり、「楽しいと同時に必要な、場合によっては長持ちするものを作ることになる活動」に向けられる。

現状を変えるのは、したがって難しい。それは、社会的に優遇されているジェンダーの側の単なるエゴイズムのせいだけではない。というのも不平等のシステムの腫瘍は深刻なまでに進行しているからである。とはいえ、事態はやがて動くであろう。そのためには時間が必要である。明確な意図をもって構想された全体計画には必ずしも一致しなくとも、最終的にはその輪郭を明確にするような、計画の構想が検討可能なものになり、計画の実現が考えうるものになり、かくして実現可能になるような、そのつど適切に行われる施策が収束するための時間が必要であろう。そのためには膨大な仕事が求められる。それは男女の論争や闘いのためではなく、情報提供のための議論や問題を意識化するための仕事である（本書はそのためにわずかながらも貢献したいと願っている）。さらに、壮大な教育の仕事も求められる。それは単に教育制度の中でのみなされるものではなく、子どものときから家庭においてなされるべきものであり、家庭において獲得されたものが、その後の社会との接触、それはすでに学校において始まるが、太古以来の支配的な慣習のはびこる現実との接触を通して取り返しのつかないほど無に帰されることがないように、広く一般に普及されなければならない。

どんな施策を行うべきか

フランスでは、一四日間の父親休暇を創設する法律が二〇〇一年一二月に採択された。[13] この施策は即座に経営者から非常識なものと見なされたが、[14] それは企業の性差別主義と家庭領域の性差別主義の暗黙の利害の一致を浮き彫りにしている。この休暇は賃金労働者の権利である。法律は二〇〇二年一月一日に施行され、たちまち大成功を収めた。一週間に四〇〇〇から五〇〇〇件の申請が社会保障金庫に届いたが、これは取得資格をもつ男性の四〇パーセントに相当する。[15] 父親たちは、子どもの誕生から二〇日以内に休暇を取得する権利がある。管理職の父親も、給与額が休暇手当計算の上限を超えるために所得の面では損をするにもかかわらず、この休暇を取得する。この成功から、もし「門戸が開かれれば」、男性は中に入るということがわかる。これは「職業を男性アイデンティティの唯一の要因であるとすることとの再検討[16]」が始まっているしるしであり、また、男性たちは現在では、その多くが、生まれるとすぐにも子どもとの絆を築きたいと願っていることを示すものである。

この新しい法律は、未来に向けての非常に積極的なメッセージを発しているだけでなく、私が前に述べた考えを例証している。すなわち、これまでは女性だけの特殊な権利として認められていた権利を男性に与える方が、ポジティブ・アクションによって何人かの女性だけに男性の特権とされている領域に参入する権利を徐々に与えることを試みるよりも、おそらく、女性を人間としての尊厳において男性と対等なものにするためにより効果を挙げるだろうという考えである。つまり、敗北の決まっている、漸近線のような〔決して到達することのない〕競争をするよりも、むしろ、中央に向かって両者が近づいていくのである。

　男性のための逆のポジティブ・アクションによって、妻に代わって一定期間、家庭で子どもと一緒に過ごすために育児休暇を取る男性の年金にボーナスを与えることも可能であろう。そうすれば彼らはこうした時間の使い方に価値があることを皆に認めてもらえるので、不利を被るどころか、利益を得るであろう。同様に、女性の労働の再評価を促すために、振替年金〔日本の遺族年金に相当〕も女性と同じ条件で男性にも与えることが考えられる（パックス[*5]や同棲にも拡大できるだろう）。他にも、分離課税が大きな利点をもたらすことがわかっている。

　離婚や別居に際して、子どもの幸せのために、ほとんど例外なく子どもが母親に委ねられる必要は必ずしもない。これは、離婚した父親たちのいくつかの団体が主張していることでもある。彼らはさまざまな理由を挙げて、こうした措置が自動的に取られることに異を唱えている。しかしながら、「性差別に反対するカナダ男性集団」が強く主張しているように、子どもの交互養育に関して過度の平等主義に陥ってはならないだろう。フランスでも離婚制度の改革に伴い、実状を考慮せず、生物学上の親子関係に従って、子どもの交互養育が規定されようとしているが、「交互居住に賛成することは（略）」、一部の父親たち、とりわけ、彼らの論理を押しつけようと固執している父親たちの「あらゆる恐喝、家族手当の半額の取得、扶養手当の廃止などに扉を開く」可能性があるだけに、注意が必要である。[17]

同じく離婚の問題に関しては、しかし別の点に関するものだが、この法案[*6]における有責離婚の削除が、現状において、適切であるかどうかを考えてみることもできるだろう。前述のカナダの団体は、「フランス政府が原則としてのパリテ〔平等〕を定めることによって、現実における非‐パリテ〔不平等〕を隠蔽すること」を懸念している。カップルに関しては、有責離婚の削除という現在検討されている新しい方式は、諍(いさか)いを鎮めることを目的にしているとしても、早急すぎると思える。それは、「双方の過誤」とか「共同生活の破綻」といった名目で、不幸にも老いて、魅力を失った（そして、生殖できなくなった）女性たちを見捨てることである。協議離婚によって紛争を治めることは、もっと遠い未来に、身体の機能上の非対称性が市民としての女性にとって最上のかたちで公式に認められ、男女の平等な関係が成立したときには、確かに良いことであるにしても、いますぐにそうすることは、妻が老いて、魅力を失うことが実質的に、夫のリビドーが引き起こした妻の放棄という過誤と同じ程度に重大な過誤であると考えることに等しい。

避妊の原則自体が既定のものとなっている現在、この領域は典型的に女性の領域であるとはもはや

＊訳注5　PACS。一九九九年に定められた「連帯民事契約」の略称。異性・同性を問わず、結婚に準ずる共同生活を営む成人カップルの身分を保障する。

6　この法案は「離婚に関する二〇〇四年五月二六日法」として成立。有責離婚の削除はなされず、協議離婚・許諾離婚・破綻離婚・有責離婚の四種の離婚が規定されている。

考えられないだろうから、男性にも責任をもってもらうために、男性の避妊に関する研究が再開されうるであろう。最近、インドで、精管にゲルを注入して、そこを通る精子に不妊処置を施す方法が商品化された。効果は十年程度持続するが、希望すれば回復手術も可能である。こうした男性の避妊という方策には、責任を男女が共有するという利点の他にも、頭の中で形成されている男性の不妊とインポテンツとの観念連合を絶つという利点があるであろう。

男女混在（ミクシテ）の習得は学校で始まる。しかし、性に関するステレオタイプの伝達の面でも、子どもの進路選択の面でも、期待された成果は挙がっていない。相変わらず女の子は、数学のような抽象的な学問や、理論一般や、理科系の学問には向いていないと教えられ、将来を決める重要な選択を前にしてしり込みさせられる。子どもたちに寄せた期待は、要するに、彼らが先輩たちよりも創造的であること、互いに切磋琢磨して男女の新しい関係の知恵を見つけることであった。こうした希望はしかし現実ばなれしている。男女の示差的原初価は非常に多くのごく些細なものから巨大なものまでさまざまな要因によって担われており、それらの要因はあらゆる方法で——玩具や学校の教科書、児童書、テレビ、広告、映画、それに家庭の中や、町の中で見られる関係等々によって——伝達されているので、それにまた教師たちもそうした考え方に与（くみ）しているので、学校はその反映でしかありえない。すべてが一度に動かなければならない。問題はそこにある。学校での男女混在（ミクシテ）〔男女共学〕はともにかくにも良いことである。ただし、今日行きわたっているような性支配が女の子たちに学校の中でその歪んだ影響を及ぼさないように監視しなければならない。そうした影響には、彼女たちを何らかの活動から遠ざけるような知的影響もあれば、身体的あるいは性的なものもあるが、学校という閉ざされた場は、男性支配が同じ年齢層の子どもや青少年にその影響を及ぼすのに並はずれて好都合な場なのである。

私的領域において、さらなる平等のための行動は各個人にかかっており、個人と個人の関係の中に、それらが野蛮な暴力によって支配されていない限り、時代の空気を反映していくものである。しかし、いくつかの点に関して、何らかの強力なメッセージを社会的に伝達することもできるはずである。たとえば、すでに行われている交通事故防止や危険な性交渉の予防キャンペーンと同様に、公益性のあるキャンペーンのかたちが考えられる。古代エジプトでの例を挙げよう。ある賢者が夫たる者に忠告を授ける。「物があるべき場所に置かれているときに、『あれはどこにあるのだ。ここに持ってきなさい』と、妻に言ってはならない」。あるいはまた、「乱暴に振る舞ってはならない。暴力よりも敬意による方が妻から得るものは大きかろう」と。こうした忠告を与えること自体、二番目のシニカルな警告は言うに及ばず、当時の夫は、あるべき場所に整頓されて、自分の手の届くところにあるものを持ってこさせるために妻を呼びつけるのが普通の習慣であったことを示している。こうしたちょっとした家庭での夫への奉仕という点だけを見ても、遠い昔から大した変化はなかったことがわかる。それは同時に、昔からのモデルの息の長さ、その旧態依然とした表れ方を示しているが、ついでに言えば、一部の研究者が考えていることには反するが、エジプトはその根底において男女平等を実現していた理想の世界であったという説を否定するものでもある。ここで問題にしているのは、何気なくなされる些細ではあるが大きな意味をもつ行為である。こうした行為を標的として取り上げることで、多くの人々に、それらが今日要請されていることに適合しておらず、根本的に不作法で弁護できないものであり、今では厳しい社会的非難が向けられていることを気づかせることができるはずである。

よく考えれば――男性が断固として選択しているような、職業生活に全力投球して、夜遅くまで職場に留まり、帰宅すると居心地の良い家庭が待っていて、何にも、とりわけ子どもの問題に煩わされることのない、残念なことに今日の欧米を中心とした自由主義社会では今も大半を占めていると思われる、こうしたあまりに単純化したケースは別にしても――、これからしなければならないのは、子どもを産むのは女性だからという理由で女性だけに父親と母親の二人分の役割（罰を与える厳しい役目だけはおそらく別として）を割り当てるという悪循環から脱するために、まずは政治が実際に父親が父親の役割を実践することに価値を与えることである。それには、企業や行政当局に耳を貸してもらうためにも、男性たちの要求が増大する必要がある。父親休暇は、すでに述べたように、こうした方向で効果を上げているが、企業が労働時間の調整を認めて、父親が病気の子どもや何らかの手続きのために仕事を休めるようにするあらゆる方策、あるいは、スポーツや旅行、演劇などの活動を世話する親たちの団体やアソシアシオン〔日本のＮＰＯに似た市民団体。最少二人から立ち上げることができる〕の設立を助けるあらゆる方策も、同じように効果を上げるであろう。地域のイニシアティブで行われる活動もある。そうした活動に関わる人に不利益を与えて、活動にペナルティを与えるのではなく、逆にそうした活動は、子どもたちにできるだけ幼いうちから男女平等の意味を教え込むための基本的手段として、さらに機会が許せば、暴力に対して闘う手段の一つとして奨励されるべきであろう。

「人権宣言」に真の意味を付与したいならば、私たちは新たな文明のプロジェクトをつくり上げねばならない。長期にわたり可能で、持続性があると思われる唯一のプロジェクトは、子どもをつくることにおける男女の身体の機能上の非対称性を公式に認めることである。それは、これまでそうであったように、序列やあらゆる差別を正当化するためではなく、まずは父親であることと母親であることにおける男女の平等を確立して、序列や差別を廃止するためである。これは最終目標ではなく、最初の一歩である。これまでの民主主義的普遍主義は、ジュヌヴィエーヴ・フレスが見事に説明しているように、偽りの哲学的言説であった。なぜなら、それは、母親であることを父親であることと同等ではない別のものであるとする太古からの支配的モデルにぴったり張り付いたままであったからである。

父性、母性は、自ら「選択」する身分である

実際、父親であることと母親であることは社会的状態であり、自ら選択する身分であって、人のアイデンティティの一部をなすものであり、本能に帰されるべきものではない。一般に、母性だけが、生殖における身体の機能上の非対称性を根拠に、本能によるものだとされるが。

それはまさしく社会的身分であって、現在では避妊のおかげで、昔に比べて自分の意志で到達できる。昔は、結婚していてもしていなくても、女性はたいていの場合、相次ぐ出産を受け入れざるをえなかったが、男性は結婚していない場合、自分がつくった子どもに責任があるとは思っていなかった。ほとんどすべての社会においてそうだったのであり、例外は、子ども——男の子の場合はなおさら

だが——をもつことで得られるステータスが、確かに自分の子どもであるとは限らなくても自分の子どもとして受け入れてもいいほど価値があるような社会だけであった。

なぜ母性だけが本能と結びつけられるのであろうか。それは、太古以来の支配的な表象モデルにおいては、出産願望は、男性の性欲のいわば制御できない衝動に類似した純粋に生理的衝動であるとされているからであるが、その影響はより重大である。女性の場合、体液なのか、ホルモンなのか、ナルシシズムなのか、よくわからないが、いずれにしろ女性のものとされる否定的な性質のせいで、つねに満たされていなければならない執拗な欲求であるとされる。そうした欲求は――すでに日本の訴訟例で見たように――、企業の発展や、社会一般が順調に機能することを考慮しないばかりか、父親になりたいと望むように教えられたことは一切なかったので、必ずしも父性を引き受ける心構えのできていないパートナーの利益さえもしばしば考慮しないとされる。これは現代の自由主義社会の普通の見解なのである。

ところで、父性もまた、母性と同様に社会的身分として、同じように構築され選択されるものである。生殖における身体の機能上の非対称性が、親としての責任や義務における絶対的非対称性を自動的に決定する理由は、文化的な理由を除いては他にない。しかし私たち西洋社会は、ますますこうした親としての責任や義務の非対称性の方向へと駆り立てられており、男性には若いうちは気ままな自由を寛大に許し、大人になってからのステータスは何よりもまず職業的成功によって判断されるのである。

別の社会では、同じように太古からの支配的モデルに従っているが、男性の社会的成功を異なる仕方で規定している。たとえば、尊敬される本物の男とは、結婚し、たくさんの息子がいて、ついでに何人かの娘もいる、熟年の男性である。といっても自分の息子たちの世話を実際にするわけではない。いずれにしても、息子たちは非常に早期に家から、したがって女性の道理から引き離される。このような父性は、その満足感は男性たちの間で共有されているものの、必ずしも愛情の表現を前提としておらず、母親との子育ての分担を前提とするものでもないが、男性としてのステータスを築くための重要な要素となっている。父親であることは、自ら選択する、さらには権利として主張する社会的行為なのである。

父親が、完全な分担とまではいかなくとも、非常に愛情深く赤ん坊の世話をし、もっと大きくなってからも息子たちの世話をするような社会も存在する。それはとりわけ、かなり余暇のある、小規模の狩猟・採集社会である。いずれにしても、これらの社会での分担は、子どもたちがある一定の年齢（平均六歳から八歳）になると、男の子は父親の、女の子は母親の活動に従わせ、その社会の半分を占める異性たちとはほとんど関係をもたないようにすることを指摘しておかねばならない。

要するに、過去においても現在においても、世界には父親としての責任を取るさまざまな仕方が存在し、そのうちの一つは、両親が共に職業をもち、それ以外のすべての仕事を原則として分担すべきであるというものだが、現代の西洋世界にはまだほとんど見当たらない。また、父性はわが子を自分の腕の中に抱きたいという、やむにやまれぬ欲求によるものだと見るものはまったく存在しない。子孫の誕生によって獲得できるステータス以外に、男性にとって息子をもつ必要があるとすれば、それは、一般的なイデオロギーによれば、物質的財産、権力、知、あるいは象徴の部類に属する何かを伝達すること、つまり、父親の系譜を絶やすことなく引き継いでいくためである。中国の思想家、孟子曰く、私たちの存在をあらしめてきた男たちの長い血統を絶やすことほど罪深いことはないのであり、男たる者はこの継続を確保するためにできる限りのことをするべきなのである。

女性には、そういったことはまったくない。母性本能だけで十分なのである。母性本能は男性には価値のあるこうした理由をすべて無効にすると考えられている。女性の系譜といっても、家事能力の他にはいったい伝達すべき何があるというのか。それはあやふやで不安定なものと考えられており、その社会的記憶は、娘・母・祖母・曾祖母といった当事者たちの心の中や日常の実践を除けば、男性にとってはたちまち失われてしまうものである。

「母性本能」という言葉は、社会的身分である「母性」という言葉を覆い隠し、選択の問題である社会的事象の上に動物的ヴェールを投げかけるのである。

この動物的ヴェールのせいで、ただ母性本能というだけで、相続人を欲する男性の願望がそうであるような、意志や責任といった観念を消し去ってしまう。こうした言説においては、女性は単に動物のようにたくさんの子を欲しがり、おそらくは、その子どもたちを不当にも父親から遠ざけるだろうと考えられている。しかし、世界中でたいていの場合、女性は自分たちを母親にする運命を甘受しているのであり、さらに、彼女たちが囚われている支配的モデルを考慮すれば、もしかしたらもう少し産む回数が少ないことを願っているかもしれないにしても、この運命の中にある種の達成を見出しているのである。女性たちはそうすることで、「父」の視線の中の主体としてではないにしても、少なくとも「母」として、言い換えれば、子どもたちにとっての愛、敬意、信頼、権威の対象として存在することになる。これは「母性」本能なのか、それとも、女性たちがわずかな居場所を確保するにまかせた支配的なモデルの中での、「生存」本能なのだろうか。

母性を、女性の側に限って、理性から切り離し動物的なものとするために、ことさら歪曲して「母性本能」と称することには、実際のところ、男女が共有している別の要請が隠されている。まず第一は、自分を、すなわち自分に似たものを再生産したいという生殖本能であり、それは生存本能、快楽を求める本能、苦しみを避けようとする本能と同じように、私たちの誰もが何らかのかたちでもっているものである。子ども願望と呼ぶこともできる。それはまた、子どもをもつことによって、たとえ現実には必ずしも大部分の生殖の背景に愛があるわけではないにしても、愛し合う者たちを互いに駆り立てる愛の行為に具体的なかたちを与えたいという願望でもある。子ども願望は、このように、本能とはほとんど関係のない何かを存続させたいという願望でもある。それはまた、弱い者に対する保護の感覚である。生物学者の言によれば、動物の母親は自分の子どもの鳴き声、叫び、泣き声などに反応するようにプログラムされている。これは、人類においては、実際のところ、すべての大人に言えることであり、「乳児の機能上の未成熟、人間関係の未成熟に順応」できるようになっている――と同時に、優しい、安心感を与える関係をお互いに楽しんでいるのである[18]。この保護本能は、自分の子どもだけでなく、保護を必要としている他の子どもにも向けられるものである。子どもが転ばないように自ずと手を差し伸べることに見られる愛他的な動作は、男女を問わず私たちすべての人間の思いやりのしるしであり、男性にも女性にも同じように、父親であること、母親であることという社会的身分を引き受ける能力があることを示している。

一つだけ男女が共有できない要因があり、それは「母性本能」と呼ばれているものと何らかの関連があるかもしれない。しかし、それを母性本能と呼ぶのは著しく正道から外れている。つまり、女性が自分のもつあらゆる可能性を探求したいという願望、自分の身体の中で、たとえ一度でも、何かを成就させてみたい、男性にはできない特別な何かを試してみたいという願望である。それはまた、自分自身を取り戻す一つの方法でもある。

女性は、男性たちの間で絶えず服従させられ、子どもを産むためだけの存在として、あるいはセックスの相手として、男性の飽くなき所有欲の対象とされてきたのだが、母親になることを通して、男性には体験できないような身体的自己表出（妊娠、出産、泌乳、授乳）の世界への入場券を獲得する。母親であることは、このようにまさしく「選択」し、意図した社会的身分であり、自分に依存した子どもというひ弱な、そうした者を前にしては責任を分担せずにはいられないひ弱な人間存在の、見事なまでの他者性に向かって開かれた状態である。

父性と母性は、どちらも自ら「選択」する身分であり、子どもが生まれたときから、その子の一生のために、未来を考えなければならない。一方に、まったく本能的な衝動によってつくった子どもを後生大事にかぎまわっている「動物的人間」がいて、他方に、多少とも意識的に遠い未来までの責任を引き受ける人間がいる、というわけではない。仮にパートナーの一方によって責任を押しつけられたのであっても、父親であること、母親であることはいずれの場合も、自ら選んだ責任のある状態／身分である。そして、それに伴い愛が生まれる。

こうした方向に向かって、私たちの子どもを教育しなければならない。しかし、もしこのような論理が受け入れられるとしても、先進国社会においてもそうでない国においても、これら二つの状態／身分が平等であると見なされるためにほとんど何もなされていないことを認めざるをえない。もうずいぶん前から、男性は家に獲物を持ち帰っていない。それにすでにそうした時代や社会においてさえも、家族の食糧の八〇パーセントを供給したのは、子どもたちの世話をしながら採集をした女性なのである。しかし今日においても、男性は、たとえ家庭責任を背負っていても、家族の呼び声に耳を傾けるよりも、自分のキャリアの方を選ぶ、あるいは選ぶことを余儀なくされている。他方、母親である女性は、妻として母として、おまけに労働者として、職業的、金銭的、身分的、社会的重圧をまともに被っているのである。

以上のように、女性を利用する二つの大きな側面――母性とセクシュアリティ――において、女性は、事あるごとに、不利な条件を課される被害者であり、差別的な言説の対象とされている。確かに私たちは相変わらず太古以来の支配的モデルの論理の中にいる。しかし、事態は変化する。子どものときからしっかりと教え込まれた多くの人たちの自覚と、一部の女性が男性に追いつくための挽回策ではなくすべての女性のための新たな条件の形成を目指すいくつかの要求とによって、私たちは政治家たちの視線がいつかはっきりと本質的な点に、すなわち、解放路線として男女の非対称性を認めつつ男女平等を真に優先すること、そして人類の全体的進歩はそこにかかっているという点に注がれるようにすることができるのだ。

結論

何か非常に本質的なことが、西洋世界においてこの数十年の間に、起こった。それは、一方の性による他方の性の支配によってしるしづけられた性的社会関係[*1]を著しく変える可能性をもっているだけでなく、こうした関係と共にあり、こうした関係の根拠であると同時にそれらを正当化する錯覚を与えてきた観念的表象にも、より長期的に、より根底的に、重大な変化をもたらす可能性をもっている。それは、一九六七年のヌヴィルト法によってフランス人女性に与えられた避妊の権利に関わるものである。なぜこの権利に特別な重要性を与えるのか。それは第一に、この権利は女性に自分自身のことや自らの身体について自らの意思で決める権利があることを認めるものであるからだ。この単純な権利、すなわち、自らの身体や生殖のためにそれがどう用いられうるかを自ら決めることを通して自分

*訳注1　フランスのフェミニスト社会学の用語で、ジェンダーの概念にほぼ匹敵する。

自身のことは自分で決めるというこの単純な権利は、人としての法的身分にふさわしい自律性の基本的メルクマールである。既婚女性に夫の許可なしに就労する権利が法的に認められたのが、そのわずか二年前の一九六五年であることも注目に値する。この法律も同じように女性に就労するか否かによって自分の時間の用い方を決定する権利を認めてはいるが、私がヌヴィルト法の方を重視するのは、もう一つの理由による。実際、私の仮説によれば、一方の性の他方の性に対する序列や支配は、女性が自分と同じものを再生産するだけでなく、自分とは異なるもの、すなわち男性たちの息子をつくるという特権——人類の原初において、そして十八世紀の終わりまで、知的に理解することが不可能だったこの特権——をもっているという事実に関連している。男性に主要な役割を与えた生殖の表象体系、さらに、妻としての、未来の母親としての女性を男性の間で分配する社会システムによって、女性はこの特権を剥奪され、同時に、子どもを産むという役割だけが割り振られたのである。私たち人類の過去の歴史がこのようなものであるにしても、生殖における二つの性細胞の対等な役割についての理解が私たちに示されたのとほぼ並行して、女性に妊娠を調節する手段を与えたこの法律は、女性への役割指定——二十世紀の後半まで事実においても頭の中でも女性の唯一の役割とされてきた母性と家庭への役割指定——を決定的に廃止するものである。避妊の権利は、それゆえに、女性の生活と身分における変化、また、女性に関わる表象における変化のための強力な歴史的手段なのである。

こうした重大な変化はまだ人類の一部分にしか及んでいないことに注意しよう。女性のセクシュアリティと生殖力を掌握することが、いかに抑圧の原動力であったか、今もなおそうであるかを理解するためには、世界の他の地域において、女性への避妊の権利の付与やそれが必然的にもたらす数々の結果（婚姻最低年齢の規定、パートナー選択の自由、夫婦間強姦の法的認定など）に反対して唱えられている論理に耳を傾ければ十分である。

一九六七年以来、男女の平等を推進するために多くの法的イニシアティブが取られてきた。たとえば、賃金の平等（一九七二年）、協議離婚（一九七五年）、人工妊娠中絶の権利（ヴェーユ法、一九七五年）、男女の職業平等（ルーディ法、一九八三年。その適用はまだ理論レベルにとどまっているが）、そしてもちろん、選挙における政党候補者の男女同数制（パリテ）（二〇〇〇年）などである。しかし、こうした重要な方策も、女性は法的に完全な権利をもつ人格であるという認識を基盤にしない限り、真のインパクトをもちえない。この認識に最初の法的有効性を与えたのが避妊の権利である。[*2]

こうしたどうしても必要な方策に加えて、攻略すべき二つの砦が残っている。一つは意識の砦（男女両方の）であり、もう一つは家庭領域という砦である。女性的なものを誹謗したり貶めたりする仕組みは、教育、言語、暴力とイメージの日常的利用を通して伝達される。こうした蔑視に対する闘いは、個人、市民団体、行政当局などによって広く認識され、不断の目標とされねばならない。広告の規制に関する最近の法案[*3]はこの方向に沿うものである。しかし、人間としての女性の「尊厳」を深く

＊訳注2　二〇一四年八月四日に発効した「女性と男性の実質的平等法」では、その第二四条で、人工妊娠中絶に関して、人工中絶を医師に要求できるのは、従来の「妊娠によって苦境に置かれる女性」から「妊娠を継続することを望まない女性」に改正され、より前進した。

3　EUのアムステルダム条約（三二一頁参照）の規定に続いて加盟国フランスでも、あらゆる差別に対する闘いのための複数の立法がなされたが、いずれも「監視」の段階にとどまっている。表現の自由の問題もからみ、ここに記されたような「広告の規制」を定める立法には至っていない。

傷つける無礼で差別的な考え方や行動は、そうした行動や考え方をする人にとって当然の権利であると思われているまさにそのことにおいて無礼で差別的であるのだが、そうしたものとして認識されるためにはまだ長い時間を要するであろう。男性であるという社会的特権が最も深く、最も不動の痕跡を残しているのは家庭領域であるので、そこでは一層長い時間を要するであろう。というのも、平等に反する論理とそれを正当化する表象によって、女性のとりわけ家庭領域への従属を正当化するのは都合が良いからである。こうした理由から、今後進めるべき重要な闘いは、家事や親としての仕事の実質的分担にとどまらず、これまでこうした領域における不平等を正当化し、子どもたちに伝えられてきた教育や文化にまで及ぶものでなければならない。父親に、とりわけ赤ん坊の世話に慣れさせるという意味で、二週間の父親休暇を与えた最近の法律〔三八三頁参照〕は、この方向への第一歩である。この試みは、実際の利用において悪用されない限り、今後ますます効力をもつであろう他の諸行動の先駆けとなるしるしとして期待できる。というのも、人間の頭の中の奥底での変化を達成するためには、私たちは行動、行為、シンボルがもつ効力を信じなければならないからである。たとえこうした変化が世界中に広まるまでにはまだ数千年の月日が必要であるとしても。

原注

序文　女性という生き物

1 C. Valiente-Noailles, 2001.
2 F. Héritier, 1981.
3 C. Lévi-Strauss, 1971.
4 F. Héritier, 1996.
5 Aristote, *De la génération des animaux*.
6 E. Tylor, 1889.
7 F. Bailey, 1950.
8 *Horizons*, 23 février 1989.
9 *Le Monde*, 13-14 mai 2001.

第一部　今なお続く固定観念

第1章　女性の頭

1 G. Herdt,1981 ; M.Godelier,1976.
2 F. Héritier,1985.
3 M. Olender,1985.
4 *Le Monde*, 31 octobre 1987.
5 E. Dorlin, 2000.
6 J. Oliver, 1617.
7 D. Kimura, 2001, p.78.
8 *Ibid*., p.57.
9 M. Marin, «Dans la circulation, le cerveau a un sexe», *Le Monde*, 30 mars 2000.

第2章　女性の危険性について

1　このようなアリストテレスの考え方は、古代ギリシア思想に影響されなかった多くの社会においても同じようなかたちで実際に表現されている。

2　C. Despeux, 1990.

3　F. Lauwaert, 1999.

4　P. Hidiroglou, 1993.

5　塩は熱の濃縮物で、力、エネルギー、保存力である。フランス語の古い話し言葉では、男の子は「プチ・サレ〔塩漬豚。転じて塩のきいた子〕」と呼ばれる。男の子は思春期になると濃縮された熱の一部を放出し、「塩が抜ける〔世慣れるの意味〕」。このメタファーは女の子には悪い意味で用いることができるが〔「塩抜け＝世慣れ」しすぎた女の子〕、優先的に男の子に用いられる。生気と力の保存手段として、塩からつくる漬け汁に対し、このような俗信システムにおいては、その保存力を吸収して、無力化する経血は、拮抗作用をもたらすとされる。

6　F. Héritier, 1987.

7　ANRS, ORSTOM.〔ANRSは国立エイズ研究機関、ORSTOMは海外科学技術研究所〕

8　*Ibid.*

9　*Le Monde*, 9 novembre 2001.

10　Kurt Shillinger. ボストン・グローブ紙（*Globe*）特派員

11　Lusaka, XI-ICASA, 14 septembre 1999 [ICASA :International conference on Aids and STD in Africa].

第3章　暴力と女性について

1　この研究会は、アルレット・ファルジュ、セシル・ドーファン編著『暴力と女性』を対象とした研究会だった。

2　F. Héritier, 1981.

3　*Lily, aime-moi*, Maurice Dugowson.

4　C. Lombroso, 1991.

5　本書第I巻第9章。

6　M.-C. Laznik.

7　*Équilibre et Populations*, 42, septembre 1998.

8　例を挙げよう。一九九七年一一月一九日付の『ル・モンド』紙は、「英国貴族院議長、〝キュロット〟を脱ぐ」という見出しで次のように報じている。キュロットとはつまり「ウエストを起点として、ふくらはぎの真ん中あたりで白いきれいなハイソックスに被さるようにキュッとしまる、だぶだぶのズボンのようなもの」だが、議長は「一時代前の息詰まる習慣に自らの生理的欲求を従属させることにうんざりした」からである。それに「健全な精神をもつ成人男性にとって、キュロットやハイソックスやリボンのついた靴」をはく時代はもはや終わったからである。ここで用いられた言葉のすべてが、はっきりと言っているわけでないが、生理的要求に触れて、女性のような動作を余儀なくされることが暗示され、女性化されること（だぶだぶした、白いきれいなソックス、キュロット、リボンのついた靴）への健全な精神をもった男性たちの抗議を強調している。もし言葉の選択が一つの意味をもつなら、健全な精神をもつ男性には女性の着物や女性のような動作を強制できないということになる。

別の例を挙げよう。『ポワン』誌一三六五号の二（一九九八年一一月一四日号）に掲載された「アンヌ＝ソフィ・ミュテール、ベートーベンの年」（«Anne-Sophie Mutter: l'année Beethoven», *Point*, no.1365 *bis*, 14 novembre 1998）という記事からの引用である。記事は彼女の才能、「荘厳さ」「音色」、魂に触れて「両手に注目しよう。土を捏ね、像を彫りあげるためにつくられた指、すべてに生気を与え、すべてを鎮静させる男のような力……」と書くこの記事の筆者は女性差別的であるようにはまったく見えない。だがそれでも、この女性バイオリニストの音楽の力は「男性的」でしかありえない。男の力だけが生気の源だからである。

9　コロンビア大学でジェフリー・ジョンソン教授が中心になり、七〇七人の一三-一四歳以上のアメリカの子どもを対象に、テレビを見る時間、家族が報告した彼らの家庭での様子、およびそれらと警察や司法が介入した暴力行為との関わりについて、一七年間にわたる調査研究が行われた。それによれば男女の区別なしの場合、一日三時間以上テレビを見る子どもの二八・八パーセントが一六歳から二二歳の間に何らかの暴力行為を犯している。一日一時間しかテレビを見ない子どもではその割合は五・三パーセントにまで落ちる。男子だけでは、一日四時間以上テレビを見る子どもの四五・二パーセントが一六歳から二二歳の間に暴力行為を犯すが、一時間未満では八・九パーセント。女子では「テレビを見る時間による影響は男子に比べて少ない。一日三時間以上テレビを見る女子の一二・七パーセントが非行に走るが、一時間未満では二・三パーセントにすぎない」（『ヌーベル・オプセルバトゥール』誌、二〇〇二年四月二〇日－二六日号、別刷「映画欄」*Le Nouvel Observateur*, supplément cinéma, 20-26 avril 2002）。この調査に関わった研究者たちは、直接的な因果関係をそこに見ることは避けているが、男女で異なる社会的な修得だけが男女差を有効に説明することができる。

10 F. Héritier, 1999.

11 *Courrier International*, no.597.

12 Papyrus Inzinger d'après le sage Ptahhotep, Ve dyanstie. Cf. C. Desroche-Noblecourt, p.188.

第4章 シモーヌ・ド・ボーヴォワールの盲点 新石器革命後に……

1 Simone de Beauvoir, *Le Deuxième Sexe*, I, p.119, 130.

2 B. Malinowski, 1927, 1930.

3 B. Malinowski, 1930, p.180.

4 〔こうした未開人の無知に対して、〕マリノフスキー自身が非難している「無教養なヨーロッパ人の精神を特徴づけているセンセーショナルなものへの好み」（*Ibid.*, p.196）を対比できるだろう。彼らヨーロッパ人は、若い娘たちが性的に自由で、それでいて結婚前には稀にしか妊娠しないことに眩惑されるのである。マリノフスキーはこの同じ問題を、生理学的な表現、とはいえ、あらゆる意味において原始的な「力」を前にしたときの「無教養なヨーロッパ人」と同じ眩惑に属する表現で提示している。彼は、「女性がより若くして性生活を始め、途絶えることなくそれを続け、より頻繁に恋人を変えるほど、妊娠しにくくするような生理学的法則が存在するのだろうか」と記す。誰に比べて、より若くして、より頻繁になのだろうか。どのような規準に従ってなのだろうか。マリノフスキーは、別の表現で、そして道徳的な意味も込めて、未開人たちの性的放恣や精子の混合には不妊効果があるのだろうかと問う（現在では、思春期の少女たちの月経周期は排卵によるのではないことがわかっている）。しかし彼は、彼が前提としている信仰、女性の妊娠は「祖先の霊」によるものであるという信仰体系においては、あらかじめ入口を開かれている身体の中に霊魂が入ってくるはずなのに入ってこないという事実を説明する理由について、また、仮に霊魂が未婚女性のところにくるのを故意に避けているとしても、時としてこの規則に違反して、未婚でも、開かれている若い娘の中に定着する理由については不問に付している。

5 *Ibid.*, p.180.

6 *Ibid.*, p.172.

7 シモーヌ・ド・ボーヴォワールは奇妙にも、牧畜についてまったく言及しておらず、また、牧畜を基盤にしているが女神信仰をもたない遊牧民社会における女性の状況についてもまったく言及していない（これはおそらくどちらも女神信仰がないという同じ理由による）。

8 *Le Deuxième Sexe*, I, p.116.

9 *Ibid.*, p.118.

10 *Ibid.*, p.120.

11 この機会に記しておくと、この見方によれば、戦争の出現は新石器革命によって生じた私有財産によるものであるが、現在の見解では異議が唱えられている。Cf. Guilaine et Zammit.

12 ボーヴォワールが注釈を加える場合も、異論の余地がある。たとえば、彼女は、農作業が女性に任せられたのは「石器時代の道具はたいした労力を必要としない」からであると言う（*Ibid.*, p.120）。新たな耕地の開拓だけを取っても、これほど間違った議論はない。

13 *Ibid.*, p.120.

14 *Ibid.*, p.123.

15 *Ibid.*, p.128.

16 *Ibid.*, p.132.

17 *Ibid.*, p.133.

18 *Ibid.*, p.130.

19 F. Héritier, 1999.

20 *Le Deuxième Sexe*, I, p.131.

21 F. Héritier, 1996.

22 Jean-Paule Demoule, *Le Monde*, 20 janvier 2001.

23 J. Guilaine, 2000.

24 *Le Deuxième Sexe*, I, p.125.

25 *Ibid.*, p.129.

26 *Ibid.*, p.16.

27 *Ibid.*, p.120.

28 *Ibid.*, p.119.

29 *Ibid.*, p.117.

30 *Ibid.*, p.134.

31 *Ibid.*, p.118.

第二部　批　判

第1章　母性の特権と男性支配

1　F. Héritier, 1981, p.50-67.

2　B. Malinowski, 1930.

3　N. Vialles.

4　M. Lecarme,1999.

5　«Maghreb: la chute irrésistible de la fécondité», *Population et Sociétés*, 359, juillet-août 2000.

6　M. Singer, 2000.

第2章　ジェンダーをめぐる諸問題と女性の権利

1　Amnesty International, 1995.

2　A. Sen, 2002.

3　*Le Nouvel Observateur*, 28 décembre 2000-3 janvier 2001.

4　*Le Monde*, 24 février 2001.

5　*Population et Société*, 364, janvier 2001. 続くパラグラフでこの資料を参照している。

6　*Le Monde*, 21 avril 2002.

7　*Ibid*.

8　Florence Beaugé, «Tuées pour l'honneur», *Le Monde*, 5 avril 2001.

9　*Courrier International*, 17-23 janveir 2001.

10　*Le Nouvel Observateur*, février 2002.

11　*Le Monde*, 8 mars 2002.

12　*Le Monde*, rubrique «En vue», 1er mars 2001.

13　そこには何人かの人類学者も含まれる。ルイ・デュモン〔一九一一－一九八八、人類学者〕はこの問題について一九七八年に次のように書いていた。「それは、人類学［中略］が、抗議を根拠づけている近代的諸価値すべてを一括りに拒否することもできず、またある地域の住民の集団生活への干渉になりうる、非難・糾弾の責任を負うこともできない一つの例である」(Dumont, 1978)。

14　M. Ilboudo, 2000.

15　S. Fainzang, 1985.

16　R. Hazel et M. Mohamed-Abdi.

17　M. Riot-Sarcey, 2002.

18　*Le Monde*, 21 janvier 2000.

19　*7 jours en Europe*, 347, 22 mars 1999.

20 *Le Monde*, 14 mai 2002.
21 *Courrier International*, 595, 28 mars au 3 avril 2002.
22 *Le Matin* (Genève), 16 décembre 1997.
23 *Le Monde*, 7-8 décembre 1997.
24 *Vie universitaire*, janvier 1998.
25 *Le Monde*, 28 janvier 2002.
26 *Le Monde*, 24 avril 2002.
27 *Le Monde*, 27 mai 2000.
28 A.Barrère-Maurisson, 2000.
29 *Enquête sur le pouvoir des femmes*, 1998.
30 *Le Monde*, 21 janvier 1998.
31 *Le Monde*, 19 janvier 1999.
32 *Le Monde*, 7 juin 2000.
33 A.Sen,1999.
34 *Équilibres et Populations*, 58, mai 2000.
35 *Le Monde*, 23 juin 2000;18 septembre 2000.
36 ニコル・ペリ、フランスの女性の権利担当大臣。
37 *Le Monde*, 10 mars 2000.
38 *Population et Sociétés*, 359, juillet-août 2000.
39 *Population et Sociétés*, 373, novembre 2001.
40 IFRI, *Ramsès* 2000.
41 D. R. Forsythe, 2000.
42 M. Gilzmer, 2000.
43 *Le Monde*, 23 mars 2001.
44 *Le Monde*, 21 février 2002.
45 *Le Monde*, 16 décembre 1999.
46 *Le Monde*, 17-18 2000.

第3章 「今日の混迷」における男女の差異

1 本書第I巻第9章に、女性に関する二つのタイプの言説がどういうものであるかを理解できるように、十九世紀の小説や今日の新聞雑誌で用いられた形容詞を書き出したが、そのうちの一つのタイプは見かけだけに限ればもう一方より否定的ではないが、どちらのタイプも、二つのバージョン（冷たい、清らかな、慎みのあるvs熱い、汚れた、慎みのない）の間で矛盾が生じることにはおかまいなしに、形態学的、生物学的、心理学的な女性の本性を指し示しており、この本性は男性に従属し、男性によって支配され、管理されるべきか、そうであることを望んでいるというのである。「〝強い〟性と〝弱い〟性、〝強い〟心と〝弱い〟心がある」らしい。女性のこの生まれながらの本質的な弱さが身体まで含めた女性の従属を正当化するというのである。

必ずしも誹謗しようとしているわけではない文脈におけるこのような一貫した誹謗の一例を挙げよう。パリのバスティーユ・オペラ座での「ホヴァーンシチナ」〔ムソルグスキーのオペラ〕の上演に関する二〇〇一年一二月一三日付『ル・モンド』紙の音楽欄に次のような記事が掲載された。「女性たちが演じる若干戯画化された補佐的な役――エマ役のタチア・Pの怖じ気づいたホロホロチョウのヒナのような叫び声、不感症の年寄り女スザンナ役のイリナ・Rの胆汁を吐き出すような苦々しい表現〔中略〕。男性側は、〔中略〕反体制派の三人組が最高だ。ゴリーツィンを演じる申し分のなく血気盛んなロベール・B、〔中略〕ホーヴァンスキー王子を演じる人を威圧する高慢さに満ちた、誇らしげな物腰のウラジミール・O、他方、ドシフェイ・ダナートリは背の高さでも声量でも配役陣を支配する」。

このように提示された特徴はもちろん役柄の特徴だが、役を演じる人たちの声の特徴でもある（叫び声、げっぷ、高慢、誇り等々）。「怖じ気づいたホロホロチョウのヒナ」はエマで、しかも彼女は誇らしげな物腰の王子に強姦された「若く美しい孤児」であることを指摘しておこう。

2 N.-C.Mathieu, 1985.

第三部　解決策と障壁

第1章　可能で考えうるヒトの産生

1 F. Héritier, 1985.
2 *Le Figaro*, 13 mai 2000.

第2章　避妊　男性的なものと女性的なものという二つのカテゴリーの新たな関係に向けて

1 É-É.Baulieu, 1999.
2 E. Diczfalusy, 1999.
3 M.-F. Coulet, 2001.
4 J.-Mossuz-Lavau, 2001.
5 N. Bajos et M. Ferrand, 2002.
6 S. Dellus, 2000.
7 *Le Monde*, 18 novembre 1998.
8 序文および第二部第1章。

9　T. Apostolidès *et al.*, 1998.
10　François Vincent, «Les postes avancés de santé: une innovation», *Médecins du monde*, 52, septembre 1998, p.3-4.
11　*Le Quotidien du médecin*, 17 mai 2000.
12　*Le Monde*, 31 mai 2001.
13　この節のデータのすべてはMarion van Renterglemの一九九八年の記事に基づく。
14　*Le Monde*, 30 janvier 1999.
15　*Le Monde*, 15 novembre 2001.
16　*Le Monde*, 30 janvier 1999.
17　Lettre de saisine officielle addressée au CCNE.

第3章　民主主義は女性を女性として代表すべきだろうか

1　ミシュリーヌ・アマールによる雑誌・新聞から収集した論争集『パリテの罠』（Micheline Amar, *Piège de la parité*）参照。
2　*Ibid.*, p.34.
3　*Ibid.*, p.90.
4　J.Mossuz-Lavau, *Population et Sociétés*, 377, mars 2002.
5　Éliane Vogel-Polsky, «Les impasses de l'égalité», *Parité-Infos*, hors-série no.1, mars 1994, p.1-12.
6　Lily Segerman-Peck, «Élections britanniques: pas question d'aider les femmes», *Parité-Infos*, 13, mars 1995, p.1-3.
7　*Parité-Infos*, supplément au numéro 16.
8　Élisabeth Elgan, «Parité dans la vie publique: la différence suédoise», *Parité-Infos*, supplément au numéro 16, p.1-4.

第4章　障害と障壁　女性の身体の利用について

1　Michel Schneider, «Désir, vous avez dit désir», *Le Monde*, 7 mars 2002を参照。フロイトはこの考えを別のかたちでも表現している。「どんなに馬鹿げた合剤でも、性欲がもつ恐るべき絶対的権力に対抗できる解毒薬だと言明しさえすれば、社会は喜んで飲み込むものなのです」（『素人分析の問題』）。
2　Odon Vallet, 2002. «Kama Sûtra» の項を参照。
3　Claudine Dauphin, 1996, *Midrash Genesis Rabbah*, 23.2.
4　Jean-Louis Flandrin, 1975.
5　*Ibid.*, p.213より引用。

6 *Ibid.*, p.289.

7 Claudine Dauphin, 1996, Saint Augustin, *De bon. conjug.* 11.12.

8 *De Mend.*, 7.10.

9 André Maurois, *Les discours du docteur O'Grady*, Paris, Grasset, 1922. Livre de Poche, 1950, p.228, 269.

10 Alphonse Boudard, *Mourir d'enfance*, Paris, Robert Raffont, 1995, p.229.

11 Catherine Simon, «Prostitution», *Le Monde*, 21 mai 2002.

12 Michelle Perrot, 1997.

13 Daikha Dridi, «Les Algériennes n'acceptent plus la tutelle des hommes», *Index on Censorship*, Londres, repris dans *Courrier international*, 598, 18-24 avril 2002.

14 Odon Vallet.（前掲書）«Voile» の項を参照。

15 «En vue», *Le Monde*, 26 novembre 1999.

16 «En vue», *Le Monde*, 1e décembre 2000.

17 «En vue», *Le Monde*, 3 mars 2001.

18 «Vertiges de l'amour», *Télé-Obs.*, 23 avril 2002.

19 ドルトン・トランボ原作・監督の映画『ジョニーは戦場へ行った』一九七一年。

20 Henri Atlan, 1999.

21 Michel Scheneider, *Le Monde*, 7 mars 2002.

22 Jean Starobinski, 1981.

23 児童の商業的性的搾取に反対する世界会議、二〇〇一年一二月一七―二〇日、於横浜。*Défenseur des enfants Infos*, février 2002.

24 *Le Monde*, 18 décembre 2001.

25 Pierre Bourdieu, 1997.

26 Jacques Bouveresse, «À Pierre Bourdieu, la philosophie reconnaissante», *La Lettre du Collège de France*, 5, mai 2002.

27 *Le Monde*, 7 mars 2002.〔既出。注1参照〕

28 *La site de sorties des gens qui sortent. People.*

29 *Le Monde*, 29 octobre 1996.

30 *Le Monde*, 12 juillet 2001.

31 *Ibid.*

32 Amnesty International, *La Lettre*, 60, avril-juin 2001.

33 *Le Monde de l'education*, avril 2001.「淫売 pétasse」は、一般に女性や娘を意味する俗語。逆さ言葉で taspé とも言う。

34 *Le Monde*, 25 mai 2002.

35 *Le Monde*, 26 avril 2001.

36 *Le Monde*, 24 avril 2001.

37 *Le Nouvel Observateur*, 28 février au 6 mars 2002.

38 *Le Nouvel Observateur*, 6 au 12 décembre 2001.
39 Frédéric Chambon, 24 avril 2001.
40 *Le Monde*, 24 avril 2001.
41 *Le Monde*, 21 mars 2002.
42 *Le Nouvel Observateur*, 19 au 25 avril 2002.
43 *Le Monde*, 14 décembre 2001.
44 *Télé-Obs.*, 13-19 octobre 2001.
45 Pasty Sorensen, *Pour de nouvelles actions dans le domaine de la lutte contre la traite des femmes*, Strasbourg, 18 mai 2000.
46 Fédération internationale des Ligues des Droits de l'homme, *La Nouvelle Lettre de la FIDH* 38, juin 2000. この段落で用いた情報は、この非常に興味深い資料によっている。
47 国連の報告者（女性）でさえも、*La Nouvelle Lettre de la FIDH* に掲載されたインタビューの中で字句通り、「売春は私たちの社会において避けることができない」と明言している。
48 *La Nouvelle Lettre de la FIDH*.
49 *Le Monde*, 15 décembre 2001.
50 Florence Montreynaud, «Faut-il punir les clients de la prostitution?», rublique «Horizons et débats», *Le Monde*, 6 juin 2002.
51 Robert Badinter, «Prostitution et pénalisation», *Le Monde*, 21 février 2002.
52 Marcela Iacub et Patrice Maniglier, «Comportements sexuels: les infortunes de trop de vertu», rublique «Horizons et débats», *Le Monde*, 2 février 2002.

第5章　障害と障壁　母性・職業・家庭

1 Yvonne Knibiehler, 2001.
2 Tania Angeloff, 2000.
3 *Le Monde*, 29 juin 2002.
4 Marie-José Dhavernas, 2001.
5 Françoise Thébaud, 2001.
6 Irène Théry, 2001.
7 *Valeurs mutualistes*, 213, septembre 2000.
8 Alain Testart, 2002.
9 第一部第1章「女の頭」を参照。
10 «Travail, enfants, maison, J'en fais trop, à qui la faute?», *Elle*, 1er avril 2002.
11 *Le Monde*, 8 mars 2001.
12 Hélène Michaudon. Cf. *Le Monde*, 19 octobre 2001.

13　*Le Monde*, 6 décembre 2001.

14　*Ibid.* D・ケスラーによると「企業は、父親休暇の創設のような、人気取りのための措置には賛成できないであろう」。

15　*Le Monde*, 14 mai 2002.

16　D. Méda, 2001.

17　Lettre public à Marylise Lebranchu, garde des Sceaux, 19 janvier 2002.

18　S. Giampino, *in* Y. Knibiehler, 2001.

VINCENT, Jean-Didier – 1995, *La Chair et le diable*. Paris, Odile Jacob.
VINCENT, Jean-Didier – 1999, *Biologie des passions*. Paris, Odile Jacob.〔ジャン・ディディエ・ヴァンサン『感情の生物学』安田一郎訳、青土社、1993〕
VINCENT, Jeanne-Françoise – 2001 (1976), *Femmes béti entre deux mondes. Entretiens dans la forêt du Cameroun*. Paris, Karthala.
VINCKE, Édouard – 1991, « Liquides sexuels féminins et rapports sociaux en Afrique centrale », *Anthropologie et Société* 15 : 167-188.
VIREY, Julien-Joseph – 1802, *De l'Éducation*. Paris.
VIREY, Julien-Joseph – 1823, *De la Femme, sous ses rapports physiologique, moral et littéraire*. Paris, Crochard.
WALKER BYNUM, Caroline – 1991, *Fragmentation and Redemption. Essays on Gender and the human Body in medieval Religion*. New York, Zone Books.
WALKER BYNUM, Caroline – 1994, *Jeûnes et festins sacrés. Les femmes dans la nourriture et la spiritualité médiévales*. Paris, Le Cerf.
WARNER, M. – 1985 (1976), Alone of all her Sex. *The Myth and the Cult of Virgin Mary*. Londres, Picador/Pan Books.
WEINER, Annette – 1983 (1976), *La Richesse des femmes ou comment l'esprit vient aux hommes (Îles Trobriand)*. Paris, Le Seuil.
WELZER-LANG, Daniel – 1994, *Les Uns, les unes et les autres*. Paris, Métailié.
WESTERMARCH, Edward – 1901, *The History of human Marriage*. Londres, Macmillan and Co.
Womens's Committee of the National Council of Resistance of Iran – 2000, *Misogyny in Power. Iranian Women Challenge. Two Decades of Mullahs' Gender Apartheid*.
XANTHAKOU, Margarita – 2000, « Une histoire pas comme il faut », in J.-L. JAMARD, E. TERRAY et M. XANTHAKOU, éds. *En substances. Textes pour Françoise Héritier*. Paris, Fayard : 311-328.
YAGUELLO, Marina – 1979, *Les Mots et les femmes*. Paris, Payot.
ZAPPERI, Roberto – 1983, *L'Homme enceint. L'homme, la femme et le pouvoir*. Paris, PUF.
ZEGHIDOUR, Slimane – 1990, *Le Voile et la bannière*. Paris, Hachette.
ZEITLIN, Froma I. – 1986, « Configuration of rape in Greek Myth », *in* S. TOMASELLI et R. PORTER, eds. *Rape*. Oxford : 122-151.
ZEITLIN, Froma I. – 1996, *Playing in Other. Gender and Society in classical Greek Literature*. Chicago, The University of Chicago Press.
ZELLNER, Harriet – 1972, « Discrimination against women, occupational segregation and the relative wage », *American economic Review* 62 (2) : 157-160.

Paris, EHESS. Mémoire de DEA.
« Traditions (Les) dangereuses peuvent-elles être exclues des débats sur la culture ? » – 2001, *Équilibres et Populations* 69, juin-juillet.
Travail, Genre, Société – 2002, « Dossier Égalité, parité, discrimination : l'histoire continue », n° 7.
TYLOR, Edward B. – 1865, *Researches into the early History of Mankind and the Development of Civilization.* Londres, J. Murray.
Tylor, Edward B. – 1889, « On the method of investigating the development of institutions, applied to laws of marriage and descent », *Journal of the Royal anthropological Institute* 18 : 245-272.
« Un (L') et l'autre sexe » – 2001, *Esprit, mars-avril.*
VALIENTE NOAILLES, Carlos – 2001, *Kua et Himba. Deux peuples traditionnels du Botswana et de Namibie face au nouveau millénaire.* Genève, musée d'Ethnographie.
VALLET, Odon – 2002, *Petit lexique des idées fausses sur les religions,* Paris, Albin Michel.
VAN RENTERGHEN, Marion – 1998, « Amérique, la vie en bleu viagra », *Le Monde,* 14 octobre 1998.
VAN SCHURMAN, Anna Maria – 1646, *Question célèbre s'il est nécessaire ou non que les filles soient sçavantes...* Paris, Rolet le Duc.
VEAUVY, Christiane et PISANO, Laura – 1997, *Paroles oubliées. Les femmes et la construction de l'État-nation en France et en Italie. 1789-1860.* Paris, Armand Colin.
VERDIER, Yvonne – 1979, *Façons de dire, façons de faire. La laveuse, la couturière, la cuisinière.* Paris, Gallimard.〔イヴォンヌ・ヴェルディエ『女のフィジオロジー —— 洗濯女・裁縫女・料理女』大野朗子訳、新評論、1985〕
VÉRILHAC, Anne-Marie et VIAL, Claude – 1998, *Le Mariage grec du VIe siècle avant J.-C. à l'époque d'Auguste.* BCH, supplément 32. Paris, École française d'Athènes.
VEYNE, Paul, LISSARAGUE, François et FRONTISI-DUCROUX, Françoise – 1998, *Les Mystères du gynécée.* Paris, Gallimard.
VIALLES, Noelie – 1987, *Le Sang et la chair. Les abattoirs du pays de l'Adour.* Paris, Éditions de la Maison des sciences de l'homme.
VIDAL, Laurent – 2000, *Femmes en temps de sida.* Paris, PUF.
VIENNOT, Éliane, dir. – 1996, *La Démocratie « à la française » ou les femmes indésirables.* Paris, Publications de l'université Paris-VII-Denis-Diderot.
VIGARELLO, Georges – 1998, *Histoire du viol XVIe-XXe siècle.* Paris, Le Seuil, coll. « L'Univers historique ».

(1-2) : 139-155.
TAUZIN, Aline – 2001, *Figures du féminin dans la société maure (Mauritanie). Désir nomade.* Paris, Karthala.
« Temps (Le) des jeunes filles » – 1996, *Clio* 4.
TERTULLIEN – 1971, « La toilette des femmes », *Sources chrétiennes* n° 173. Paris, Cerf.
TESTART, Alain – 1986, *Essai sur les fondements de la division sexuelle du travail chez les chasseurs-cueilleurs.* Paris, Éditions de l'EHESS.
TESTART, Alain – 2002, « Les Amazones, entre mythe et réalité », *L'Homme,* 163 : 185-194.
THÉBAUD, Françoise, éd. – 1992, *Histoire des femmes. Le XXe siècle.* Paris, Plon.
THÉBAUD, Françoise – 2001, « Féminisme et modernité : les configurations du siècle » *in* Y. Knibiehler, dir., *Maternité. Affaire privée, affaire publique.* Paris, Bayard : 29-48.
THÉRY, Irène – 1996, « Différence des sexes et différence des générations. L'institution familiale en déshérence », Esprit, décembre : 65-90.
THÉRY, Irène – 1998, *Couple, filiation et parenté aujourd'hui.* Paris, La Documentation française, Odile Jacob.
THÉRY, Irène – 2001, « Mixité et maternité », *in* Y. KNIBIEHLER, éd. *Maternité, affaire privée, affaire publique.* Paris, Bayard : 251-270.
THIAM, Awa – 1978, *La Parole aux négresses.* Paris, Denoël Gonthier.
THIAM, Awa – 1998, « Le combat des femmes pour l'abolition des mutilations sexuelles », *Revue internationale des sciences sociales* 157 : 433-438.
THOMAS, Yan – 1991, « La division des sexes en droit romain », *in* G. DUBY et M. PERROT, éds. *Histoire des femmes en Occident.* t. 1 *L'Antiquité,* dir. P. Schmitt Pantel. Paris, Plon : 103-156.
THOMASSET, Claude – 1981, « La femme au Moyen Âge. Les composantes fondamentales de sa représentation : immunité-impunité », *Ornicar* 22-23 : 223-238.
THOMASSET, Claude – 1991, « De la nature féminine », *in* G. DUBY et M. PERROT, éds. *Histoire des femmes.* t. 2 *Le Moyen Âge,* dir. Christiane Klapisch-Zuber. Paris, Plon : 55-81.
TILLION, Germaine – 1966, *Le Harem et les cousins.* Paris, Le Seuil.〔ジェルメーヌ・ティヨン『イトコたちの共和国 ―― 地中海社会の親族関係と女性の抑圧』宮治美江子訳、みすず書房、2012〕
TODESCHINI, Maya – 1997, *La Bombe au féminin. Les femmes d'Hiroshima et de Nagasaki.* Paris, EHESS. Diplôme de l'EHESS.
TOURAILLE, Priscille – 1995, *La Notion de « base biologique » dans les spéculations autour du « sexe du cerveau ». Un éclairage anthropologique.*

SOFER, Catherine – 1985, *La Division du travail entre hommes et femmes*. Paris, Economica.

SOHN, Anne-Marie – 1996, *Chrysalides. Femmes dans la vie privée (XIXe-XXe siècle)*. Paris, Publications de la Sorbonne.

SOLÉ, Jacques – 1993, *L'Âge d'or de la prostitution de 1870 à nos jours*. Paris, Plon. Rééd. Hachette littératures (1994).

SOURVINOU-INWOOD, Christiane – 1988, *Studies in Girls'Transitions*. Athènes, Kardamitsa.

« Sport (Le). Elles en parlent » – 2001, *Lunes,* hors série.

SPRINGER, Sally P. et DEUTSCH, George – 1981, *Left Brain, Right Brain*. San Francisco, W. H. Freeman and Co.〔サリー・P・スプリンガー、ゲオルク・ドイチュ『左の脳と右の脳』福井圀彦・河内十郎監訳、宮森孝史他訳、医学書院、1997〕

STAROBINSKI, Jean – 1981, « Sur la chlorose », *Romantismes* 31 : 113-130. Numéro « Sangs ».

STEINBERG, Sylvie – 2001, *La Confusion des sexes. Le travestissement de la Renaissance à la Révolution*. Paris, Fayard.

STORA-LAMARRE, Annie – 1989, *L'Enfer de la IIIe République. Censures et pornographes*. Paris, Imago.

SUCHON, Gabrielle – 1693, *Traité de la morale et de la politique*. Lyon, chez B. Vignieu et J. Certe.

SULLEROT, Évelyne – 1968, *Histoire et sociologie du travail féminin*. Paris, Gonthier.

SULLEROT, Évelyne – 1981, *Le Fait féminin*. Paris, Fayard.〔E・シュルロ、O・チボー編『女性とは何か』（上・下）西川祐子・天羽すぎ子・宇野賀津子訳、人文書院、1983〕

TABET, Paola – 1979, « Les mains, les outils, les armes », *L'Homme* 19 (3-4) : 5-61. (Numéro : « Les catégories de sexe en anthropologie sociale ».)

TABET, Paola – 1985, « Fertilité naturelle, reproduction forcée », *in* N.-C. MATHIEU, éd. *L'Arraisonnement des femmes. Essais en anthropologie des sexes*. Paris, Éditions de l'EHESS. Cahiers de l'Homme : 61-146.

TABET, Paola – 1987, « Du don au tarif. Les relations sexuelles impliquant une compensation », *Les Temps modernes* 490 : 1-53.

TABET, Paola – 1998, *La Construction sociale de l'inégalité des sexes*. Paris, L'Harmattan.

TABET, Paola – 2001, « La grande arnaque : l'expropriation de la sexualité des femmes », in *Actuel Marx* 30. *Les Rapports sociaux de sexe*. Paris, PUF : 131-152.

TAHON, Marie-Blanche – 1995, « Le don de la mère », *Anthropologie et sociétés,* 19

Inequality. Beverly Hills, Londres, New Delhi, Sage Publications.

SCUBLA, Lucien – 2000, « Françoise Héritier et l'avenir du structuralisme », *in* J.-L. JAMARD, E. TERRAY et M. XANTHAKOU, éds. *En substances. Textes pour Françoise Héritier.* Paris, Fayard : 37-45.

SCUBLA, Lucien – 2002, « Hiérarchie des sexes et hiérarchie des savoirs ou Platon chez les Baruya », *Cités* 9 : 13-24.

SCOTT, Joan – 1997, *La Citoyenne paradoxale. Les féministes françaises et les droits de l'homme.* Paris, Albin Michel.

SEGALEN, Martine – 1984, *Mari et femme dans la société paysanne.* Paris, Flammarion, coll. « Champs ».〔マルチーヌ・セガレーヌ『妻と夫の社会史』片岡幸彦監訳、新評論、1983〕

SEN, Amyarta – 1999, *Un nouveau modèle économique. Développement, justice, liberté.* Paris, Odile Jacob.

SEN, Amyarta – 2002, « Quand la misogynie devient un problème de santé publique », *Courrier international* 601, 10 au 15 mai 2002.

« Sexes. Comment on devient homme ou femme » – 2001-2002. *La Recherche.* Hors série n° 6.

SHELL-DUNCAN, Bettina et YLVA Hernlund, eds. – 2000, Female « Circumcision » in *Africa. Culture, Controversy and Change.* Londres, Lynne Rienner, Boulder.

SHORTER, Edward – 1982, *Le Corps des femmes.* Paris, Le Seuil.〔エドワード・ショーター『女の体の歴史』池上千寿子・大田英樹訳、勁草書房、1992〕

SINDZINGRE, Nicole – 1977, « Le plus et le moins. À propos de l'excision », *Cahiers d'Études africaines* 17 (1) 65 : 65-75.

SINDZINGRE, Nicole – 1979, « Un excès par défaut. Excision et représentations de la féminité », *L'Homme* 19 (3-4) : 171-181 (Numéro : « Les catégories de sexe en anthropologie sociale »).

SINEAU, Mariette – 1998, *Des femmes en politique.* Paris, Economica.

SINEAU, Mariette – 2001, *Profession : femme politique. Sexe et pouvoir sous la Cinquième République.* Paris, Presses de Sciences Po.

SINGER, Max – 2000, « Vers un monde moins peuplé que les États-Unis », *La Recherche* 327.

SISSA, Giulia – 1987, *Le Corps virginal. La virginité en Grèce ancienne.* Paris, Vrin.

SISSA, Giulia – 2000, *L'Âme est un corps de femme.* Paris, Odile Jacob.

SLOCUM, Sally – 1975, « Woman the gatherer. Male bias in anthropology », *in* R. R. REITER, ed. *Toward an Anthropology of Women.* New York, Londres, Monthly Review Press : 36-50.

SMITH, Adam – 1860 (1759), *Traité des sentiments moraux.* Paris, Guillaumin.

« Société (La) des femmes » – 1992, *Les Cahiers du GRIF.* Bruxelles, Éditions Complexe.

ROSANVALLON, Pierre – 1992, *Le Sacre du citoyen. Histoire du suffrage universel en France.* Paris, Gallimard.

ROSSIAUD, Jacques – 1976, « Prostitution, jeunesse et société dans les villes du Sud-Est au Ve siècle », *Annales, ESC* : 289-325.

ROSSIAUD, Jacques – 1990, *La Prostitution médiévale.* Paris, Flammarion. 〔ジャック・ロシオ『中世娼婦の社会史』阿部謹也・土浪博訳、筑摩書房、1992〕

ROUSSELLE, Aline – 1983, *Porneia. De la maîtrise du corps à la privation sensorielle.* Paris, PUF.

ROUSSELLE, Aline – 1991, « La politique des corps. Entre procréation et continence à Rome », *in* G. DUBY et M. PERROT, dir. *Histoire des femmes en Occident. t. 1 L'Antiquité, dir. P. Pantel Schmitt.* Paris, Plon : 326-330.

ROYER, Clémence – 1970, *Origine de l'homme et des sociétés.* Paris, Guillaumin.

RUBIN, Gayle – 1976, « The traffic in women. Notes on the "political economy" of sex », *in* R. R. REITER, ed. *Toward an 430 MASCULIN/FÉMININ II Anthropology of Women.* New York, Londres, Monthly Review Press : 157-210.

RUSSELL, Andrew, SOTO, Elisa et THOMSON, Mary, eds. – 2000, *Contraception across cultures. Technologies, choices, constraints.* Oxford, New York, Berg.

Rwanda. Not so innocent. When Women become Killers – 1995, Londres, African Rights.

SACKS, Karen – 1979, *Sisters and Wives. The Past and the Future of sexual Equality.* Westport, Conn., Greenwood Press.

SAOUTER, Anne – 2000, *Être rugby. Jeux du masculin et du féminin.* Paris, Éditions de la Maison des sciences de l'homme et Mission du patrimoine ethnologique, coll. « Ethnologie de la France ».

SAUNIER, Geneviève – 2001, « Les lois révolutionnaires des femmes au sein du zapatisme. Du texte aux acteurs », *Recherches amérindiennes au Québec* 31 (1) : 71-82.

SCHLEGEL, Alice – 1972, *Male Dominance and female Autonomy. Domestic Authority in matrilineal Societies.* Yale, Human Relations Area Files Press. 〔A・シュレーゲル『男性優位と女性の自立』青柳真智子訳、弘文堂、1978〕

SCHLEGEL, Alice, ed. – 1977, *Sexual Stratification. A cross-cultural View.* New York, Columbia University Press.

SCHMITT PANTEL, Pauline – 1977, « Athéna Apatouria et la ceinture : les aspects féminins des Apatouries à Athènes », *Annales ESC, novembre-décembre* : 1059-1073.

SCHNEIDER, Michel – 2002, *Big Mother. Psychologie de la vie politique.* Paris, Odile Jacob.

SCHNEIDER, Monique – 2000, *Généalogie du masculin.* Paris, Aubier.

SCHWENDINGER, Julia R. et SCHWENDINGER, Herman – 1983, *Rape and*

université Toulouse-Le Mirail.
POULLAIN DE LA BARRE, François – 1984 (1673), *De l'égalité des deux sexes. Discours physique et moral où l'on voit l'importance de se défaire des préjugez.* Paris, Fayard, « Corpus des oeuvres de philosophie en langue française ».
PRZYLUSKI, Jean – 1950, *La Grande Déesse.* Paris, Payot.
QUÉRÉ, Louis, dir. – 2000, « Le sexe du téléphone ». *Réseaux* 18, n° 103.
QUIGNARD, Pascal – 1994, *Le Sexe et l'effroi.* Paris, Gallimard.
RAPHAEL, Dana, ed. – 1975, *Being female. Reproduction, Power and Change.* La Haye, Paris, Mouton.
« Rapports (Les) sociaux de sexe » – 2001, *Actuel Marx* 30, PUF.
RAULIN, Anne – 1987, *Femme en cause. Mutilations sexuelles des fillettes africaines en France aujourd'hui.* Paris, Fédération de l'Éducation nationale, Centre fédéral.
RAZAVI, Shahra – 1999, « Pauvreté et genre », *Revue internationale des Sciences sociales* 162, décembre : 543-553.
Recherches féministes – 1992, 5 (2). N° spécial « Femmes au travail ».
REED, Evelyn – 1979, *Féminisme et anthropologie.* Paris, Denoël Gonthier.
REITER, Rayna R., ed. – 1975, *Toward an Anthropology of Women.* New York, Londres, Monthly Review Press.
REITER, Rayna R. – 1977, « The search for origine. Unraveling the threads of gender hierarchy », *Critique of Anthropology* 3, 9-10 : 5-24.
REMAURY, Bruno – 2000, *Le Beau Sexe faible. Les images du corps féminin entre cosmétique et santé.* Paris, Grasset, *Le Monde*.
RIEGER, Dietmar – 1988, « Le motif du viol dans la littérature de la France médiévale entre norme courtoise et réalité courtoise », *Cahiers de civilisation médiévale* 31 : 241-267.
RIOT-SARCEY, Michèle – 2002, *Histoire du féminisme.* Paris, La Découverte.
RODGERS, Catherine – 1998, « Le Deuxième Sexe » *de Simone de Beauvoir. Un héritage admiré et contesté.* Paris, L'Harmattan, coll. « Bibliothèque du féminisme ».
ROGERS, Barbara – 1980, *The Domestication of Women. Discrimination in developing Societies.* Londres, Kogan Page.
« Rôles (Les) passés, présents et futurs des femmes africaines » – 1972, *Revue canadienne des Études africaines* 6 (2).
ROSALDO, Michelle Z. et LAMPHERE, Louise, eds. – 1974, *Women, Culture and Society.* Stanford, Stanford University Press.
ROSALDO, Michelle Z. – 1980, « The use and abuse of anthropology. Reflections on feminism and cross-cultural understanding », *Signs. Journal of Women in Culture and Society* 5 (3) : 389-417.

Paris, Le Seuil.〔アレクサンドル・パラン＝デュシャトレ著、アラン・コルバン編『十九世紀パリの売春』小杉隆芳訳、法政大学出版局、1992〕
PASSEMARD, Luce – 1938, *Les Statuettes féminines dites Vénus stéatopyges. Nîmes, Imprimerie coopérative la Laborieuse.*
PAULME, Denise, éd. – 1960 *Femmes d'Afrique noire. La Haye,* Paris, Mouton.
PAULME, Denise – 1997 (1976), *La Mère dévorante.* Paris, Gallimard.
PEIFFER, Jeanne – 1992, « Femmes savantes, femmes de sciences », *in* F. COLLIN, dir., *Le Sexe des sciences.* Paris, Autrement : 32-41.
PERROT, Michèle – 1997, *Femmes publiques.* Paris, Textuel.
PERROT, Michèle – 1998, *Les Femmes ou les silences de l'histoire.* Paris, Flammarion.〔ミシェル・ペロー『歴史の沈黙 ―― 語られなかった女たちの記録』持田明子訳、藤原書店、2003〕
PERROT, Philippe – 1991, *Le Corps féminin. Le travail des apparences XVIIIe-XIXe siècle.* Paris, Le Seuil, coll. « Points ».
PEYRE, Évelyne et WIELS, Joëlle – 1996, « De la "nature des femmes" et de son incompatibilité avec l'exercice du pouvoir : le poids des discours scientifiques depuis le XVIIIe siècle », *in* É. VIENNOT, dir., *La Démocratie à la française ou les femmes indésirables.* Paris, Publications de l'université Paris-VII-Denis-Diderot.
PHETERSON, Gail, ed. – 1989, *A Vindication of the Rights of Whores.* Seattle, Seal Press.
PICHOT, André – 1993, *Histoire de la notion de vie.* Paris, Gallimard.
PIE XII – 1947, *Message de SS Pie XII aux femmes. La Condition de la femme dans le monde moderne.* Paris, SPES.
Piège (Le) de la parité. Arguments pour un débat – 1999. Paris, Hachette littératures.
Place (La) des femmes. Les enjeux de l'identité et de l'égalité au regard des sciences sociales – 1995. Paris, La Découverte.
PNUD – 2000, *Rapport mondial sur le développement humain.* Bruxelles, de Boeck Université.
POMEROY, Sarah-B. – 1975, *Goddesses, Whores, Wives and Slaves. Women in classical Antiquity.* Londres, New York, Routledge.
PORGÈS, Laurence – 2000, « Un thème sensible : l'excision en Afrique et dans les pays d'immigration africaine », *Afrique contemporaine* 196, 4e trimestre : 49-74.
POULLAIN DE LA BARRE, François – 1675, *De l'excellence des hommes contre l'égalité des sexes*... Paris, chez J. Dupuis.〔フランソワ・プーラン・ド・ラ・バール『両性平等論』古茂田宏他訳、法政大学出版局、1997〕
POULLAIN DE LA BARRE, François – 1982 (1679), *De l'éducation des dames pour la conduite de l'esprit dans les sciences et dans les moeurs.* Toulouse,

versus cultural relativity », *Journal of Anthropological Research* 53 : 269-273.

NAHOUM-GRAPPE, Véronique – 1991, « La belle femme », *in* G. DUBY et M. PERROT, dir. *Histoire des femmes en Occident* t. 3. *XVIe-XVIIIe siècle,* dir. N. ZEMON DAVIS et A. FARGE. Paris, Plon : 95-109.

NAHOUM-GRAPPE, Véronique – 1996, *Le Féminin.* Paris, Hachette, coll. « Questions de société ».

NAOURI, Aldo – 1998, *Les Filles et leurs mères.* Paris, Odile Jacob.

NEIRINEK, Claire — 2001, « Accouchement et filiation » *in* Y. Knibiehler, dir., *Maternité. Affaire privée, affaire publique.* Paris, Bayard : 221-236.

DE NEUTER, Patrick – 2001, « Le mythe de l'enlèvement d'Europe. Considérations actuelles sur le désir de l'homme à l'aube et au midi de sa vie », *Le Bulletin freudien* 37-38 : 75-105.

NOR, Malika – 2001, *La Prostitution.* Paris, Le Cavalier bleu.

OBBO, Christine – 1976, « Dominant male ideology and female options. Three east African case studies », *Africa* 46 (4) : 371-389.

OBEYESEKERE, Gananath – 1981, *Medusa's hair. An Essay on Personal Symbols and Religious Experience,* Chicago, University of Chicago Press.〔ガナナート・オベーセーカラ『メドゥーサの髪 —— エクスタシーと文化の創造』渋谷利雄訳、言叢社、1988〕

OLENDER, Maurice – 1985, « Aspects de Baubô : textes et contextes antiques », *Revue de l'histoire des religions* 202 : 3-55.

OLIVIER, Jacques – 1617, *Alphabet de l'imperfection et de la malice des femmes.* Rouen.

ONU – 1975, *Meeting in Mexico. World Conference of the international Women's Year*, N.U., New York.

OPPONG, Christine, ed. – 1983, *Female and Male in West Africa.* Londres, George Allen and Unwin.

ORTNER, Sherry B. et WHITEHEAD, Harriet, eds. – 1981, *Sexual Meanings.* The cultural Construction of Gender and Sexuality. Cambridge, Cambridge University Press.

OZOUF, Mona – 1995, *Les Mots des femmes. Essai sur la singularité française, l'esprit de la Cité.* Paris, Fayard.

PADERNI, Paula – 1991, « Le rachat de l'honneur perdu. Le suicide des femmes dans la Chine du XVIIIe siècle », *Études chinoises* 10 (1-2) : 135-160.

PAILLER, Aline – 2001, *Femmes en marche.* Paris, Le Temps des cerises.

PANCER, Nita – 2001, *Sans peur et sans vergogne. De l'honneur et des femmes aux premiers temps mérovingiens (VIe-VIIe siècle).* Paris, Albin Michel « Bibliothèque Histoire ».

PARENT-DUCHÂTELET, Alexandre – 1981, *La Prostitution à Paris au XIXe siècle.*

anthropologues 9 : 50-54.
MOISSEEFF, Marika – à paraître, « Une femme initiée en vaut… deux. De l'Île aux femmes polynésienne à l'Alien américaine », *in* A. BABADZAN, éd. *Textes en hommage à Henri Lavondès. Nanterre, Société d'ethnologie.*
MOKKEDEM, Malika – 1991, « Les femmes dans la tradition de l'Islam », in *Collectif Jeunes femmes, Dieu a-t-il peur des femmes ?* Saint-Cloud, Mouvement Jeunes femmes : 58-65.
MOORE, Henrietta – 1988, *Feminism and Anthropology.* Cambridge, Oxford, Polity Press.
MOREL, Nathalie – 2001, « Politique sociale et égalité entre les sexes en Suède », *Recherches et Prévisions* 64 : 65-78.
MOSSÉ, Georges L. – 1997, *L'Image de l'homme. L'invention de la virilité moderne.* Paris, Éditions Abbeville.〔ジョージ・L・モッセ『男のイメージ ── 男性性の創造と近代社会』細谷実・小玉亮子・海妻径子訳、作品社、2005〕
MOSSUZ-LAVAU, Janine et KERVASDOUÉ, Anne de – 1997, *Les Femmes ne sont pas des hommes comme les autres.* Paris, Odile Jacob.
MOSSUZ-LAVAU, Janine – 1998, *Femmes/hommes. Pour la parité.* Paris, Presses de Sciences Po.
MOSSUZ-LAVAU, Janine – 2001, « Quand les mères se taisent », *in* Y. KNIBIEHLER, éd. *Maternité, affaire privée, affaire publique.* Paris, Bayard : 153-168.
MOSSUZ-LAVAU, Janine – 2002, *La Vie sexuelle en France.* Paris, Éditions de la Martinière.
MOSSUZ-LAVAU, Janine – 2002, « La parité hommes/femmes en politique. Bilan et perspectives », *Population et Sociétés* 377, mars : 1-4.
MOTTINI-COULON, Edmée – 1978, *Essai d'ontologie spécifiquement féminine. Vers une philosophie différente.* Paris Librairie philosophique J. Vrin.
MOTTINI-COULON, Edmée – 1981, *De l'ontologie à l'éthique par la maternité.* Paris, Librairie philosophique J. Vrin.
MOULINIÉ, Véronique – 1998, *La Chirurgie des âges. Corps, sexualité et représentations du sang.* Paris, Éditions de la Maison des sciences de l'homme.
MOUNIER, Emmanuel – 1936, « La femme aussi est une personne », *Esprit* 45, juin.
MUCHEMBLED, Robert – 1978, « Sorcières du Cambrésis. L'acculturation du monde rural aux XVIe et XVIIe siècles », *in* M.S. DUPONT-BOUCHAT, W. FRIJHOFF et R. MUCHEMBLED, éds. *Prophètes et sorciers dans les Pays-Bas, XVIe-XVIIIe siècle.* Paris, Hachette.
MUEL-DREYFUS, Francine – 1996, *Vichy et l'éternel féminin. Contribution à une sociologie politique de l'ordre des corps.* Paris, Le Seuil.
NAGENGAST, Carole et TURNER, Terence – 1997, « Universal human rights

MATHIEU, Nicole-Claude – 1985, « Quand céder n'est pas consentir », in *L'Arraisonnement des femmes. Essais en anthropologie des sexes.* Paris, Éditions de l'École des hautes études en sciences sociales : 169-245.

MATHIEU, Nicole-Claude – 1989, « Identité sexuelle /sexuée/ de sexe ? Trois modes de conceptualisation du rapport entre sexe et genre », *in* A.-M. DAUNE-RICHARD, M.-C. HURTIG et M.-F. PICHEVIN, éds. *Catégorisation de sexe et constructions scientifiques.* Aix-en-Provence, CEFUP : 109-147.

MATHIEU, Nicole-Claude – 1991, *L'Anatomie politique. Catégorisations et idéologies du sexe.* Paris, Côté-femmes Éditions.

MAUSS, Marcel – 1999 (1950), « Les techniques du corps », in *Sociologie et anthropologie.* Paris, PUF : 365-386.

MEAD, Margaret – 1966 (1948), *L'Un et l'autre sexe. Les rôles d'homme et de femme dans la société.* Paris, Gonthier.

MÉDA, Dominique – 1994, *Le Travail, une valeur en disparition ?*, Paris, Alto.〔ドミニク・メーダ『労働社会の終焉 —— 経済学に挑む政治哲学』若森章孝・若森文子訳、法政大学出版局、2000〕

MÉDA, Dominique – 2001, *Le Temps des femmes. Pour un nouveau partage des rôles.* Paris, Flammarion.

MEILLASSOUX, Claude – 1975, *Femmes, greniers et capitaux.* Paris, Maspero.

MERNISSI, Fatima – 1987, « Feminity as subversion. Reflection on the muslim concept of nushùz », *in* D. L. ECK and D. JAIN, eds. *Speaking of Faith. Global Perspective on Women, Religion and social Change.* Philadelphia, New Society Publishers.

MERNISSI, Fatima – 1992, *The Veil and the male Elite. A feminist interpretation of Women's Rights in Islam.* Perseus Publishing.

MICHARD-MARCHAL, Claire et RIBERY, Claudine – 1982, *Sexisme et sciences humaines. Pratique linguistique du rapport de sexage.* Lille, Presses Universitaires de Lille.

MICHEL, Andrée – 1977, *Femmes, sexisme et sociétés.* Paris, PUF.

MICHELS, André, éd. – 2001, *Actualité de l'hystérie.* Paris, Éditions Érès.

MILL, John Stuart – 1975, *L'Asservissement des femmes.* Paris, Payot.〔J・S・ミル『女性の解放』大内兵衛・大内節子訳、岩波文庫、1957〕

MILLETT, Kate – 1969, Sexual Politics. New York, Doubleday.〔ケイト・ミレット『性の政治学』藤枝澪子訳、自由国民社、1973〕

MILLETT, Kate – 1971 (1969), *La Politique du mâle.* Paris, Stock.

MITTWOCH, Ursula – 1977, « To be right is to be born male », *New Scientist,* 15 janvier : 74-76.

MODEFEN. Mouvement pour la défense des droits de la femme noire – 1982, « Sur l'infibulation et l'excision en Afrique », *Bulletin de l'Association française des*

LOWIE, Robert H. – 1920, *Primitive Society.* New York, Horace Liveright.〔ロバート・H・ローウヰ『原始社会』河村只雄訳、第一出版社、1939〕

MAC AN GHAILL, Máirtín, éd. – 1996, *Understanding masculinities. Social relations and cultural Arenas.* Buckingham, The Open University Press.

MAC CORMACK, Carol P. et STRATHERN, Marilyn – 1980, *Nature, Culture and Gender.* Cambridge, Londres, New York, Cambridge University Press.

MAC INNES, John – 1998, *The End of Masculinity. The Collapse of Patriarchy in modern Societies.* Buckingham, The Open University Press.

« Maisons closes et traite des Blanches. Le commerce du sexe » – 2002, *L'Histoire*, n° spécial, avril.

MALINOWSKI, Bronislaw – 1927, *The Father in primitive Psychology.* Londres, K. Paul, Trench, Trubner and Co.〔B・マリノウスキー『未開家族の論理と心理』青山道夫・有地亨訳、法律文化社、1967〕

MALINOWSKI, Bronislaw – 1930, *La Vie sexuelle des sauvages du nord-ouest de la Mélanésie.* Trad. Par S. Jankélévitch. Paris, Payot.〔マリノウスキー『未開人の性生活』泉靖一・蒲生正男・島澄訳、新泉社、1999〕

MANSSON, Sven-Axel – 1987, *L'Homme dans le commerce du sexe.* Paris, Unesco.

MARCHAL, R. – 1968, *Du Waqf comme moyen de déshériter les filles en droit musulman.* Bruxelles, Institut de sociologie de l'Université libre de Bruxelles.

MARCONVILLE, Jean de – 2000 (1564), *De la Bonté et mauvaisitié des femmes.* Paris, Honoré Champion, « Textes de la Renaissance ».

« Mariage (Le) en Afrique du Nord » – 2001, *Awal* n° 23.

MARTIN, Emily A. –1975, « The power and pollution of chinese women », *in* M. WOLF et R. WITKE, eds. *Women in chinese Society.* Stanford, Stanford University Press : 193-214.

MARUANI, Margaret – 1996, « Questions sur l'avenir du salariat féminin », *Projet* 246 : 41-48.

« Masculin (Le) » – 1984, *Le Genre humain 10.* Bruxelles, Éditions Complexe.

MASON, Otis Tufton – 1894, *Woman's Share in primitive Culture.* New York, D. Appleton.

MATHIEU, Nicole-Claude – 1971, « Notes pour une définition sociologique des catégories de sexe », *Épistémologie sociologique* 11 : 19-39.

MATHIEU, Nicole-Claude – 1973, « Homme-culture et femmenature ? », *L'Homme* 13, 3 : 101-113.

MATHIEU, Nicole-Claude – 1977, « Masculinité/Féminité », *Questions féministes* 1 : 51-67.

MATHIEU, Nicole-Claude, éd. – 1985, *L'Arraisonnement des femmes. Essais en anthropologie des sexes.* Paris, Éditions de l'École des hautes études en sciences sociales.

Guerre. Les moeurs sexuelles des Français 1914-1918. Paris, Aubier.

LETOURNEAU, Charles – 1903, *La Condition de la femme dans les diverses races et civilisations.* Paris, V. Giard et E. Brière.

LETT, Didier – 1996, « Le corps de la jeune fille. Regards de clercs sur l'adolescente aux XIIe-XIVe siècles », *Clio. Histoire, femmes et sociétés* 4 : 51-73.

LEUNG, Angela K.C. – 1984, « Autour de la naissance : la mère et l'enfant en Chine aux XVIe et XVIIe siècles », *Cahiers internationaux de sociologie* 76 : 51-69.

LEVACK Brian P. – 1990, *La Grande Chasse aux sorcières en Europe au début des temps modernes.* Paris, Champvallon.

LÉVI-STRAUSS, Claude – 1949, *Les Structures élémentaires de la parenté.* Paris, PUF.〔クロード・レヴィ＝ストロース『親族の基本構造』福井和美訳、青弓社、2000〕

LÉVI-STRAUSS, Claude – 1971, « La famille », *Annales de l'Université d'Abidjan*, série F, t.3.

LÉVY, Marie-Françoise – 1984, *De mères en filles. L'éducation des Françaises, 1850-1880.* Paris, Calmann-Lévy.

LIONETTI, Roberto – 1984, *Latte di padre. Vitalità, contesti, livelli di lettura di un motivo folklorico.* Brescia, Grafo Edizioni.

LOCK, Margaret – 1993, *Encounters with aging. Mythologies of menopause in Japan and North America.* Berkeley, University of California Press.〔マーガレット・ロック『更年期 ―― 日本女性が語るローカル・バイオロジー』江口重幸・山村宜子・北中淳子共訳、みすず書房、2005〕

LOCOH, Thérèse – 1998, « Pratiques, opinions et attitudes en matière d'excision en Afrique », *Population* 6 : 1227-1240.

LOMBROSO, Cesare – 1991 (1895), *La Femme criminelle et la prostituée.* Grenoble, Jérôme Millon.

LONDRES, Albert – 1998 (1930), *La Traite des Blanches. Le Juif errant est arrivé.* Paris, Le Serpent à plumes.

LORAUX, Nicole – 1978, « Sur la race des femmes et quelques-unes de ses tribus », *Arethusa* 11 (1-2) : 43-87.

LORAUX, Nicole – 1981, *Les Enfants d'Athéna. Idées athéniennes sur la citoyenneté et la division des sexes.* Paris, Maspero.

LORAUX, Nicole – 1981, « Le lit, la guerre », *L'Homme* 21 (1) : 37-67.

LORAUX, Nicole – 1985, *Façons tragiques de tuer une femme.* Paris, Hachette.

LORAUX, Nicole – 1989, *Les Expériences de Tirésias. Le féminin et l'homme grec.* Paris, Gallimard.

LORAUX, Nicole – 2001, « Aspasie, l'étrangère, l'intellectuelle », *Clio : histoire, femmes et société,* 13 : 17-42.

LOUIS-COMBET, Claude – 1997, *L'Âge de Rose.* Paris, José Corti.

LAMPHERE, Louise – 1987, « Feminism and anthropology : the struggle to reshape our thinking about gender », *in* C. FARNHAM, ed. *The Impact of feminist Research in the Academy.* Bloomington-Indianapolis, Indiana University Press : 13-28.

LAQUEUR, Thomas – 1992, *La Fabrique du sexe. Essai sur le corps et le genre en Occident.* Paris, Gallimard.〔トマス・ラカー『セックスの発明 —— 性差の観念史と解剖学のアポリア』高井宏子・細谷等訳、工作舎、1998〕

LAUFER, Jacqueline, MARRY, Catherine et MARUANI, Margaret – 2001, *Masculin/féminin. Questions pour les sciences de l'homme.* Paris, PUF.

LAUWAERT, Françoise – 1999, « Les alternances des discours savants sur les femmes chinoises », *in* D. JONCKERS, R. CARRÉ et M.-C. DUPRÉ, éds. *Femmes plurielles. Les représentations des femmes, discours, normes et conduites.* Paris, Éditions de la Maison des sciences de l'homme : 59-70.

LAZNIK, Marie-Christine – 2002, *Sexualité féminine à la ménopause. La féminité revisitée.* Thèse de doctorat en psychologie, université Paris-XIII.

LE BRAS-CHOPARD, Armelle et MOSSUZ-LAVAU, Janine, éds. – 1997, *Les Femmes et la politique.* Paris, L'Harmattan.

LECARME, Mireille – 1992, « Territoires du masculin, territoires du féminin : des frontières bien gardées ? », *in* J. BISILLIAT, dir. *Relations de genre et développement. Femmes et sociétés.* Paris, ORSTOM : 295-326.

LECARME, Mireille – 1993, *Marchandes à Dakar. Négoce, négociation sociale et rapports sociaux de sexe en milieu urbain précaire. Thèse.* Paris, EHESS.

LECARME, Mireille – 1999, « La “fatigue” des femmes, le “travail de la mère” en milieu populaire daharois », *in* D. JONCKERS, R. CARRÉ et M.-C. DUPRÉ, éds. *Femmes plurielles. Les représentations des femmes, discours, normes et conduites.* Paris, Éditions de la Maison des sciences de l'homme.

LE COUR GRANDMAISON, Camille, DELUZ, Ariane et RETEL-LAURENTIN, Anne – 1978, *La Natte et le manguier.* Paris, Mercure de France.

LE DOEUFF, Michèle – 1998, *Le Sexe du savoir.* Paris, Aubier, « Alto ».

LEDUC, Claudine – 1991, « Les naissances assistées de la mythologie grecque. Un exemple : la naissance androgénique et céphalique d'Athéna », in GRIEF, *Se reproduire, est-ce bien naturel ?* Toulouse, Presses Universitaires du Mirail : 91-175.

LELIÈVRE, Françoise et LELIÈVRE, Claude – 2001, *L'Histoire des femmes publiques contée aux enfants.* Paris, PUF.

LEMOINE-DARTHOIS, Régine et WEISSMAN, Élisabeth – 2000, *Elles croyaient qu'elles ne vieilliraient jamais. Les filles du baby-boom ont 50 ans.* Paris, Albin Michel.

LE NAOUR, Jean-Yves – 2002, *Misères et tourments de la chair durant la Grande*

Paris, Les Belles Lettres.

KAUFMANN, Jean-Claude – 1998, *Corps de femmes, regards d'hommes. Sociologie des seins nus.* Paris, Nathan. 〔ジャン＝クロード・コフマン『女の身体、男の視線 ―― 浜辺とトップレスの社会学』藤田真利子訳、新評論、2000〕

KIMURA, Doreen – 2001, *Cerveau d'homme, cerveau de femme ?* Paris, Odile Jacob.

KNIBIELHER, Yvonne et FOUQUET, Catherine – 1983, *La Femme et les médecins.* Paris, Hachette.

KNIBIELHER, Yvonne – 1996, « L'éducation sexuelle des filles au XXe siècle », *Clio. Histoire, femmes et sociétés* 4 : 139-160.

KNIBIELHER, Yvonne, éd. – 2001, *Maternité, affaire privée, affaire publique.* Paris, Bayard.

KRAKOVITCH, Odile et SELLIER, Geneviève – 2001, *L'Exclusion des femmes. Masculinité et politique dans la culture du XXe siècle.* Paris, Éditions Complexe, coll. « Histoire culturelle ».

KRAKOVITCH, Odile, SELLIER, Geneviève et VIENNOT, Éliane – 2001, *Femmes de pouvoir. Mythes et fantasmes.* Paris, L'Harmattan. Bibliothèque du féminisme.

KRIEGEL, Blandine – 1997, « Parité et principe d'égalité », in Conseil d'État, Sur le principe d'égalité, La Documentation française, « Études et Documents » n° 48 : 375-384.

LACLOS, Choderlos de – 1979, « Des Femmes et de leur éducation », in *Œuvres complètes.* Paris, Gallimard, Bibliothèque de la Pléiade.

LACOSTE-DUJARDIN, Camille – 1985, *Des mères contre les femmes. Maternité et matriarcat au Maghreb.* Paris, La Découverte.

LA FONTAINE, Jean S., ed. – 1978, *Sex and Age as Principles of social Differentiation.* Londres, New York, Academic Press.

LAGRAVE, Rose-Marie – 1990, « Recherches féministes ou recherches sur *les femmes », Actes de la Recherche en sciences sociales* 83 : 27-39.

LAGRAVE, Rose-Marie – 2000, « Dialogue du deuxième type sur la domination sociale du principe masculin », *in* J.-L. JAMARD, E. TERRAY et M. XANTHAKOU, éds. *En substances. Textes pour Françoise Héritier.* Paris, Fayard : 457-469.

LALLEMAND, Suzanne – 1988, *La Mangeuse d'âme. Sorcellerie et famille en Afrique.* Paris, L'Harmattan.

LALLEMAND, Suzanne et DACHER, Michèle – 1992, *Prix des épouses, valeur des soeurs.* Paris, L'Harmattan.

LAMBIN, Rosine A. – 1999, *Le Voile des femmes. Un inventaire historique, social et psychologique.* Bern, Berlin, Peter Lang. Studia religiosa helvetica. Series altera.

Pureté. Éditions Autrement : 82-104. Série Morales.
HIMES, Norman E. – 1934, *Medical History of Contraception*. Londres. 〔N・ハイムズ『受胎調節の歴史』古沢嘉夫訳、河出書房新社、1957〕
HIRATA Hélène, LABORIE, Françoise, LE DOARÉ, Hélène et SENOTIER, Danièle – 2000, *Dictionnaire critique du féminisme*. Paris, PUF. 〔ヘレナ・ヒラータ他編『読む事典・女性学』志賀亮一・杉村和子監訳、藤原書店、2002〕
HIRSCHON, Renée, éd. – 1984, *Women and Property. Women as Property*. Londres, Croom Helm.
Hommes (Les) en question – 2001, *Dossier Sciences humaines* 112, janvier 2001 : 22-37.
HOSE, Charles et MAC DOUGALL, William – 1916, *The pagan Tribes of Borneo*. Londres, Mac Millan.
HOSKEN, Fran – 1993, *The Hosken Report. Genital and sexual Mutilation of Females*. 4° édition. WIN News, Lexington, Ma.
HURTIG, Marie-Claude et PICHEVIN, Marie-France – 1986, *La Différence des sexes. Questions de psychologie*. Paris, Éditions Tierce.
Hurtig, Marie-Claude, KAIL, Michèle et ROUCH, Hélène – 1991, *Sexe et genre. De la hiérarchie entre les sexes*. Paris, Éditions du CNRS.
IACUB, Marcela – 2000, « Reproduction et division juridique des sexes », *Les Temps modernes* 55, 609 : 242-263.
ILBOUDO, Monique – 2000, « L'excision : une violence sexiste sur fond culturel », *Boletin antropológico* 49 : 5-27. Mérida.
INSEE – 2000, *France, portrait social*. Paris, INSEE.
Institut français des relations internationales (IFRI) – 2001, *Ramsès 2000*, dir. T. de Montbrial. Paris, IFRI.
JACQUART, Danielle et THOMASSET, Claude – 1985, *Sexualité et savoir médical au Moyen Âge*. Paris, PUF.
JEFREMOVAS, V. – 1991, « Loose women, virtuous wives and timid virgins. Gender and the control of resources in Rwanda », *Revue canadienne des études africaines* 25 (3) : 378-395.
Jeunes femmes, Collectif – 1991, *Dieu a-t-il peur des femmes ?* Saint-Cloud, Mouvement Jeunes femmes.
JOANNÈS, Francis – 2001, « Prostitution », in *Dictionnaire de la civilisation mésopotamienne*. Paris, Robert Laffont : 694-697.
JONCKERS, Danièle – 2001, « Le sexe du père est un sein pour le foetus », *L'Autre. Cliniques, cultures et sociétés* 2(3) : 521-536.
JOURNET, Nicolas – 2000, « Pourquoi la pilule pour homme n'existe pas », *Sciences humaines* 104, avril : 8-9.
KAKAR, Sudhir – 1985, *Moksha. Le monde intérieur. Enfance et société en Inde.*

HAZEL, Robert – 1999, « La circoncision en pays masai et borana. Guerre, procréation et virilité en Afrique orientale », *Cahiers d'Études africaines* 154, 39 (2) : 293-336.

HAZEL, Robert et MOHAMED-ABDI, Mohamed – 2001, *L'Infibulation en pays somali et dans la Corne de l'Afrique. Bilan critique des explications connues et mise en perspective ethnologique. Manuscrit.*

HEINICH, Nathalie – 1996, *États de femme. L'identité féminine dans la fiction occidentale.* Paris, Gallimard, coll. « Essais ».〔ナタリー・エニック『物語のなかの女たち —— アイデンティティをめぐって』内村瑠美子・山縣直子・鈴木峯子共訳、青山社、2003〕

HERBERT, Eugenia – 1993, *Iron, Gender and Power. Rituals of Transformation in African Societies.* Bloomington, Indiana University Press.

HERDT, Gilbert H. – 1981, « Semen depletion and the sense of maleness », *Ethnopsychiatrica* 3 : 79-116.

HERDT, Gilbert H. – 1982, « Sambia nosebleeding rites and male proximity to women », *Ethos* 10(3) : 189-231.

HERDT, Gilbert H. – 1981, *Guardians of the Flutes. Idioms of Masculinity. A Study of ritualized homosexual Behavior.* New York, Mc Graw-Hill Book Company.

HÉRITIER, Françoise – 1981, *L'Exercice de la parenté.* Paris, Le Seuil-Gallimard.

HÉRITIER, Françoise – 1985, « La cuisse de Jupiter », *L'Homme* 94 : 5-22.

HÉRITIER-AUGÉ, Françoise – 1985, « Le sperme et le sang. De quelques théories anciennes sur leur genèse et leurs rapports », *Nouvelle Revue de psychanalyse* 32, « L'humeur et son changement » : 111-122.

HÉRITIER, Françoise – 1987, « La mauvaise odeur l'a saisi », *Le Genre humain*, printemps-été : 7-17.

HÉRITIER, Françoise – 1996, *Masculin/Féminin. La pensée de la différence.* Paris, Odile Jacob.〔フランソワーズ・エリチエ『男性的なもの／女性的なもの I 差異の思考』明石書店、近刊〕

HÉRITIER, Françoise – 1999, « Les matrices de l'intolérance et de la violence », *in* Séminaire de Françoise Héritier. *De la violence II.* Paris, Odile Jacob : 321-343.

HÉRITIER, Françoise – 2000, « Articulations et substances », *L'Homme* 154-155 : 21-38.

HÉRITIER, Françoise – 2000, « Anthropologie de la famille », *in* Université de tous les savoirs, sous la direction d'Y. Michaud. *Qu'est-ce que la société ?* Paris, Odile Jacob : 467-480.

HEUSCH, Luc de – 1980, « Heat, physiology and cosmogony : rites de passage among the Thonga », *in* I. KARP and C.S. BIRD, eds. *Explorations in African Thought Systems.* Bloomington, Indiana University Press : 27-43.

HIDIROGLOU, Patricia – 1993, « La laine et le lien », *in* S. MATTON, éd. *La*

Literature and Law. Philadelphie, University of Pennsylvania Press.
GRIEF (Groupe de recherches interdisciplinaires d'étude des femmes) – 1991, *Se reproduire, est-ce bien naturel ?* Toulouse, Presses Universitaires du Mirail.
GUÉRAICHE, William – 1999, *Les Femmes et la République. Essai sur la répartition du pouvoir de 1943 à 1979.* Paris, Éditions de l'Atelier.
GUEYDAN, Madeleine – 1991, *Femmes en ménopause.* Toulouse, Éditions Érès.
GUIGOU, Élisabeth – 1997, *Être femme en politique.* Paris, Plon.
GUILAINE, Jean – 2000, « Images de la femme néolithique », *Annuaire du Collège de France 1999-2000.* Paris, Collège de France : 655-656.
GUILAINE, Jean et ZAMMIT, Jean – 2001, *Le Sentier de la guerre. Visages de la violence préhistorique.* Paris, Le Seuil.
GUILLAUMIN, Colette – 1981, « Femmes et théories de la société. Remarques sur les effets théoriques de la colère des opprimées », *Sociologie et Sociétés* 13 (2) : 19-31.
GUILLAUMIN, Colette – 1992, *Sexe, race et pratique du pouvoir. L'idée de nature.* Paris, Côté-femmes Éditions.
GUIONNET, Christine, dir. – 2000, « La Cause des femmes. » *Politix* 13, n° 51.
HAASE-DUBOSC, Danielle et VIENNOT, Éliane dir. – 1991, *Femmes et pouvoirs sous l'Ancien Régime.* Paris, Éditions Rivages, coll. « Histoire ».
HALIMI, Gisèle – 1997, *La Nouvelle Cause des femmes.* Paris, Le Seuil.
HALPERN, Diane F. – 1989, « The disappearance of cognitive gender differences. What you see depends on where you look », *American Psychologist* 44 : 1156-1158.
HAMAYON, Roberte – 1979, « Le pouvoir des hommes passe par la "langue des femmes". Variations mongoles sur le duo de la légitimité et de l'aptitude », *L'Homme* 19 (3-4) : 109-139. (Numéro : « Les catégories de sexe en anthropologie sociale ».)
HANDMAN, Marie-Élisabeth – 1983, *La Violence et la ruse. Hommes et femmes dans un village grec.* Aix-en-Provence, Édisud.
HAROCHE, Claudine et VATIN, Jean-Claude, éds. – 1998, *La Considération.* Paris, Desclée de Brouwer.
HAROCHE, Claudine – 1998, « Le droit à la considération. Remarques d'anthropologie politique », *in* C. HAROCHE et J.-C. VATIN. *La Considération.* Paris, Desclée de Brouwer : 33-45.
HARTLAND, Edwin S. – 1909, *Primitive Paternity.* Londres, D. Nutt.
HARTLEY, C. GASQUOINE – 1914, *The Position of Women in primitive Societies.* Londres, E. Nash.
HAYDEN, Robert M. – 2000, « Rape and rape avoidance in ethno-national conflicts. Sexual violence in liminalized states », *American Anthropologist* 102 (1) : 27-41.

GARDNER, Jane F. – 1990, *Women in Roman Law and Society.* Londres, Routledge.

GASPARD, Françoise, SERVAN-SCHREIDER, Claude et LE GALL, Anne – 1992, *Au pouvoir, citoyennes ! Liberté, égalité, parité.* Paris, Le Seuil.

GASPARD, Françoise, éd. – 1997, *Les Femmes dans la prise de décision en France et en Europe.* Paris, L'Harmattan.

GAUTIER, Arlette – 1984, « Du sexe des meubles », in *Actes du Colloque national Femmes, féminisme et recherche.* Toulouse, AFFER : 69-75.

« Genre (Le) de l'histoire » – 1998, *Les Cahiers du GRIF* 37- 38. Éditions Tierce.

GILZMER, Mechtild – 2000, *Camps de femmes. Chroniques d'internées. Rieucros et Brens 1939-1944.* Paris, Éditions Autrement.

GLOWCZEWSKI, Barbara – 2001, « Loi des hommes, loi des femmes : identité sexuelle et identité aborigène en Australie », *in* C. ALÈS et C. BARRAUD, éds. *Sexe absolu, sexe relatif. Comment la distinction de sexe se manifeste-t-elle dans les relations sociales.* Paris, Éditions de la Maison des sciences de l'homme : 135-156.

GODELIER, Maurice – 1976, « Le sexe comme fondement ultime de l'ordre social et cosmique chez les Baruya de Nouvelle-Guinée. Mythe et réalité », *in* A. VERDIGLIONE, éd. *Sexualité et pouvoir.* Paris, Payot : 268-306.

GODELIER, Maurice – 1978, « Les rapports hommes-femmes : le problème de la domination masculine », in *Centre d'études et de recherches marxistes, éd. La Condition féminine.* Paris, Éditions sociales : 23-44.

GODELIER, Maurice – 1982, *La Production des grands hommes.* Pouvoir et domination masculine chez les Baruya de Nouvelle-Guinée. Paris, Fayard, coll. « L'espace politique ».

GODELIER, Maurice – 1984, *L'Idéel et le Matériel.* Paris, Fayard.〔モーリス・ゴドリエ『観念と物質』山内昶訳、法政大学出版局、1986〕

GOFFMAN, Erving – 2002 (1977), *L'Arrangement des sexes.* Paris, Éditions La Dispute.

GOUGES, Olympe de – 1797, *Déclaration des droits de la femme et de la citoyenne.* Paris.〔オランプ・ドゥ・グージュ「女性および女性市民の権利宣言」オリヴィエ・ブラン『女の人権宣言 ―― フランス革命とオランプ・ドゥ・グージュの生涯』辻村みよ子訳、岩波書店、1995 に所収〕

GOUREVITCH, Danielle – 1984, *Le Mal d'être femme. La femme et la médecine dans la Rome antique.* Paris, École française de Rome.

GOUREVITCH, Danielle et RAEPSAET-CHARLIER, Marie-Thérèse – 2001, *La Femme dans la Rome antique.* Paris, Hachette littératures.

GOURNAY, Marie de – 1989 (1622, 1626), *Égalité des hommes et des femmes, suivi du Grief des dames.* Paris, Côté-femmes Éditions.

GRADVAL, Kathryn – 1991, *Ravishing Maidens. Writing Rape in medieval French*

Forum Diderot – 2000, *De la Différence des sexes entre les femmes.* Paris, PUF.

FOSS, J.E. – 1996, « Is there a natural sexual inequality of intellect ? A reply to Kimura », *Hypatia* 11 : 24-26.

FOUCAULT, Michel – 1976, 1984, *Histoire de la sexualité.* t. 1. *La volonté de savoir*; t. 3. *Le souci de soi.* Paris, Gallimard.〔ミシェル・フーコー『性の歴史Ⅰ　知への意志』渡辺守章訳、『性の歴史Ⅲ　自己への配慮』田村俶訳、新潮社、1986、1987〕

FOUQUE, Antoinette – 1995, *Il y a deux sexes : essai de féminologie (1989-1995).* Paris, Gallimard, coll. « Le Débat ».

FRAISSE, Geneviève – 1984, *Clémence Royer, philosophe et femme de sciences.* Paris, La Découverte.

FRAISSE, Geneviève – 1992, *La Raison des femmes.* Paris, Plon.

FRAISSE, Geneviève – 1995, *Muse de la Raison. Démocratie et exclusion des femmes en France.* Paris, Gallimard, coll. « Folio Histoire ».

FRAISSE, Geneviève – 1996, *La Différence des sexes.* Paris, PUF.〔ジュヌヴィエーヴ・フレス『性の差異』小野ゆり子訳、現代企画室、2000〕

FRAISSE, Geneviève – 1998, *Les Femmes et leur histoire.* Paris, Gallimard, coll. « Folio Histoire ».

FRAISSE, Geneviève – 2000, « Les deux gouvernements : la famille et la Cité », *in* M. SADOUN, éd. *La Démocratie en France. 2 Limites.* Paris, Gallimard : 9-115.

FRAISSE, Geneviève – 2001, *La Controverse des sexes.* Paris, PUF, coll. « Quadrige ».

FREUD, Sigmund – 1973 (1925), « Quelques conséquences psychiques de la différence anatomique entre les sexes », in *La Vie sexuelle.* Paris, PUF.〔ジークムント・フロイト「解剖学的な性差の若干の心的帰結」『フロイト全集19』加藤敏訳、岩波書店、2010 に所収〕

FURTH, C. – 1986, « Blood, body and gender. Medical images of the female condition in China, 1600-1850 », *Chinese Science* 7 : 43-66.

GAGNON, Madeleine – 2001, *Anna, Jeanne, Samia...* Paris, Fayard.

GALIEN – 1854-1856, *OEuvres anatomiques, physiologiques et médicales.* 2 vol. Paris, Baillière. Traduction de Charles Daremberg.

GALSTER, Ingrid, éd. – 1989, « Cinquante ans après Le Deuxième Sexe. Beauvoir en débats. » *Lendemains*, n° 94.

GARDEY, Delphine et LÖWY, Ilona – 2000, *L'Invention du naturel. Les sciences et la fabrication du féminin et du masculin.* Paris, Éditions des Archives contemporaines.

GARDEY, Delphine – 2002, *La Dactylographe et l'expéditionnaire. Histoire des employés de bureau (1890-1930).* Paris, Belin.

ETCHEGOYEN, Alain – 1997, *Éloge de la féminité.* Paris, Arléa. ÉTIENNE, Mona et LEACOCK, Eleanor, éds. – 1980, *Women and Colonization. Anthropological Perspectives.* New York, J. F. Bergin-Praeger.

EVANS-PRITCHARD, Edward E. – 1971 (1965), *La Femme dans les sociétés primitives et autres essais d'anthropologie sociale.* Paris, PUF.

FABIJANCIC, Ursula – 2001, « Simone de Beauvoir's Le Deuxième Sexe, 1949-1999. A reconsideration of transcendance and immanence », *Women's Studies* 30 : 443-475.

FABRE, Clarisse – 2001, *Les Femmes et la politique. Du droit de vote à la parité.* Paris, Librio.

Face (La) cachée d'Ève. Les femmes dans le monde arabe – 1982, Paris, Des Femmes.

FAGNANI, Jeanne – 2001, « Les Françaises font toujours plus d'enfants que les Allemandes de l'Ouest. Une esquisse d'interprétation », *Recherches et Prévisions* 64 : 49-63.

FAINZANG, Sylvie – 1985, « Circoncision, excision et rapports de domination », *Anthropologie et Sociétés* 9 : 117-127.

FAINZANG, Sylvie et JOURNET, Odile – 1987, *La Femme de mon mari. Étude ethnologique du mariage polygamique en Afrique et en France.* Paris, L'Harmattan.

FAURE, Christine – 1985, *La Démocratie sans les femmes. Essai sur le libéralisme en France.* Paris, PUF.

FAWCETT, Millicent – 1918, « Equal pay for equal work », *The Economic Journal* 28 (109) : 1-6.

FEINGOLD, A. – 1988, « Cognitive gender differences are disappearing », *American Psychologist* 43 : 95-103.

« Femmes aux secrets » – 2000, *Sigila*, GRIS-France, automnehiver.

Femme (La) et le communisme. Anthologie des grands textes du marxisme – 1950, Paris, Éditions sociales.

« Femmes et politique au Maghreb » – 1999, *Awal* 20.

FERCHIOU, Sophie – 1968, « Différenciation sexuelle de l'alimentation au Djerid (Sud tunisien) », *L'Homme* 12 (3) : 47-69.

FLANDRIN, Jean-Louis – 1975, *Les Amours paysannes.* Paris, Gallimard-Julliard. 〔J=L・フランドラン『農民の愛と性 —— 新しい愛の歴史学』蔵持不三也・野池恵子訳、白水社、1989〕

FORMOSO, Bernard – 2001, « Corps étrangers. Tourisme et prostitution en Thaïlande », *Anthropologie et sociétés,* 25(2) : 55-70.

FORSYTHE, David R. – 2000, *Human Rights and comparative Foreign Policy.* UNU, UNU Press, Foundations of Peace.

« Dossier Égalite, parité, discrimination. L'histoire continue » - 2002, *Travail, Genre et Société 7.*

DOUGLAS, Mary – 1981 (1967), *De la souillure. Essai sur les notions de pollution et de tabou.* Paris, Maspero.

DOUGLAS, Mary – 1992, *Risk and Blame. Essays in cultural Theory.* Londres, New York, Routledge.

DOWNS, Laura Lee – 2002, *L'Inégalité à la chaîne. La division sexuée du travail dans l'industrie métallurgique en France et en Angleterre.* Paris, Albin Michel.

Dozon, Jean-Pierre et FASSIN, Didier, dir. – 2001, *Critique de la santé publique. Une approche anthropologique.* Paris, Balland.

DROZ, Yvan – 2000, « Circoncision féminine et masculine en pays kikuyu. Rite d'institution, division sociale et droits de l'Homme », *Cahiers d'Études africaines* 40 (2), 158 : 215-240.

DUBY, Georges – 1981, *Le Chevalier, la Femme et le Prêtre.* Paris, Hachette.〔ジョルジュ・デュビー『中世の結婚 ―― 騎士・女性・司祭』篠田勝英訳、新評論、1994〕

DUBY, Georges et PERROT, Michelle, dir. – 1991, *Histoire des femmes en Occident.* Paris, Plon.〔G・デュビィ、M・ペロー監修『女の歴史』杉村和子・志賀亮一監訳、藤原書店、1998〕

DUMONT, Louis – 1978, « La communauté anthropologique et l'idéologie », *L'Homme* 18 (3-4) : 83-110.

DUPONT, Florence et ÉLOI, Thierry – 2001, *L'Érotisme masculin dans la Rome antique.* Paris, Belin.

DURET, Pascal – 1999, *Les Jeunes et l'identité masculine.* Paris, PUF.

DUSCH, Sabine – 2002, *Le Trafic d'êtres humains.* Paris, PUF.

ECHARD, Nicole et BONTE, Pierre – 1978, « Anthropologie et sexualité : les inégales », in *La Condition féminine.* Paris, Éditions sociales : 59-84.

ECHARD, Nicole et MATHIEU, Nicole-Claude – 1982, « Les mutilations du sexe des femmes », *Bulletin de l'Association française des anthropologues* 9 : 45-49.

EL SAADAOUI, Naoual – 1987, « Toward women's power, nationally and internationally », *in* D.L. ECK and D. JAIN, eds. *Speaking of Faith. Global Perspective on Women, Religion and social Change.* Philadelphia, New Society Publishers.

Enquête sur le pouvoir des femmes – 1998. Stockholm.

EPHESIA – 1995, *La Place des femmes. Les enjeux de l'identité et de l'égalité au regard des sciences sociales.* Paris, La Découverte.

ERLICH, Michel – 1986, *La Femme blessée. Essai sur les mutilations sexuelles féminines.* Paris, L'Harmattan.

ERLICH, Michel – 1990, *La Mutilation.* Paris, PUF.

デルフィ「私たちの友人と私たち —— 偽フェミニズム言説の隠された基盤」『なにが女性の主要な敵なのか』井上たか子・加藤康子・杉藤雅子訳、勁草書房、1996 に所収〕

DELPHY, Christine – 1998, *L'Ennemi principal 1 : Économie politique du patriarcat.* Paris, Éditions Syllepse.

DÉMAR, Claire – 2001 (1833), *Appel au peuple sur l'affranchissement de la femme.* Paris, Albin Michel, coll. « Histoire à deux voix ».

DESCOLA, Philippe – 2000, « La descendance d'Héphaïstos », in J.-L. JAMARD, E. TERRAY, et M. XANTHAKOU, éds. *En substances. Textes pour Françoise Héritier.* Paris, Fayard : 329-340.

DESPEUX, Catherine – 1990, *Immortelles de la Chine ancienne. Taoïsme et alchimie féminine.* Paris, Pardès.〔カトリーヌ・デスプ『女のタオイスム —— 中国女性道教史』門田眞知子訳、人文書院、1996〕

DESROCHES-NOBLECOURT, Christiane – 2000 (1986), *La Femme au temps des Pharaons.* Paris, Stock-Pernoud.

DÉTIENNE, Marcel – 1989, « Les Danaïdes entre elles. Une violence fondatrice du mariage », *L'Écriture d'Orphée.* Paris, Gallimard : 41-57.

DEUTSCH, Helene – 1967, *La Psychologie des femmes. Étude psychanalytique.* Paris, PUF.

DE VAUX, Roland – 1935, « Sur le voile des femmes dans l'Orient ancien », *Revue biblique* 44 : 397-412.

DEVEREUX, Georges – 1983, *Baubo, la vulve mythique.* Paris, Jean-Cyrille Godefroy.

DHAVERNAS-LÉVY, Marie-Josèphe – 2001, « Bio-médecine : la nouvelle donne », *in* Y. Knibiehler, dir., *Maternité. Affaire privée, affaire publique.* Paris, Bayard : 93-108.

DICZFALUSY, Egon – 1999, « La révolution contraceptive dans une humanité vieillissante », in É.-É. BAULIEU, F. HÉRITIER et H. LERIDON, éds. *Contraception : contrainte ou liberté ?* Paris, Odile Jacob : 79-98.

DIDEROT, Denis – 1975, « Sur les femmes », in *Œuvres complètes,* vol. 10. Paris, Hermann.〔ドゥニ・ディドロ「女性について」原宏訳、『ディドロ著作集 1』法政大学出版局、2013 に所収〕

« "Différence des sexes" et "ordre symbolique" » – 2000, *Les Temps modernes* 609, 55e année, juin-juillet-août.

Différence (De la) des sexes entre les femmes – 2001, Colloque « Forum Diderot » du 22 février 2000. Paris, PUF.

DORLIN, Elsa – 2000, *L'Évidence de l'égalité des sexes. Une philosophie oubliée du XVIIe siècle.* Paris, L'Harmattan. « Dossier Égalité, parité, discrimination. L'histoire continue » – 2002, Travail, Genre et Société 7.

KNIBIEHLER, éd. *Maternité, affaire privée, affaire publique.* Paris, Bayard : 215-220.
COURNUT, Jean – 2001, *Pourquoi les hommes ont peur des femmes. Essai sur le féminin érotico-maternel.* Paris, PUF, collection « Le fil rouge ».
COURNUT-JANIN, Monique – 1998, *Féminin et féminité.* Paris, PUF, Coll. « Épîtres ».
COURTINE, Jean-Jacques et HAROCHE, Claudine – 1994, *Histoire du visage. Exprimer et taire ses émotions (XVIe-début du XIXe siècle).* Paris, Payot.
CROS, Michèle – 1990, *Anthropologie du sang en Afrique. Essai d'hématologie symbolique chez les Lobi du Burkina Faso et de la Côte-d'Ivoire.* Paris, L'Harmattan.
DACHER, Michèle et LALLEMAND, Suzanne – 1992, *Prix des épouses, valeur des soeurs. Les représentations de la maladie. Deux études sur la société goin du Burkina Faso.* Paris, L'Harmattan.
DALY, M. et WILSON, M. – 1983, Sex, *Evolution and Behavior.* Boston, Willard Grant Press.
DAUNE-RICHARD, Anne-Marie, HURTIG, Marie-Claude et PICHEVIN, Marie-Françoise – 1989, *Catégorisation de sexe et constructions scientifiques.* Aix-en-Provence, CEFUP.
DAUPHIN, Cécile et FARGE, Arlette – 1997, *De la violence et des femmes.* Paris, Albin Michel.
DAUPHIN, Cécile et FARGE, Arlette, dir. – 2001, *Séduction et sociétés. Approches historiques.* Paris, Le Seuil.
DAUPHIN, Claudine – 1996, « Brothers, baths and babies. Prostitution in the Byzantine holyland », in *Classics Ireland,* vol. 3, Dublin, University College Dublin.
DAVID-MÉNARD, Monique, FRAISSE, Geneviève et TORT, Michel, dir. – 1990, *L'Exercice du savoir et la différence des sexes.* Paris, L'Harmattan.
DAVID-MÉNARD, Monique – 2000, *Tout le plaisir est pour moi.* Paris, Hachette littératures.
DELANOË, Daniel – 2001, *Critique de l'âge critique. Usages et représentations de la ménopause.* Paris, EHESS. Thèse de doctorat de l'EHESS.
DELLUS, Sylvie – 2000, « La contraception. Entre l'amélioration des méthodes existantes et l'apparition de nouvelles, la contraception demeure encore l'objet de travaux », *Santé-Magazine*, mai 2000.
DELUMEAU, Jean et ROCHE, Daniel, éds. – 2000 (1990), *Histoire des pères et de la paternité.* Paris, Larousse.
DELPHY, Christine – 1977, « Nos amis et nous. Les fondements cachés de quelques discours pseudo-féministes », *Questions féministes* 1 : 21-49.〔クリスティーヌ・

BUCKLEY, Thomas et GOTTLIEB, Alma – 1988, *Blood Magic. The Anthropology of menstruation.* Berkeley, University of California Press.

BURGUIÈRE, André, KLAPISH-ZUBER, Christiane, SEGALEN, Martine et ZONABEND, Françoise – 1986, *Histoire de la famille.* Paris, Armand Colin.

BUSCHINGER, Danielle, éd. – 1984, *Amour, mariage et transgression au Moyen Âge.* Göttingen. Colloque de l'université de Picardie.

CALAME, Claude et KILANI, Mondher – 1999, *La Fabrication de l'humain dans les cultures et en anthropologie.* Lausanne, Éditions Payot Lausanne.

CANDOLLE, Alphonse de – 1883, *Origine des plantes cultivées.* Paris, G. Baillière et Cie.〔ドゥ・カンドル『栽培植物の起源』加茂儀一訳、岩波文庫、1958〕

CAPLAN, Patricia et BUJRA, Janet M. – 1978, *Women united, Women divided.* Cross-Cultural Perspectives on female Solidarity. Londres, Tavistock.

CAPLAN, Patricia, éd. – 1987, *The Cultural Construction of Sexuality.* Londres, New York, Tavistock Publications.

CASSIN, Barbara – 2000, *Voir Hélène en toute femme.* Paris, Synthélabo. Les Empêcheurs de penser en rond.

CHAPELLE, Gaétane – 2001, « La fin de la domination masculine ? Oui, mais… », *Sciences humaines* 112 : 36-37.

Clés pour le féminin – 1999, Paris, PUF. Débats de psychanalyse.

COATE, Stephen et LOURY, Glenn – 1993, « Wille affirmative action policies eliminate negative stereotypes ? », *American Economic Review* 83 (5) : 1220-1240.

COLLIN, Françoise – 1992, « Le sexe des sciences », *Autrement* n° 6.

COLLIN, Françoise, PISIER, Évelyne et VARIKAS, Eleni – 2000, *Les Femmes, de Platon à Derrida. Anthologie critique.* Paris, Plon.

COMMAILLE, Jacques – 1992, *Les Stratégies des femmes. Travail, famille et politique.* Paris, La Découverte.

Conseil d'État – 1997, *Sur le principe d'égalité. Rapport public 1996.* La Documentation française, série « Études et Documents » n° 48.

CONTENAU, Georges – 1914, *La Déesse nue babylonienne.* Paris, P. Geuthner.

COPET-ROUGIER, Élisabeth – 1989, « Idéologie et symbolisme dans les rapports hommes-femmes », *Psychanalystes* 33 : 74-78.

CORBIN, Alain – 1998 (1991), *Le Temps, le désir et l'horreur.* Paris, Aubier, rééd. Flammarion, « Champs ».〔アラン・コルバン『時間・欲望・恐怖 ―― 歴史学と感覚の人類学』小倉孝誠訳、藤原書店、1993〕

COSNIER, Colette – 2001, *Le Silence des filles. De l'aiguille à la plume.* Paris, Fayard.

COULET, Marie-France – 2001, « Les jeunes et la contraception », in Y.

of Psychology 1 : 202-229.

BERTINI, F. et al. – 1991, *Les Femmes au Moyen Âge.* Paris, Hachette « La vie quotidienne ».

BIHR, Alain et PFERFFERKORN – 2000, « Hommes-femmes, l'introuvable égalité. La place contradictoire des femmes dans la société française », *Recherches et prévisions* 61 : 19-33.

BISILLIAT, Jeanne et FIÉLOUX, Michèle – 1992, *Femmes du Tiers-Monde. Travail et quotidien.* Paris, L'Harmattan (coll. « Connaissance des hommes »).

BODIOU, Lydie – 2000, *Histoire du sang des femmes grecques : filles, femmes, mères.* Thèse de doctorat. Université Rennes- II.

BOLOGNE, Jean-Claude – 1988, *La Naissance interdite. Stérilité, avortement, contraception au Moyen Âge.* Paris, Olivier Orban.

BONNET, Doris – 2001, « Rupture d'alliance contre rupture de filiation. Le cas de la drépanocytose », *in* J.-P. DOZON et D. FASSIN, dir. *Critique de la santé publique. Une approche anthropologique.* Paris, Balland : 257-280.

BOSIO-VALICI, Sabine et ZANCARINI-FOURNEL, Michelle – 2001, *Femmes et fières de l'être : un siècle d'émancipation féminine.* Paris, Larousse.

BOTTÉRO, Jean – 1992, « L'amour libre à Babylone », *in* J. BOTTÉRO, *Initiation à l'Orient ancien.* Paris : 130-149.

BOURDIEU, Pierre – 1980, « La domination masculine », *Actes de la Recherche en sciences sociales* 84 : 2-31. Paris, Le Seuil.

BOURDIEU, Pierre – 1997, *Méditations pascaliennes. Éléments pour une philosophie négative,* Paris, Le Seuil, « Liber ».〔ブルデュー『パスカル的省察』加藤晴久訳、藤原書店、2009〕

BOURDIEU, Pierre – 1998, *La Domination masculine.* Paris, Le Seuil.

BRUIT ZAIDMAN, Louise – 1996, « Le temps des jeunes filles dans la Cité grecque : Nausikaa, Phrasikleia, Timareta et les autres », *Clio. Histoire, femmes et société* 4 : 11-32 ; 33-50.

BRUIT ZAIDMAN, Louise, HOUBRE, Gabrielle, KLAPISCH-ZUBER, Christiane et SCHMITT PANTEL, Pauline – 2001, *Le Corps des jeunes filles de l'Antiquité à nos jours.* Paris, Perrin.

BRULÉ, Pierre – 1987, *La Fille d'Athènes. La religion des filles à l'époque classique.* Paris, Les Belles Lettres.

BRULÉ, Pierre – 2001, *Les Femmes grecques à l'époque classique.* Paris, Hachette littératures.

BRUNDAGE, James A. – 1987, *Law, Sex and christian Society in medieval Europe.* Chicago, The University of Chicago Press.

BUCKLAND, A. W. – 1878, « Primitive agriculture », *Journal of the Royal Anthropological Institute* 3, 17 : 2-20.

BARD, Christine – 2001, *Les Femmes dans la société française au XXᵉ siècle.* Paris, Armand Colin.

BARNES, J. A. – 1973, « Genitrix : Genitor : Nature : Culture », in J. GOODY, éd. *The Character of Kinship.* Cambridge, Cambridge University Press : 61-73.

BARRÈRE-MAURISSON, Agnès e*t al.* – 2000, « Temps de travail, temps parental. La charge parentale : un travail à mitemps. Premières informations et premières synthèses », *Dares* 20 (1), mai.

BARRET-DUCROCQ, Françoise – 1999, *Mary Wollstonecraft. A Vindication of the Rights of Woman.* Paris, Didier-Erudition. Agrégation d'anglais.

BARRET-DUCROCQ, Françoise – 2000, *Le Mouvement féministe anglais d'hier à aujourd'hui.* Paris, Ellipses.

BATAILLE, Philippe et GASPARD, Françoise – 1999, *Comment les femmes changent la politique et pourquoi les hommes résistent.* Paris, La Découverte.

BAULIEU, Étienne-Émile – 1999, « Contraception : des besoins insatisfaits, une recherche insuffisante », in É.-É. BAULIEU, F. HÉRITIER et H. LERIDON, éds. *Contraception : contrainte ou liberté ?* Paris, Odile Jacob : 99-116.

BAULIEU, Étienne-Émile, HÉRITIER, Françoise et LERIDON, Henri, éds. – 1999, *Contraception : contrainte ou liberté ?* Paris, Odile Jacob.

BAVAY, Francine et FRAISSE, Geneviève – 2002, « L'insécurité des femmes », *Le Monde,* 8 mars 2002.

BEAUVOIR, Simone de – 1949, Critique de *Les Structures élémentaires de la parenté, Les Temps modernes*, novembre.

BEAUVOIR, Simone de – 1995 (1949), *Le Deuxième Sexe.* Paris, Gallimard, coll. « Folio Essais ».〔ボーヴォワール『第二の性　決定版』『第二の性』を原文で読み直す会訳、新潮文庫、2001〕

BECHTEL, Guy – 2000, *Les Quatre Femmes de Dieu. La putain, la sorcière, la sainte et Bécassine.* Paris, Plon.

BECKER, Charles, DOZON, Jean-Pierre, OBBO, C. et TOURÉ, Mamadou, éds. – 1999, *Vivre et penser le sida en Afrique.* Paris, Codesria, Karthala, IRD.

BECKER, Gary – 1957, *The Economics of Discrimination.* Chicago, The University of Chicago Press.

BELL, Rudolph M. – 1985, *Holy Anorexia.* Chicago, The University of Chicago Press.

BELLOUBET-FRIER, Nicole – 1997, « Sont-elles différentes ? », Pouvoirs 82 : 59-75.

BELOTTI, Elena – 1974, *Du côté des petites filles.* Paris, Des Femmes.

BERNER, Boel, ELGAN, Élisabeth et HEINEN, Jacqueline, éds. – 2000, Suède. « L'égalité des sexes en question », *Cahiers du Genre* 27 (1).

BERRY, J.W. – 1966, « Temne and Eskimo perceptual skills », *International Journal*

APOSTOLIDÈS, T., BUSCHINI, E. et KALAMPALAKIS, N. – 1998, *Représentations et valeurs engagées dans la contraception masculine médicalisée,* dir. D. JODELET. Paris, EHESS, Laboratoire de psychologie sociale.

ARCHETTI, Eduardo P. – 1999, *Masculinities. Football, Polo and the Tango in Argentina.* Oxford, New York, Berg.

ARDERNER, Shirley, éd. – 1978, *Defining Females. The Nature of women in Society.* Londres, Croom Helm.

ARISTOTE – 1961, *De la génération des animaux.* Paris, Les Belles Lettres.〔アリストテレス「動物発生論」『アリストテレス全集 9』島崎三郎訳、岩波書店、1988 に所収〕

ARON, Claude – 1996, *La Bisexualité et l'ordre de la nature.* Paris, Odile Jacob.

ASSAYAG, Jackie – 1992, *La Colère de la déesse décapitée. Traditions, cultes et pouvoir dans le sud de l'Inde,* Paris, CNRS Éditions.

ATLAN, Henri – 1999, « Du principe de plaisir à la morale de l'indignation », in *Séminaire de Françoise Héritier. De la violence II,* Paris, Odile Jacob.

AUGÉ, Marc – 2000, « Révolutionnaire et engagée », *in* J.-L. JAMARD, E. TERRAY et M. XANTHAKOU, éds. *En substances. Textes pour Françoise Héritier.* Paris, Fayard : 531-536.

BACHOFEN, J. J. – 1861, *Das Mutterecht.* Stuttgart.〔J・J・バハオーフェン『母権制 ―― 古代世界の女性支配：その宗教と法に関する研究』（上・下）吉原達也・平田公夫・春山清純訳、白水社、1992-1993〕

BADINTER, Élisabeth – 1986, *L'Un est l'autre. Des relations entre hommes et femmes.* Paris, Odile Jacob.〔エリザベート・バダンテール『男は女　女は男』上村くにこ・饗庭千代子訳、筑摩書房、1992〕

BADINTER, Élisabeth – 1992, *XY : De l'identité masculine.* Paris, Odile Jacob.〔エリザベート・バダンテール『XY ―― 男とは何か』上村くにこ・饗庭千代子訳、筑摩書房、1997〕

BAILEY, Flora – 1950, *Some Sex beliefs and Practices in a Navaho community. American Archeology and Ethnology Papers,* vol. 40. Cambridge, Mass., Peabody Museum.

BAJOS, Nathalie – 1998, « Les risques de la sexualité », in N. BAJOS, éd. *La Sexualité au temps du sida.* Paris, PUF.

BAJOS, Nathalie et FERRAND, Michèle – 2002, *De la contraception à l'avortement. Sociologie des grossesses non prévues.* Paris, INSERM.

BARASH, David P. et LIPTON, Judith Eve – 2001, *The Myth of Monogamy.* Fidelity and Infidelity in Animals and People. Freeman.〔デイヴィッド・バラシュ、ジュディス・リプトン『不倫の DNA ―― ヒトはなぜ浮気をするのか』青土社、2001〕

文 献

ADLER, Laure – 1990, *La Vie quotidienne dans les maisons closes, 1830-1930.* Paris, Hachette littératures. « Africaine (L'), sexes et signes » – 1984, *Les Cahiers du GRIF,* Paris. 〔ロール・アドレル『パリと娼婦たち —— 1830-1930』高頭麻子訳、河出書房新社 , 1992〕

AGACINSKI, Sylviane – 1998, *Politique des sexes.* Paris, Le Seuil. 〔シルヴィアンヌ・アガサンスキー『性の政治学』丸岡高弘訳、産業図書、2008〕

ALBISTUR, Maïté et ARMOGATHE, Daniel – 1977, *Histoire du féminisme français.* Paris, Des Femmes.

ALÈS, Catherine – 1998, « Pourquoi les Yanowamï ont-ils des filles ? », *in* M. GODELIER et M. PANOFF, éds. *La Production du corps.* Paris, Éditions des Archives contemporaines : 281-316.

ALÈS, Catherine et BARRAUD, Cécile, éds. – 2001, *Sexe relatif ou sexe absolu ? De la distinction des sexes dans les sociétés.* Paris, Éditions de la Maison des sciences de l'homme.

ALLENDESALAZAR, Mercédès – 2002, *Thérèse d'Avila, l'image au féminin.* Paris, Le Seuil.

ALTHAUS, Frances A. – 1997, « Excision : rite de passage ou atteinte aux droits de la femme », *Perspectives internationals sur le planning familial*, n° spécial : 28-32.

AMNESTY INTERNATIONAL – 1995, *Une égalité de droit.* Les Éditions francophones d'Amnesty International (Human Rights are Women's Right). Téhéran.

ANDERSEN, Heine – 2001, « Gender inequality and paradigms in the social sciences », *Social Science Information* 40 (2) : 265-289.

ANDRO, Armelle *et al.* – 2001, *Genre et Développement. Huit communications présentées à la Chaire Quetelet 2000.* Paris, INED (Dossiers et Recherches, 95).

ANGELOFF, Tania – 2000, *Le Temps partiel, un marché de dupes ?* Paris, La Découverte, Syros.

ANNAUD, Mathilde – 2001, *Aborigènes : la loi du sexe. Viols et orgies en Australie.* Ethnoarchéologie d'une sexualité disparue. Paris, L'Harmattan.

ANRS, ORSTOM, éds. – 1997, *Le Sida en Afrique. Recherches en sciences de l'homme et de la société.* Paris, ANRS.

訳者あとがき

本書は、二〇〇二年にオディル・ジャコブ社から出版された *Masculin / Féminin II. Dissoudre la hiérarchie* の全訳である。著者のフランソワーズ・エリチエ Françoise Héritier（一九三三年 - ）は、クロード・レヴィ＝ストロースの後継者として一九八二年にコレージュ・ド・フランスの教授に就任したフランスの代表的な構造主義人類学者の一人で、とくにブルキナファソのサモ族の親族体系の分析を専門とし、人類学の研究に身体やそこから分泌される体液の問題を導入したことで知られる。主要著書には『親族の実践 *L'Exercice de la parenté*』（ガリマール社、一九八一年）、『二人の姉妹とその母　近親婚（インセスト）の人類学 *Les Deux Sœurs et leur mère : anthropologie de l'inceste*』（オディル・ジャコブ社、一九九四年）、『身体と情動 *Corps et affects*』（共編、オディル・ジャコブ社、二〇〇四年）などがある。また、学識経験者として、エイズや生殖補助医療などの社会問題にも積極的に関与し、その発言はつねに注目を集めている。

しかし、日本におけるエリチエの本格的な紹介は本書が最初であると言ってよいだろう。彼女の著作のうちすでに日本語訳があるのは、訳者が知る範囲では、次の二つの論文、「多産と不妊、科学以前のイデオロギー領域における二概念の解釈」（E・シュルロ、O・チボー編『女性とは何か（下）』西川祐子・天羽すぎ子訳、人文書院、一九八三年）と「女性のふたしかな権力について」（G・デュビィ、M・ペロー編『「女の歴史」を批判する』小倉和子訳、藤原書店、一九九六年）だけである。なお、フランスで三〇万部のベストセラーになったエッセーの翻訳『人生の塩　豊かに味わい深く生きるために』（井上たか子・石田久仁子共訳、明石書店、二〇一三年）にも付言したい。瑞々しい感性で綴られたこのエッセーは、専門領域にとどまらない幅広い豊かな教養に支えられ、研究著作とはまた別のエリチエの魅力を示している。

エリチエが男性的なものと女性的なものというテーマに関心をもち、この分野での研究成果を発表するようになったのは一九七〇年代になってからであるが、そこでの論考を一貫した総体としてまとめたのが、一九九六年に刊行された *Masculin / Féminin. La pensée de la différence*（日本語訳『男性的なもの／女性的なものI　差異の思考』近刊）で、本書の第I巻にあたる。第I巻でエリチエは、現在でも相変わらず世界のあらゆる場所で認められる男性支配について、その理由を人類学の手法で、つまり、それぞれの文化や社会に固有の表象の全体像の中から不変の要素を探し出すことによって理解しようと努めた。こうして彼女は、人間集団ごとにさまざまな形態を取るものの、まるで当然かつ自然だといわんばかりに恒常的に現れる男性的なものと女性的なものの序列的な概念関係に注目し、これを「男女の示差的原初価」と名付ける。そして、それが社会というものの源泉においてすでにそこにあったことを示したのである。

このように第Ⅰ巻では、男女の序列は人類の原初に遡るものであることを強調したことによって、男性支配は私たちの思考様式の中に深く根を下ろしており、したがって、変えることのできない不動の現実であると主張しているかのように誤解された。とりわけ、「伝統的思考にせよ科学的思考にせよ、あらゆる思考の基盤にあるのは、男女の差異についての観察であると思われる」（第Ⅰ巻第1章）という指摘をめぐって、社会学者クリスティーヌ・デルフィや精神分析学者エリザベート・ルディネスコといった注意深い読者たちが性急にもこれを[1]「あらゆる思考の基盤にあるのは、男女の差異である」と解釈した。「についての観察」という語の抹殺により、エリチエはフェミニストたちの間で「本質主義者」あるいは「自然主義者」の列に分類されることになったのである。

しかしながら、こうした批判は誤解に基づくものであった。第Ⅱ巻の序文に記されているように本書の執筆動機の一つは、彼女が第Ⅰ巻で示した「そこから逃れるのは困難に思われた恐ろしいほど抑圧的な構造」に打撃を与えることのできる「有力な手段」を示すことにある。本書には「序列を解体する」という副題がついているが、第Ⅰ巻「差異の思考」が男女の序列についての一種の事実確認であったとすれば、「序列を解体する」は現在の、そして今後の課題を示すものである。訳者が、第Ⅱ巻の翻訳を第Ⅰ巻よりも先に出版したいと考えた理由もここにある。

（1） Marie-Blanche Tahon, « Corps, sexe et genre », *Travail, genre et sociétés*, no.10, L'Harmattan, 2003, p.202.

では、エリチエの意図とは何なのか。エリチエは、男女平等がある程度進展し、女性の社会進出が歓迎されているように見える現代にあっても、男性支配はいまだ普遍的であることを具体的な事例を用いて明らかにし、その根底にあるのが「男女の示差的原初価」という原初から存在する、男性的なものと女性的なものに与えられた決定的に異なる価値であることを論証する。しかし、だからといって、序列の解消が失敗に終わる運命にあることを示そうとしているのではない。逆に、そこにあるのは、より良く闘うためには、敵の性質を知り、それに適した闘いをするべきだという確信である（第I巻序文）。隠れているものを明らかにすることこそが、適切な手段を見つけ出し、場合によっては障害を動かすことを可能にするかもしれない。偏見の根は深いからこそ、その正体を明らかにしなければならないというのである。

ここで、私たちが「男女の示差的原初価」と訳した語は、フランス語では valence différentielle des sexes である。valence の語源はラテン語の valentia 価値、力であるが、この語に「原初価」という訳語を当てるまでには試行錯誤があった。最終的に「原初価」という造語を選んだのは、「男女の示差的原初価」とは、まず、「価値」を表すものであること、さらに、価値の一覧表で男女に普遍的に与えられている異なる地位を示すものであること、そしてまさに「原初から」のものであることがわかることを願ってのことである。

ところで、「原初から」とはいったいいつからなのか。エリチエによれば、それは人間が自然の状態から文化の状態に移行したとき、言い換えれば人間が生物的関係をさまざまな対立体系のかたちに分類し、思考するようになったときからである。すでにお気づきのように、これはレヴィ＝ストロースの「人間の自然の状態から文化の状態への移行は、人間が生物的関係をさまざまな対立体系のかたちたとえば所有する男と所有される女との対立、それら所有される女たちのあいだに現れる、獲得される女＝妻と譲り渡される女＝姉妹・娘との対立などで考える能力をもつことによって定義される」[2]という記述を受け継ぐものである。しかし、なぜその時点ですでに男性による女性の交換が可能であったのか。レヴィ＝ストロースはこの点について問おうとはしない。男が女を交換するのは、人間社会における根本的事実であると断言するのみである。これに対してエリチエは、まさにこの点を問題にして、「男たちが互いに自分の集団の娘を交換するためには、このときすでにその権利が認められ、権力をもっていなければならなかった。もしこのとき同時に、こうした支配を正当化する男女の示差的原初価がそこになかったならば、私たちは両方向の交換を行う社会、男女を同数ずつ、想像しうるさまざまな種類の規則に従って交換する社会を目にしているに違いない」（本書二〇頁）と記している。要するに、男女の示差的原初価は、社会的なものの構築、そしてそれがうまく機能するための規則の構築にとって不可欠なものであった。レヴィ＝ストロースが示した社会を支える三本柱――近親婚（インセスト）の禁止／外婚の義務、性別役割分業、公認された婚姻形態の設立――と並ぶ「四本目の柱、あるいは、社会の支柱である三本柱を結びつける紐帯と呼んでもよいが、これこそが男女の示差的原初価である」（第Ⅰ巻第1章）というのである。

それでは、この男女の示差的原初価は何に由来するのだろうか。私たちもエリチエとともに、人類

（2）クロード・レヴィ＝ストロース『親族の基本構造』福井和美訳、青弓社、二〇〇四年（初版二〇〇〇年）二六九・二七〇頁。

の遠い祖先たちがどのように世界を見たのか、そしておそらくは驚いたのかを想像してみよう。彼らは昼と夜が規則的に交互に訪れるのを見ただろう。彼らはまた、自分たちの中にはペニスのある生き物とペニスのない生き物がいて、この明白な差異は動物界すべてにあてはまることを見ただろう。これらはまさに感覚に直接的に訴える二項対立的な二つの規則性である。宇宙と生物界の、この人間の力ではどうしようもない二つの規則性を前にして、人類の象徴的思考は同じものと異なるものへの二項分類というかたちで始まり、定着したのである。しかし、区別にはアプリオリに序列は含まれない。

ではなぜ、男女の区別には序列が侵入してきたのだろうか。一般に男性支配の理由として挙げられるのは、妊娠や授乳、子どもを連れて移動するときの女性の身体的な弱さである。確かにこうした説明には考慮すべき点がある。しかし、エリチエはまったく逆に、女性だけがもつ出産能力、男性にはない「この法外な能力」にこそ、序列の原因があると主張する。女性は自分と同じもの（娘）だけでなく、自分と異なるもの（息子）までも生むことができる。これに対して、男性は女性の身体を介することによってしか自分と同じものをつくることができない。この不公平、この不思議を乗り越えるために、男性は自分たちの無能力を補うために女性の出産能力を占有する必要があった。女性の出産能力を占有するには女性のセクシュアリティを、女性の身体を占有しなければならない。こうして男性は生殖における男性的要素の優位に根ざした象徴体系をつくり上げる。この体系が女性の従属をもたらし、人間の思考の基盤を築いたのである。「要するに、男女の序列関係はこの原初の特権剝奪から生じたと思われる。実際、この特権剝奪は、一方では、女性の特権［中略］を前にして抱く疑問への答えであり、他方では、男性には自分と同じものを再生産するために必要な素材または媒体を支配下に置く必要があったことへの答えである。この特権剝奪は観念的であると同時に象徴的、社会的な占有として現れる」（本書一三五頁）と、エリチエは説明している。

したがって、女性の身体の自由の獲得こそが男女の示差的原初価に基づいて築かれた男性支配から脱却するための主要な手段となる。なぜなら、それはこの支配が生じた場のまさにその核心に作用するからである。とはいえ、エリチエのこの説明は演繹的方法によるものであり、それを証明することはできない。しかし、その蓋然性はきわめて強いと思われる。エリチエによれば、男女の示差的原初価の存在していない社会があったという証明は幻想の域にとどまっているという（第Ⅰ巻第1章、第12章他）。それに、もし母権制社会が神話ではなく、事実であったとすれば、なぜその後、女性はその権利を失ったのかを説明しなければならないだろう。

訳者が願っているのは、男女の示差的原初価を男性支配の根源におくこの論理を紹介することで、エリチエが示した「男女の序列を解体する」ための手段としての女性の身体の自由の獲得の意義を日本の読者と共に再認識することである。そこに本書を訳出した意味もあると信じている。身体の自由には二つの側面がある。一つは言うまでもなく、避妊の権利、すなわち性的自己決定権の法的な確立であり、もう一つは女性のセクシュアリティの尊重、すなわち男性の性的欲動は正当であるとする考えを疑問に付すことである。男性の性的欲動の正当性を認めることは、女性の尊厳の侵害と表裏一体の関係にあり、買売春の不可避性という考え方や女性に対するあらゆる暴力の正当化につながる。

一九六〇年代末から七〇年代にかけて日本も含む先進国の第二波フェミニズム運動は、「私の身体は私のもの」「産む、産まないは私が決める」といったスローガンをかかげて、性的自己決定権を求めて展開した。フランスでは、当時まだ、避妊も中絶も禁止する一九二〇年法が存在していた。この運動を通して女性たちは一九六七年にまずヌヴィルト法によって避妊の自由と手段を、ついで一九七五年のヴェーユ法によって中絶の自由を獲得した。ここでの自由とは中絶の決定権は女性にあることを意味している。二〇〇二年には医療保険による一〇〇パーセント払い戻しが実現し、さらに二〇一四年の法改正により、困窮の如何によらず妊娠継続を望まない女性は自らの判断で中絶できることになり、中絶権は確立した。背景には、性的自己決定権を法的に明白に認めることの重要さを主張するエリチエの影響もあったと思われる。この法律案が提示されたときに添付された文書には、男女の不平等が人類の原初に遡る根深いものであることに注意を喚起する文脈で、エリチエの男女の示差的原初価の概念による分析に言及する注が付されている[3]。

日本のウーマンリブの運動は、フランスとはまったく異なる状況の中で展開された。戦争直後、人口過剰問題を抱えていた日本は、戦時中の「産めよ増やせよ」から出産抑制策へと転じたが、国民優生法を引き継いだ一九四八年の優生保護法は、翌年の改正で世界に先駆け経済条項が導入されて、中絶一般を実質的に合法化した。戦後のある時期まで、中絶は、国民運動としての家族計画とともに、国が進める人口抑制策の一環をなしていた。そしてこの出産抑制装置は有効に機能し、この時代の人口抑制に著しい貢献をした。このように公然と実施された中絶は、「胎児の生命」の尊重の観点から、当然ながら海外からもまた国内の宗教勢力や家族計画の側からも批判にさらされた。当時のフェミニストたちは「胎児の生命」の問題に真正面から向き合わざるをえず、中絶の選択肢を認めつつも、

「権利」なのか「子殺し」なのかで割れていた。

一九七〇代以降、人口過剰から出生率の低下へと流れが変わり、優生保護法から人口抑制策としての経済条項が削られそうになると、中絶の自由のために女性たちは再度立ち上がり、改正を阻止することに成功した。一九九六年、優生保護法は母体保護法に代わったが、中絶は自己決定権とはみなされておらず、医師の認定と配偶者の同意が必要である。また、いまだに刑法には堕胎罪が残っている。女性自身が妊娠をコントロールできるピルが解禁されたのは、一九九九年に過ぎず、医療保険も適用されない。今日にいたるまで日本における避妊の主流はコンドームである。相手の男性との協力がなければ避妊はできない。日本では少数の女性を除けば、女性が避妊手段を実質的に手にしたとは言いがたい。これが日本の現状である。

このように、欧米でも日本でも、第二波フェミニズム運動は女性の身体の自由を問題にしていた。しかしそれがどれほどの射程をもつかについては、必ずしも明確に意識されていたわけではない。本書において、性的自己決定権の確立が、何千年にもわたり、いたるところで私たち人間の思考を条件づけてきた象徴体系を揺るがすことすら可能であること、奪われていた女性の尊厳と自律を回復し、人としての地位を得ると同時に、これまでの社会のルールだけでなく概念上のルールの転換をもたらしうることが提示された意義は大きい。その意味で、日本において性的自己決定権が法的に確立していないことが、国際的にみた日本の女性の地位の低さ（二〇一五年の日本のジェンダーギャップ指数

（3） Projet de loi pour l'égalité entre les femmes et les hommes, Etude d'impact, NOR : DFEX1313602L/Bleue-1, 1er juillet 2013.

は一四五ヵ国中、一〇一位）に何らかの影響を及ぼしてはいないだろうか、と私たちは問うことができるだろう。

もう一つ重要であるのが、第三部で取り上げられている男性の性的欲動の正当性という普遍的に受け入れられた考え方である。風俗産業が栄え、ポルノが蔓延する日本社会においては、とりわけ、この考え方が買売春の不可避性を疑問視することを妨げ、買売春をはじめとする女性の身体の搾取を許容してきた。慰安婦問題の根底にあるのもこの同じ考え方である。エリチエも述べているように、成人男性の性的欲動が大した障害もなく実現するように私たちの社会はつくられている。そのことを私たちは根本からもう一度疑問に付す必要がある。他方で、女性の性的欲動は否定され、男性のこの欲動に対応するのが、生まれながらに女性だけがもつ母性本能であるとされ、女性を母性に閉じ込める方向への力が働く。母性の名の下で、女性に家族的責任を担わせようとする意図が垣間みられる中で、本来、父性も母性も選び取るものであることを、エリチエとともに私たちも強く主張したい。

三部構成をとる本書では、第Ⅰ巻における男性支配のメカニズムの分析をさらに深め、これを解体し、女性が尊厳を回復し個人としての地位を得て平等に到達するための手段が提示される。本書全体を貫いて主張されているのは、構造は変化しうること、変化を促進するためには、個々の人々が差別への敏感な視点を育てることや教育が重要であることである。世界についての見方は、その表れである行動の中よりも、私たちの頭の中にさらに深く根を下ろしている。太古以来の支配的な慣習のはびこる現実を揺るがすことができると思えるには、自覚すること、そして見方を転換させるきっかけをつかむことが必要なのである。

第一部「今なお続く固定観念」の最初の三章では、民俗誌学や古代ギリシア、あるいは中国の陰陽思想などに見られる例の紹介を通して、太古からいたるところで見出される男性優位の概念モデルが、今なお私たちの表象を支配していることが示される。たとえば、今日の脳の性差に関する実験結果の解釈からは、大昔からの男女の序列に根ざした思考カテゴリーが通用していることがわかる。なかでも第2章で問題にされている、エイズからの治癒を求めた数人の男たちによる九ヵ月の女児の強姦は、理解しがたくあまりにも痛ましい出来事である。しかしこのアフリカで起きた事件は、太古からの女性の血液の表象に基づくエリチエの分析によって読解可能なものとなる。第4章では『第二の性』の著者、ボーヴォワールが取り上げられ、人類学の知識と構造主義の理解を欠き、進化論から離れることのできなかったがために、男性支配のはじまりを私有財産が発生したとされる新石器時代に位置づけたボーヴォワールの誤りが指摘されている。

第二部は、第一部で見た状況の「批判」である。第1章では男性支配を根拠づけ正当化した、女性の出産能力の観念的剝奪のメカニズムの分析や男女の示差的原初価の普遍性が提示される。女性の人権と文化相対主義を扱った第2章では、強姦、ＤＶ、セクシュアル・ハラスメント、性器切除といった女性に対するあらゆる暴力の世界における現状が紹介される。そして普遍的権利である女性の人権が蹂躙(じゅうりん)されていることへの国際社会の非難を内政干渉を理由に受け入れない文化相対主義が批判され、国も国際社会も一致団結して闘う必要が強調されている。第3章では差異の中での平等が考察され、女性が奪われた出産能力を取り戻すことによって、不平等な社会的ルール、概念上のルールを変えていくことの重要さが主張されている。

第三部「解決策と障壁」は、最初の三章で三つの解決策について、続く二章で現在も立ちはだかっている二つの障壁について述べている。すなわち、第1章では、クローン技術をはじめとする新しい人間の再生産技術、第2章では避妊、第3章では政治代表における男女同数制(パリテ)、第4章では買売春や新しいかたちの性暴力、広告、第5章では母性／父性等といった今日的なテーマが主にフランス社会に焦点をあてて扱われている。本書、とりわけ第三部で用いられている資料の多くは新聞や雑誌の記事で、エリチエによれば、人類学の現地調査におけるインフォーマントから得る情報に匹敵する価値をもつという。

新しい生殖技術はすべてこれまでの人類の想像力の範囲を超えるものではなく、それらに対応するものを人類はすでに制度的に実現してきた、とエリチエは主張する。しかもそれらはすべて、男性支配の枠組みにぴったりはまるものであるという指摘は興味深い。したがって男性的なもの／女性的なものの関係を変えはしない。クローン技術は、男性クローンの場合、女性の生殖機能を必要とするために、女性の完全な隷従化をもたらす。女性クローンは男性を必要としないから男性の消滅もありうる。生まれてくる者や子宮を道具として用いられる女性の尊厳を傷つけるという理由からではなく、社会的絆の基本にある他者としての異性を消去するものとして、エリチエはクローン技術の人間への適用に反対を表明する。広告における男女の非対称性の分析も興味深い。男性の購買意欲を高めるために女性の欲望を刺激する必要はないが、女性の場合には男性の欲望が動員される。女性は相変わらず男性の視線に囚われているのである。買売春については廃止主義の立場から、それを職業と認めて労働条件改善を目指す規制主義に明確に反対するが、現状では買春客を罰することにも反対する。買売春が地下に潜る危険があるからだ。

本書の翻訳は、十年以上前に、井上が呼びかけて、石田、伊吹弘子さん、高橋雅子さんの四人で始めたが、出版社の意向で中断を余儀なくされた。この度、新たに、明石書店から出版できたことは、訳者にとって非常に感慨深い。

原文の解釈については、友人で上智大学名誉教授の長谷川イザベルさん、早稲田大学教授オディール・デュスユッドさんから、貴重なご意見をいただいた。お二人には深い感謝の意を表したい。

最後に、企画の段階から初校直前まで本書の編集を担当され、訳者を励まし、訳文に関しても的確なアドバイスをしてくださった小林洋幸さん、そして編集の最終段階を担当された吉澤あきさんに心よりのお礼を申し上げる。

二〇一六年九月

井上たか子・石田久仁子

[著者紹介]

フランソワーズ・エリチエ（Françoise Héritier）

フランス社会科学高等研究院研究指導教授、コレージュ・ド・フランス社会人類学研究室長等を歴任、現在コレージュ・ド・フランス名誉教授。全国エイズ審議会初代会長。主な著書に *Les Deux Sœurs et leur mère*（『二人の姉妹とその母』オディル・ジャコブ社、1994年）、*Masculin/Féminin. La pensée de la différence*（オディル・ジャコブ社、1996年／『男性的なもの／女性的なものⅠ　差異の思考』明石書店、近刊）、その他、フランスでベストセラーになった随筆『人生の塩 ── 豊かに味わい深く生きるために』（明石書店、2013年）など。

[訳者紹介]

井上たか子（いのうえ たかこ）

獨協大学名誉教授。シモーヌ・ド・ボーヴォワール『決定版 第二の性』（共訳、新潮社、1997年）、「シモーヌ・ド・ボーヴォワールの今日的意義 ──《女であること》と《女性の権利》」辻村みよ子編『ジェンダーの基礎理論と法』（東北大学出版会、2007年）、『フランス女性はなぜ結婚しないで子どもを産むのか』（編著、勁草書房、2012年）など。

石田久仁子（いしだ くにこ）

翻訳家。訳書に『シモーヌ・ヴェーユ回想録』（パド・ウィメンズ・オフィス、2011年）、著書に石田久仁子・井上たか子他編著『フランスのワーク・ライフ・バランス ── 男女平等政策入門：EU、フランスから日本へ』（パド・ウィメンズ・オフィス、2013年）、「フランス共和国とパリテ」三浦まり・衛藤幹子編著『ジェンダー・クオータ ── 世界の女性議員はなぜ増えたのか』（明石書店、2014年）など。

男性的なもの／女性的なものII　序列を解体する

２０１６年10月20日　初版第１刷発行

著　者――フランソワーズ・エリチエ

訳　者――井上たか子・石田久仁子

発行者――石井昭男

発行所――株式会社　明石書店

〒１０１－００２１　東京都千代田区外神田６－９－５

電　話　０３－５８１８－１１７１

ＦＡＸ　０３－５８１８－１１７４

振　替　００１００－７－２４５０５

http://www.akashi.co.jp

組版・装丁――明石書店デザイン室

印刷・製本――モリモト印刷株式会社

（定価はカバーに表示してあります）

ISBN978-4-7503-4428-7

同性婚
だれもが自由に結婚する権利

同性婚人権救済弁護団 編
A5判／並製／264頁 ◎2000円

「同性婚が認められないのは人権侵害だ」として全国455人の当事者が日本弁護士連合会に人権救済申立てを行った。当事者の声を織り交ぜながら法制化されていないことによる不利益を明らかにすると共に婚姻制度に関わる憲法や民法の論点、同性パートナーシップ制度などを解説。

内容構成

PART1 悩み・孤立・生きづらさ
——私たちが同性婚を求めるのはなぜか
PART2 なぜ、差別や偏見があるのだろう?
——「同性愛嫌悪」の根底にあるもの
PART3 同性カップルを取り巻く不利益
——かくも不平等な法律、制度、ルール
PART4 憲法や法律は同性婚をどうとらえているか
——「憲法で禁じられている」の誤り
PART5 世界にひろがる同性婚
——日本との違いはどこにあるのか
付録 同性婚を憲法上の権利として確立した米国最高裁判決

同性愛と同性婚の政治学
ノーマルの虚像

アンドリュー・サリヴァン 著
本山哲人、脇田玲子 監訳
板津木綿子、加藤健太 訳
四六判／上製／308頁 ◎3000円

米国を代表する政治評論家が同性愛に関して異なる4つの政治的立場から検討し、法社会と自由主義社会とは何かを探るとともに、同性婚法制化についての意義を問う。現在の米国における同性愛者の社会的位置づけの基礎を築いた本書は同性婚が議論され始めた日本においても必読。

内容構成

日本語版刊行にむけて［アンドリュー・サリヴァン］
はじめに
プロローグ
同性愛者とは何か
第1章 同性愛禁止論者
第2章 性解放主義者
第3章 保守派
第4章 リベラル派
第5章 同性愛の政治学
エピローグ
同性愛者の役割
おわりに

〈価格は本体価格です〉

世界の教科書シリーズ43

ドイツ・フランス共通歴史教科書【近現代史】

ウィーン会議から1945年までのヨーロッパと世界

ペーター・ガイス、ギヨーム・ル・カントレック 監修
福井憲彦、近藤孝弘 監訳

A4判変型/並製/400頁 ◎5400円

独仏共同により編纂された共通歴史教科書の第2巻。ウィーン会議以後、独仏戦争、第一次世界大戦、ナチス台頭、そして第二次世界大戦勃発から終結まで、両国が激しく対立した期間を扱う。ギムナジウム第11ないし12学年(独)、リセ第1学年(仏)対象。

●内容構成●

第1部 民族の時代(1814～1914年)
第2部 19世紀および20世紀初頭における産業社会の形成
第3部 19世紀および20世紀前半における文化の発展
第4部 ヨーロッパの拡大と植民地主義
第5部 第一次世界大戦
第6部 戦間期における民主主義と全体主義体制
第7部 第二次世界大戦

ドイツ・フランス共通歴史教科書【現代史】 1945年以後のヨーロッパと世界
世界の教科書シリーズ23 P・ガイス、G・L・カントレック監修 福井憲彦、近藤孝弘監訳 ◉4800円

フランスの歴史【近現代史】 フランス高校歴史教科書 19世紀中頃から現代まで
世界の教科書シリーズ30 マリエル・シュヴァリエ、ギヨーム・ブレル監修 福井憲彦監訳 遠藤ゆかり、藤田真利子訳 ◉9500円

現代フランス社会を知るための62章
エリア・スタディーズ84 三浦信孝、西山教行編著 ◉2000円

パリ・フランスを知るための44章
エリア・スタディーズ5 梅本洋一、大里俊晴、木下長宏編著 ◉2000円

若者よ怒れ! これがきみたちの希望の道だ フランス発 90歳と94歳のレジスタンス闘士からのメッセージ
S・エセル、E・モラン著 林 昌宏訳 ◉1000円

移民の時代 フランス人口学者の視点
フランソワ・エラン著 林 昌宏訳 ◉1900円

産める国フランスの子育て事情 出生率はなぜ高いのか
牧 陽子 ◉1600円

賢者の惑星 世界の哲学者百科
JUL絵 シャルル・ペパン文 平野暁人訳 ◉2700円

〈価格は本体価格です〉